증·보·개·정·판

교사교육론

서재복 | 권정숙 | 김양자 | 김태호 | 손충기
신봉섭 | 유평수 | 이석열 | 이호섭 | 한상훈 공저

교육은 인간에게 있어서 꿈을 실현하는 열쇠와 같다. 그것은 교육이 인간으로 하여금 미래 삶을 설계하고 달성할 수 있는 가능성을 열어 주기 때문이다. 또한 인간은 교육을 통해 자신의 무한한 잠재능력을 계발하며 그들의 꿈을 이룬다. 그러므로 인간에게 있어서 교육은 삶의 방향을 알려주는 이정표며 문제해결을 위한 열쇠와 같은 것이다. 어느 시대나 사회를 막론하고 교육은 인간의 삶에 있어서 주도적 위치를 점했고, 교사는 그 중추적 역할을 담당했다. 학생의 질은 교사의 질을 능가할 수 없다는 말은, 곧 우수한 학생을 키우기 위해서 우수교사를 양성하는 것은 너무나 당연하다는 의미다. 교원양성 과정에 있어서 가장 중요한 것은 교직이수자들의 교사로서의 사명감이다. 예비교사에게 교직에 대한 사명감을 불어넣기 위해서 교사교육에 대한 교육이 선행되어야 한다. 이 책은 교직을 희망하는 예비교사로 하여금 교직관의 형성과 교육실천을 돕기 위하여 뜻을 같이한 저자들의 산물이다.

태영출판사

머리말

교육은 인간에게 있어서 꿈을 실현하는 열쇠와 같다. 이 말은 인간은 교육을 통해 미래 삶을 설계하고 달성할 수 있기 때문이다. 또한 인간은 교육을 통해 자신의 무한한 잠재능력을 계발하며 그들의 꿈을 이룬다. 교육은 인간으로 하여금 삶의 방향을 알려주는 이정표며 문제해결의 원천이다,

어느 시대를 막론하고 교육은 인간의 삶에 있어서 주도적 위치를 차지했고, 교사는 중추적인 역할을 담당했다. 학생의 질이 교사의 질을 능가할 수 없다는 말은, 곧 우수한 학생을 키우기 위해서 우수교사를 양성하는 것은 너무나 당연함을 뜻한다.

그럼에도 불구하고 그 동안 교원양성 교육과정에서는 교사의 질을 향상시키는 일에 소홀했던 것이 사실이다. 1995년 이후 교육개혁 조치에 따라 교직의 전문성 신장이 요구되면서 현직 교원연수가 강화되었고, 2009학년도 이후 매년 교원임용 선발방식이 바뀌고 더불어 교직 이수 학점이 늘어남에 따라 교사교육에 대한 교원양성기관의 관심이 증대되었다.

교원양성 과정에 있어서 가장 중요한 것은 교직이수자들의 교사로서의 사명감을 증진시키는 일이다. 이를 위해 교원양성기관에서는 양질의 교원양성 프로그램이 개발되어야 할 것이다.

이 책은 교직을 희망하는 예비교사의 교직관 형성과 교직사회에 대한 이해를 돕기 위하여 뜻을 같이한 저자들의 산물이다. 교재의 구성은 전체 3부 13장으로 제1부 '교직사회의 이해', 제2부 '교원의 이해', 제3부 '교사의 실천' 편으로 구성되었다.

제1부 교직사회의 이해 편에서는 교직의 성격, 교사의 자질과 역할, 교사의 권리와 의무, 교직사회의 윤리를 통해 교직관을 형성하는 도움을 주고자 하였다. 제2부 교원의 이해 편에서는 미래사회의 교사, 교원의 자격과 임용, 교사의 능력개발, 교사발달과 교내장학을 통해 교직에 입문하는 과정을 밝히고 있다. 제3부 교사의 실천 편에서는 교사들이 교육현장에 접하는 학생상담, 진로교육과 상담, 수업과 학생평가, 학교평가, 교사와 학급경영을 기술하였다.

이 책은 2009년에 출판되어 2년간의 수정 및 보완을 거쳐 증보개정판을 출간하게 되었으나 아직도 부족함이 많다. 향후 지속적으로 부족한 부분을 보완할 것을 약속합니다. 부디 이 책을 통해 교사가 되기를 희망하는 예비교사들에게 바람직한 교직관을 심어주고 교육현장을 올바로 이해하는데 도움이 되기를 바란다. 또한 이 책을 구성하는데 있어서 지표가 되어준 선행 연구자들에게 깊은 감사를 드린다.

이 책이 출판되기 까지 도움을 주신 모든 분들과 태영출판사 관계자에게 깊은 감사를 드린다. 이 책의 저자들은 학생을 귀하게 여기고 그들의 꿈이 상처받지 않은 에듀토피아가 이루어지기를 간절히 소원합니다.

2011년 8월

저자 일동

차 례

제1부 교직사회의 이해

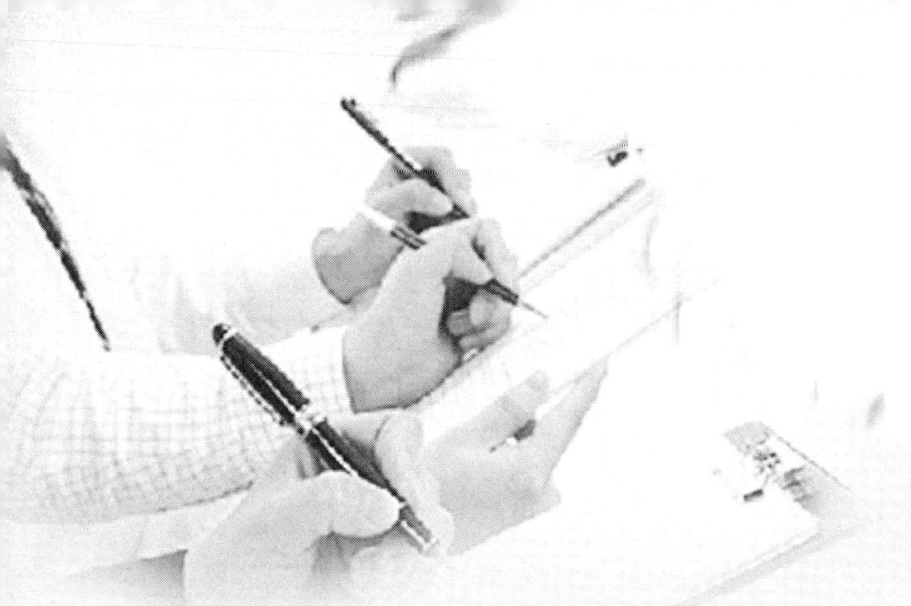

제1부

교직사회의 이해

제 1 장

교직의 성격

제 1 절 교직의 특성과 중요성
제 2 절 교직을 바라보는 관점
제 3 절 전문직으로서의 교직
제 4 절 교직 전문성 신장을 위한 노력

교직은 미성숙한 학생을 대상으로 전인교육을 실시하는 직업인데, 그 효과는 개인적이나 국가 사회적으로 장기적이다. 그래서 교사들은 올바른 가치관과 합리적인 사고, 미래지향적 마인드를 갖고, 학생들의 지적 · 사회적 · 정신적 · 영적 발달을 두루 발달시키는 데 헌신과 소명감을 가져야 한다.

교직을 바라보는 관점은 크게 네 가지로 구분된다. 성직관에서는 교사를 단순히 지식과 기술을 전달하는 사람이 아니라 자라나는 세대의 인격 형성을 돕는 정신적 활동을 수행하는 사람으로 본다. 전문직관에서의 교사란 가르치는 분야에 대한 높은 수준의 전문적 지식과 기술을 바탕으로 자율적으로 직무를 수행하는 존재이다. 전문직으로서의 교직관은 최근에 강조되는 교직관이다. 노동직관은, 교직을 노동직의 관점에서 바라보는데, 다른 직업의 종사자처럼 교사들도 근무 조건의 개선 등 세속적 권리를 주장하는데 주저하지 않으며, 교육의 불합리한 구조를 개선하는 데 노력을 기울인다. 최근 공공봉사직관으로서의 교직관이 대두되고 있는데, 이는 교직도 고객(학생, 학부모 등)에 대한 서비스임을 그 본질로 삼는다. 즉 교사들은 봉사자로서 고객의 더 나은 삶과 미래를 위해 희생하고 헌신해야 하며, 사회적 공복(公僕)으로서의 자세를 갖는 것이 중요하다는 것이다.

교직의 가장 뚜렷한 특징은 '전문직'이라는 것이다. 오랜 기간 직전 교육과 훈련을 받고, 고도의 전문적 지식과 응용능력을 바탕으로 고객(학생)을 위해 자율성을 행사하는 것이다. 이 과정에서 높은 윤리적 강령을 실천하고 스스로 단체를 만들어 구성원을 통제하고 전문성과 권익을 높이는 장치를 갖고 있다. 이런 요소들은 서로 인과적으로 작용하며, 정치적 환경을 포함하여 다양한 환경 조건들에 의해 그 전문성의 정도가 높아지기도 하고 제한받기도 한다.

교직의 전문성을 높이기 위해서는 몇 가지 개선이 필요하다.

① 교사들이 자신을 단순한 지식 전달의 실천가로만 보지 말고, 구체적인 상황 속에서 새로운 지식과 기술을 탐구하고 연구하는 자세를 가져야 한다.

② 교사 자격을 취득하고 유지하는 절차를 강화할 필요가 있다. 자격 취득을 위한 시험과 교사자격의 다단계화, 실습교육의 강화, 전문대학원의 설치 등을 들 수 있다.

③ 교사들에게 실질적으로 의사결정을 할 수 있는 권능을 강화하고, 권위주의적인 교육구조와 학교경영을 완화하는 노력이 지속되어야 한다.

④ 교직은 윤리적 측면에서 전문직이라는 인식을 가져야 한다.

⑤ 유능한 인재들이 교직에 들어오도록 보수나 제반 근무여건이 개선되어야 한다.

제1절 교직의 특성과 중요성

사람들은 저마다 자신이 하고 있는 일을 소중하게 생각하는 경향이 있다. 특히 그 직업이 개인의 생계를 유지하기 위한 수단이기보다는 사회 전체의 이익과 가치를 실현하는 데 초점이 있는 경우라면 더욱 그렇다. 이런 점에서, 자라나는 세대를 가르쳐 그들로 하여금 자아를 실현하게 하고, 사회의 유지와 발전의 토대가 되는 역할을 하는 교직이야말로 그 어떤 직업보다도 사회적 유용성이 크다고 볼 수 있다. 학교에서 어린 세대를 가르치는 직업인 교직(teaching profession)이 다른 직업과 비교하여 어떤 특성을 갖고 있으며, 왜 중요한지 살펴보자.

첫째, 교직은 인간을 대상으로 한다. 넓게 보면 이 세상의 모든 직업은 다 인간을 대상으로 한다고 해도 과언이 아니다. 그렇지만, 다른 직업들은 직접적인 대상이 인간이라기보다 그 어떤 것을 통해 인간에게 유익을 가져다준다. 또, 인간을 대상으로 할 때도 인간의 어떤 한 측면만을 대상으로 한다.

이에 비해 교육이라는 사업에 종사하는 교사가 대상으로 하는 인간이란, 사람의 어느 부분적인 기능이 아닌 전인(지적, 정신적, 신체적, 정서적, 사회적, 문화적, 정치적 등)으로서의 인간이다. 그러므로 교직은 단순히 지식만을 취급하여 가르치는 일뿐만 아니라 전인(全人)으로서의 인간 형성자로 일을 해야 하는 직업이다.

둘째, 교직은 미성숙한 사람을 대상으로 하는 직업이다. 교사는 대체로 아직 사회문화와 가치 체계에 대해 적응하지 못하였거나 분명한 자기 관점을 갖지 못한 어린 세대를 대상으로 한다. 그들은 사회 현상에 대해 자기 스스로 합리적이고 비판적인 사고를 할 수 있는 능력을 소유하지 못했다. 교육대상자들의 이런 특성 때문에 교사들의 영향력은 더욱 크기 마련이다. 교사들이 갖는 가치관이나 이념, 윤리의식, 인간관계 양식 등은 어린 학생들에게 직·간접적으로 영향을 미칠 가능성이 있다.

셋째, 교육은 장기적인 사업이다. 이 말은 교직 수행의 결과는 오랜 시간이 지나야 그 성과를 알 수 있고, 또 한 개인의 일생에 걸쳐 지속된다는 것을 의미한다. 흔히 교육을 일컬어 국가발전을 위한 백년지대계(百年之大計)라 한다. 그만큼 장기적인 안목에서 교육을 계획하고 실천해야 한다는 것이다. 교육의 목적은 현재 생활을 만족하고 행복하게 하는 것 뿐만 아니라 장차 성인이 되어 얼마나 성공적이고 행복한 삶을 사는 데 밑거름이 되었느냐에 따라 그것의 성패가 달라진다. 또한 유아기, 아동기, 청소년기에 받은 교육은 일생에 걸쳐 지속적으로 개인의 삶에 영향을 미친다.

이렇게 장기적인 속성을 특징으로 하는 교육을 담당하는 교직은 개인적으로나 사회적으로도 중요한 의미가 있다. 단기적으로 그 성과를 파악할 수 있고, 영향이 제한적인 직업은 수행한 결과 어떤 문제가 발생하였을 때 교정적 피드백을 거치거나 다시 시작하면 되지만, 교육은 그것이 매우 어렵기 때문이다. 따라서 교사들은 근시안적이고 단기적인 관점보다는 장기적이고 종합적인 관점을 갖고 가르쳐야 한다. 특히, 현재처럼 지식과 기술의 변화가 빠른 지식정보화 사회에서는 더욱더 장기적인 전망 속에서 교육을 실천해야 한다. 그렇지 않으면 교육의 성과도 적을 뿐더러 교육받은 개인에게 효용도 없다는 사실에 유념해야 할 것이다.

넷째, 교직은 국가발전을 위한 원동력이 된다. 지금껏 교육은 국가의 유지와 발전에 문화적으로나 정치적으로 지대한 영향을 끼쳐 왔지만, 최근에 강조되는 기능은 경제발전에 필요한 인력을 양성하고 배치해 주는 역할이다. 특히 요즘처럼 경제를 둘러싼 국가 경쟁이 심한 환경에서는 교육을 통하여 어떤 인력을 양성하느냐 하는 것이 중요한 관심사로 떠오른다.

교사들이 변화와 혁신적인 마인드를 갖고 학생들을 가르치고 학생들에게 합리적이고 창의적인 사고와 가치관을 갖도록 교육한다면, 국가의 과학기술이나 산업발전의 토대가 되어 국제경쟁 속에서 우위를 차지하게 될 것이다. 최근 들어 국가마다 의무교육 기간을 연장하고, 교육 사업에 대한 투자를 늘리는 것은 그만큼 교육이 국가 장래에 지대한 영향을 미치는 공공사업이라는 사실을 말해 준다.

이렇게 인적 자본(human capital)이 경제 성장의 가장 중요한 자본이 되고 있는 현대사회에서는 그 어느 때보다 교직의 중요성이 강조된다고 볼 수 있다. 우리나라가 인구도 적고, 자연 자원도 없는 가운데서 지난 50여 년 동안 괄목할 만한 경제성장을 이룩한 것이 이를 증명한다.

다섯째, 교직은 봉사와 사명감, 소명의식을 우선으로 하는 직업이다. 교직도 여러 직업 가운데 하나며, 교사들의 생계수단이다. 하지만 교직은 이러한 수단적 직업관만으로는 직업적 만족을 얻거나 사회적으로 역할을 다했다고 보기 힘들다. 본질적으로 교직은 인간이나 사회에 봉사하는 직업이기 때문이다.

분명 교사의 일차적 사명은 인간과 사회에 봉사하는 데 있는 것이지, 영리나 물질적 보수를 얻는 것이 최종 목적이 될 수 없다. 앞 장에서 밝힌 바와 같이 교사들에게 청렴의 의무를 요구하고 영리를 목적으로 하는 직업을 겸직하지 못하도록 하는 것은 바로 이런 이유 때문이다. 물질적 풍요와 행복이 중요하게 간주되는 현대사회에서 교사들도 더 나은 의식주를 추구할 권리가 있는 것은 당연하지만, 물질적 보수나 경제적 조건이 일차적 관심사나 궁극적인 목적이 될 수는 없기 때문이다.

이처럼 인간과 사회에 봉사하는 직업인 교직은 소명의식(calling)을 바탕으로 한 사명감이 전제되지 않고서는 제대로 수행하기 곤란하다. 다른 사람과 사회 전체의 더 나은 삶에 헌신하기 위해 자신의 현실적 이익을 부차적으로 생각하는 소명의식과 사명감이 없으면 직무수행을 통해 삶의 만족을 얻기도 어려울 뿐 아니라 교사로서의 본연의 책무를 다했다고 보기도 어렵다. 아무리 교직을 바라보는 가치관이 변화한 시대이기는 하지만, 교직을 천직으로 여기고 성직자적 관점에서 교직을 수행하지 않으면 곤란한 이유가 여기에 있다.

제 2 절 교직을 바라보는 관점

교사가 되고자 하는 사람이나 현직 교사들의 관점은 교직을 수행하는 데 있어서 내비게이션과 같은 역할을 한다. 그것이 안내자가 되어 교사로서의 철학이나 교직에 대한 태도 등을 결정하기 때문이다.

교직을 바라보는 관점, 즉 교직관은 일반적으로 ① 성직관, ② 전문직관, ③ 노동직관으로 나누어 고찰하여 왔으나, 최근에는 ④ 공공 봉사직관, ⑤ 교육공동체관이 덧붙여지고 있다.

1. 성직관

교직을 성직으로 보는 입장은 교육을 관념적 목적론적으로 정의하는 데서 출발한다. 즉 교육은 인간을 인간답게 형성하는 인격 완성의 과정이라고 보는데, 이 과정에서 교사는 성직자처럼 사명감을 갖고 그 모든 기능을 수행해야 한다는 것이다. 따라서 교직을 성직으로 보는 관점은 사람을 가르치는 직업을 종교적 행위에 비추어 설명한다.

교사란 단순한 지식과 기술을 가르치는 사람이라기보다는 주로 인간의 인격 형성을 돕는 고도의 정신적 활동을 수행하는 존재로, 승려나 목사와 같은 정신적 · 영적 활동을 수행하는 사람으로 본다.

이렇게 교직을 세속적 직업과 구별하는 성직관은 유교를 국가의 통치이념 및 교육내용으로 삼아 온 우리나라에서는 오랫동안 지배적인 교직관으로 여겨져 왔으며, 아직도 깊이 자리잡고 있다.

성직관에서는 성인 군자적인 교사를 이상적인 교사상으로 삼는다. 전문적인 지식과 실천방법도 중요하지만, 그 보다는 학생에 대한 사랑과 헌신, 희생과 봉사, 정신적 활동, 자신의 인격 완성과 본보기를 더 중요한 덕목으로 생각하는 것이다. 인류의 영원한 스승으로 일컬어지는 예수, 석가모니, 공자, 맹자 등이 이상적인 교사상(像)이 된다.

이런 관점에서 정태범(2003 : 58)은 성직으로의 교직관에 대해 다음과 같이 설명하고 있다. 우선, 성직관은 전통적 학교관을 토대로 형성되어 왔기 때문에 '학문, 즉 교육'이라는 사고가 강하게 존재하고 있어 교사의 교직 기술을 부차적인 것으로 삼고 있다. 즉 교사로서 적합한 인격만 갖추고 교수하는 학문에 관한 지식만 갖고 있으면 누구나 교사가 될 수 있다는 인식이다.

성직관의 입장에서는 교사가 정치에 참여하는 것을 세속적으로 보기 때문에 교사의 정치성을 전면 부인한다. 또 교사가 단체를 결성하고 정책에 참여하는 집단 행동을 그 본분에 어긋나는 것으로 여기는 경향이 있다. 때문에 성직관은 교사의 성직자다운 자질과 자세를 기대하며, 보다 높은 도덕적 · 윤리적 행동 수준을 요구하는 경향이 있다. 또, 교직을 성직으로 보고 있기 때문에 교사의 정신적 만족감, 정신적 보상을 강조함으로써 주어진 경제적 지위에 잘 순종해서 받아들여야 한다는 입장이다.

그렇지만 최근들어 교직사회에도 세속적 가치관을 중시하고 학부모를 비롯한 사회 일반의 교사에 대한 태도가 바뀌면서 성직자적 교직관은 과거에 비해 매우 흐릿해졌다. 교직을 선택하는 예비교사들도, 교직을 선호하는 이유로 취업의 기회나 직업 안정성을 꼽는 비율이 점점 높아지고 있는 추세다. 또, 교사들이 학생들을 가르치는 데서 만족을 얻기보다는 물질적 처우 개선이나 승진에 관심을 갖는 현실을 보면, 성직관이 퇴색하고 있는 것을 알 수 있다. 물론 학부모를 비롯한 사회 일반의 교육적 가치관도 이런 배경으로 작용하고 있다. 사회적으로 교육을 사회적 출세의 수단으로 여기고, 직업 선택에 필요한 전문적 지식을 더 강조하다 보니 교사의 역할에 대한 기대가 변하고 있는 것이다.

비록 과거에 비해 성직자적 교직관이 그 자리를 잃어가고 있지만, 교육이 인간을 대상으로 한다는 점에서 보면 시대가 변하고 인간의 가치관이 변한다 할지라도 소중하게 간직해야 할 교직관임에 틀림없다. 특히 지식습득에 편중된 교육으로 말미암아 갖가지 교육적 폐단이 생겨나고 인성교육에 대한 사회적 요구가 절실한 현실을 보면 더욱 그렇다. 결국, 교사들이 학생에 대한 헌신과 소명감을 가지지 않거나 교직을 천직으로 생각하지 않는다면 교직은 생계를 수단으로 하는 다른 직업과 차이가 없으며, 교사 스스로 인생의 보람을 느끼지 못함은 물론 교직에 부여된 사회적 역할을 다 감당하지 못할 것이다.

2. 전문직관

교직을 의사, 변호사와 같이 고도의 전문적 지식을 바탕으로 자율성을 최대한 보장받는 직업으로 보는 입장을 전문직관이라고 한다.

전문직으로서 교직관에 대한 논의가 시작된 것은 20세기 중엽이다. 대표적으로 M. Liberman의 「전문직으로서의 교육(Education as a Profession, 1956)」과 1962년 T. M. Stinnett의 「교직의 전문직(The Profession of Teaching, 1962)」이라는 저서가 출판되면서 학문적 관심이 일었고, 1966년 10월 5일에 파리에서 개최된 UNESCO와 ILO의 합동회의에서 채택된 "교원의 지위에 대한 권고"가 교직의 전문성을 보다 구체적으로 제창하게 된 역사적 계기가 되었다.

이렇게 교직을 전문직으로 보는 관점에는 범속직(凡俗職)과 구별되는 전문직의 특성이 있다고 본다. 이와 아울러 전문직은 대개 다음과 같은 특성을 갖는 것으로 파악된다(정태범, 2003).

첫째, 교사는 전문적 지식과 지도 기술을 가져야 한다. 교육에 대한 전문적 자질과 능력을 갖추고 교육목적을 달성하기 위하여 자신이 맡고 있는 학생들에게 상응하고 적합한 교육내용을 선정할 줄 알아야 한다. 교육내용에 따른 다양한 교수법을 구사해야 한다고 보기 때문에, 교사의 교직 기술을 대단히 중요시한다.

둘째, 교직의 자율성을 중시한다. 교직의 전문성에 자율성이 수반되지 않으면 전문성은 발휘될 수 없다. 자율성이란 직무의 수행에 있어 담당자의 자주적인 판단과 전문적 기술의 행사를 인정받는 것이다. 자율성이 사회적으로 용인되고 적정하게 행사되려면 고도의 전문성과 책임성이 전제되어야 한다. 교사의 직무 수행에 있어 전문적인 사항인 교육목적과 교육내용 및 교육방법을 결정하는 데 교사의 자율이 허용되어야 한다. 교직 수행에서 타율이 작용한다면, 학생 개개인에 적절한 다양한 교육이 이루어지기는 어렵다. 따라서 전문직관에서는 전문적 · 자율적 교사가 이상적 교사상이다.

셋째, 교직은 사회적 지위가 높게 평가되어야 하고 경제적으로 우대되어야 한다. 교직에 유능한 인재를 확보해야 하기 때문에 교사의 보수는 다른 직업인의 보수보다 높게 책정되어야 한다는 입장이다. 선발된 우수한 인재가 높은 수준의 훈련을 받고 교직 업무를 담당하기 때문에 그에 상응하는 보수를 받아야 한다는 논리다.

넷째, 교직 자체의 활동과정에 전문성이 있다고 보는 관점이다. 교사는 기본적으로 교직에 대한 전문적 자질과 능력을 가져야 한다. 이러한 전문성은 교직의 직업적 특성 자체를 언급한 것으로 교원은 의사나 변호사와 같이 교육 고유의 특성을 수행해야 한다는 입장이다. 교직에서 이 부분이 중시되는 이유는 교육이 원래 인간 정신의 내면을 다루고 그와 관련되는 교육활동을 하기 때문이다. 따라서 교육활동 그 자체의 특성을 중시하여 전문성을 발휘해야 한다. 이 견해에서 교직은 인성지도, 교과지도, 생활지도, 직업지도 등을 망라하여 교직이 아무나 할 수 있는 것이 아닌 전문적 훈련을 받은 사람에 의해 이루어진다고 보여진다.

교직을 전문직으로 보는 관점은 최근들어 주류적인 교직관으로 강조되고 있다. 나라마다 교육의 질을 향상하기 위한 교육개혁에서 교원의 전문성을 가장 우선적인 것으로 꼽고 있는 데서 알 수 있다. 교직의 특성을 논하는 과정에서도, 교직은 전문직이라는 대전제를 바탕에 깔고 있으며 그로서의 교직관이 강조되고 있다.

이렇게 최근에 이르러 강조되고 있는 전문직으로서의 교직에 대한 관점에 상응하여, 우리나라의 교직 현실이 전문직의 요건을 어느정도 충족하고 있는지에 대해서는 확언하기 어렵다. 따라서 전문직으로서의 교직관은 교육을 맡은 교사들이나 교육당국에서 이상향으로 삼고 부단하게 노력해야 할 목표로 보아야 한다. 전문직으로서의 교직관이 무엇을 말하며, 우리나라의 교육현실은 그 기준을 어느 정도 충족하고 있는지에 대해서는 3절에서 구체적으로 공부하자.

3. 노동직관

교직을 노동직으로 보는 관점은, 우리나라에서는 1998년 전국교직원노동조합이 합법적인 교원단체로 인정되면서 사회 일반에 관심의 대상이 되었다. 그리고 현재에도 교육 정책이나 교육 실제를 둘러싸고 전개되는 교원단체의 활동 모습을 보면서 노동직관으로서의 교직관을 살필 수 있다.

노동직관에서 본 교직은 본질적으로 다른 직업과 차이가 없다. 다른 직업은 육체 노동을 하는 반면 교직은 정신노동을 하는 차이가 있을 뿐이라고 본다. 나아가 교사들도 일반 노동자와 같이 직업을 생계유지의 수단으로 삼고 있는 노동자라고 생각한다.

노동직관에 기초한 교사상에서는 교직도 노동조합을 결성하여 그들의 권익을 쟁취해야 한다고 보는 입장이다. 성직관에서 보는 교사상과는 달리, 교사는 노동에 대한 반대급부로 처우 개선과 근무조건의 향상을 위한 단체결성, 단체교섭 또는 단체행동 등 이른바 노동 3권을 갖춘 노동조합을 통하여 정부, 학교법인, 학교 경영자와 맞서 투쟁하여야 한다고 보는 입장인 것이다. 즉 노동직관에서 본 교사상은 세속적이며, 권리를 당당히 주장할 수 있고 그것을 쟁취하여야 한다고 본다. 또 교원의 지위 향상이 노동자로서의 권리와 의무의 행사를 통해서 이룩될 수 있다고 믿고, 행동형의 교사상을 당연한 것으로 받아들인다.

한편, 노동직관을 지지하는 교사들은 자본주의 사회가 불평등한 계급 관계에 기초하고 있고, 교육은 지배계급의 이데올로기를 전파하기 위한 도구로 이용되고 있으며, 그 결과 교육이 불평등한 계급 구조를 확대 재생산해 내는 역할을 수행하고 있다고 생각한다. 그래서 교사들은 불합리한 교육 구조를 개선하여 민주적이고 합리적인 교육을 실시하는 것을 중요한 목표로 삼기도 한다. 우리나라에서도 전국교직원노동조합이 새로운 교육정책이나 교원정책에 반대 하거나, 심지어는 자신들의 입장을 관철하기 위하여 불법적 단체행동을 불사하는 이유가 여기에 있다.

교직을 노동직관으로 보는 교사들은 교육의 구조적 모순을 파헤치고 불합리한 교육 실제를 개선하는 데 많은 공헌을 하기도 한다. 반면, 자신들의 주장을 관철하기 위해 종종 정치 지향적 투쟁 지향적으로 변모하여 일반시민이나 학부모들로부터 지탄의 대상이 되기도 한다. 또 교직을 단순한 노동직으로 표방하여 현실적인 근무조건 개선 등에 집착하기 때문에 교직의 사회적 권위를 스스로 하락시킨다는 우려를 낳기도 한다.

지금까지 논의한 성직관 · 전문직관 · 노동직관은 지금까지 널리 회자되어온 관점이다. 그에 비해 다음에 소개할 공공 봉사직관과 교육공동체관은 최근에 부상하는 교직관이라 할 수 있다.

4. 공공 봉사직관 · 교육 공동체관

공공 봉사직으로서의 교직은 서비스를 목적으로 하는 다른 직업처럼 봉사적 성격을 가지고 있다는 입장이다. 교직을 서비스 조직으로 보며, 다른 서비스 조직처럼 교직도 고객(학생이나 학부모 등)과 봉사자(교사)와의 관계에서 교육이 성립되며, 봉사자는 고객을 위하여 최대한의 서비스를 제공해야 한다는 것이다.

이러한 관점에서는, 교직역시 생활의 유지 수단으로써의 경제적 성격을 완전히 배제할 수는 없지만 다른 어떠한 직업보다 봉사적 성격을 강하게 지니고 있다고 여긴다. 교직에서 봉사적 성격을 제외시킨다면 지식 전달의 형식적 요건만 남아 이미 교직의 본질은 잃은 것이라고 해도 과언이 아니다. 왜냐하면 교사는 교육애와 제자 사랑을 기초로 하여 학생을 선도하는 것을 본분으로 삼고 있으며, 자기 자신의 이득이나 이해관계를 생각하기에 앞서 제자의 성장과 발달에 정성을 쏟는 역할 행동이 기대되고 있기 때문이다.

봉사적 교직관에서 강조하는 특성은 다음과 같다(정태범, 1993). 첫째, 봉사는 자기 희생이 따르므로 교육은 교사의 지고한 사랑과 희생정신이 있어야 한다. 교사는 단순한 지식 전달뿐만 아니라 공부를 잘하는 학생은 더 좋은 사고와 행동을 할 수 있도록 도와야 하고, 따라오지 못하는 학생은 그 원인을 찾아 학생 하나하나를 성심껏 도와야 한다. 그래서 개별학습은 학교교육에서 중요한 명제가 되어야 한다. 이러한 개별학습은 교사의 희생정신이 없이 실현되기 어렵다. 학생 교육을 위한 교사들의 진정한 봉사 정신이야말로 교육 그 자체라고 볼 수 있다.

둘째, 교직은 고유한 직무를 통하여 국가사회의 유지와 발전에 요구되는 영역에 대하여 전문적으로 기여하는 공복(公僕)이라는 관점을 취한다. 다른 직업과 달리 사회적 봉사(service)를 특징으로 하기 때문에, 교직은 학생들에게 무한한 사랑을 베풀어 주며 오로지 제자들의 잠재적 가능성을 발전시키는 데 보람을 느끼는 직업이라 할 수 있다. 교사들은 학생을 사랑하고 그 개성을 존중하며 그의 능력을 최대한 발휘하게 하고, 그의 발전을 돕는 데서 기쁨을 찾는다는 정신을 강조한다.

이러한 교직관은 앞에서 말한 성직자적 교육관을 현대적인 의미로 확대 발전시킨 것으로 볼 수 있다. 사회의 변화에 따라 교육에서도 고객중심주의가 강조되면서 출현하는 교직관인 것이다.

이 밖에도 정영수(2007 : 21-22)는 교육공동체관을 주장하고 있다. 이 관점은 오늘날 교직사회에서 자주 발생하는 이해집단간의 갈등은 지식기반사회의 도래와 교육의 민주화가 제도적으로 정착되는 과정에서 나타난 다고 본다. 따라서 이처럼 전통사회에서 볼 수 없는 교직사회의 갈등은 교직의 성격을 새로운 패러다임에서 바라보고, 풀어가야 할 숙제가 여전히 남아 있다는 것을 시사한다. 결국 교육공동체관은 교직을 협력적 공동체 문화가 깃들어야 할 조직으로 규정하는 관점이라 할 수 있다.

제 3 절 전문직으로서의 교직

1. 전문직의 특성과 교직

앞서 교직관을 고찰하며 전문직관을 살펴보았는데, 이는 오늘날의 지배적인 교직관이다. 그에 따라 교직을 의사, 변호사 등과 같이 고도의 전문성을 바탕으로 자율성이 최대한으로 보장되어야 하는 전문직으로 보려는 입장이 강해졌다.

그렇다면, 전문직은 어떤 일반적 특성을 갖고 있는지 살펴보자. 대표적으로 언급되는 것이 Lieberman의 전문직 기준이다.

① 독특하고 명백하며 본직적인 사회적 봉사적 기능을 수행한다.
② 봉사적 기능 수행에 있어서 지적 기술을 강조한다.
③ 장기간의 특수훈련을 필요로 한다.
④ 개인적 또는 집단적으로 광범한 자율권을 행사한다.
⑤ 자율권 행사에 있어서 개인의 책임성을 강조한다.
⑥ 전문직 집단활동은 개인의 경제적 이익보다 봉사성을 강조한다.
⑦ 광범한 자치조직을 형성한다.
⑧ 명확한 행동방향을 제시하는 윤리강령을 가진다.

한편, Greenwood도 전문직의 특성을 다음과 같이 제시하였다.
① 내면적으로 일관된 이론의 체계를 바탕으로 한 기술을 가지고 있다.
② 고도의 이론적 지식을 바탕으로 한 권위를 갖고 있다.
③ 사회적 공인 아래 자격조건을 전문직 단체가 스스로 통제하고 있다.
④ 전문직에 종사하는 자는 윤리강령을 준수해야 한다.
⑤ 전문 집단은 독특한 집단 문화권을 형성하고 있다.

또한 Hotton은 다음과 같이 제시하였다.
① 정교하고 사회적으로 용인된 과학적 원리를 바탕으로 하며 필수적인 사회적 요구를 만족시켜야 한다.
② 적절한 전문적 · 문화적 훈련을 필요로 한다.
③ 특별하고 체계적인 지식을 보유해야 한다.
④ 일반인이 지니지 못한(즉, 한편으로는 선천적이고 또 한편으로는 습득된) 필요한 기술의 증거를 제시할 수 있어야 한다.
⑤ 검증된 경험의 결과로 얻어진 과학적 기술을 개발해야 한다.
⑥ 임무를 수행할 때는 자율성과 판단력을 행사할 것이 요구된다.
⑦ 수행한 일에 국한되거나 일을 처리할 당시의 일시적인 것에 국한되는 것이 아니라 일종의 공익사업으로 간주되어야 한다.
⑧ 과학적 지식을 기술로 적용할 때 집단의식을 바탕으로 해야 한다.
⑨ 일시적 또는 징검다리와 같은 직업이 아닌 평생직으로서의 강력한 유인가가 있어야 한다.
⑩ 윤리강령 속에서 그를 실천하면서 살아가는 사회적 책임성을 인식해야 한다.

이상을 정리하면, 전문직은
① 단순한 기술이 아니라 고차원적인 지식과 이론을 바탕으로 하며,
② 장기간의 교육을 통한 자격을 습득해야 하며,
③ 이러한 특성이 아무나 전문직을 가질 수 없게 하며 그만큼 사회적 지위를 높게 하고 권위를 인정받으며,
④ 타율보다 자율성을 수반하기 때문에 사회적 책임이 크고,
⑤ 이를 강조하기 위해 윤리강령을 제정하여 스스로 통제를 가하며 위신을 지키고자 노력한다는 것이다.

그런데, 정영수(2007 : 28)는 위에 든 전문직의 설명을 특성모형이라 이름 지으면서, 이 특성모형은 전문성의 개념을 하나의 블랙박스로 취급하고 있다고 지적하였다.

한편 Washington은 대인관계성을 중심으로 한 교사직과 타 전문직과의 특성 비교를 시도하였는데 그 내용은 〈표 1-1〉과 같다.

표 1-1

교직과 타 전문직의 특성 비교

교 직	타 전문직
· 동시에 20인 또는 그 이상의 의뢰인과 상대	· 한 번에 한 사람씩의 의뢰인과 상대
· 아동과 어른의 관계	· 어른과 어른의 관계
· 교실에서 여러 명을 상대로 관찰, 교육, 조언	· 개인 사무실에서 조언
· 하루에 6시간씩 1년에 180일	· 약속에 의해서 만나고 짧은 시간
· 많은 문제가 계속적이고 영구적으로 부각	· 한 가지 특수 문제를 구별 있게 처리
· 치유의 결과가 불투명하고 오래 지속	· 치유의 결과가 비교적 명확
· 대가를 공공의 세금에서 할당	· 고객의 개인별 부담
· 규정에 의해 의뢰인이 할당	· 의뢰인이 자율적으로 선택
· 아동복지를 위한 법적 의무가 복잡	· 법적 의무가 성인과 성인
· 의뢰인이 교사를 바꾸기 어려움	· 의뢰인이 전문가를 바꿈
· 의사소통의 기본이 서로 다름	· 의사소통의 기본이 비슷함

2. 전문직의 개념 구조

의사나 변호사와 같은 전문직과 비교하여 교직은 어떤 전문직적 요소를 갖고 있는가? 다른 전문직과 구별되는 교직만의 전문직적 요소를 알고, 또 그것들이 어떻게 인과적으로 결합되어 있는지를 파악하는 것은 교직의 성격을 정확하게 이해하는 데 도움이 될 것이다.

우선, 그 성격을 구성 요소들을 중심으로 이해할 수 있다(정영수, 2007 : 27).

① 교사양성기관에서 오랜 기간의 교육과 훈련을 통해 고도로 체계화된 전문지식과 기술을 요구한다. 가르치는 일은 단순한 지식의 전수가 아니고, 인간의 자아실현을 꾀하는 활동이므로 정교한 이론의 뒷받침이 없이 소기의 목적을 달성하기 어렵다.

② 교사가 되기 위해서는 교사양성과정을 통하여 전문적 교육과 훈련을 이수해야 하며, 공인된 교사 자격증을 갖추어야 한다.

③ 전문적 지식과 기술을 토대로 고유의 직무를 수행하고, 아동을 위한 교육적 의사결정을 함에 있어서 상당한 자율성을 누린다. 자율성이란 자치적인 힘과 권리를 갖고, 외부의 간섭 없이 일을 추진할 수 있는 권한을 지니는 것을 의미한다.

④ 사회봉사를 위한 봉사적 기능을 갖고 있다. 즉 교직은 개인적 성장이나 영달을 위선시하지 않는 봉사 지향적 직업이다.

⑤ 교직에 종사하기 위해서는 높은 수준의 지적 · 사회적 · 도덕적 · 인격적 표준에 도달해야 한다.

⑥ 교직은 직업상 높은 책임성과 윤리성이 요구되며, 교사 자신들의 윤리강령과 규범에 의해 지배된다.

⑦ 교직 종사자는 자신들의 권리를 옹호하고, 자신들의 자율적인 교육활동을 보장하기 위해 자치적인 전문직 단체를 조직하고 운영한다. 교사는 교직의 발전이나 사회적 지위 향상을 위해 집단적 노력의 일환으로 전문적 자치기구인 교직 단체를 구성하여 전문성 신장을 위한 노력을 하고 있다.

한편, 김성열(1987)은 이런 요소들을 서로 연결하여 그 관계를 명료하게 나타내고 있다.

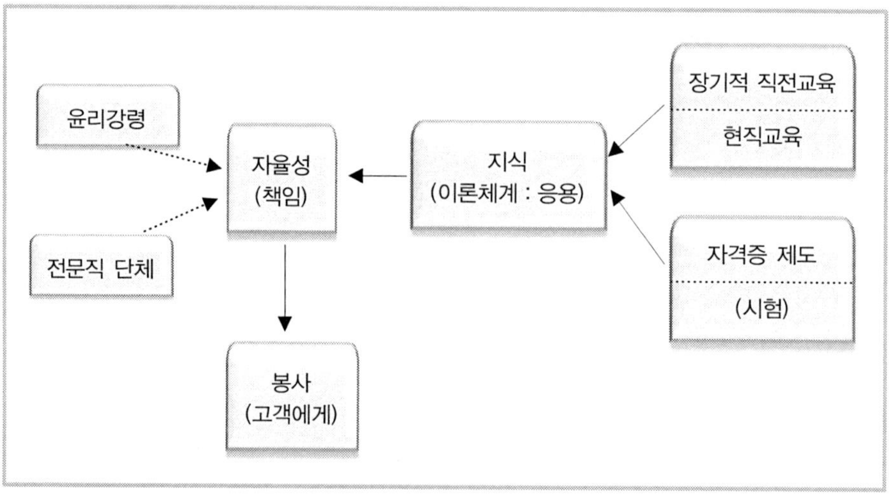

[그림 1-1] 김성열이 제시한 전문직의 구성 요소와 관계

이 그림에서 핵심이 되는 개념은 자율성(책임)이라 볼 수 있다. 즉 교사들은 직무를 수행하는 데 있어 불필요한 외부의 간섭이나 통제를 받지 않는 가운데, 양심과 전문적 판단에 입각하여 자율적으로 직무를 수행하며, 그 결과에 대해 책임을 진다. 그런데 이런 자율성은 결국 고객, 즉 학생이나 학부모 등을 향한다는 것을 알 수 있다. 결국 자율성이란 교사 자신들을 위한 것이 아니라 더 좋은 교육을 하기 위함이며, 다른 사람들을 위한 것이고, 그렇기 때문에 제한적이다. 한편 이 그림에서 자율성을 중심으로 오른쪽에 있는 요소들(지식, 장기적 직전교육과 현직교육, 자격증제도 등)은 실선으로 되어 있는 반면에, 왼쪽에 있는 요소(윤리강령, 전문직단체)는 점선으로 그려 있다는 데에 주의해야 한다. 오른쪽에 위치한 요소들이 보다 실체적이고 본질적이란 사실을 나타내기 때문이다.

김성열이 제시한 교직 전문성의 모형은 요소들의 관계를 인과적으로 설명하고 있는 장점이 있으나, 교직 전문성 수준을 결정해 주는 환경이나 상황 요소를 포함하지 않는다. 이런 지적을 반영하여, 정영수(2007 : 27-28)는 교직 전문성 수준을 결정하는 상황 요인으로서의 정치적 결정요인을 강조하여 교직 전문성 모형을 [그림 1-2]와 같이 제시하였다.

그는 이 모형을 제시하면서 지금까지 진행되어온 교직 전문성에 관한 논의들은 단일 시각의 오류를 벗어나지 못하였고 무비판적, 무역사적, 보수적 편견을 초래한다는 점, 그리고 교원정책의 결정요인으로서의 권력관계를 간과하였다는 점을 전제로 하였다. 특히 전문성 수준을 결정하는 조건으로서 상황변인이 중요하게 작용하고 있다는 점을 시사한다. 관료적 교육 통제, 교육소비자와의 권력관계, 표면적 자율성과 이면적 통제성의 이중성, 교사역할의 획일성 등이 그에 속한다.

상황변인에 따라 그 전문성은 신장될 수도 있고, 위기를 맞을 수도 있다. 전문성이 신장될 경우, 교사들은 자율을 행사하며 주체적 책임의식을 지니고 고도의 지식과 기술을 발휘할 수 있는 지적 탁월성을 경험할 수 있게 되며, 전문적 권위를 형성하고, 목적적 가치를 위해 노력할 수 있게 된다(그림의 오른쪽). 그렇지 못할 경우 관료적 통제의 심화, 직무의 표준화, 획일적 교육과정 등의 문제가 야기된다. 또 표면적 자율성과 이면적 통제성 등에 의해 전문성 발전이 저해되면 소위 탈전문적 기술화, 자율성 위축, 직무도전감 상실, 교사의 무능력화, 능력발휘 기회의 차단, 교사의 사회경제적 지위의 저하 등을 초래할 수 있다. 오늘날 교직이 당면한 최대의 위기는 바로 이 같은 '전문성 약화 위기'라 할 수 있다(정영수, 1995 : 11-19).

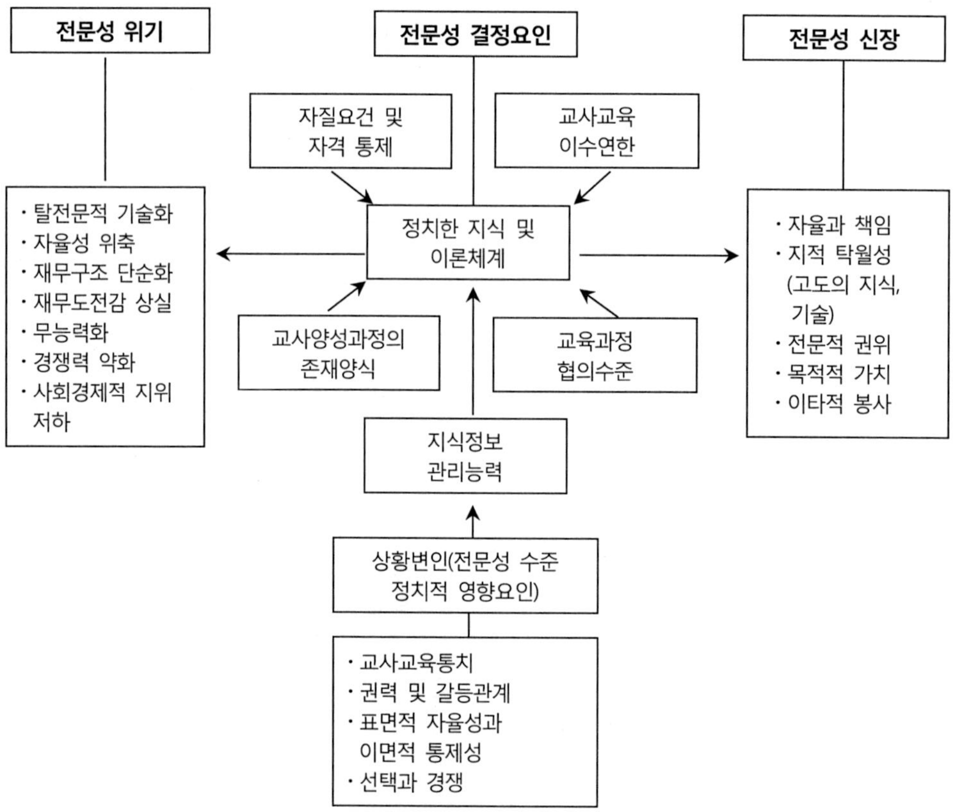

[그림 1-2] 정영수가 제시한 교직 전문성 모형

제 4 절 교직 전문성 신장을 위한 노력

앞서 우리는 김성열과 정영수가 각각 제시한 교직 전문성의 구성 요소와 그들 간의 관계를 살펴보았다. 두 모형을 종합적으로 검토할 때, 우리나라에서 교직 전문성의 수준은 어느 정도일까? 각자의 입장에 따라 관점의 차이가 있겠지만, 의사나 변호사와 같은 완전한 전문직(full-profession)이라기보다는 간호직 등이나 최근에 부상하는 특수전문직과 함께 준(반)전문직(semi-profession)으로 인정되는 것이 일반적인 견해이다.

전문직의 개념 모형에서 가장 중심에 있는 자율성에 대해서 고찰해 보자. 우선,

무엇을 가르칠 것인지를 결정하는 권한이 있다. 교육과정을 결정하고 교재를 선정하는 것, 그리고 교육프로그램을 짜고 운영하는 것에서 교사들은 자율권을 누릴 수 있다. 그런데 우리나라의 경우 교육과정은 국가에서 교과 편제나 수업 단위 시수를 결정하므로, 교사들이 자율권을 행사할 여지가 별로 없고, 교과서 발행에 있어서도 국정교과서 제도와 검인정제도를 시행하고 있어, 교재 선택권이 매우 제한적이다.

다음으로, 어떻게 가르칠 것인지를 결정하는 데 대한 자율성의 존재 여부를 따져 볼 수 있다. 수업 방법과 훈육 지도의 방법을 선택하고 결정하는 것이 여기에 해당된다. 이 경우 어떤 수업 방법을 적용하여 실천할 것인지는 전적으로 교사의 권한에 속하지만, 훈육 방법으로서의 체벌에 관해서는 제한적인 상황이다. 즉 초 · 중등교육법 시행령에 '교육상 필요하다'고 인정될 경우에만 허용하고 있다.

마지막으로, 학생을 어떻게 평가할 것인지에 대한 자율권의 정도를 생각해 볼 수 있다. 이 경우도 학교에 따라 차이가 있기는 하지만, 교사들에게 완전한 자율권이 주어져 있다고 보기는 어렵다. 고등학교의 경우 내신 성적의 등급 비율을 행정적으로 정해 주는 것이 좋은 예이다.

이런 이유로, '교직은 전문직이다'라는 명제는 전문직이 갖추어야 할 모든 요소를 다 구비하여 현실적으로 모자람이 없는 전문직이라는 의미의 '사실적 명제'(is)라기보다 앞으로 교사 개인이나 교육 당국에서 더 노력하여 교직은 완전한 전문직이 되어야 한다는 '당위적 명제'(ought to)로 받아들여야 한다는 것이 정설이다.

그렇다면, 교직이 '완전한' 전문직이 되려면 어떻게 해야 할까? 교직 전문성을 높이기 위한 방안을 알아보자.

1. 전문적인 지식과 응용능력을 위한 연구자로서의 자세

개념 모형과 전문성을 판단하는 가치 기준에서 보면 교직 전문성을 높이려면 자율성이 가장 중요하다. 교사들이 직무상황에서 그 자율성을 인정받기 위해서는 가르치는 교과의 내용과 가르치는 방법에서 탁월한 능력을 갖고 있어야 한다. 자신이 담당하고 있는 교과의 최근 경향과 이론, 지식 체계를 꿰뚫어 보고 이를 가장 적합한 방법으로 학생들의 경험세계로 전달하는 방법적 지식을 갖고 있어야 하는 것이다.

이렇게 최근의 지식 경향을 분석해 내고, 교과의 내용과 방법에 대해 통달한 전문가가 되려면 연구자로서의 자세를 가져야 한다. 또한 정해진 교육과정상의 지식이나 내용을 학생들에게 전달하는 사람으로서의 자세도 중요하다. 교사들은 실천가이면서 동시에 탐구자 내지는 연구자로서의 태도를 가질 때 전문성을 한층 높일 수가 있다. 교사가 되기 위한 과정에서 배운 이론과 기술은 탈상황적이어서 (decontextualized) 자신이 가르치고 있는 상황과 꼭 일치하는 것은 아니기 때문이다. 이런 이유로, 교사는 정해진 지식을 공급받아 전달하는 위치에 그치지 않고 지식을 상황에 맞게 스스로 재조직하며 창출하는 연구자로서 기능해야 한다.

교사들이 대학원에 진학하거나 현장연구(action research)를 하거나, 또는 교육에 관한 전문 저널이나 잡지를 구독하여 읽으며 새로운 이론과 지식의 경향을 따라잡으려고 노력하는 것 등은 바로 자신의 전문성을 높이기 위해서 연구자로서의 삶을 살아가는 좋은 예라 할 수 있다.

2. 교사 자격 취득을 위한 제도적 장치의 강화

교사들이 가르치는 내용과 방법에서 수준 높은 전문성을 가지려면 개인적 노력뿐만 아니라 교사가 되기 위한 과정이나 된 이후의 과정속에서 전문성을 확실하게 발전시켜 나가도록 하는 제도적 장치가 필요하다. 현재 우리나라에서 교사가 되는 과정은 엄격하지 못한 것이 사실이다.

우선, 교사 자격을 무시험검정으로 부여하는 것은 문제가 아닐 수 없다. 앞에서 본대로 교사와 같이 준전문직으로 분류되는 간호사도 시험을 거쳐 면허증을 부여하는데, 사회적으로 더 전문직으로 인정되고 있는 교사 자격이 국가 차원의 시험을 거치지 않고 부여된다는 것은 질 통제에 허점이 있다는 것이다.

또한, 최초 교사 자격을 취득하고 난 후 상급 자격을 취득하는 과정도 질적인 수월성을 담보하기에 한계가 있다. 정교사 2급을 부여받고 교직에 진출하고 나서 3년 경력을 거친 후 180시간의 자격 연수를 받으면 대다수가 정교사 1급 자격을 취득하고, 정년까지 가는데 큰 문제가 없다. 이런 문제를 보완하기 위해서는 교사 자격을 현재보다 다단계화하는 방안을 강구할 필요가 있다.

이 밖에도 교사가 되기 위한 과정을 질적으로 통제하기 위한 제도적 장치로 교사 양성 기간을 5년으로 늘리거나 실습기간을 연장하는 방안을 고려해 볼 수 있다. 그리고 전문직 분야에서 예비 인력을 보다 전문적으로 양성하기 위해 법학전문대학원이나 의학전문대학원을 설치하여 운영하는 것처럼, 교사양성에서도 그간 논의해 온 교원양성을 위한 전문대학원을 설치하는 방안을 구체화하는 정책적 노력 역시 요구된다.

3. 교사의 자율성을 높여 주는 교육행정과 학교경영

학교 현장에서 교사들의 자율권을 높여 주기 위해서 가장 필요한 것이 의사결정과 권위의 구조를 변화시키는 것인데, 이와 관련하여 대두되는 것이 교사의 권능강화(teacher empowerment)이다. 권능강화란 교사들로 하여금 의사결정 과정에 참여하는 권한을 넓히고 스스로 전문적 판단을 하여 직무를 수행하는 정도를 높여 주는 것을 말한다. 이렇게 학교 현장에서 교원들의 권능을 강화하려면 학교단위안에서 학교장을 중심으로 교사들이 공동으로 의사결정을 할 수 있는 권한과 폭을 넓혀 주는 제도적 장치가 필요하다. 이것은 단위학교 자율경영제(SBM : School-Based Management)로 구현된다.

이를 위해서는 그간 우리나라 교육의 제도적 병폐의 하나로 지적되어 온 교육의 관료화를 완화시켜야 한다. 물론 지방교육자치제와 학교운영위원회 등을 통하여 교육의 탈관료화가 많이 진행되어 왔지만 아직도 지시 통제 감독위주의 교육행정 관행이 잔존해있는 것이 현실이다.

한편 학교경영에서도 수평적 학교경영이 뿌리를 내려야 한다. 관료적 조직 경영으로부터 탈피해서 과업구조, 과업 팀 중심의 학교조직 운영, 학교경영의 민주화 등이 뿌리를 내려야 진정한 의미의 자율성이 보장될 수 있다.

결국 교사들에게 자신들이 수행하는 직무와 관련된 분야에 광범한 참여를 보장해 주고 주체적인 의사결정을 할 수 있는 범위를 넓혀 주는 것이야말로 교직 전문성을 높이는 구체적인 방법이다.

4. '교직은 윤리적 전문직'이라는 인식

다른 전문직과 비교하여 뚜렷하게 구별될 수 있는 교직의 전문성은 윤리적 속성이라고 말하는 학자들이 있다. 사실 전문적 지식과 그에 따른 자율적 직무수행은 의사나 변호사, 나아가 성직자들이 더 넓게 향유한다. 그렇다면 이들 전문직에 비해 교직이 상대적으로 우위를 차지할 수 있는 것은 높은 윤리강령과 그 실천에 '있어야 한다.'고 할 것이다. 교육은 '인간을 인간답게 형성하는 작용'이라고 할 때, 그 인간의 본질적 속성이란 바로 도덕적이고 윤리적인 존재를 의미하는 것이기 때문이다. 이런 점에서 교육을 실천하는 교사들은 학생들을 도덕적으로 온당하게 그리고 공정하고 합리적인 방법으로 대하며 사회적으로도 도덕적 표준이 되는 삶을 사는 것이 중요하다.

5. 교사에 대한 사회적 지위와 대우의 개선

교사의 질을 결정하는 요소 첫 단계이자 중요한 것은 교사 양성과정에 사명감이 있고 유능한 고등학교 졸업자들이 지망하는 것이다. 이렇게 유능한 인재를 교직에 유인하기 위해서는, 교직이 사회적으로 존경을 받고 우대받는 직업이라는 인식을 심어 주어야 한다.

구체적으로 교직에 종사하는 사람들에게는 '교원지위향상을 위한 특별법'에 있는 대로 사회적 · 경제적 지위가 우대되어야 하기 때문에 현실적으로 보수 수준을 현재보다 획기적으로 상향해주어야 한다. 앞서 성직관으로서의 교직을 강조하였지만 소명의식만으로 교직의 특성을 강조하는 것은 한계가 있다.

또한 교사를 존중하고 신뢰하는 사회적 분위기를 진작시켜야 한다. 과거에는 교사를 존중하고 예우하는 전통적 사회 관념이 넓게 퍼져 있었으나 최근에는 그렇지 못하다. 교사를 개혁의 대상으로 삼는 정부 정책이나 학교교육을 불신하고 사교육에 더 의존하는 사회 분위기로는 유능한 인재를 교직에 끌어들일 수도 없고, 그들의 헌신을 기대하기도 어렵다.

결론적으로 교직은 완전한 전문직으로 발전하여야 한다. 교직이 전문직으로 발전하기 위해서는 교사 스스로 교직 수행에 필요한 전문적 지식과 응용능력을 연마하려고 노력해야 하며, 높은 수준에서 자신의 직무를 수행하려는 자세가 필요하다. 하지만 이것만으로는 충분하지 않다. 국가 정책적으로 교원 자격제도나 보수 등을 비롯하여 교원정책을 재검토하고 보완할 필요가 있으며 사회적으로도 교원을 우대하고 존중하는 분위기를 마련해야 한다. 공교육이 붕괴되었다고들 말하는데, 교사들에게 그 책임을 돌리는 대신 사회 전체가 함께 고민해야 할 문제라는 인식을 가지는 것이 중요하다.

【단원별 과제】

[1.1] 교직의 특수성을 다섯 가지 이상 기술하시오.

[1.2] 교직관의 유형 중 자신의 이상과 적합한 교직관을 설명하시오.

[1.3] 공공 봉사직으로서 교직이 왜 생겨났는지를 설명하시오.

[1.4] 교직 전문성의 기준 중에 가장 중요한 요소가 무엇인지 제시하고, 그 이유를 밝히시오.

[1-5] 교직이 완전한 전문직이 되기 위해 노력해야 할 점을 기술하시오.

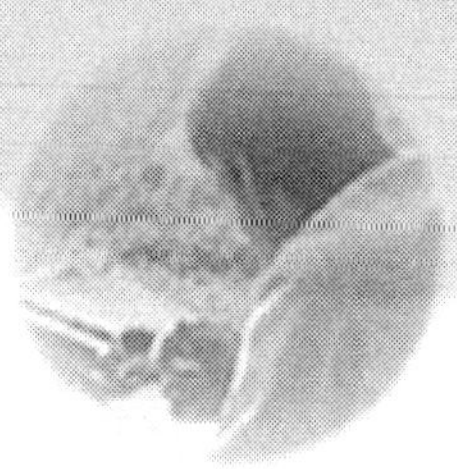

제 2 장

교사의 자질과 역할

교직을 희망하는 사람마다 다양한 이유가 있겠지만, 교사는 다른 사람들의 삶과 행복을 위해 성장과 발달을 함께 도와 주고 사회발전에도 공헌을 해야 한다. 따라서 교직에 임하기에 앞서 교사에게 어떤 자질이 필요하며, 어떤 역할을 수행해야 할 것인가를 파악해야 할 것이다. 그레이(Gray, 1999)는 교사의 자질과 역할에 대해, '학생에 대해 무엇을 어떻게 알고 있으며, 어떤 사고와 어떤 내용의 일을 하고 있는가를 먼저 깨달아야 하는 문제'라고 말하며 이것을 '언제, 어디서, 어떻게 학생들에게 적용해야 하는가?'의 의문에서 출발해야 한다고 보았다.

제1절 교사의 자질

교사의 자질이란 교사에게 부여된 역할을 성공적으로 수행하기 위해서 교사에게 요구되는 어떤 인간적인 바탕을 뜻하는 것이다(권건일, 2000). 교사의 자질에 대해 윤종건과 정하찬(1998)은 성향적 접근, 유형적 접근, 기능적 접근 방법을 제시하였으며, 정재철(1994)은 연역적 방법, 귀납적 방법, 그리고 역사적 방법 등으로 구분 · 제시하였다. 그리고 한국교원단체총연합회(1997)에서는 교사의 자질을 교육관에 따른 자질, 역할에 따른 자질, 그리고 성향에 따른 자질로 구분하였다. 이 장에서는 오늘날 교사의 역할이 강조되는 시점에서 교사의 자질에 따른 역할을 살펴보도록 하였다.

1. 학급에서 필요한 자질

1) 교육목표의 설정 및 진술자로서의 자질

교사가 교육목표를 설정하여 명확하게 진술하기 위해서는 국가의 교육이념과 각 지역사회의 교육방침, 각급 학교의 교육목적 등을 확인하고 우리 사회의 현재 상황과 요구를 분석할 수 있어야 한다. 이를 위해 교사는 투철한 국가관과 공동체 의식, 올바른 사회관과 미래사회에 대한 전망, 건전한 가치관과 철학적 이념을 지녀야 한다.

교사는 자신이 담당하는 교과교육의 목적을 파악하고 그것을 학년, 학기, 단원의 목표, 나아가 내용과 행동으로 기술되는 수업의 목표로 구체화 및 세분화하기 위해서는 교과와 그 교과를 통해서 길러질 능력에 대한 지식이 필요하다. 또한 교육이념에서 수업목표까지 다양한 수준의 목적들이 일관성을 가질 수 있도록 논리성을 갖추어야 하며, 그러한 목적들을 명확하게 진술할 수 있는 언어 구사력도 갖춰야 한다.

2) 교육내용의 선정 및 조직자로서의 자질

교육목표를 달성하기에 적합한 교육내용을 선정하기 위해서는 우선 교과에 관한 정확하고 풍부한 지적 능력이 있어야 하며, 사회와 문화에 관한 폭넓은 지식을 가지고 교육내용을 통합적이고 다양하게 조직할 수 있어야 한다. 지식정보화 사회에 있어서 교사는 적절한 정보의 소재를 파악하고 획득하여 교육내용의 조직에 활용할 수 있는 능력도 갖추어야 한다. 인터넷 등을 이용할 수 있는 능력도 그 중 하나일 것이다.

3) 수업운영자로서의 자질

교사는 교육내용에 대한 숙지와 학생에 대한 이해를 바탕으로 교육효과를 높이기 위해서 여러 가지 기술과 태도와 성향을 갖춰야 한다. 수업을 효율적으로 진행하기 위해서는 학생의 동기를 유발하고 효과적으로 강화하는 능력, 학생의 사고를 유발하는 질문을 제기하는 능력, 토의를 진행하는 능력, 시청각 기자재의 활용능력, 각종 교구를 적절하게 활용하는 능력, 학습상황에 따라 수업이나 학생의 행동을 조정하는 임기응변적 기지 등이 필요하다. 오늘날 강조되는 열린교육에서는 학부모와 지역사회의 자원을 파악하고 적절히 활용하는 능력도 요구된다.

4) 생활지도자로서의 자질

생활지도는 학생의 학교 내외에서의 다양한 문제에 관하여 개인적 혹은 집단적으로 검사 및 상담과 지도, 조언을 통해 이루어진다. 그러므로 교사는 학생들의 신상과 가정환경, 심리적 발달단계, 주요 관심사 등을 충분히 파악하여 학생들을 이해하고 있어야 하며, 지능검사와 인성검사 등의 표준화된 검사의 결과를 해석할 수 있어야 한다. 또한 전 교과에 대한 이해력, 내외 정세에 관한 지식을 비롯하여 교육 · 사회 · 직업 · 가정 · 신체 · 도덕 · 심리 · 종교 등의 문제에 대한 풍부한 다면적 지식을 가지고 있어야 한다. 뿐만 아니라 인생관과 세계관을 비롯한 가치관이 확립되어 있어야 하고, 논리성, 비판력, 명확한 판단력을 갖춰야 한다.

5) 교육평가자로서의 자질

올바른 평가를 위해서 교사는 다양한 평가방법의 특성을 알고 목적에 맞는 평가도구를 개발하고 적절하게 활용하며 결과를 올바로 해석할 줄 알아야 한다. 그렇게 하기 위해서는 가치기준이 공정하고 명확해야 하며, 명확한 판단력과 비판적 정신이 요구된다. 또 평가의 결과를 받아들여 교육의 과정에서 발생한 문제점들을 파악하고 개선하기 위해서는 열린 마음과 반성적 태도, 탐구적 태도가 필요하다.

6) 학급경영자로서의 자질

학급의 분위기는 주로 교사가 주도하므로 교사는 확고한 교육철학뿐만 아니라 계획성과 책임감이 있어야 하며, 지도력과 조직력을 비롯한 경영기술을 가지고 솔선수범해야 한다. 학급의 학생들과 친밀한 관계를 유지하고 학생들을 단합시키기 위한 원만한 인격과 사회성, 공정성도 요구되며, 탐구력을 가지고 학생들을 조사 · 연구해야 한다. 또 교실환경을 쾌적하게 정리 정돈하기 위해 미적 감각이 발달해야 하며, 교구와 학급비품에 대한 관리능력도 있어야 한다. 학급의 업무를 관장하기 위해 문서처리 등의 사무능력도 필요하다.

2. 학교에서 필요한 자질

1) 학교경영 참여자로서의 자질

교사는 학교 내의 여러 가지 행정조직에 소속되어 학교경영에 참여하게 되는데, 이를 위하여 교사는 주인의식과 책임감, 적극적 참여의식을 가져야 하며 창의력과 행정적 사무처리 능력을 발휘해야 한다. 특히 학교경영의 효율을 높임으로써 교육의 효과를 극대화하기 위해서는 교사들 간의 정보와 기술을 공유하고 교구의 제작에 동참하는 등 적극적인 협조정신이 요구된다.

2) 행사 진행자로서의 자질

국가, 지역사회, 학교에서 주관하는 여러 행사에 적극 참여하거나 성공적으로 개최하기 위해서는 투철한 국가관과 애국애족의 정신, 애향심, 애교심이 바탕이 되어야 할 것이며, 예체능에 대한 지식과 확고한 소견 및 지도능력, 폭넓은 지식과 교양, 관련된 정보를 탐색하고 확보하는 능력, 협동정신, 참여적 태도가 필요하다. 그 밖에도 계획성, 행사운영 능력, 지도력, 인솔력, 판단력, 융통성, 임기응변력, 적극적 추진력 등을 갖춰야 한다.

3) 직장인으로서의 자질

직장인으로서의 교사는 상사에 대한 예의바른 협력자와 보필자, 동료 사이에서의 좋은 벗, 하급자에 대한 선도자가 되어야 한다. 상하 및 횡적으로 좋은 인간관계를 맺어야 한다는 것인데, 이를 위하여 원만한 인격과 사회성, 적응력, 협동정신, 책임감, 신뢰감, 예절과 친절, 도덕성, 관용성, 동정심, 지도성, 진취적이고 적극적인 태도와 상호 존중하는 태도, 명랑함 등의 인성적 특성들이 요구된다(김성력, 1982).

3. 사회에서 필요한 자질

1) 사회모범으로서의 자질

교사는 사회 구성원으로서 학교와 학급에서 뿐만 아니라 사회에 있어서도 도덕적 모범이 되어야 한다. 초 · 중등 학생들은 실제로 교사의 사고와 행동을 모델로 삼는 경우가 많기 때문이다.

2) 변화촉진자로서의 자질

교사가 국가 및 지역사회의 발전에 지도적 역할을 하기 위해서는 우선 애국심 ·

애향심과 봉사정신을 갖추어야 한다. 또 현대의 시대적 요청에 대한 정확한 인식과 사회의 발전적 미래상에 대한 비전과 세계화된 넓은 안목이 있어야 하며, 폭넓은 지식의 소유와 더불어 지역사회와 관련된 필요한 정보를 수집하는 능력, 탐구력, 지역사회 주민을 위한 교육 프로그램 개발 및 운영 능력이 있어야 한다. 지도력, 적극성, 창의성, 미래지향적이고 발전지향적인 태도, 확고한 가치관도 요구된다. 그 외에 성인들을 지도하기 위해서는 앞에서 제시한 학생지도자로서의 자질들의 대부분이 필요하다.

3) 교권신장의 주체로서의 자질

교사는 교권신장을 위해 주체적으로 노력하기 위해서 긍정적 자아개념과 주체성을 가지고 있어야 하며, 교원단체에 대한 적극적 참여의식과 단결심, 협동정신, 실천력이 요구된다. 또 전문성을 인정받기 위해서 교과내용, 교육이론, 교과교육이론, 교수법 등에 대한 전문적 지식과 능력을 갖추어야 하며, 고상한 인품과 도덕성이 있어야 한다. 또 자기개발을 위한 의지와 끊임없는 노력도 필요하다.

4) 연수 및 연구자로서의 자질

교사는 자기개발을 위해 노력하는 적극성과 발전지향적 태도, 교육 이론이나 교과에 관한 지식의 새로운 발전 동향에 대한 관심이 요구되며, 연구를 수행하기 위해서는 왕성한 호기심과 탐구력, 관찰 · 비교 · 분석 · 종합 · 비판하는 능력, 논리적인 사고력, 창의성 등이 있어야 한다.

한편, 김정자(1985)는 바람직한 교사의 자질에 대해 다음과 같이 제시하였다(기순신, 2002). 설문 조사 결과에 의하면 교사의 자질 중에서 가장 중요한 영역으로는 교사의 인성(33.8%)이며, 2순위는 교사의 교육관(25.6%), 그리고 3순위는 교수법(22.2%) 등의 순으로 나타났다.

표 2-1

교사의 자질에 대한 중학생 설문 조사 결과

N=581

영역	교사의 자질	계	백분율
교수법	· 교과를 쉽고 재미있게 지도 · 격려, 충고, 대화 풍부 · 말의 표현이 아름답다 · 연구, 노력하는 교사	129	22.2
교육관	· 학생을 이해 · 학생에 관심, 헌신적 지도 · 공평 · 인격적 대우 · 국적 있는 교육, 애국심 고취	149	25.6
지식	· 교과 외 지식 · 풍부한 교양	36	6.2
인성	· 자상하게 사랑, 친근 · 엄격, 솔직, 주관 확립 · 유머 풍부 · 겸손, 원만 · 친절, 점잖음 · 화를 안냄 · 침착 · 활발 · 정의파 · 인격자	196	33.8
용모	· 인상이 좋음 · 미남/미녀 · 젊음 · 용모단정	28	4.8
기타	· 나에게 관심 · 내가 좋아하는 교과 선생님 · 이유 없이 좋다 · 마음이 맞는다 · 노래를 잘 부름	43	7.4
계		581	100

제2절 교사의 역할

교사의 역할이란 교사로서 해야 하는 또는 할 것으로 기대되는 일을 말하며, 교사의 자질이란 그 일을 수행하는 데 필요한 적절한 능력과 태도 등을 의미한다. 이런 점에서 볼 때, 교사의 역할과 자질은 밀접한 관련이 있다.

현대사회가 요구하는 교사는 단순한 지식이나 기능만을 가르치는 것 뿐만 아니라 학생 개개인의 원만한 인격형성을 위한 제반 활동 수행이 기대된다. 즉 교사의 역할은 학습지도뿐만 아니라 학생 개개인의 건전한 성장과 발달을 돕기 위한 모든 생활지도 활동까지를 포함한다. 교사가 수행하는 역할은 학급, 학교, 지역사회로 구분하여 설명할 수 있다. 학교에서 교사가 수행하는 역할은 매우 다양하다.

1. 학습조력자로서의 역할

교사의 가장 핵심적인 임무는 학생들로 하여금 학습활동을 하게끔 도와 주는 일이다. 이는 교사의 역할이 단순히 지식을 전달하는 데 그치는 것이 아니라 학생들이 가치로운 지식을 이해하고 새로운 지식을 찾아내며, 이미 습득한 지식을 적용하고 새로운 문제를 해결할 수 있도록 도와 주는 것을 의미하는 것이다. 또 교사는 학생들의 발달단계와 개인차에 맞도록 전문적인 학습과정을 마련해 주어 학생들이 원하는 목표에 도달할 수 있도록 조력자의 역할을 수행해야 한다(권건일, 2000).

2. 생활지도자로서의 역할

학생들은 교사와의 인간적인 상호작용을 통하여 성장 · 발달하게 된다. 따라서 교사는 학생들의 성숙을 위하여 다양한 역할을 수행하게 되는데, 이를 인생안내자로서의 역할이라 할 수 있을 것이다.

교사는 개인적 또는 집단적 상담자로서의 역할과 임무가 있다. 오늘날 대부분의 학교에 상담실과 상담전담교사가 배치되어 있으나 아직 전문적인 역량이 부족한 경우가 있고, 또 상담은 문제를 가지고 있는 내담자의 자발적인 태도가 문제 해결에 중요하므로 교사는 학생의 신상과 학교 내외에서의 문제 등에 관한 충분한 자료를 수집하여 언제 어디서나 학생의 상담요구에 응할 수 있어야 한다.

교사는 학생들보다는 일찍 다양한 경험을 했는데 이는 진학지도나 취업지도, 학습지도 등과 같은 학생지도에 귀중한 자료가 될 수 있다. 또 학생들의 바람직한 인격 및 지식의 습득과 학생집단의 질서를 유지하고 공공의 규칙을 지키는 태도를 기르기 위해서는 엄격한 훈육자로서의 역할도 수행해야 할 것이다.

3. 교육평가자로서의 역할

교사는 학습지도나 생활지도를 비롯한 모든 교육활동에 있어서 목표 도달 정도를 평가해야 한다. 교육평가는 주로 학생의 학업성취도를 평가함으로써 시작되지만, 교사에게 있어서 이것은 자신이 준비하고 수행한 교육의 각 단계를 반성하게 함으로써 다음에는 더 나은 교육을 할 수 있도록 하는 피드백 효과를 갖는다.

교육은 단지 인간의 지적인 성장만이 아니라 균형 있는 전인적인 인간의 성장을 추구하는 것이다. 그러므로 평가에는 인지적인 학습의 성취에 대한 평가뿐만 아니라 정의적 영역과 운동 기능적 영역도 포함되어야 하며, 특히 학생들의 생활지도, 특별활동, 그리고 학교 · 학급경영면의 평가도 교육경영의 측면에서 이루어져야 한다(진영은, 2006).

4. 학급경영자로서의 역할

학급경영이란 효율적인 수업을 촉진하기 위한 학급상황을 조성하고 유지하는 활동이다. 효율적인 학급경영을 위해서 교사는 자신의 교육철학과 분석 기준을 가지고 자신이나 동료교사가 과거에 수업을 효율적으로 유도한 상황을 분석함으로써 이상적인 학급상황을 구체화해야 한다. 그리고 그 결과를 현재의 학급상황과 비교함으로써 문제점을 찾아내고, 그 문제점을 해결하기 위한 경영전략을 선정하고 실천에 옮겨야 한다. 경영과정의 마지막 단계는 경영의 효율성을 평가하는 단계로 교사는 자신의 노력이 바람직한 상황을 조성하여 유지한 정도를 평가함으로써 계속적인 개선과 발전이 가능하게 할 것이다.

5. 그 밖의 역할

교사는 학교 단위에서는 제반 학교경영에 참여해야 하며, 다양한 학교행사를 계획하고 실시해야 하며, 직장인으로서 수행해야 할 역할도 있다. 또한 사회에서 볼 때, 교사는 중요한 사회성원으로서 사회의 모범이 되어야 하며, 사회변화를 촉진시키는 역할을 담당해야 하고, 교사의 권리와 권위를 신장시키는 주체로서의 역할을 담당해야 한다. 그리고 끊임없이 연구하는 연구자로서의 역할을 수행해야 한다.

울포크(Woolfolk, 1995)는 교사의 역할로 수업전문가로서의 역할, 동기유발자로서의 역할, 경영자로서의 역할, 지도자로서의 역할, 상담자로서의 역할, 모범으로서의 역할, 반성자로서의 역할 등을 제시하였다. 그리고 김종철 등(1994)은 교사의 역할을 일반적 역할, 학교사회에서의 역할, 학급에서의 역할 등으로 구분하기도 했다(김남성 등, 2005).

제 3 절 대한민국 교사의 자질과 역할

교사상이란 여러 가지 바람직한 교사의 자질들을 높은 수준에까지 체득하여 자기가 살고 있는 특정한 시대와 사회의 교육 현실에서 제기되는 역할들을 적절하게 수행하고 있는 교사의 모습을 말한다(한국교원단체총연합회, 1997). 교사의 자질과 역할은 고정되어 있는 것이 아니라 시대와 장소 및 관점에 따라 변하는 것이므로 바람직한 교사상도 그에 따라 달라질 수밖에 없다. 이것은 현대의 한국이라는 시·공간적으로 특수한 사회에 요구되는 바람직한 교사상이 제기될 수 있다는 것을 의미한다. 우리나라는 21세기를 맞이하여 국가의 전반적인 개혁 및 구조조정을 통하여 경제적 위기를 벗어나 제2의 도약을 실현함으로써 세계 속의 주도적인 국가로 우뚝 서는 새로운 시대를 열어 가려 하고 있다. 새로운 시대에는 새로운 정신이 필요하고 따라서 모든 개혁에는 교육개혁이 선행되어야 하며 이는 결국 교사에 의해 주도되어야 할 것이다. 그러므로 새 시대를 열어 가기 위한 바람직한 교사상을 명확하게 제시할 필요가 있다.

한국교원단체총연합회(1997)에서는 미래사회의 특성과 관련하여 바람직한 교사의 자질과 역할을 다음과 같이 제시하였다.

첫째, 능동적이고 창의적으로 사고하는 능력과 습관을 가진 교사다. 현대 한국사회의 가장 두드러진 특징은 급격하게 변화하고 있다는 것이다. 변화는 현대가 가진 대표적인 특징들 중의 하나이지만 특히 우리나라는 개화기에서부터 일제강점기와 해방, 6 · 25동란을 거쳐 현재에 이르기까지 격동의 세월을 거치면서 100년 남짓한 기간에 정신적 · 물질적인 대부분의 영역에서 급격한 변화를 경험하였다. 그리고 그러한 변화는 점점 더 가속화되어 가고 있다. 그러므로 사람들이 이러한 신속한 변화에 대처할 수 있도록 바람직한 교사는 변화의 경향에 대한 인식과 우리 사회의 미래에 대한 전망을 가지고 사회를 개선하고 올바른 길로 인도하는 선구자가 되어야 한다. 또 학생들이 지식은 그 자체가 목적이 아니라 생활의 수단임을 깨닫게 하고, 죽은 지식보다 산지식을 가지도록 지도하며, 삶에서 부딪치는 문제들을 스스로 해결해 나갈 수 있도록 사고력을 발달시켜 주어야 한다. 그렇게 하기 위해서는 교사 자신이 능동적이고 창의적으로 사고하는 능력과 습관을 가지고 있어야 한다.

둘째, 민주적 의식과 태도를 지닌 교사다. 오늘날 우리 사회는 점차 민주화되어 가고 있다. 정치적으로 오랜 기간의 군부독재가 종식되고 중앙집권적 행정구조가 지방 분권화되어 가고 있다. 소수의 특권층 위주의 사회로부터 서민의 사회, 대중의 사회로 변화하고 있는 것이다. 이러한 민주화는 생활 속에서는 다양성과 개성의 존중으로 나타난다. 그러므로 바람직한 교사는 학생 위에 군림하려 하지 말고, 학생들의 인격과 개성을 존중하고 키워 주며, 민주주의를 생활화하고, 민주주의적 사회질서를 수립하는 데 교육적 노력을 경주해야 한다.

셋째, 개방적이고 다원적인 가치를 지닌 교사다. 현재 우리 사회는 세계화를 추구하고 있으며, 이러한 성향은 미래로 갈수록 더욱 촉진될 것이다. 교통과 통신의 발달은 세계를 하나의 큰 사회로 묶어 내고 있는데, 우리나라는 특히 북한 및 세계 열강들의 틈바구니에 끼어 있는 지정학적 위치와 무역에 크게 의존하는 경제적인 구조로 인해 세계의 여러 국가들과 치열하게 경쟁을 하면서도 긴밀하게 협조해야 하는 상황에 처해 있다. 그러므로 학생들의 의식을 세계화하고, 온누리와 함께 어울려 살아갈 수 있는 세계인으로 길러 내기 위하여 바람직한 교사는 편협한 민족주의나 국수주의에서 벗어나 문화다원주의적 입장에서 폭넓게 세상을 바라보며, 세계의 다양한 문화자원을 교육내용으로 활용해야 한다.

넷째, 인간성 함양을 위해 노력하는 교사다. 건국 이후 우리나라는 과학입국을 외치면서 고도의 경제발전을 지속적으로 추진해 왔다. 그 결과 우리의 삶의 양식과 질은 크게 개선되었으나 인간성이 상실되는 현상이 발생했다. 그러므로 교사는 교육의 궁극적 목적이 지식의 전달이 아니라 인간성 함양에 있음을 깨닫고 학생들을 사랑으로 포용하며, 성실하게 대화하고, 이해해 주어야 한다.

다섯째, 정보처리 능력을 갖춘 교사다. 컴퓨터와 통신기기의 발달과 정보망의 구축으로 국내외의 모든 정보에 점점 더 손쉽게 접근할 수 있게 되어 가고 있으므로 이제는 단순한 지식인이 아니라 정보를 수집하고 목적에 맞게 가공하여 활용하는 정보처리을 가진 교사가 필요하다. 그러므로 스스로 다양한 정보의 원천을 파악하고, 컴퓨터와 인터넷 등의 정보망을 활용하는 능력을 갖추며, 필요한 정보를 찾아 올바로 해석하고, 자기의 상황에 맞게 가공하고 처리하는 능력을 기른 교사가 학생들을 지도해야 한다.

여섯째, 창의력과 개방적인 태도 및 능력을 길러 주는 교사다. 오늘날 경제적으로 많은 어려움을 겪고 있기는 하지만 커다란 맥락에서 볼 때 우리나라는 OECD에 가입하는 등 경제적으로 선진국으로 도약하고 있으며, 이는 문화적 선진화를 유도하고 있다. 즉 우리 국민은 문화적 시민으로서의 자질을 길러 긍지를 가지며, 새로운 한국 문화를 창조하고 세계화로 나가야 한다. 그러므로 교사는 과거의 문화유산을 전달하고, 나아가 학새들이 새 문화를 창조할 수 있도록 창의력과 진보적 태도를 길러 주어야 한다. 특히 사고방식과 태도는 주로 모방을 통해서 길러지므로 교사 자신이 창의력과 진보적 태도를 체득하고 실천해야 한다.

일곱째, 민족의 통일에 기여하는 교사다. 우리 나라가 안고 있는 가장 커다란 민족적 과제는 남북통일을 실현하는 것이다. 그러므로 교사는 통일에 대비하여 학생들에게 민족정신과 동포애를 길러 주고, 이데올로기적으로 올바른 판단을 할 수 있도록 비판적 사고력을 길러 주어야 한다. 이러한 통일교육을 위하여 교사는 확고한 국가관과 민족관, 이데올로기, 비판적 사고력을 갖추어야 한다.

여덟째, 확고한 윤리적 가치관을 지닌 교사다. 현대 사회는 가치관이 급속도로 혼란스러워지고 있다. 우리 사회의 급속한 변화는 세대 간의 가치 차이를 심화시키고 있으며, 민주화는 다양한 가치관의 혼재를 가능하게 한다. 또 산업화와 기계화는 비인간화를 초래하기도 한다. 그러므로 사회의 도덕적 모범으로서의 역할을 해야 하는 교사는 다른 어느 시대보다도 확고한 가치관과 가치판단 능력을 길러 사회의 여러 가치나 윤리적 사건들을 공정하게 판단하며, 학생들이 올바른 가치를 선택할 수 있도록 지도해야 한다.

아홉째, 끊임없이 연구하고 자신을 개발하는 교사다. 현대는 평생교육의 시대다. 앞의 여러 가지 현대 한국 사회의 특징들을 우리가 평생 배우고 연구하는 것 만이 이 사회에 원만하게 적응할 수 있는 방법이며 나아가 발전하는 교사가 될 수 있음을 말해 준다. 이러한 평생교육은 불확실한 미래에 대비하여 학생들을 지도해야 하는 교사에게 더욱 절실히 요구된다. 앞에서 제시된 역할들을 원활하게 수행하고, 또 그것들을 위해 필요한 자질들을 지속적으로 높여 나가기 위해서 교사는 끊임없이 자신을 개발하고 성장시켜 나가야 한다.

【단원별 과제】

[2.1] 교사의 역할과 자질에 대한 생각(작성하시오)

구분	내 용
교사의 자질	
교사의 역할	

[2.2] 미래사회가 요구하는 교사의 자질과 역할에 대해서 설명하시오.

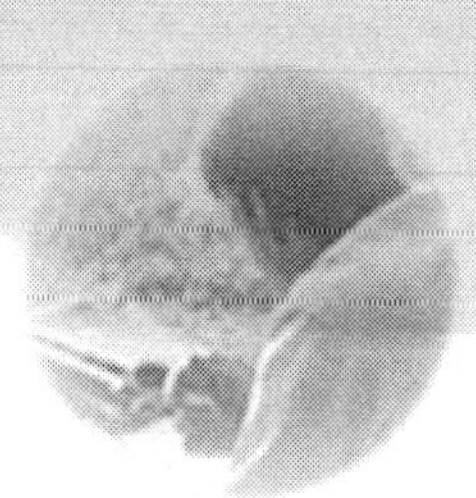

제 3 장

교사의 권리와 의무

우리나라에서는 교사의 자격증을 국가에서 부여하고 있으며, 국 · 공립학교의 경우 교원은 국가공무원이다. 사립학교 교원도 국가공무원에 준하는 신분과 지위를 갖는다. 교원은 법적으로, ① 교육공무원, ② 근로자, ③ 전문가로서의 지위를 갖는다.

교사의 권리는 크게 ① 교육할 권리, ② 신분상의 권리, ③ 재산상의 권리로 나눈다. 교육할 권리는 다시 교육과정의 결정 및 편성권, 교재의 선택 · 결정권, 교육내용 및 방법의 결정권, 교육평가권, 학생지도 및 징계권 등으로 나뉘는데, 이 권리들은 학생들의 학습할 권리 등과 맞물려 있고, 제한적으로 허용된다. 한편, 신분상의 권리는 신분 및 직위 보유권, 직무 집행권, 재심청구 및 행정 쟁송권, 불체포 특권, 교직단체 활동권 등으로 나뉜다. 이 중에서, 불체포 특권은 국회의원과 선거관리위원회 위원 외에는 교원에게만 있다. 그리고 교원들은 노동조합을 결성할 수 있지만 단체행동권은 주어지지 않는다.

교사의 의무는, 적극적 의무와 소극적 의무로 나눈다. 적극적 의무에는 교육 및 연구 활동의 의무, 선서의 의무, 성실의 의무, 복종의 의무, 품위유지의 의무, 비밀엄수의 의무 등이 있다. 소극적 의무로는 정치활동 금지의 의무, 영리 및 겸직 금지의 의무, 집단행위의 제한, 영예 등의 제한을 들 수 있다. 이들 의무를 게을리하면 신분상의 불이익이나 법의 제제를 받는다.

제1절 교사의 신분과 지위

우리나라의 경우, 국 · 공립학교 교사 국가공무원의 신분으로 정하고 있으며, 사립학교 교사의 신분도 국 · 공립학교에 준한다. 이러한 현실에서, 교사의 신분과 지위는 헌법을 비롯한 여러 교육 관련 법률을 살펴봄으로써 쉽게 이해할 수가 있다.

1. 법률의 개관

교사의 신분에 관해서는 헌법, 국가공무원법, 교육기본법, 초 · 중등교육법, 교육공무원법, 사립학교법, 그리고 교원지위향상을 위한 특별법 등에서 명시하고 있다.

〈헌법〉

제7조 ② 공무원의 신분과 정치적 중립성은 법률이 정하는 바에 의하여 보장된다.

제31조 ④ 교육의 자주성 · 전문성 · 정치적 중립성 및 대학의 자율성은 법률이 정하는 바에 의하여 보장된다.

⑥ 학교교육 및 평생교육을 포함한 교육제도와 그 운영, 교육재정 및 교원의 지위에 관한 기본적인 사항은 법률로 정한다.

〈교육기본법〉

제14조 (교원) ① 학교교육에서 교원의 전문성은 존중되며, 교원의 경제적 · 사회적 지위는 우대되고 그 신분은 보장된다.

② 교원은 교육자로서 갖추어야 할 품성과 자질을 향상시키기 위하여 노력하여야 한다.

〈교육공무원법〉

제43조 (교권의 존중과 신분보장) ① 교권은 존중되어야 하며, 교원은 그 전문적 지위나 신분에 영향을 미치는 부당한 간섭을 받지 아니한다.

② 교육공무원은 형의 선고 · 징계처분 또는 이 법에서 정하는 사유에 의하지 아니하고는 그 의사에 반하여 휴직 · 강임 또는 면직을 당하지 아니한다.

③ 교육공무원은 권고에 의하여 사직을 당하지 아니한다.

〈교원지위향상을 위한 특별법〉

제6조 (교원의 신분보장 등) ① 교원은 형의 선고, 징계처분 또는 법률로 정하는 사유에 의하지 아니하고는 그 의사에 반하여 휴직 · 강임(강임) 또는 면직을 당하지 아니한다.
② 교원은 해당 학교의 운영과 관련하여 발생한 부패행위나 이에 준하는 행위 및 비리 사실 등을 관계 행정기관 또는 수사기관 등에 신고하거나 고발하는 행위로 인하여 정당한 사유 없이 징계조치 등 어떠한 신분상의 불이익이나 근무조건상의 차별을 받지 아니한다.

이상에 옮긴 법에 따르면 우리나라의 경우 교원의 신분과 권리를 법률을 통하여 구체적으로 명시, 보장하고 있다. 특히 특별법 형식으로 마련된 '교원지위향상을 위한 특별법'은 헌법과 교육기본법의 내용을 구체화하여 독립적인 법률로 제정된 것인데, 일반공무원에 비해 교육공무원으로서의 교원의 신분과 지위를 강조하는 증거라 할 수 있다.

또한 제31조 ④항의 법률적 의미를 잘 새겨볼 필요가 있다. 허종렬(2004 : 16-18)은 교육의 주체는 결국 교원이기 때문에 동 조항에서 '교육'을 '교원'으로 치환(置換)하여 해석할 수 있다고 하였다. 이에 따르면, 교원은 법률에 의해 전문적 신분을 보장받고 있으며, 정치적 권력으로부터 교사의 권리를 침해당하지 않는다.

그렇다면 교원이지만 국가공무원이 아닌 사립학교 교원의 경우는 법적 신분이 어떠한가? 사립학교 교원은 학교법인과 사법(私法)상의 관계를 맺고 있지만, 신분상의 권리는 국 · 공립학교 교원과 동일하다. 사립학교의 교원도 신분보장에 있어서는 국가공무원법을 준용하고 있기 때문이다(사립학교법 제58조 ②와 제60조 등).

2. 교사의 법적 지위의 의미

앞서 교원의 신분에 관한 법률을 대략적으로 검토하였는데, 이들 법 조항에 포함된 보다 구체적인 의미는 세 가지로 나누어 볼 수 있다(표시열, 2000; 이윤식 외, 2007 : 339-340). ① 교육공무원, ② 근로자, ③ 전문가로서의 지위가 그것이다.

첫째, 교육공무원으로서의 지위는 국민 전체에 대한 봉사자이다. 헌법 제7조 ①에서 '공무원은 국민전체에 대한 봉사자이며, 국민에 대해 책임을 진다.'라고 밝히고 있다. 교육공무원법 제1조에서도 '이 법은 교육을 통하여 국민전체에 봉사하는 교육공무원의 직무에 책임의 특수성에 비추어……'라고 하여, 교사는 학생 및 학부모의 지역, 종교, 계층 등에 관계없이 동등하게 대하며 교육할 책임과 의무를 지게 된다.

둘째, 교사의 사회적 지위는 교사가 사회에서 국민들로부터 존중되는 위치에 있는 것, 또는 교사에 기대되는 역할 내지 신분의 의미로 파악할 수 있다. 교사도 기본적으로 근로자로서, 헌법 제33조 ②에서, '공무원인 근로자는 법률이 정하는 자에 한하여 단결권, 단체교섭권 및 단체행동권을 가진다.'라고 규정하였다. 그러나 국가공무원법 제66조에서는 매우 제한된 노무에 종사하는 자에게만 단결권과 단체협상권을 인정하고 있다. 그러나 이 조항에도 불구하고, 교원의 노동조합설립 및 운영 등에 관한 법률에 의해 교원들의 노동조합 결성 및 단체교섭권이 인정된다.

한편, 전문가 지위로서의 교사는 교원지위향상을 위한 특별법 제2조 ①에서 '국가, 지방자치단체, 기타 공공단체는 교원이 사회적으로 존경받고 높은 긍지와 사명감을 가지고 교육활동을 할 수 있는 여건이 조상되도록 노력하여야 한다.'라고 밝히고 있다. 또, 동법 제2조 ②에서 '국가, 지방자치단체, 기타 공공단체는 교원이 학생에 대한 교육과 지도를 함에 있어서 그 권위가 존중되도록 배려하여야 한다.'고 규정하는 한편, 동법 동조 ③에서는 '국가, 지방자치단체, 기타 공공단체는 그가 주관하는 행사 등에 있어서 교원을 우대하여야 하며, 교원이 교육활동을 원활하게 수행할 수 있도록 적극 협조하여야 한다.'고 되어 있다.

이러한 교사의 세 가지 지위—교육공무원, 근로자, 전문가—는 이 장에서 공부할 교사의 권리와 의무를 규정하는 토대가 된다.

제 2 절 교사의 권리

교사의 법적 신분 및 지위에 관한 조항과 그 의미는 교사의 권리로 표현되고 있는데, 이는 교사의 권리는 곧 교육권의 맥락에서 그 의미가 분명해진다. 교육권은 '교육을 하는 권리'와 '교육을 받을 권리'로 구분되는 데, 전자는 대개 부모의 교육하는 권리, 국가의 교육하는 권리, 교사의 교육하는 권리를 포함한다. 한편, 헌법 제31조 ①항에는 '모든 국민은 능력에 따라 균등하게 교육을 받을 권리를 가진다.'라고 규정되어 있는데, 이는 '교육받을 권리(학습권)'를 규정한 것이다.

이런 맥락에서 교사의 교육권은 궁극적으로 국가에서 부여받은, 즉 공권력에 의해 부여받은 일정한 요건을 갖춘 교사자격증을 가진 교사로서 학생을 위해 교육할 권리를 의미한다(이윤식 외, 2007 : 341).

한편, 표시열(2000)은 교육공무원인 교사의 권리를 ① 교육할 권리, ② 신분상의 권리, ③ 재산상의 권리로 나누어 설명하고 있는데, 이 체계를 따라 교사의 권리를 살펴보자.

교사의 권리를 적극적 권리와 소극적 권리로 나누기도 한다(표 1-2 참고).

1. 교육할 권리

초·중등교육법 제20조 ③에는 '교사는 법령이 정하는 바에 따라 학생을 교육한다.'라고 규정되어 있다. 이를 바탕으로 교사의 교육할 권리의 내용과 한계가 무엇인지 살펴보자.

1) 교육과정의 결정 및 편성권

우리나라의 교사들은 교육활동의 핵심인 교육내용을 결정하고 교과서를 제작하는데 얼마만큼의 권리(한)를 갖고 있을까? 우리나라는 국가 수준의 교육과정을 갖고 있는 대표적인 나라이며, 초·중등학교의 교과서 발행에서 국정교과서 제도와 검인정교과서 제도를 적용하고 있다.

초등학교와 중학교의 경우 교육과정은 크게 교과활동, 특별활동, 재량활동으로 나누어지는데, 교과목이나 활동 영역별 교육목표 또는 수업 시수는 교육과학기술부에서 고시하는 '교육과정'에 정해져 있다. 따라서 학교에 근무하고 있는 교사들에게는 교육과정의 결정과 관련하여 재량권이 별로 없다.

또한, 교과서 발행에서도 교사들에게는 재량권이 많지 않다. 우리나라의 학교교육에서 중심적인 교육매체를 담당하는 교과서는 국가(교육과학기술부)가 저작권자인 국정교과서 제도와 교사나 일반국민이 교과서를 작성하여 국가의 심의를 통과해야 하는 검인정제도를 함께 쓰고 있다. 초등학교는 전자에 해당되고, 중등학교는 국어·국사·도덕 등 일부 과목은 국정교과서 제도를, 나머지는 검인정제도를 채택하고 있다. 이처럼 우리나라에서는 어떤 경우든 국가에서 교과서의 내용을 결정하고 발행하는 권한을 갖고 있어 교사 개인은 교과서의 내용을 독자적으로 결정하거나 발행할 수 없다.

2) 교재의 선택 및 결정권

초 · 중등교육법 제29조를 보면, "학교에서는 국가가 저작권을 가지고 있거나 교육과학기술부장관이 검정 또는 인정한 교과용 도서를 사용하여야 한다."고 되어 있다. 이것은 국가에서 법에 정한 교육목적을 달성하기 위해서 각급 학교의 교과서로 적합하다고 인정된 것에 한해 교과서로 사용할 수 있을 뿐, 그렇지 않은 교과서를 임의로 사용해서는 안 된다는 것을 명시한 것이다.

학교 현장에서 통일교육이나 이슈가 되는 사회문제를 주제로, 교사의 자의적 판단에 따라 교재를 만들어 사용하는 경우 제제를 받는 경우가 간혹 있는데, 바로 이런 이유에서이다. 하지만 중등학교의 경우 출판된 검인정 교과서 중에 학교에서 선택하여 교과서로 사용한다는 점에서 제한된 범위 내에서는 교재의 선택 · 결정권이 있음을 알 수 있다.

3) 교육내용 및 방법의 결정권

교육내용 및 방법의 결정권이란 교사가 수업을 할 때 가르칠 내용이나 수업 방법을 스스로 선택할 권리를 말한다. 그렇다면 이와 관련하여 교사들은 어느 정도의 권한을 갖고 있을까? 우리나라에서는 초 · 중등학교 교사들에게 교육내용이나 교육방법의 결정 권리를 소극적으로 인정하고 있다. 그 이유는 다음과 같다. 초 · 중등학교 학생들은 교육내용에 대해 비판적으로 사고하고 판단할 만한 능력이 부족하여 교사들의 결정이 학생들에게 무비판적으로 수용될 가능성이 있기 때문이다. 또 교육의 기회균등이라는 측면에서, 전국적으로 교육내용의 통일성 내지는 일정한 수준을 유지해야 할 필요가 있기 때문이다.

교사가 교육내용이나 수업 방법을 스스로 결정하여 실천하는 과정에서 전적인 자율권이 주어지지 않는 것과 관련된 교육 판례를 종종 볼 수가 있다. 오래 전의 판례이지만 대략적인 내용을 소개하면 다음과 같다.

"교수-학습 지도안을 작성하여 제출하라는 교장의 명령을 거부하고, 학사 운영에 역행하는 언행을 한 고등학교 교사가 학기 중에 다른 학교로 전보조치를 받았다. 이에, 그 교사는 전보 내신을 내지도 않았는데, 자신의 의사와 무관하게 다른 학교로 가게 한 것은 부당하다고 교육감을 상대로 전보조치 취소 청구를 냈다. 이에 교원징계재심위원회에서는 교사와 학생의 생활지도상 필요하다고 직근감독자(교장)의 요청에 따라 이루어졌고, 근무지의 변동이 실질적인 신분상의 불이익을 가져온 것이 아니므로, 전보조치는 정당하다 하여 청구인(교사)의 청구를 기각하였다(교원 징계결정 91-41, 전보조치 취소 청구 결정문집, 1991, pp. 111-112).

4) 교육 평가권

교사의 권한 중 학생의 발달과 성장, 특히 학업 성취에 대한 판단은 매우 중요하다. 교사가 학생을 어떻게 평가하느냐에 따라 학생의 미래가 결정되기 때문이다. 따라서 교사의 학생 평가권은 외부의 부당한 압력으로 부터 영향을 받아서도 안 되지만, 그렇다고 교사가 객관성과 공정성, 합리성을 지키지 못하는 것도 크게 경계해야 할 사항이다.

5) 학생지도 및 징계권

초 · 중등교육법 제18조(학생의 징계) ①에는, "학교의 장은 교육상 필요한 때에는 법령 및 학칙이 정하는 바에 의하여 학생을 징계하거나 기타의 방법으로 지도할 수 있다. 다만, 의무교육과정에 있는 학생을 퇴학시킬 수 없다."라고 명시되어 있다. 또, 초 · 중등교육법시행령 제31조(학생의 징계 등)에서는 징계의 종류(학교 내의 봉사, 사회봉사, 특별교육이수, 퇴학 처분)와 절차에 대해 규정하고 있다.

이렇게 보면, 학교에서 학생 징계의 권한은 학교장에게 있다. 그러나 학생 훈육이나 체벌 등은 교사의 '사실상 지도' 행위로 볼 수 있다. 이 중 체벌에 관해서는 제한적 권리를 인정하고 있다. 교육기본법 제12조에서는 학생을 포함한 학습자의 기본적 인권을 강조하고 있고, 초 · 중등교육법시행령 제31조 ⑦에서는, "학교의 장이 학생을 지도할 때에는 교육상 불가피한 경우를 제외하고는 학생에게 신체적 고통이나 인격적 모독을 가하지 아니하는 훈육, 훈계 등의 방법으로 지도하여야 한다."고 규정하여 교육상 불가피한 경우에만 교육적 체벌을 인정하고 있다.

그렇다면, 학교에서 체벌이 정당한 행위가 되려면 어떤 전제가 필요한가? 과연

① 체벌의 목적이 명백하게 '교육상 필요'에 의한 것이었는지, ② 다른 교육적 수단으로 교정이 불가능하였는가, ③ 체벌이 교육적인 방법으로 실시되고, 학생의 발달 수준에 적합하였는가, ④ 체벌로 인한 상해의 위험도를 고려하여 적절한 주의를 주었는가? 등이 고려된다. 만일 학생 처벌과 관련하여 법적인 문제가 발생하면, 교사는 경중에 따라 징계를 받거나 심한 경우 형법의 적용을 받기도 한다.

2. 신분상의 권리

앞에서 교사의 법적 지위와 신분을 살펴보았다. 이 부분에서는 구체적으로, 교사의 신분상 권리를 살펴보자.

1) 신분 및 직위보유권

교사의 신분 보장은 교육기본법 제14조의 "학교교육에서 교원의 전문성은 존중되며, 교원의 경제적 · 사회적 지위는 우대되고 그 신분은 보장된다."라는 법 조항에 의해 강조되고 있다. 또, 교육공무원법 제43조(교권의 존중과 신분보장)에 나타난 대로, 교원은 법령이 정하는 사유와 절차에 의하지 않고는 그 신분과 직위로부터 일방적으로 배제되거나 그 직위에 속하는 직무의 집행을 방해 당하지 아니하는 권리를 가진다. 즉 교원은 형의 선고, 징계처분 또는 법률에 정한 사유에 의하지 않고는 그 의사에 반한 휴직, 해임 또는 면직을 당하지 않는다.

이렇게 보면 교사의 신분 및 직위보유권은 '의사에 반한 신분 조치를 당하지 아니할 권리', '권고사직 당하지 아니할 권리', 직무 집행을 방해받지 않을 권리를 포함하는 것으로 이해할 수 있다.

2) 직무집행권

교원은 자기가 담당하고 있는 직무의 집행을 방해 당하지 않을 권리를 가진다. 교원의 직무집행권에 대한 구체적인 법규는 없지만, 교육기본법 제12조에 "학생은 교원의 교육 · 연구 활동을 방해해서는 안 된다."고 간접적으로 규정하고 있다.

교원의 직무는 학생을 교육하고 연구 · 지도하는 것이기 때문에, 학생조차도 이를 함부로 여겨서는 안 된다고 명시한 것이다. 일반인이나 학부모가 교사의 직무를 방해할 때에는, 공무원에게 적용되는 '공무방해죄'를 구성한다.

3) 재심청구 및 행정쟁송권

교사는 법에 어긋나는 부당한 처분을 받았을 때 소청, 기타 행정상 쟁송제기권을 가질 수 있다. 소청은 징계처분에 대하여 재심을 청구할 수 있는 제도인데, 여기에는 징계처분권자가 징계위원회의 의결이 가볍다고 볼 때 재심을 청구하는 경우와 징계처분 대상자가 징계위원회의 의결이 너무 과중하다고 느낄 때 이를 불복하고 재심을 청구하는 경우가 있다.

특히 후자의 경우, 교사들이 징계처분 기타 그 의사에 반하는 불리한 처분에 대하여 불복할 때에는 그 처분이 있음을 안 날로부터 30일 이내에 교육과학기술부에 설치된 교원징계재심위원회에 재심을 청구할 수 있다.

한편 재심위원회는 재심청구를 접수한 날부터 60일 이내에 이에 대한 결정을 하여야 한다. 다만 재심위원회가 불가피하다고 인정하는 경우에는 그 의결로부터 30일을 연장할 수 있다. 교원은 재심위원회의 결정에 대하여 그 결정서의 송달을 받은 날로부터 60일 이내에 행정소송법이 정하는 소송을 제기할 수 있다(교원지위향상을 위한 특별법 제10조). 그리고 교원이 그 처분에 불만하여 징계재심을 청구할 경우에는 그 사건의 최종 결정이 있을 때까지 후임자를 보충 발령하지 못한다(국가공무원법 제76조, 교육공무원법 제53조, 교원지위향상을 위한 특별법 제9조).

현재 교육공무원에 대한 징계는 국가공무원법에 규정되어 있는데, 징계의 사유는 ① 법령 위반, ② 직무 태만, ③ 위신 손상 등이 있고, 징계는 ① 파면, ② 해임, ③ 정직, ④ 감봉, ⑤ 견책 등이 있다.

표 3-1

징계의 종류와 주요 내용

징계 종류	주요 내용
파면	5년 이상 경과하지 않고는 공무원에 임용 불가
해임	2년 이상 경과하지 않고는 공무원에 임용 불가

정직	1~3개월 이하의 기간 중 신분은 보유하나 직무에 종사하지 못하며, 보수의 3분의 1을 감함
감봉	1~3개월 이하의 기간 중 보수의 3분의 1을 감함
견책	전과에 대하여 훈계하고 회개하도록 함

4) 불체포특권

교원은 형행범인 경우를 제외하고는 소속 학교장의 동의 없이 '학원 안에서 체포되지 아니할 특권'을 가진다(교육공무원법 제48조, 교원지위향상을 위한 특별법 제4조, 사립학교법 제60조). 이러한 교원의 불체포특권은 국회의원과 선거관리위원회의 위원 외의 공무원에게는 인정되지 않는 권리이다.

교원에게 이러한 특권을 인정하는 것은 학원의 자유를 보장하고, 교육 및 연구 활동을 수행하는 데 있어서 권력기관의 부당한 압력을 방지하는 데 목적이 있다. 즉 수사 기관이 형사소송법상 체포할 수 있는 요건을 갖추었다 해도 학교장의 동의 없이는 교원을 체포할 수가 없는데, 이것은 교원의 신분을 보호하고, 학생 교육이라는 직무 수행을 보장하여 학생들에게 피해를 주지 않기 위함이다. 이처럼 교원의 불체포특권은 교원의 신분상의 권리를 보장할 뿐만 아니라 '교원의 자율성'과 '학원의 불가침'을 보호하려는데 중요한 의미를 가진다. 그렇지만 이러한 교원의 특권이 학원 안에서 현행범을 은닉하려는 목적에 이용되어서는 안된다.

5) 교직단체활동권

교원들은 교사로서의 자질을 높이고 직무를 자율적이고 효율적으로 수행하며, 근무여건이나 복지를 향상시키기 위한 단체를 결성하여 활동할 수가 있다. 교사들의 교직단체 결성과 참여를 보장하는 법률을 보면 아래와 같다.

〈교육기본법〉

제15조 (교원단체) ① 교원은 상호 협동하여 교육의 진흥과 문화의 창달에 노력하며, 교원의 경제적 · 사회적 지위를 향상시키기 위하여 각 지방자치단체와 중앙에 교원단체를 조직할 수 있다.

〈교원지위향상을 위한 특별법〉
제11조(교원의 지위 향상을 위한 교섭 · 협의) ① 「교육기본법」 제15조 제1항에 따른 교원단체는 교원의 전문성 신장과 지위 향상을 위하여 교육감이나 교육과학기술부장관과 교섭 · 협의한다.
② 교육감이나 교육과학기술부장관은 제1항에 따른 교섭 · 협의에 성실히 응하여야 하며, 합의된 사항을 시행하기 위하여 노력하여야 한다.

〈교원의 노동조합 설립 및 운영 등에 관한 법률〉
제4조 (노동조합의 설립) ① 교원은 특별시 · 광역시 · 도 · 특별자치도(이하 "시 · 도"라 한다) 단위 또는 전국단위에 한하여 노동조합을 설립할 수 있다.
② 노동조합을 설립하고자 하는 자는 노동부장관에게 설립신고서를 제출하여야 한다.
제6조 (교섭 및 체결권한 등) ① 노동조합의 대표자는 그 노동조합 또는 조합원의 임금 · 근무조건 · 후생복지 등 경제적 · 사회적 지위 향상에 관한 사항에 대하여 교육과학기술부장관, 시 · 도 교육감 또는 사립학교를 설립 · 경영하는 자와 교섭하고 단체협약을 체결할 권한을 가진다. 이 경우 사립학교의 경우에는 사립학교를 설립 · 경영하는 자가 전국 또는 시 · 도 단위로 연합하여 교섭에 응하여야 한다.

현재 우리나라의 교원단체로는 한국교원단체연합회와 전국교직원노동조합이 대표적인데, 전자는 교원의 전문성 신장을 중심 목적으로 하며 후자는 근로조건의 개선에 더 초점을 둔다. 1998년 전국교직원노동조합(일명 전교조)의 출현으로 노동조합 성격의 교원단체가 등장하였다. 전교조는 단체교섭권을 갖고 있다.

6) 여교원의 동등신분보장권

여자와 연소자는 '특별한 보호'를 받도록 헌법(제32조)이 규정하고 있다. 여교원은 출산휴가에 대해서 출산의 전후를 통하여 60일 이내의 출산휴가를 받을 수 있다(국가공무원복무규정 제20조). 그리고 여교원은 산모의 건강 및 자녀 양육을 위하여 3년간의 휴직청구권이 보장되어 있다(교육공무원법 제44조).

3. 재산상의 권리

교원들에게는 안정적인 생활 기반 위에서 가르치는 일에 몰두할 수 있는 권리가 있는데, '재산상의 원리'로 표현된다.

1) 보수청구권

교육공무원법 제34조(보수결정의 원칙) ①에 "교육공무원의 보수는 우대되어야 한다."라고 되어 있고, ②에는 "교육공무원의 보수는 자격 및 경력과 직무의 곤란성 및 책임의 정도에 따라 대통령령으로 정한다."고 규정되어 있다. 그리고 동법 35조에는 각종 수당을 지급받을 권리를 명시하고 있다. 또, 동법 제36조 (명예퇴직) ①에는 "교육공무원으로서 20년 이상 근속한 자가 정년 전에 자진하여 퇴직하는 경우에는 예산의 범위 안에서 명예퇴직수당을 지급할 수 있다."고 명시되어 있다.

이런 법조항에 비추어 교사들은 보수에서 우대를 받고 각종 수당을 받을 권리를 갖고 있다. 이는 앞에서 말한 교육할 권리나 신분상의 권리보다 드러나는 권리는 아니지만, 교직생활을 수행하면서 기초적으로 보장되어야 하는 중요한 생활상 권리이다.

2) 연금청구권

교사들은 공무원연금법과 사립학교교직원연금법에 의해 자신과 유족들의 생활 안정과 복지향상을 위해 퇴직 후에 연금을 받을 수 있다.

제 3 절 교사의 의무

교사들은 학생들을 가르치면서 보장받는 권리가 있는 동시에 지켜야 할 책임과 의무가 있다. 특히 의무를 위반하였을 때에는 법의 제제를 받거나 신분상 불이익을 당하기도 한다. 교원의 의무에 관해서는 교육기본법 제14조(교원) ②에서, "교원은 교육자로서 갖추어야 할 품성과 자질을 향상시키기 위하여 노력하여야 한다."고 되어 있다. 교사의 의무는 적극적 의무와 소극적 의무로 구분된다. 전자는 주어진 일을 반드시 '해야 하는' 측면에서의 의무이며, 후자는 주로 '해서는 아니 되는'

금지 측면에서의 의무를 말한다.

1. 적극적 의무

교원들이 지켜야 할 적극적 의무로는 ① 교육 및 연구 활동의 의무, ② 선서 · 성실 · 복종의 의무, ③ 품위유지의 의무가 있다.

1) 교육 및 연구 활동의 의무

교원의 임무 중에 가장 중요한 것은 학생들을 가르치고 연구하는 데 최선을 다하는 것이다. 즉 교원은 항상 윤리 도덕적으로 사표(師表)가 될 품성과 자질을 기르고, 학문을 연찬하여 학생들을 가르치는 데 필요한 전문적인 지식과 방법을 연마해야 한다. 교육 및 연구 활동은 교사로서 수행해야 할 가장 본연의 책무인데, 이것을 게을리하면 지식정보화 사회에서 폭발적으로 증가하는 새로운 지식을 습득하지 못하여 학생들을 제대로 가르칠 수가 없기 때문이다.

전문직으로서의 교직에 종사하는 교사들에게 교육이나 연구 활동이 가장 본질적인 과업이자 의무라는 사실은 1966년 유네스코 회의에서 채택된 '교원의 지위에 대한 권고'에서 이미 천명되었다. 이를 소개하면 아래와 같다.

> "교원들은 그들의 교직의 지위가 상당히 그들 자신에게 달려 있다는 점을 인식하고, 그들의 모든 전문적인 직무수행에 있어서 최고의 가능한 수준에 이르도록 노력하여야한다."

이에 비추어 교사들은 자신들이 가르치는 교과의 내용에 대한 최신 지식을 이해하기 위해 노력해야 하며, 학생들의 특성에 가장 적합한 방식으로 가르치는 데 필요한 교수 기술을 연마해야 할 것이다.

그런데 교사들의 교육과 연구 책무는 넓게 보면 공무원으로 지켜야 할 직무전념 의무를 반영한 것이라 볼 수 있다. 즉 헌법 제7조에서 규정한 바와 같이, 공무원은 국민 전체에 대한 봉사자로서 국민에 대하여 책임을 지므로 교원도 이와 같은 의무가 있다. 국가공무원법 제56조는 "모든 공무원은 법령을 준수하며 성실히 직무를 수행하여야 한다."고 규정하고 있다.

이런 관점에서 교육 및 연구의 의무는, "직장의 무단이탈이나 영리업무에 종사 또는 소속 장관의 허가를 받지 아니한 겸직이 금지된다"(국가공무원법 제58조, 제64조)는 데까지 확대된다. 이 중에 직장이탈금지의무는 근무 시간 중에 소속 상관의 허가 없이 또는 정당한 이유 없이 학교를 이탈하지 못하며, 시간 외 근무명령의 경우에도 성립된다. 이것을 제대로 이행하지 않아 문제가 발생할 경우 형법상 직무유기죄가 구성된다.

2) 선서 · 성실 · 복종 의무

국가공무원법 제55조(선서)에 공무원은 취임할 때에 소속 기관장 앞에서 정해진 법령에 따라 선서를 하도록 규정하고 있으며, 동법 제56조(성실 의무)에서 "모든 공무원은 법령을 준수하며 성실히 직무를 수행하여야 한다."고 규정하고 있다. 또 동법 제57조(복종의 의무)에서는 '공무원은 직무를 수행할 때 소속 상관의 직무상 명령에 복종하여야 한다.'고 되어 있다. 교육공무원법에는 이런 의무에 대해 직접 규정하고 있지는 않지만 국가공무원법을 준용하도록 하고 있으므로, 교사들도 이들 의무를 반드시 지켜야 한다.

먼저, 공무원인 교원은 취임하기 전에 기관장 앞에서 "본인은 공직자로서 긍지와 보람을 가지고 국가와 국민을 위하여 신명을 바칠 것임을 다짐한다."는 요지의 선서를 하도록 되어 있다(국가공무원복무규정 제2조). 이것은 공무원의 행동 규범을 윤리적 측면에서 강령화한 것이며, 국민의 공복(公僕)으로서 솔선수범하겠다는 다짐을 강조하는 것이다. 교직에 처음 입문하는 교사들이 이런 선서를 형식을 갖추어 하지는 않는다 하더라도 그 정신만큼은 깊이 새겨야 할 것이다.

다음으로, 성실의 의무는 법령을 준수함과 동시에 앞에서 본 '교육 및 연구 의무'를 포괄하는 것이라 볼 수 있다. 교사들은 '공무원은 법령을 준수하며, 성실히 직무를 수행하여야 한다(국가공무원법 제56조)는 법령 준수 의무를 지켜야 한다. 즉 교사는 여타 공무원들처럼 고용주인 국가와 공법상의 근무관계를 형성하게 되므로 일정한 권리뿐만 아니라 국가에 대하여 일정한 요역을 제공할 의무를 지게 되는 것이다. 이러한 직무는 국가공무원복무규정에서 근무시간, 당직 근무, 출장근무 등에 대하여 세세하게 규정하고 있다. 한편 교원이 직무수행과정에서 법령에 위배

될 때에는 위법행위로써 교원의 지위에 불리한 법률상의 제재를 받게 되는데, 그 제제란 징계 책임, 형사 책임 또는 민사 책임까지 두루 포함된다.

마지막으로, 교원은 소속 상관의 직무상의 명령에 복종하여야 하는 의무가 있다(국가공무원법 제57조, 국가공무원복무규정 제3조). 직무상의 명령'(이하 '직무명령')이란 지휘 감독권이 있는 상관이 직무에 관하여 부하에게 발하는 명령을 말하는데, 그 직무 명령은 서면이나 구술 어느 형식에 의하여도 가능하다.

교직에서 복종의 의무를 강조하는 것은 상하 관계의 질서를 유지하고 행정의 능률성과 통일성을 확보하기 위한 것이다. 직무명령에 대한 위배는 공무원 관계에서의 의무 위반으로 징계사유가 된다(국가공무원법 제78조). 직무명령은 일정한 요건을 갖추어야 하는데, ① 정당한 권한을 가진 자가 발하여야 하고, ② 직무에 관한 명령이어야 하며, ③ 그 내용이 법령에 위배되는 것이 아니어야 한다. 학교조직에서 교장과 교사의 관계에서 간혹 명령-복종의 문제로 충돌이 발생하는데, 이 세 가지 요건에 저촉되지 않는 한 교장의 명령은 유효한 것으로 보는 것이 타당하다. 혹자는 교장과 교사의 관계를 상호협력 관계로 파악하기도 하지만, 이것이 상하의 복종관계를 경시하는 것으로 변질되어서는 안 된다.

3) 품위유지의 의무

국가공무원법 제63조에는 "공무원은 직무의 내외를 불문하고 그 품위를 손상하는 행위를 하여서는 안 된다."고 되어 있다. 공무원은 국민 전체에 대한 봉사자이며 공무원의 품위는 국가의 위신과 명예와도 직결되기 때문이다. 품위 손상에 해당되는 사항은 다양한데, 마약 · 알코올 중독 · 방탕 · 낭비 · 과도한 부채 · 문란한 사생활 등과 같이 공직의 체면에 직접적인 영향을 주는 모든 것이라 할 수 있다.

교육공무원이거나 이에 준하는 교사들에게 품위유지의 의무는 특히 중요하다. 교사는 학생들과 사회 일반에 대하여 항상 사표가 될 품성의 연마에 힘써야 하고, 교육자다운 인격과 행동으로 이들에게 모범이 되어야 하기 때문이다.

한편 교원들이 지켜야 할 품위유지의 의무는 국가공무원법에 규정된 다른 의무와 관련되어 있다. 우선 '친절과 공정의 의무'를 포함한다. 국가공무원법 제59조에는 공무원은 국민 전체의 봉사자로서 친절하고 공정하게 집무해야 할 의무를 적고 있다. 이에 비추어, 교원은 국민 전체에 대한 봉사자로서 친절하고 공정하게 직무를 집행하여야 한다. 교원에게 국민 전체라는 뜻은 우선적으로 교육받는 학생을 말하는데, 학생들에게 온정적으로 대하고 공평하고 편견 없는 지도 및 평가로 교육할 것을 강조하는 것이다. 하지만 친절 · 공정의 의무는 단순한 도덕성의 의무임에 그치지 않은 법적 의무에 해당되며, 이를 위반하면 징계 사유가 된다는 것을 유념해야 할 것이다.

또한 교원들은 청렴의 의무를 지켜야 한다. 공무원은 직무와 관련하여 직접 또는 간접으로 사례 · 증여 또는 향응을 받을 수 없으며, 직무상의 관계 여하를 불문하고 그 소속 상관에게 증여하거나 소속 공무원으로부터 증여를 받아서는 안 된다(국가공무원법 제61조). 이 의무의 위반은 징계사유가 될 뿐만 아니라 형사상의 증 · 수뢰죄를 구성한다(형법 제129조).

그런데 교육공무원의 경우 사례, 증여, 향응 등의 행위가 일반 공무원과는 다른 구분이 될 수도 있다. 다시 말하면 일반직 공무원의 경우에는 위법되는 것일지라도 교원에게는 그렇지 않을 수 있다. 예컨대, 스승의 날에나 졸업을 하면서 선생님에게 고마움의 표시로 작은 선물을 하는 것은 교직에서의 미덕으로 볼 수도 있다. 그러나 적은 금품이라도 직무와 관련하여 받는다면 청렴의 의무에 위배되는 것이며, 전문직에 종사하는 교원의 품위를 져버리는 것이다.

4) 비밀엄수의 의무

공무원은 재직 중은 물론 퇴직 후라도 직무상의 비밀을 엄수하여야 한다(국가공무원법 제60조). 직무상의 비밀은 자신이 처리하는 직무에 관한 것 뿐만 아니라 직무와 관련하여 알게 된 비밀도 포함한다. 비밀유지의무는 직무상의 의무가 아닌 까닭에 퇴직 후에도 존속된다. 다만 퇴직 후의 비밀누설에 관해서는 형사책임을 물을 수 있는 경우를 제외하고는 징계 책임을 물을 수 없으나, 그 후에 있어서의 공무원 관계의 설정을 거부할 수는 있다. 또한 공무원은 이 의무를 지는 까닭에 법원 기타 법률상의 권한을 가진 관청의 증인 또는 감정인이 되어 직무상의 비밀에 대하여 심문을 받은 때에는, 관계 장관의 허가를 받은 사항에 한하여 진술할 수 있다. 따라서 관계 장관의 허가를 받지 않은 사항에 대해서는 증언을 거부할 수 있다(형사소송법 제147조, 민사소송법 제276조, 제305조).

2. 소극적 의무

1) 정치활동 금지 의무

공무원의 신분과 정치적 중립성은 헌법에 규정되어 있고(헌법 제7조), 이와 관련하여 공무원의 정치활동과 정치적 행위는 금지되고 있다. 이처럼 공무원들의 정치활동을 금지하는 것은 국민 전체의 봉사자로서 공평성을 유지하며, 정권 교체의 혼란에 따른 행정의 혼란을 억제하고 행정의 지속성을 유지하는데 그 목적이 있다.

구체적으로, 공무원은 ① 정당, 기타 정치단체의 결성에 관여하거나 이에 가입할 수 없고, ② 선거에 있어서 특정 정당 또는 특정인에 대한 지지나 반대를 하기 위한 행위를 해서는 안 되며, ③ 다른 공무원에게 특정 정당의 지지나 반대 또는 선거에 있어서의 모든 금지 행위에 위배되는 행위를 하도록 요구하거나 또는 정치적 행위의 포상 또는 보상으로서 이익 또는 불이익에 관한 약속도 해서는 안 되는 등 공무원의 정치 운동에 관한 일반적인 규정을 적용하고 있다(국가공무원법 제65조).

교육공무원인 교원도 일반 공무원과 마찬가지로 정치적 중립성과 정치 활동의 금지를 요구받고 있는데, 교육기본법의 내용을 옮기면 아래와 같다.

> 제6조 (교육의 중립성) ① 교육은 교육 본래의 목적에 따라 그 기능을 다하도록 운영되이어야 하며, 정치적 · 파당적 또는 개인적 편견을 전파하기 위한 방편으로 이용되어서는 아니 된다.
> ② 국가와 지방자치단체가 설립한 학교에서는 특정한 종교를 위한 종교교육을 하여서는 아니 된다.
> 제14조 (교원) ④ 교원은 특정한 정당이나 정파를 지지하거나 반대하기 위하여 학생을 지도하거나 선동하여서는 아니 된다.

이렇게 교원의 정치적 중립성을 강조하고 정치활동을 금지하는 이유는, 교사는 학생들을 직접 지도 교육하는 위치에 있기 때문에 특정 정당을 지지하거나 배격하기 위하여 학생을 잘못 지도할 우려가 있기 때문이다. 그렇지만 현실적으로 교원의 정치적 중립성이 확실하게 보장되는지에 대해서는 논란이 있을 수 있다. 정치적 권력을 소유한 집단에서는 어떤 방식으로든 영향력을 행사하려고 하기 때문이다.

또 현재 대학의 교수들에게는 정치활동을 허용하고 있으므로, 아무리 교육대상이 다르다 할지라도 형평성에 위배된다는 지적도 있다.

2) 영리 및 겸직 금지 의무

교원은 영리를 목적으로 하는 업무에 종사하지 못하며, 소속 기관장의 허가 없이 다른 직무를 겸하지 못한다(국가공무원법 제64조). 여기서 영리라고 함은 ① 상업, 공업, 금융업, 기타 영리적인 업무를 스스로 경영하여 영리를 추구함이 현저한 업무, ② 영리를 목적으로 하는 사기업체의 이사, 감사, 업무를 집행하는 무한책임사원, 지배인, 발기인 기타 임원이 되는 것, ③ 그의 직무와 관련이 있는 타인의 기업에 투자하는 행위, ④ 기타 계속적으로 재산상의 이득을 목적으로 하는 업무를 행하는 것이다(국가공무원복무규정 제25조).

이렇게 공무원의 영리행위를 금지하는 것은 영리를 목적으로 하는 업무에 종사함으로써 직무상의 능률의 저하, 직무에 대한 부당한 영향, 국가의 이익과 상반되는 이익의 취득 또는 정부에 대해 불명예스러운 영향을 초래할 우려가 있기 때문이다.

한편, 영리를 목적으로 하지 않는 다른 직무를 겸직하고자 할 때에는 소속기관의 장의 사전 허가를 받아야 한다(국가공무원복무규정 제26조). 교육공무원이 겸직을 하려면 소속 기관장의 허가를 받아야 하는데, 이때 소속 기관장은 교원의 직급에 따라 교육과학기술부장관, 교육감, 또는 학교장이 될 수가 있다. 초 · 중등학교 교원의 경우, 겸직은 비영리법인의 임원이 되거나 대학에서 시간강사로 강의를 하는 정도로 크게 문제될 것은 없다.

교육공무원이 근무시간 외에 영리 업무에 종사한다고 하여 반드시 사회적 비난을 받을 정도로 공직의 권위를 손상시키고 위법한 행위가 될 수 없고, ① 오히려 교원이 영리 업무에 종사함으로써 사회적 · 국가적 이익을 초래할 수도 있으며, ② 교원으로 하여금 교육에만 전념할 수 있도록 충분한 보수가 보장되지 못하는 점 등 몇 가지 관점에서 무리한 점이 있다고 보아 일정한 범위 내에서 교원의 영리 업무를 허용하는 것이 합리적일 수도 있다(이종재 외, 2003 : 129-130)는 견해도 있다.

3) 집단행위의 제한

교육공무원법 제66조에서는 "공무원은 노동운동, 기타 공무 이외에의 일을 위한 집단 행위를 해서는 안 된다."고 규정하고 있다. 이것은 국가공무원법 제66조에서 매우 제한된 노무에 종사하는 자에게만 단결권과 단체협상권을 인정하고 있는 데 근거를 둔다.

이렇게 교원을 포함한 공무원의 노동운동을 제한하는 것은 ① 공무원은 주권을 가진 국민의 수임자이고 국민 전체에 대한 봉사자이며 국민에 대해 책임을 진다는 헌법 제7조의 정신에 따라 보다 엄격한 정치적 중립성이 요구된다는 점, ② 공무원이 행한 행위의 효과는 국가에 대하여 발생하고 그 효과가 국가에 귀속되므로 공무원의 집단행위는 국가기관 구성원으로서의 임무에 저촉된다는 점, ③ 공무원은 공무상의 특별권력 관계를 형성하고 있는 자이므로 공법상의 명령에 복종할 의무가 있고, 따라서 공법상의 명령의 위반을 항거하는 행위는 할 수 없다는 점이다(김낙운, 1975 : 330).

앞서 본대로 교육공무원은 부분적으로 노동운동을 인정받고 있다. 즉 교원들에게는 교육기본법에 의한 교원단체와 교원의 노동조합설립 및 운영 등에 관한 법률에 의한 노동조합에 한해 단체행동권을 제외한 단결권과 단체교섭권을 보장해 주고 있다. 그런데 교원의 단결권만 인정되고 집단행위를 허용하지 않는다면 단결권 자체가 의미가 없다(이종재 외, 2003 : 129)는 반론도 제기되고 있다.

4) 영예 등의 제한

공무원은 대통령의 허가 없이 외국 정부로부터 영예나 증여를 받지 못한다(국가공무원법 제62조, 지방공무원법 제54조). 이는 공무원은 국민 전체에 대한 봉사자로서 오로지 국가적 이익을 추구하여야 함에 비추어, 외국 정부로부터의 영예나 증여로 인한 영향을 배제하기 위한 것이라고 할 수 있다.

공무원 또는 그 가족이 그 공무원의 직무와 관련하여 외국인이나 외국 단체로부터 당해 국가에서의 시가로 미화 100달러 또는 국내 시가 10만원 이상 상당의 선물을 받을 때에는 지체없이 소속기관의 장에게 신고하고 당해 선물을 인도하여야 하며, 신고된 선물은 신고 즉시 국고에 귀속된다(공직자윤리법 제25조, 제16조).

지금까지 공부한 교원의 권리와 의무를 〈표 3-2〉로 정리하였다. 지금껏 교원의 의무에 대해서는 적극적 의무와 소극적 의무로 나누어 알아보았으나, 이 표에서는 성실의무, 직무상의 의무, 신분상의 의무로 구분하였다.

표 3-2

교원의 권리와 의무

구 분	내 용	
1. 교원의 권리	1.1 교육할 권리	1.1.1 교육과정 결정 및 편성권 1.1.2 교재의 선택·결정권 1.1.3 교육내용 및 방법 결정권 1.1.4 성적의 평가권 1.1.5 학생지도 및 징계권
	1.2 신분상의 권리	1.2.1 신분 및 직위 보유권 1.2.2 직무집행권 1.2.3 재심청구 및 행정쟁송권 1.2.4 의사에 반한 신분조치를 당하지 아니할 권리 1.2.5 권고사직을 당하지 않을 권리 1.2.6 불체포특권 1.2.7 처분사유설명서 교부권 및 후임자 보충발령 유예 1.2.8 여교원의 동등신분 보장권 1.2.9 교원의 단체결성과 교섭협의권 및 노동조합결성권 1.2.9.1 교원단체의 교섭협의권 1.2.9.2 교원의 노동조합 설립·운영권 1.2.10 교원의 정치활동
	1.3 재산상의 권리	1.3.1 보수청구권 1.3.2 연금청구권 1.3.3 실비변상청구권
2. 교원의 의무	2.1 성실의무	
	2.2 직무상의 의무	2.2.1 법령준수의무 2.2.2 복종의무 2.2.3 직무전념의무

구 분	내 용	
		2.2.3.1 직장이탈금지 의무 2.2.3.2 영리 및 겸직금지 의무 2.2.4 친절 · 공정의무
	2.3 신분상의 의무	2.3.1 비밀엄수의무 2.3.2 청렴의무 2.3.3 품위유지의무 2.3.4 영예 등의 제한 2.3.5 정치활동 금지 의무 2.3.6 집단행위금지 의무

[단원별 과제]

[3.1] 교사의 교육할 권리를 설명하시오.

[3.2] 초 · 중등학교에서의 체벌에 관한 지침을 기술하시오.

[3.3] 학교장이 교사에게 교수–학습 과정안을 제출하라고 하였을 때, 이를 거부할 수 있는지 없는지, 근거를 들어 제시하시오.

[3.4] 교사의 적극적 의무는 무엇인가?

제 4 장

교직사회의 윤리

제 1 절 직업윤리
제 2 절 교직윤리
제 3 절 교원의 윤리
제 4 절 미래사회의 교원윤리

윤리란 사람의 품성이나 행위의 규범이며 도덕의 근본관념인 도리, 의무를 뜻한다. 다시 말하면 윤리란 개인행동이나 개인과 개인의 상호작용이 이루어질 때 지켜야 할 규범이나 도덕을 말한다. 따라서 교직윤리란 교사로서 지켜야 할 도리를 말한다. 교직은 개인의 성장과 국가사회 발전의 원동력이 되는 교육을 하는 직업이다. 따라서 교사에게는 법규적 공식적인 규칙의 준수도 중요하지만 학생지도나 조직생활에서 요구되는 윤리의 실천이 더욱 중요하다. 교직이 다른 직업에 비하여 법규나 법률보다는 윤리나 도덕이 더욱 강조되기 때문이다..

제1절 직업윤리

윤리란 사람의 품성이나 행위의 규범이며 도덕의 근본관념인 도리, 의무를 뜻한다. 다시 말하자면 윤리란 개인행동이나 개인과 개인의 상호작용이 이루어질 때 지켜야 할 규범이나 도덕을 말한다.

직업윤리는 넓은 의미로 일을 수행하는 동기나 과정에서 요구되는 근로윤리(work ethic)로서 개인의 자질이나 능력에 관계없이 특정 직업인에게 사회적으로 요구되는 규범을 말한다. 직업윤리는 직업관과 개념적으로 깊은 관련을 갖지만, 직업관은 직업에 대하여 개인이 가지는 태도나 가치관을 의미하는 반면 직업윤리는 직업인으로서 개인이 직장생활에 임하는 자세나 도덕적 기준을 의미한다는 점에서 구별된다(한국진로교육학회, 2000).

김동일 등(1995)은 직업윤리를 직업 일반윤리와 직업 특수윤리로 나누어 설명하고 있다. 전자는 어떤 직업에서도 요구되는 행동 규범을 말하며, 후자는 특정 직업이 사회의 역할 분담적 입장에서 가져야 할 행동 규준이다. 일반직업의 윤리는 보다 근본적인 인간의 생활태도를 다루므로 외적인 규제력이기 보다는 주로 내적인 가치체계를 말한다. 특수직업의 윤리는 특정한 직업에 따른 직무를 수행할 때 특별히 요구되는 행동 규정이다.

모든 직업적 활동이 윤리적으로 정당성을 획득하여 사회적 혹은 인간적 의미를 가질 수 있기 위해서는 최소한의 기본요건을 갖추어야 한다(한국진로교육학회, 2000).

첫째, 직업의 사회성이다. 이에 따라 직업인은 자기에게 주어진 직업에 단지 생업적인 수단으로서만 임하는 것이 아님을 인정해야 한다. 직업인이 자기에게 주어진 직업이 생업적인 수단 이상의 의미가 있다고 판단할 때 비로소 사회적 역할분담으로서의 책임의식이나 천직의식을 가질 수 있기 때문이다.

둘째, 대부분의 직업에는 어느 정도의 규제와 제약이 불가피하다는 사실을 받아들여야 한다. 그것은 조직 구성원들 간, 특히 직위 간의 갈등을 예방하고 또 그것의 해소를 위해 필요 한 것이다. 그러나 모든 규제와 제약을 구성원들이 자발성과 자율성을 가지고 준수할 때 구성원이나 직위 간에 예상되는 상황을 효과적으로 방지할 수 있고, 또 드러난 갈등을 해소할 수 있는 것이다.

셋째, 직업은 인간의 상호관계, 나아가 사회적 관계의 창조와 그 확장에 기여하는 기능을 수행하여야 한다. 인간은 여러 가지 형태와 규모의 공동체 생활을 하게 된다. 이 때 그 공동체의 핵심은 성실성, 신뢰성, 책임성에서 비롯된 연대성이라고 볼 수 있다. 특히 현대인의 삶의 구심은 대부분 직장이고 인간관계도 일을 중심으로 형성되어진다. 즉 직업은 공공성을 갖추어야 한다.

넷째, 직업 활동 결과는 자신을 포함한 공동체 구성원 모두의 행복과 불행, 인류사회의 번영과 퇴보에 기여한다는 차원에서 직업의 사회적 책임감을 지닌다.

제 2 절 교직윤리

교직은 개인의 성장과 국가사회 발전의 원동력이 되는 교육을 하는 직업이다. 따라서 교사에게는 법규적 · 공식적인 규칙의 준수도 중요하지만 학생지도나 조직생활에서 요구되는 윤리의 실천이 더욱 중요하다. 교직은 다른 직업에 비하여 법규나 법률보다는 윤리나 도덕이 더욱 강조된다. 이는 교직관에서 나타난 바와 같이 교직은 성직이며, 전문직이기 때문이다. 교육의 성과는 교육력에 의하여 좌우되고, 교육력은 교권의 수준과 같은 관계가 있다. 그러므로 교권이 확립되지 못할 때는 교육력이 약화되어 제도나 시설, 방법 등이 아무리 좋아도 높은 수준의 교육성과를 기대할 수 없다. 아울러 학생의 바람직한 성장은 교사와 학생 간의 바람직한 인관관계에서 이루어지기 때문에 교사나 학부형의 윤리성은 학생의 발달에 많은 영향을 미친다. 이처럼 교사의 학생에 대한 사랑이나 신뢰는 학생의 성취에 절대적인 영향을 미치기 때문에 교사의 윤리문제는 매우 중요하다.

교직윤리란 교직자가 교직 실천에서 지켜야 할 것으로 기대되는 행동 규범이다. 그런데 교사가 교직 실천을 하려면 자기를 어떻게 관리해야 할 것이며, 학생, 가정 및 지역사회에서 어떻게 처신하며 사람들과의 관계는 어떻게 유지하며, 교직 직무수행을 어떻게 해야 할 것인가? 이와 같은 사실에 대한 사회적 규율을 교직윤리라고 할 수 있다. 교직윤리의 규율은 강제적 · 타율적이 아니라 자발적이며 능동적이다. 교직 수행의 전 과정에서 교사 스스로 실천하기를 기대하는 규범이 교직윤리다.

교직(teaching profession)이란 교원의 직무를 말한다. 교원의 직무는 한 마디로 교육하는 일로써 가르치는 직무를 말한다. 교육하는 일이란 사람을 가르쳐 사람다운 사람을 만드는 일로 개인적 입장에서 볼 때는 개인의 능력과 자질 그 도덕적 품성을 형성하는 일이며, 국가 사회적 입장에서 생각할 때는 시민 혹은 국민의 생산력과 도덕적 자질을 만드는 일이다. 교직은 일반 생산 노동자가 아니며 단순한 공무원도 아니다. 개인의 일생에 영향을 미치며, 국가 · 사회의 미래에 막중한 영향을 미치는 시민의 도덕적 성품과 자질을 형성하는 일이다. 그러므로 교직자는 다른 어떤 직종의 사람들보다도 높은 도덕관과 표준적 윤리관을 가지고 있어야 한다. 교직자의 교육 실천 행위는 누구의 간섭도 받지 않지만 사회적 요구와 기대라는 보이지 않는 윤리적 규제의 대상이 된다.

물론 교사의 행동을 규제하는 통제 메커니즘으로서 국가적으로는 성문법으로서의 법규가 있다. 법규는 헌법, 초 · 중등교육법 등 기본법에서부터 교육공무원법, 교육공무원법 시행령 등 각종 법률과 명령에 의한 규제를 직접 받는다. 이는 외적 · 공식적 측면에서 강제적으로 교사의 행동을 규제한다. 그러나 교사 행동의 적절성 또는 적부의 판정은 이와 같은 외적, 강제적, 형식적 통제만으로 충분하지 않다. 따라서 내면적, 자발적, 잠재적 규제가 뒷받침되어야 한다. 인간형성이라는 교직의 직무는 정형화되어 있는 것이 아니고 다양하며, 자유재량의 폭이 매우 크다. 그러므로 교사의 내적, 심리적, 잠재적 동기와 자발적, 능동적 규율이 중요하다. 인간의 도덕적 품성의 형성은 내적 동기와 자발적 의지에 의해 더 크게 영향을 받는 것이다. 그러므로 교사의 법규 준수 그 자체보다도 교사행동에 대한 윤리성이 중시되는 것이다.

전문직의 속성이나 전문직으로서의 교사관에서 교사에게 유독 고도의 윤리성이 강조된다. 이러한 현상은 무엇보다도 교사의 봉사대상이 미성년인 아동 · 학생들이기 때문이다. 학교는 일종의 공익조직이며 학교가 그 이익과 혜택을 보장해 주려는 대상은 교직원이 아니라 다름 아닌 학생들이기 때문에 이들을 위주로 모든 학교운영이 영위되어야 한다. 하지만 그런데 '교실왕국'이라는 말이 있을 정도로 학생들은 교사에게 일방적으로 지배되고 통제되는 나약한 위치에 있다. 그래서 자기들에게 최선의 이익이 무엇인가를 잘 알지 못할 뿐만 아니라 그것을 안다 하더라도 교사에게 그것을 정당하게 주장할 수 있는 위치에 있지 못하다. 따라서 이와 같은 교사와 학생 간의 일방적이고 경직된 상하관계를 완화하고 학생의 학습과 성장을 최대한으로 보장하려면 교사의 도덕적 성실성과 윤리의식에 의존하지 않을 수 없는 것이다. 여기에 각국은 법규 면에서 교사의 권리와 더불어 의무를 규정하고 있을 뿐 아니라 교직단체를 통하여 교사들 스스로의 윤리강령을 제정하여 이를 생활규범으로 준수하고 있다.

1. 사랑과 신뢰의 교직

사랑과 신뢰는 교직생활에서 꼭 이루어져야 할 으뜸되는 윤리로 학생지도에 가장 큰 영향을 미치는 덕목이다. Bollnow도 성공적인 학생지도를 위한 윤리의 덕목으로 사랑과 인내와 신뢰를 제시하였다(Otto Friedrich Bollnow, 1984).

교사는 제자를 사랑하고 개성을 존중하며 한마음, 한뜻으로 명랑한 학풍을 조성해야 하고, 학생의 인권을 존중하고, 학생을 공평하게 지도하며, 개성을 존중하고, 교사는 언어와 행동이 사회의 존경을 받도록 교양을 높여야 한다.

2. 성실과 창조의 교직

교사에게 있어서 성실성은 매우 중요시되는 항목으로 교사는 폭넓은 교양과 부단한 노력으로 교직의 전문성을 높여 국민의 사표가 되고, 원대하고 치밀한 교육계획의 수립과 성실한 실천으로 맡은 책임을 완수해야 한다. 또한 교사는 언제나 품위 있는 언동으로 학생을 지도하고, 사회의 일원으로서 모든 책임과 의무를 완수하며, 자기의 성장을 위하여 부단히 연구 · 조사하고 이러한 회합에 적극적으로 참여해야 할 것이다.

3. 협동과 봉사의 교직

교사는 서로 협동하여 교육의 자주 혁신과 교육자의 지위 향상을 위하여 적극 노력하고 가정교육, 사회교육과의 유대를 강화하여 복지국가 건설에 공헌해야 할 것이다. 또한 교사는 가정과 유기적인 관계를 맺도록 노력하며 가정교육에 적극 협조하고, 자녀에 대한 부모의 책임을 존중하고 그 의견을 학교교육에 반영하며, 동료간의 친목과 협조로서 건실한 학원 분위기 조성에 노력해야 한다. 이처럼 교사는 사랑과 신뢰, 성실과 창조, 협동과 봉사의 덕목을 고루 갖추어야 할 것이다.

교사들은 이와 같은 교직윤리를 철저히 지켜야 한다. 그러나 교사들이 이와 같은 윤리를 지킨다고 반드시 교육이 잘 된다는 보장은 할 수 없다. 교육력의 바탕이 되는 교권은 상대적인 성격을 띠고 있기 때문에 윤리실천을 위한 교사의 노력만으로 교권이 확립되는 것이 아니라 사회와 학부형이 교육을 바르게 이해하고 윤리적으로 성숙이 될 때 교직윤리의 실천도 가능할 것이다.

우리나라에서는 1958년 교직단체인 대한교육연합회에서 교원의 윤리강령을 제정하여 공포하였는데 이를 대폭적으로 개정한 '사도헌장'과 '사도강령'을 1982년 5월 15일 스승의 날에 선포하여 오늘에 이르고 있다.

사도헌장

오늘의 교육은 개인이 성장과 사회의 발전과 내일의 국운을 좌우한다. 우리는 국민교육의 수임자(受任者)로서 존경받는 스승이요, 신뢰받는 선도자임을 자각한다. 이에 긍지와 사명을 새로이 명심하고 스승의 길을 밝힌다.

- 우리는 제자를 사랑하고 개성을 존중하며 한마음 한뜻으로 명랑한 학풍을 조성한다.
- 우리는 폭넓은 교양과 부단한 연찬으로 교직의 전문성을 높여 국민의 사표가 된다.
- 우리는 원대하고 치밀한 교육계획의 수립과 성실한 실천으로 맡은 바 책임을 완수한다.
- 우리는 서로 협동하여 교육의 자주 혁신과 교육자의 지위 향상에 적극 노력한다.
- 우리는 가정교육 · 사회교육과의 유대를 강화하여 복지국가 건설에 공헌한다.

사도강령은 사도의 기본지표인 사도헌장을 토대로 하여 구성된 교원이 준수하여야 할 보다 구체적, 실천적 윤리의 지표이자 행동강령이다. 사도강령은 전문과 5개장에 걸쳐 25개 항목의 사도를 위한 실천적 지표를 제시하고 있다.

사도강령

제 1 장 스승과 제자

스승의 주된 임무는 제자로 하여금 고매한 인격과 자주정신을 가지고 국가사회에 봉사할 수 있는 유능한 국민을 육성하는 데 있다.
그러므로,

- 우리는 제자를 사랑하고 그 인격을 존중한다.
- 우리는 제자의 심신발달이나 가정의 환경에 따라 차별을 두지 아니하고 공정하게 지도한다.
- 우리는 제자의 개성을 존중하며, 그들의 개인차와 욕구에 맞도록 지도한다.
- 우리는 제자에게 직업의 존귀함을 깨닫게 하고, 그들의 능력에 알맞은 직업을 선택하도록 지도한다.
- 우리는 제자 스스로가 원대한 이상을 세우고 그 실현을 위하여 정진하도록 사제 동행한다.

제 2 장 스승의 자질

스승은 스승다워야 하며 제자의 거울이 되고 국민의 사표가 되어야 한다.
그러므로,

- 우리는 확고한 교직관과 긍지를 가지고 교직에 종사한다.
- 우리는 언행이 건전하고 생활이 청렴하여 제자와 사회의 존경을 받도록 한다.
- 우리는 단란한 가정을 이룩하고 국법을 준수하여 사회의 모범이 된다.
- 우리는 학부모의 경제적 · 사회적 지위를 이용하지 아니하며 또 이에 좌우하지 아니한다.
- 우리는 자기 향상을 위하여 전문적인 지식과 전문화된 기술을 계속 연마하는 데 주력한다.

제 3 장 스승의 책임

스승은 제자 교육에 열과 성의를 다하여 맡은 바 책임을 다하여야 한다.
그러므로,

- 우리는 사회의 일원으로서 모든 책임과 의무를 다한다.
- 우리는 교재연구와 교육자료 개발에 만전을 기하여 수업에 최선을 다한다.
- 우리는 생활지도의 중요성을 인식하여 제자들이 올바른 사람이 될 수 있도록 지도의 절차를 기한다.
- 우리는 교육의 성과를 공정하게 평가하고 이를 교육에 충분히 활용한다.
- 우리는 제자와 성인들을 위한 정규교과의 활동에 적극 참여한다.

제 4 장 교육자와 단체

교육자는 그 지위의 향상과 복지의 증진을 위하여 교직단체를 조직하고 적극 참여함으로써 단결된 힘을 발휘할 수 있다.
그러므로,

- 우리는 교직단체 활동을 통하여 교육자의 처우와 근무조건의 개선을 꾸준히 추진한다.
- 우리는 교직단체의 활동을 통하여 교육자의 자질 향상과 교권의 확립에 박차를 가한다.
- 우리는 편당적 · 편파적 활동에 참가하지 아니하고 교육을 그 방편으로 삼지 아니한다.
- 교직단체는 국가의 주요 교육정책 결정에 참여하여 교육자의 여망과 주장을 충분히 반영시킨다.
- 교직단체는 교육의 혁신과 국가의 발전을 위하여 다른 직능단체나 사회단체와 연대 협동한다.

제 5 장 스승과 사회

스승과 제자의 성장발달을 돕기 위하여 학부모와 협력하며, 학교와 사회와의 상호작용의 원동력이 되고 국가발전의 선도자가 된다.
그러므로,

- 우리는 학교의 방침과 제자의 발달상황을 가정에 알리고, 학부모의 정당한 의견을 학교교육에 반영시킨다.
- 우리는 사회의 실정을 정확하게 파악하고 지역사회의 생활과 문화향상을 위하여 봉사한다.
- 우리는 사회의 요구를 교육계획에 반영하며 학교의 교육활동을 사회에 널리 알린다.
- 우리는 국민의 평생교육을 위하여 광범위하게 협조하고 그 핵심이 된다.
- 우리는 확고한 국가관과 건전한 가치관을 가지고 국민의식 개혁에 솔선수범하며, 국가발전의 선도자가 된다.

제 3 절 교원의 윤리

교직의 전문성을 논함에 있어서는 반드시 윤리문제가 포함된다. 그것은 교직에서만이 아니라 모든 전문직에서 요구되는 기본 조건의 하나다. 전문직 종사자는 다른 직업종사자보다 높은 직업윤리와 도덕수준을 사회로부터 요구받고 있다. 교원의 윤리는 교육의 질을 결정하는 데 있어 매우 중요한 역할을 한다. 그러므로 교사가 교원의 윤리를 준수하기 위해 노력해야 한다는 것은 사실 모든 교원들이 인식하고 있는 일이다. 그러나 현실적으로 교사들은 이를 만족할 만큼 실천에 옮기지 못하고 있다. 교사들이 교육현장에서 교원의 윤리를 제대로 실천하지 못하는 데에는 여러 가지 원인이 있을 수 있다.

먼저, 개인적인 측면으로 교사로서 지녀야 할 제반 가치관 또는 철학의 부재를 들 수 있다. 예를 들어 세계관, 인생관, 교직관이 확고하게 확립되어 있지 못할 경우 교사가 교원으로서의 윤리를 제대로 실천하기란 매우 어려운 일이다. 또한 성실성이나 책임감 또는 직무에 대한 열성 등의 부족, 지역적 · 계층적 · 성적 · 종교적 편견, 가정불화 등도 교원윤리 실천에 중요한 장애 요인이 된다.

다음으로 사회적 측면에서 보면 물질만능주의, 정치적 불안정, 경제적 빈곤, 위해 환경, 부정부패 등의 요인들이 교사로 하여금 윤리규범을 실천하기 어렵게 만든다. 왜냐하면 교사 역시 사회적 존재이므로 그가 생활하고 있는 사회적 환경에 의해 중대한 영향을 받을 수밖에 없기 때문이다.

또한 제도적 · 정책적 측면을 들 수 있다. 예를 들어 교사양성기관의 부실, 현직연수의 미흡, 교원 인사제도의 불합리, 처우나 후생 복지정책의 미흡 등은 도덕적으로 우수한 교원의 확보를 가로막을 뿐만 아니라 교원의 사기를 저하시킴으로써 결과적으로 교원윤리의 확립을 어렵게 만드는 요인들이다.

그러나 현실적 조건이 아무리 어렵다고 하더라도 교사의 비윤리적 행위는 정당화될 수 없다. 다시 말하면 교원윤리의 확립은 바람직한 교육을 위한 필수적인 조건이기 때문에 반드시 해결해야 할 당위적 과제인 것이다. 다음은 교원윤리의 확립 방안을 교과 지식, 학생지도, 동료 교사, 학부모와 사회, 직무수행에 관련하여 살펴보고자 한다(안창선, 1999).

1. 교과 지식에 관한 윤리

전문직으로서의 교직을 훌륭하게 수행하기 위해서 교사는 우선적으로 주어진 교과의 체계와 내용에 대하여 완전히 숙지하고 있어야 한다. 교사는 학습지도의 책무로서 학생에게 교과를 가르쳐야 하는 사람이다. 교사의 사고와 행동은 학생의 사표로서 모방의 대상이며 학부모의 관심과 주시의 대상이 되기 때문에 풍부한 교양과 차원 높은 품위를 지니고 있어야 한다.

또한 교사는 급변하는 사회에서 새로운 지식을 수용하고 적용하기 위해 노력해야 한다. 현대사회의 가장 두드러진 특징 중의 하나는 지식과 정보가 급속도로 증가하고 있다는 것이다. 따라서 교사는 일반교양과 전문지식의 영역에서 지속적으로 개발되는 새로운 지식과 기술을 예의주시하며 탐구하고 이를 교육과정에 적극적으로 수용하고 반영하려는 노력을 지속해야 한다.

2. 학생지도 윤리

학생을 훌륭하게 지도하기 위하여 교사는 학생에 대한 남다른 애정을 소유하고 있어야 한다. 교사는 학생 개개인에 대해 세밀한 관심과 주의를 기울여야 하며, 학생을 둘러싸고 있는 인위적, 자연적 환경에 대해서도 잘 이해하고 있어야 한다.

민주적인 태도와 능력은 학생지도와 관련하여 교사가 지녀야 할 중요한 규범이다. 학생들의 개인차를 존중하고 배려하며, 학생의 개성을 최대한으로 발전시키는 일은 교사의 윤리적 의무다. 교사는 학생의 개인적 특성이나 종교, 성, 인종, 가정적 배경 등에 관계없이 평등하게 대해야 한다.

또한 교사는 모범적인 자세와 태도를 견지해야 한다. 교사는 학생들의 중요한 모방 대상이다. 따라서 학생지도와 관련하여 교사는 학생들이 보고 배울 수 있는 모범적인 자세와 태도를 견지해야 한다. 직접적인 지시보다는 모범적인 모델이 되어 줌으로서 간접적으로 가르치는 것이 더 훌륭한 방법이다. 따라서 말 한 마디, 행동 하나하나가 학생들의 모방의 대상이 되고 그들의 장래에 중요한 영향을 미칠 수 있음을 인식하고, 교사는 모범적인 인품과 태도 및 행동특성을 지니도록 노력해야 한다.

3. 동료 교사에 대한 윤리

바람직한 직업 활동을 위해 필수적으로 요구되는 요소는 집단 내의 타 구성원들과 원활하고 조화로운 관계를 유지하는 일이다. 이는 교사들에게도 마찬가지다. 교육이 단순히 지식의 전수에만 한정된 일이 아니라 바람직한 인격의 형성에 밀접히 관련된 일이라는 점에서 볼 때, 동료 교사들과의 조화로운 관계는 타 직업에서보다 더욱 중요하고 강조되어야 할 일이다. 따라서 교사는 학교 사회가 서로 협력하고 보호하며 격려해 주는, 진정으로 교육적인 분위기를 만들기 위해 많은 노력을 기울여야 할 것이다.

4. 직무수행상 윤리

교직 역시 하나의 직업이라는 점에서 교사들은 기본적으로 요구되는 직업윤리를 준수해야 할 의무를 지니고 있다. 예를 들어, 바람직한 직무수행을 위하여 교사들은 교직이 개인적으로는 개개 학생을 훌륭한 인격체로 성장시키는 일임과 동시에 사회적으로는 교육을 통하여 사회의 유지와 발전에 공헌하는 직업이라는 긍지와 자부심을 가져야 한다.

또한 교사는 전문직에 요구되는 전문적 자질과 능력의 배양을 위해 끊임없이 노력해야 할 의무를 가지고 있다. 전문직을 구성하는 중요한 요소 중의 하나의 엄격한 자격과 높은 수준의 능력이다. 그렇기 때문에 장기간의 훈련을 통해 자격을 부여하고 엄정한 시험을 통해 선발하는 것이다. 그러나 자격을 부여받고 선발 시험에 통과했다는 것은 최소한의 요건을 갖추었다는 의미이지 만족할 만한 자격과 자질을 갖추었다는 의미는 아니다. 따라서 교사는 끊임없는 탐구를 통해 전문가로서의 소양을 높이기 위해 노력해야 한다. 이를 위하여 교사는 교직단체에 보다 적극적으로 참여해야 할 필요가 있다. 왜냐하면 대부분의 교직단체들은 교원들의 자질을 향상시키고 전문성을 확립하는 것을 주요 목적으로 삼고 있기 때문이다. 따라서 교사는 교직단체에의 적극적인 참여를 통해 스스로의 전문성을 향상시키고, 타 교사들과의 협동적 노력을 통해 자질을 향상시키며 제반 윤리강령을 준수하기 위해 노력해야 하는 것이다.

5. 학부모 및 지역사회에 관한 윤리

교원의 윤리는 단순히 학교사회 내부에서만 존재하는 것이 아니다. 즉 학부모와 학교 외부의 사회에 대한 교원의 윤리는 교원의 사회적 지위를 결정하는 중요한 요인이 될 뿐만 아니라 교사의 권위와 교육력을 유지하는 중요한 토대가 된다. 따라서 교사들은 학부모와 일반사회에 대한 윤리를 준수하기 위해 각별한 노력해야 한다.

첫째, 교사는 사회적 사표로서의 태도와 행동을 보여주어야 할 윤리적 의무가 있다. 교사는 사회적으로 지도자적 위치에 있는 집단이다. 따라서 일반인들에게는 널리 허용되는 행동도 교사들의 경우에는 지탄의 대상이 될 수 있다. 이는 교사들의 행위는 사회적 규범의 상징이며, 그만큼 높은 윤리적 기준이 요구되기 때문이다. 따라서 교사는 자신의 행위가 학생들 뿐만 아니라 사회 전체의 도덕과 윤리를 선도하고 유지하는 표준이 된다는 사실을 명심하고 행동과 태도에서 각별한 주의와 노력을 기울여야 한다.

둘째, 학부모 및 일반사회와의 협력과 연대를 통해 사회의 발전을 위해 노력하는 일 또한 교사가 지녀야 할 사회적 윤리에 속한다. 이는 교육이 궁극적으로 사회적 사업이며 학교란 곧 사회적 기관이라는 특성에서 기인한다. 따라서 교사는 자유, 평등, 평화, 통일 등 사회적으로 합의된 이념을 실현하기 위해 노력해야 하며, 동시에 학교가 위치하고 있는 지역사회의 발전에 기여해야 한다. 이를 위하여 교사는 지역사회의 주요 구성원인 학부모들이나 제반 기관들과 적극적으로 협력함으로서 사회의 교육적 풍토를 조성하기 위해 노력해야 한다. 학교 밖의 이러한 교육적 풍토는 결국 학교 내에서의 학생지도에도 긍정적인 영향을 미치기 때문에 보다 바람직한 인간성장을 가능하게 해 줄 것이다.

한편, 윤종건과 정하찬(1998)은 교사의 윤리에는 교육의 목적인 내용뿐만 아니라 교수 · 학습과정과 학생 및 학부모 그리고 지역사회와의 관계 등 교사의 교육적 실천 행동 역시 포함된다는 이론에 따른 윤리내용을 밝히고 있다(이칭찬, 주상덕, 2009).

표 4-1

교사의 윤리

지도영역	교사의 실천행동	윤리 내용
학생지도	· 지도내용의 선정 · 실제 지도의 과정 · 평가의 관리	· 지도내용의 객관성 · 최선의 방법 적용, 성실한 지도 · 공정성, 객관성, 합리성
인간관계	· 학생과의 관계 · 동료와의 관계 · 학부모, 지역사회와의 관계	· 교육애, 인격존중, 정확한 이해 · 상호존중, 상호신뢰 · 교육홍보 및 의견 수렴

지도영역	교사의 실천행동	윤리 내용
공직생활	· 전문성 관리 · 준법생활 · 공공생활	· 연구, 근면, 성실 · 질서존중, 솔선수범 · 청렴, 봉사, 중립성

제 4 절 미래사회의 교원윤리

시대가 변함에 따라서 교육관, 교직관에 변화가 생기고 따라서 기대되는 교사상도 변천하기 마련이다. 그럼에도 불구하고 일반인들이나 교사 자신이 생각하는 교사상에 대한 관점은 큰 변화가 없었던 것이 사실이다. 21세기 사회는 보편적이고 항구적인 역할 담당자로서의 교사뿐만 아니라 미래를 지향하는 교사를 요구하고 있다. 또한 미래의 한국사회는 전문성, 전인교육, 평생교육, 국제화의 요구에 부응할 수 있는 교사를 기대한다. 이를 바탕으로 미래사회가 요구하는 교원윤리는 다음과 같이 파악된다(서재복, 2001).

첫째, 자기가 가르치는 교과에 대하여 넓고 깊은 지식을 가지며 실력이 있어야 하고 동시에 자기가 가르치는 교과를 좋아하여야 한다. 교사의 임무는 교수 · 학습지도에 있으며 스스로 가르치는 교과에 대하여 충분히 알고 튼튼한 실력을 지녀야 함은 너무나도 당연하다. 동서고금을 막론하고 변함없는 기대의 하나는 교사 자신이 자기가 가르치는 교과에 대하여 철저하고 정확한 지식을 가져야 된다는 점이다. 이는 교직의 전문성을 나타내는 척도이기도 하다.

둘째, 교사는 이해와 사랑과 봉사에 철저해야 한다. 교사는 필연적으로 어떤 복잡한 인간관계의 망 속에 들어가게 된다. 교사는 학생들을 사랑과 이해와 친절과 따뜻함으로 대해야 한다. 받는 사랑이 아니라 주는 사랑을, 한없이 베푸는 사랑을 해야 한다. 똑똑한 학생을 칭찬하는 대신 학습부진아에 대한 동정과 책임감을 가지는 것이 교사가 갖추어야 할 성품이며, 성서에서 말한 대로 잃어버린 한 마리의 양을 찾아 헤매는 목자와 같은 성품을 지녀야 한다. 교사는 학생을 사랑하고 학생 개개인을 바르게 이해하고 잘 알고 있어야 한다. 학생의 개성을 존중하고 그 능력과 적성 및 발달 단계에 맞게 교육하는 것이 올바른 교육의 길이다. 학생의 발달단계, 능력 및 적성에 맞는 교육을 실시해야 만이 올바로 학생을 사랑하고 이해하며 그 바탕 위에서 교육이 성립되는 것이다.

셋째, 교원은 스스로 자기의 품성과 자질, 능력 등을 꾸준히 발전시키고 향상시키는 데 앞장 설 것이 기대되며 모든 일에 솔선수범하여야 한다. 교원은 학생들로 하여금 잠재적 능력을 개발 신장하도록 도와 주어야 한다. 남을 지도하면서 스스로 노력하지 않는다면 위선자가 되거나 무능력자가 되기 쉽다. 제 아무리 훌륭한 실력을 가졌다 하더라도 오늘날과 같이 급변하는 사회에 있어서 꾸준히 노력하지 않고서는 탁월한 실력을 유지하기 힘들다. 우리는 이 사실을 운동세계에서 자주 접하게 된다. 매일 갈고 닦지 않으면 한때 제아무리 명성이 높은 선수라 하더라도 언젠가는 쇠락의 길을 걷게 된다. 꾸준히 자라나는 세대에 대하여 참다운 선생으로서 존경을 받고 신뢰를 받기 위해서는 부단한 노력이 있어야 가능하다 할 것이다.

교사는 행동으로 옮기는 사람이 되어야 한다. 학행일치(學行一致)라는 말이 있듯이 교양과 인간애를 갖추었으면 그것을 실제로 행해야 한다. '남을 움직이려거든 내가 먼저 움직여야 하고 남을 감동시키려거든 내가 먼저 감동해야 한다'는 말처럼 교사의 행동이나 언어 하나라도 세심한 배려로써 행할 때 다른 사람을 감동시키는 폭발적인 힘이 발휘되곤 한다. 이는 교사만이 지니는 특권이요, 신비스런 작용이다. 그래서 교사는 자기 자신을 보다 세련되게 다듬는 자기반성의 시간을 게을리해서는 안 된다.

솔선수범의 자세는 인격교육의 원리는 물론이고 학습지도 면에서도 인격적 교섭관계 속에서 교육이 이루어진다는 사실을 상기한다면 거의 모든 면에서 수범이 선행되어야 한다. 물론 교사라고 해서 모든 면에서 모든 학생을 앞설 수만은 없을지도 모른다. 그러나 학습지도나 품성지도에 있어서 바른 본보기를 보여주지 못한다면 학생은 누구를 본받게 될 것이며 그렇게 될 때 교직은 아무런 의미가 없는 직업으로 전락하고 말 것이다.

넷째, 교사는 학생들에게 희망을 주는 사람이 되어야 한다. 교사의 얼굴에는 그림자나 어둠이나 실망이 없고, 언제나 미래를 내다보는 희망이 깃들어 있어야 한다. 학생이 잘못을 저질렀을 때 비관하는 얼굴이 아니라 바른 길로 가도록 격려하는 얼굴이다. 그의 얼굴은 오늘날 우리 사회의 부조리에 낙망하는 것이 아니라,

내일의 비전에 용기를 가지는 얼굴이다. 교사가 가져야 할 희망적인 생의 태도는 주위환경의 조건에 따라가는 것이 아니라 현실을 보다 바람직하게 개선하고 개혁하며 혁신하려는 굳은 의지를 갖추는 것이다. 교사는 미래에 대해 희망적인 전망을 가져야 하고, 설령 미래가 밝은 전망을 내다볼 수 없을 때에도 희망을 갖고 이 희망을 주위 사람들에게 불러일으켜 잠자는 혼을 깨워야 한다.

다섯째, 교사는 교육혁신에 대하여 수동적 · 방관자적 태도를 버리고 이에 능동적으로 참여하며 스스로의 위치에서 교육의 혁신을 추진하고 실천하는 변화의 촉진자 역할을 해야 한다. 교육혁신과 문화 창달은 국가 정책적 · 제도적 차원에서의 변화는 물론 보다 새로운 교육풍토를 이룩하고 교육의 운영과 방법에 대해서도 끊임없는 쇄신과 발전을 기하고자 하는 정책지향을 추상적으로 표시한 것에 불과하다. 교사는 항상 교육발전과 쇄신에 대한 구상을 가져야 하며 그것을 실천함에 있어서 방관자의 입장을 떠나서 능동적으로 비판하고 창의적으로 참여하는 실천인이 되어야 한다. 교사들이 정책발전이나 정책형성은 물론 집행과 평가의 과정에서 보다 활발하게 의견을 개진함으로서 교단중심 교육행정이 이루어지도록 돕는 것도 중요하다. 그보다 더 중요한 것은 스스로 학생을 지도하는 과정에서 구습을 버리고 항상 새로운 창의와 개척의 정신으로 개선과 향상을 기하려는 전진적 의지와 자세를 가져야 한다는 점이다. 스스로의 위치와 처지에서의 변화, 보다 나은 방향으로의 변화를 설계하고자 하는 자세를 견지하여야 함을 강조하려는 것이다.

여섯째, 국제화에 대응하는 안목과 능력, 태도를 가져야 할 것이다. 새로운 국제화 시대, 세계 속의 한국으로 크게 부각되고 있는 개방사회 지향의 시대적 · 사회적 요청을 받아들여서 보다 넓은 시야와 관점에서 자라나는 현세대의 젊은이들을 이끌어 나갈 수 있는 안목과 능력, 태도 등을 가져야 할 것으로 기대된다. 교사들 스스로가 세계적인 교육이나 교육정책의 사조와 추세를 이해함은 물론 자라나는 청소년들로 하여금 자주적 정신과 더불어 세계를 향하여 개방된 진취적 태도를 견지할 수 있도록 유의하여야 할 것이다. 다른 민족과 문화에 대한 이해를 증진하여 학생들로 하여금 자기중심적인 세계관을 버리고 폭넓은 시야와 아량과 도량을 가질 수 있게 하며 교사 스스로가 본보기를 보여주어야 한다.

【단원별 과제】

[4.1] 직업이란 무엇이며 직업인이 지켜야 할 윤리에 대해 설명하시오.

[4.2] 교직사회의 특성은 무엇이며 타 직업에 비해 교직사회에서 우선적으로 지켜야 할 직업윤리는 무엇인가?

[4.3] 교원이 지켜야 할 윤리는 여러 가지가 있다. 학생들에게 지켜야 할 윤리에 대해 설명하시오.

[4.4] 오늘날 교원이 지켜야 할 윤리 중에서 미래사회에 더욱 강조되어야 할 윤리는 무엇인가?

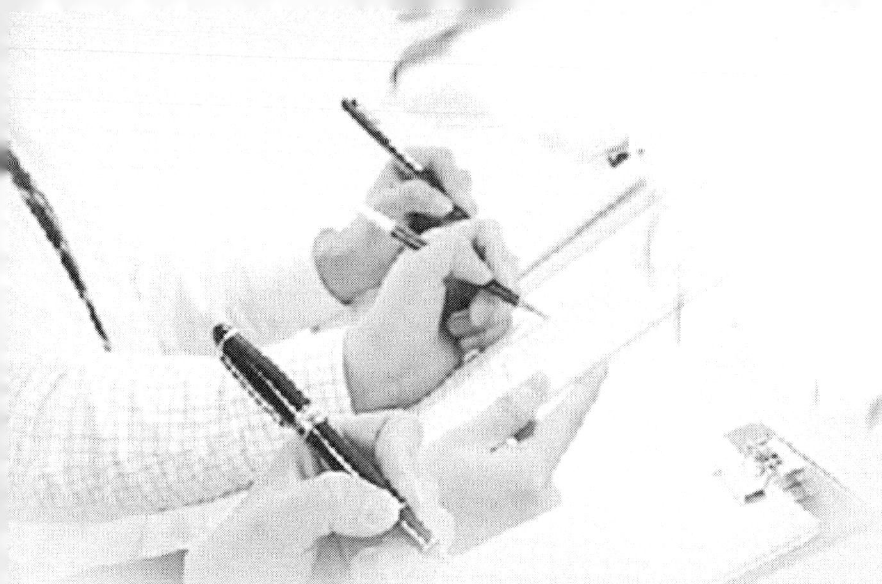

제2부

교원의 이해

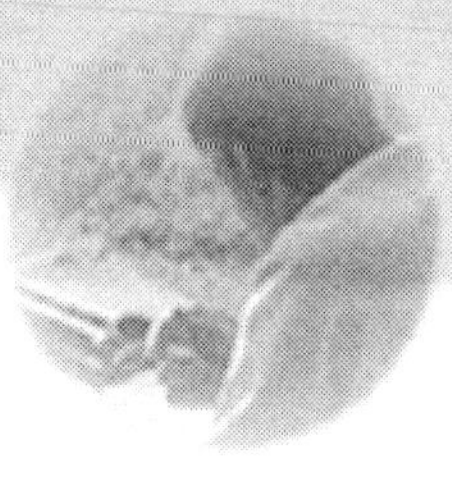

제 5 장

미래사회의 교사

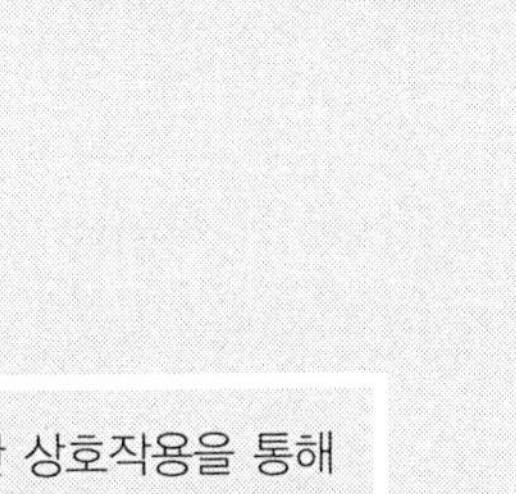

교육은 교사와 학생이 교육과정으로 구성된 교육내용과 교육방법에 의한 상호작용을 통해 이루어진다. 이때 교육과정으로 구성된 교육내용은 그 시대에 통용되는 사회문화를 그 내용으로 한다. 즉 교육은 당대 사회의 문화를 내용으로 교사와 학생의 커뮤니케이션을 통해 이루어지는 활동이다. 사회문화는 시대적 배경에 따라 변화한다. 따라서 교육의 내용 또한 사회문화적 변화를 수용하여 변화한다. 교육은 이러한 사회변화를 수동적으로 수용하는 한편, 능동적으로 변화를 이끌어 가는 역할도 하게 된다.

현대는 지식정보화, 국제화 사회다. 이러한 시대적 특성에 따라 지금의 우리는 어제와 다른 세상, 계속 변화하고 있는 세상에 살고 있다. 지식정보의 가치 변화, 커뮤니케이션의 혁명 등으로 인해 현대와 미래의 사회 변화 속도는 이전 시대에 비해 매우 빨라지고 있다. 과거시대에는 점진적 사회변화가 교육과정에 적절하게 수용되어졌으나, 오늘날의 세계는 현행 공교육의 체제 속에서 사회문화의 변화를 수용하기 어려운 상황에 직면하게 된다. 따라서 교육과 현실 사회문화간의 괴리가 발생하게 되며, 이러한 현상은 교육의 변화를 강력하게 요구하게 된다.

이 장에서는 앞으로 우리사회가 직면하게 될 미래사회의 주요 특징과 그 속에서 전개될 교육의 모습을 예측해 보고, 새로운 교육환경 속에서의 교사의 모습은 어떠한지 살펴보고자 한다.

제1절 미래사회의 주요 특징

1. 미래학자들의 미래 예측

미래학자들의 미래학은 미래에 대한 연구를 통해 현재의 삶을 재조명하고 미래 지향적 삶의 추구를 위한 준비를 인식시키고자 하는 학문적 노력이다. 미래를 연구하는 것은 미래를 정확하게 예언하기 보다는 전반적으로 예견을 하면서 이에 수반될 가능한 대안적 미래를 탐색하기 위함이다. 이를 통해서 바람직한 미래를 선택하고 선택한 미래를 이루기 위한 전략과 구체적인 방안을 모색하게 된다. 따라서 미래란 단순히 시간적 개념으로 다가올 시간들을 말하는 것이 아니라 아직 오지 않은 어떤 시간 혹은 그 때의 삶의 상태를 의미한다. 그리고 미래의 시간을 살아갈 사람들이 어떠한 주체적인 의지를 가지며, 무엇을 선택하는가에 따라 달라질 수 있다는 신념을 미래는 포함하고 있다(손미, 2006 : 165).

따라서 우리가 미래의 교육에 대하여 논의하는 것은 앞으로 마주치게 될 학교 현장에서의 교수-학습의 현상을 예측하고 어떻게 대비할 것인가를 고민함으로써 인간을 이롭게 하고자 하는 교육 본연의 목적에 보다 충실한 교육이 되기 위한 고민의 일환으로 보아야 한다.

2. 미래사회의 주요 특징

그렇다면 미래학자들은 앞으로의 인간사회가 어떻게 변화할 것이라고 예측하고 있을까? 이 질문에 대한 답을 현대의 가장 대표적인 미래학자인 앨빈 토플러의 주장을 통해 살펴보겠다. 앨빈 토플러는 1928년 미국에서 출생했다. 그는 「미래쇼크」, 「제3의 물결」, 「권력이동」, 「부의 미래」와 같은 저서를 통해 1950년대 이후 인류가 경험한 급격한 사회변화를 이해하고 예측하였다.

많은 미래학자들이 21세기를 전망하여 문명사적 대변혁의 시대가 도래할 것임을 예언하였다. 인류문명은 경제구조, 즉 생산과 분배 그리고 조직의 특성에 따라서 농경중심 사회에서 18세기 중엽부터 시작된 산업혁명의 시대를 거쳤으며, 컴퓨터와 인터넷의 탄생으로 인해 지식혁명의 시대에 진입하게 된다. 이들 미래학자들의 공통된 주장은 IT(Information Technology)의 발전으로 인해 지식정보의 생산량이 획기적으로 증대하고, 지식정보의 수명이 단축되며, 커뮤니케이션의 시간적 · 공간적 장애가 극복되는 시대가 도래함에 따라 인류문명은 이전과는 다른 새로운 국면을 맞이하게 된다는 것이다. 한 마디로 변화의 핵심은 '변한다는 사실 이외에 모든 것이 변한다'라는 말로 표현되고 있다.

송영래(2007)는 앨빈 토플러의 대표적 저서들을 분석하여 이러한 미래사회의 주요 특징을 다음과 같이 제시하고 있다(송영래, 2007 : 61-62).

첫째, 미래사회에는 유전자공학, 인터넷, 우주 등 지식경제 시대의 새로운 기술이 결합된 하이퍼(Hyper) 농업이 생겨나며, 산업시대에는 많은 기계를 보유한 유형의 자산이 부를 창출하였으나, 미래에는 무형의 지식이 부를 창출할 것이다. 즉 IT산업, 바이오산업, 서비스산업, 생태환경산업이 과학의 발달로 획기적인 변화를 일으킬 것이며, 지식정보의 팽창은 과학기술의 발달을 더욱 촉진할 것이다. 인류역사에 있어서 절대다수의 지식이 현대에 창출되었다. 따라서 미래에는 '지식과 정보의 홍수' 속에서 쏟아져 나오는 무용지식을 걸러 내는 능력이 미래의 부를 결정짓는 핵심요소가 될 것이다.

둘째, 경제활동의 개념이 바뀌면서 '프로슈머(prosumer)'의 활동이 활발해지며, 이 활동들이 소비자 생산이 될 것이다. 프로슈머는 생산자와 소비자의 역할을 동시에 하는 사람을 나타내는 말로 생산 소비자 또는 참여형 소비자라고도 한다. 이러한 프로슈머는 비화폐경제의 생산력이 되면서 보이지 않는 부를 형성할 것이다. 이에 따라 취업구조나 경영방식도 많이 변화될 것이다. 한 번의 취업으로 평생을 보장받는 직장은 이미 우리사회에서 상상하기 어려운 일이 되고 있다. 정기적으로 출 · 퇴근하고 고정된 공간에서 일하는 방식도 변화될 것이다.

셋째, 국가 간 문화개방이 급속히 이루어질 것이다. 과학기술과 교통 · 통신의 발달로 이데올로기의 붕괴는 국가 간 장벽을 낮추게 할 것이다.

넷째, 권력의 이동은 기본적인 물리력과 부(富)에 의존하던 과거에 비해 제3의 원천인 지식에 의존하게 된다. 인류는 권력을 장악하기 위해 물리력과 부, 지식을 사용하였다. 물리력은 저 품질의 권력을, 부는 중 품질의 권력을, 지식은 고 품질의 권력을 나타낸다. 미래에는 자본과 통화(부), 노동(물리력)이 모두 지식을 향해서 한 방향으로 움직이게 된다. 따라서 정보의 홍수 속에서 쏟아져 나오는 무용지식을 걸러 내는 힘이 부의 원천이 될 것이며, 이러한 지식정보에 대한 능력으로부터 권력이 창출될 것이다.

앨빈 토플러에 의하면 미래사회는 IT, 바이오 등 기술혁명에 의하여 지식과 정보의 성격이 달라지고 그로 인해 인류의 삶의 양식이 변화할 것이다. 과거 지식정보와 비교할 때, 현재를 포함한 미래의 지식정보는 생성되는 양과 생성의 주체, 유효정보로써의 수명, 유통경로 등에서 그 성격을 달리한다. 다양한 주체들에 의해 대량으로 생성된 지식정보는 다양한 채널을 통해 끊임없이 재생산되고 폐기된다. 그리고 분야별·국가별·언어권별 지식과 정보의 칸막이가 사라지고, 모든 지식정보는 생산 주체의 필요에 의해 다양하게 융합된 바이오 기술에 의한 생명의 연장은 인류의 생애사를 다시 작성하게 하고 있다. 사회활동의 근간이라고 할 수 있는 경제활동의 모습도 변화한다.

오늘날 산업시대의 소품종 대량생산 시대는 이미 막을 내리고 있다. 지금은 소비주체의 다양성을 고려한 대량생산체제의 변화를 지나 소비자와 생산자 간의 벽이 허물어지는 프로슈머가 새로운 경제행위의 주체로 부각되고 있다. 프로슈머의 등장은 결국 지식정보의 성격의 변화에 따른 커뮤니케이션의 변화에 수반된 현상으로 보인다. 자본주의 시대의 고전적인 고용관계는 더 이상 미래사회의 주요 경제활동이 될 수 없다. 똑똑해진 개인은 스스로를 생산과 소비의 주체로 다시금 자리잡게 할 것이다. 따라서 기업의 부의 창출방식도 과거와는 다른 방식으로 전개될 것이다. 이처럼 기본적인 지식정보의 성격의 변화에 의해 사회가 바뀌게 되면 권력의 생성과 유지 또한 지식정보에 대한 의존도가 높아지게 될 것이다.

미래의 변화를 예측하는 것은 쉬운 일이 아니다. 고려해야 될 변수들이 너무나 많기 때문이다. 우리가 확신할 수 있는 단 한 가지는 '변화한다는 것 그 자체는 변하지 않는다'는 것이다. 그럼에도 불구하고 앞에 제시한 앨빈 토플러를 비롯한 많은 미래학자들의 주장들 속에 공통적으로 발견되는 미래예측은 지식정보의 영향력이 커진다는 것이다. 이러한 지식정보의 영향력으로 결국 각 개인이 이전에 비해 보다 적극적이고 능력 있는 사회 구성원으로서 주체적인 활동을 하게 될 것이며, 이를 위한 자질과 기본 소양을 갖추는 것이 필요하다.

제 2 절 미래사회의 교육

교육은 그 시대의 사회와 문화를 반영한다. 따라서 미래사회의 교육에는 미래사회의 변화 내용이 투영될 수밖에 없다. 산업시대를 거쳐 온 지금의 교육은 지식정보가 어느 정도 안정적으로 그 유효성을 인정받는 것을 전제한 시스템이라고 본다. 그러나 이미 우리는 지식정보의 홍수 속에서 살아오고 있다. 교육이 변화된 사회와 문화를 반영하지 못하면 교육의 가치가 떨어지게 되며, 특히 학교교육이 교육 수요자의 요구에 적절히 대응하지 못한다면 산업시대 발전의 원동력으로 작용한 지금의 공교육 체제는 더 이상 그 기능과 역할을 유지하지 못하게 될 것이다. 사람들은 자신들의 필요에 맞는 새로운 교육시스템을 찾게 될 것이며, 앨빈 토플러는 이러한 모습의 한 예로 '홈스쿨링의 확산'을 예고하기도 했다.

그렇다면 과연 지식정보화시대의 전개에 따라 학교교육을 중심으로 하는 현재의 교육은 사라질 것인가? 이 질문은 우리가 미래의 교육을 논의함에 있어 매우 중요한 시사점을 제공한다. 정말 학교가 없어질까? 이에 대한 답은 교육이라는 행위의 본질적인 측면과 사회 속에서의 기능을 살펴봄으로써 찾아볼 수 있을 것이다.

위키백과사전에 의하면 교육은 지식, 기술, 기능, 가치관 등을 가르치고 배우는 활동을 말한다. 또는 교육은 학생이 보다 나은 생활을 영위하기 위해, 또한 그로 인하여 사회가 유지 · 발전될 수 있도록 학생이 가지고 있는 능력을 끌어 내어, 새로이 습득하게 하는 활동이다. 인간은 교육을 통해 다음 세대에게 지식과 문화를 전수하고 발전시켜 왔다. 교육 활동의 주요 요소는 가르치는 사람인 교사, 배우는 사람인 학생, 그리고 교과서와 같은 교육할 내용이다. 교사, 학생, 교과서는 학교의 교육활동에서 쓰이는 말이지만 그와 같은 역할을 하는 사람과 교육 내용이 있다면 명칭에 관계없이 교육 활동이 이루어지고 있다고 할 수 있다(http://ko.wikipedia.org). 교육은 학습자인 학생이 사회의 한 구성원으로서 자신의 삶을 영위할 수 있도록 하는 학습자 개인과 사회의 유지를 위한 학습의 내용을 매개로한 인간과 인간 간의 커뮤니케이션 활동이다. 즉 교육의 본질은 인간에 대한 사랑과 인류공동체의 유지와 발전을 도모하기 위한 사람들 간의 존중과 인간애를 바탕으로 하는 상호작용에 있다. 교육은 개인과 사회가 어떠한 모습으로 변하더라도 이러한 본질적인 목적을 수행하기 위한 활동이다. 따라서 미래사회에도 인간애를 바탕으로 하는 교육활동은 여전히 중요하고 가치로운 사회활동이다. 인류가 공동체를 이루고 생활을 영위하는 한 교육의 본질적인 기능과 역할은 그 자체로서 충분한 가치가 있다.

개인이 사회 구성원으로서 행복한 삶을 영위하기 위해서는 사회생활에 필요한 기본적인 역량을 습득해야 한다. 공동체 사회는 공동체의 유지 발전을 위해 산업화 시대에 학교교육이라는 공교육 시스템을 탄생시켰다. 산업사회의 공교육은 물리력인 노동력을 확보하기 위해 성인을 가정으로부터 분리하여 산업현장으로 이동시켜야 했으며, 산업사회 유지를 위한 노동력의 재생산을 위해 국가 주도의 공교육, 학교교육을 실시하게 된다. 앞에서 살펴본 바와 같이 미래사회는 산업사회와 다른 양상으로 전개된다. 따라서 현재의 학교교육 시스템의 변화는 피할 수 없다. 그러나 많은 미래학자들이 현재의 학교가 단시일 내에 없어지거나 다른 형식의 교육활동으로 완전히 대체될 것으로 예상하지는 않고 있다. 오히려 현행 학교교육을 어떻게 개선하고 다가오는 미래에 대비할 것인가에 관심을 모으고 있다. 학교교육이 여전히 그 존재감을 잃지 않는 이유는 바로 교육의 전문성과 미래에 있어서 교육의 역할에 대한 기대감 때문이다.

1. 미래사회의 교육 특징

앨빈 토플러는 미래사회를 한 마디로 지식과 정보의 시대로 정의하였다. 때문에 지식과 정보에 대한 종합적인 활용능력이 많이 요구된다. 따라서 앨빈 토플러가 말하는 미래사회의 교육에 주어진 핵심적인 역할도 바로 이러한 능력을 소유한 사람을 길러 내는 것이다. 이와 같은 미래사회 교육의 특성은 다음과 같이 제시된다(송영래, 2007 : 62-64).

첫째, 창의력을 배양하는 교육이 요구된다. 미래사회에서는 많은 지식을 알고 있는 사람보다 다양한 지식을 종합하고 응용하고 재창조하는 창의적 사고를 지닌 인간이 인정을 받게 된다. 이러한 인간의 양성은 과거처럼 획일적인 방식이 아닌 개별화되고 특성화된 방식이어야 할 것이다. 창의력을 배양하는 교육이란 상상력을 갖춘 인재를 양성하는 것이며, 미래사회에서의 생산성을 높이기 위한 교육이라고 할 수 있다.

둘째, 미래사회에서는 자기주도적인 학습이 강조될 것이다. 지식을 강제로 주입하는 획일적 교육에서 자발적이고 자율적인 '자기학습'이 강조된다. 미래사회에서는 지식이 매우 빠르게 변화 · 발전하기 때문에 학교에서 일정한 지식 또는 정보를 선별하여 모든 학생들에게 일방적으로 주입할 수 없다. 사람들은 자신의 필요와 요구에 따라 스스로 정보와 지식을 창출하거나 선택해야 한다. 따라서 교사가 고정적 교과서의 지식을 직접 가르치기보다는 학습자 스스로가 자신의 잠재력을 최대한 개발할 수 있도록 다양한 동기를 부여하고, 학습자 스스로 학습할 수 있도록 도와 주는 역할을 해야 할 것으로 보인다.

셋째, 미래사회에서는 고차원적인 능력을 배양하는 교육이 요구된다. 구체적으로 컴퓨터 등의 정보통신기기의 활용능력, 과학이나 공학의 역동성에 대한 기본 이해능력, 외국어 구사 능력 등 고차원적이고 다양한 능력이 요구된다. 이러한 능력은 단순히 반복 훈련이나 연습을 통해서는 결코 길러질 수 없으며 창의적인 사고와 생활방식을 통해서만 가능하다.

넷째, 미래사회에서는 평생교육, 사회교육체제가 대폭 강화되어야 한다. 일정 기간의 학교교육을 마친 사람이라도 필요에 따라 언제든지, 어디에서나 재교육을 받을 수 있는 교육체제로 변화되어야 한다. 학교도 학생들만이 아닌 모든 시민들에게 개방하는 개방적 시스템으로 변화되어야 한다. 또한 미래사회에서는 학교와 직장의 경계가 불분명해 질 것이다. 교육은 더 이상 학교의 전유물이 아니다. 직장이나 가정 등 학교 외의 여러 기관은 교육적 역할을 현재보다 훨씬 더 많이 담당하게 될 것이다.

다섯째, 교사의 역할 변화다. 산업사회의 교사는 교수-학습 전과정을 주도할 능력과 책임을 지닌 권위자로 인정받았다. 이러한 권위를 토대로 교사는 자신이 가진 일정한 지식 또는 태도, 신념을 학생들에게 주입하는 활동이 정당화될 수 있었다. 그러나 미래사회에서의 교사는 더 이상 교수-학습을 일방적으로 주도하거나 지시하는 사람이 아니다. 미래의 교사는 고도의 학습정보 관리자이며, 교육과정 운영자이며, 개별학습과 집단학습의 안내자 역할을 담당하게 될 것이다.

2. 미래교육의 방향

미래교육의 특징은 개별화 학습과 자기 주도적 학습이다. 그러나 개별화 학습과 자기 주도적 학습이 타인과의 단절을 통한 개인적 차원의 학습으로의 대대적인 전환을 의미하는 것은 아니다. 개인적 차원의 개별화 학습과 자기 주도적 학습은 이것이 구현될 수 있는 현실 조건이 구비되어야 비로소 실현될 수 있다. 미래사회의 학습자의 요구가 차별화되고, 이에 따라 교육 또한 개별화되면서 자기 주도학습으로 전환된다고 하지만, 미래사회의 개인과 개인간, 개인과 집단간, 집단과 집단간의 네트워크는 더욱 복잡하고 다양한 차원에서 확산되어 질 것이다. 미래는 이러한 복잡한 네트워크 속에서 인간의 삶이 영위된다. 따라서 학습의 요구가 개별화된다고 해서 개인과 개인간, 집단과 개인간, 집단과 집단간이 서로 단절된 상태에서 학습과 교육이 이루어지는 것은 아닐 것이다. 개별적인 학습 요구는 복잡한 네트워크 속에서 네트워크가 제공하는 환경 속에서 구현되고 학습의 성과는 네트워크 내에서 공유될 것이다. 그리고 미래교육이 IT혁명을 통한 새로운 형태의 커뮤니케이션 방법을 전면적으로 도입한다 하더라도 과거 오랜 기간 유지되어 온 인간의 고전적인 의사소통 방식이 장점을 완전히 대체하지는 못할 것이다. 또한 미래 인간상이 지식과 정보에 대한 종합적인 활용능력을 갖춘 인재라고 하더라도 이러한 종합적인 능력을 갖추기 위해서는 필수적으로 요구되는 기초능력 교육은 불가피하다. 이러한 기초능력 교육에는 주입식, 암기식 방법이 오히려 효율적인 교육방법이 될 수 있다. 인간은 세상에 존재하는 생물체 중 탄생 직후에는 가장 미약한 생물체로 부모와 사회의 장기간의 돌봄이 없이는 생존할 수 없으며, 백지상태의 인간이 인간다운 삶을 영위하도록 사회는 최소한의 의무를 다해야 하며, 그 중 하나가 교육을 통한 사회화의 과정이다.

손미(2006 : 172-175)는 미래교육의 방향을 다음과 같이 제시하고 있다

첫째, 미래의 인간상인 '신지식인', '지혜로운 인간상'을 양성하는 방식은 개인적 차원의 접근 방식에서 학습조직 차원으로 바뀌어야 한다. 개인적 차원의 신지식인은 자기 주도적 학습자의 모습을 상정하고 있으며, 자기 주도적 학습론 자체가

개인적인 차원의 문제의식에서 출발하고 있기 때문이다. 개인이 자발적으로 정보를 입수, 관리, 통제, 활용하는 학습력을 가지고 있다 해도 학습생태적 조건들이 갖추어져 있지 않으면 자기 주도적 학습은 현실적으로 불가능하다. 이런 점에서 신지식인 교육의 문제와 학습은 개별학습의 수준을 넘어서 팀학습 및 집단학습으로, 궁극적으로는 조직학습을 통하여 축적된 지식이 조직의 개선을 이끌어 낼 수 있는 방향으로 가야 할 것이다.

둘째, 미래교육에서는 학교를 포함한 학습공간을 확장된 형태의 학습생태계로 보는 인식의 전환이 필요하다. 신지식인 또는 신지성인의 양성은 몇 개의 교과목을 첨가한다고 달성되는 것이 아니다. 지혜로운 지식은 지식만을 잘 갖춘 사람이 아니다. 지식을 지혜로 연결 짓는 능력, 즉 명시적 지식으로서의 교과서가 암묵적 지식으로서의 경험으로 전환할 수 있는 능력이 필요하며, 그 과정에서 지식사회의 핵심인 지식구성을 통한 새로운 세계의 개척을 수행해 낼 수 있어야 한다. 그러기 위해서는 학교가 생활공간으로서 살아 있는 학교, 학교자체가 학습생태계적 환경으로 전환되어야 한다. 학습생태계란 생태론적 관점에서 학교와 학습을 이해하는 것으로, 학교를 인간 삶의 세계와 분리된 독립적인 공간으로 인식하지 않고 인간 삶의 공간, 경험의 공간, 학습자가 추구하는 살아있는 지식의 생산적 순환 속에서 함께 생명성을 얻게 되는 학습생태계로 규정한다. 현재의 학교는 인공으로 조성된 학습 생태계이며, 생활세계와 구분된 공간, 즉 학교 밖과 안이 엄격하게 구분되어 있는 공간이다. 그러나 미래교육에서는 학교, 교사, 학생, 교육과정 등이 상호 밀접한 관련 속에서 구성되며, 이렇게 구성된 학교, 교사, 학생, 교육과정의 연계망이 지역사회로, 국가로, 세계로, 그리고 평생으로 이어지는 학교 밖과 안이 총체적으로 연결되는 학습생태계를 구성해야 할 것이다.

셋째, 미래교육은 지식만을 강조하는 단일 패러다임을 지양하고 가능한 한 복수의 패러다임과 방법론을 고려해야 할 것이다. 미래교육이 자칫 방법적으로 첨단 테크놀러지를 활용한 이러닝이나 유비쿼터스러닝만을 고집하거나 선진국 중심의 지식을 가치롭게 생각하는 단일한 지식 가치체계를 철학적 배경으로 해서는 안 된다. 경제발전의 도구로 교육과 인적 자원을 바라보는 관점에 국한되지 않고 심리적, 사회적, 환경적 변화 등이 인간의 삶에 어떻게 영향을 줄 것인지를 포괄적으로 조명할 수 있는 패러다임의 다양성을 지향해야 한다.

넷째, 미래교육의 방법과 내용에는 세계 속에서 지구촌 구성원들과 함께 살아가기 위한 것이 전제되어야 한다. 인류가 건전한 장기적 비전을 가지고 공동체 의식과 연대를 맺지 못하면 개인주의를 초래할 수 있다. 세계는 점차 인류 공동의 삶의 문제를 중심으로 네트워크화된 공동체로 발전하고 있음을 고려하면 건강한 사회에서 타인과 함께 건강한 존재로 살아가기 위해서는 '여기 – 나'만을 위한 내용과 방법으로는 생존하기 어려울 것이다. 이러한 맥락에서 봉사활동의 중요성도 더욱 커질 것이다.

다섯째, 미래교육은 인터넷을 통한 이러닝과 유비쿼터스러닝의 활용도 중요하지만 면대면(face to face) 활동과 체험활동과의 연계가 중요하게 고려되어야 할 것이다. 사이버 공간에서의 가상체험은 결국 직접체험이나 만남을 통해서 완성된다. 따라서 사이버상에서 이루어지는 많은 유형의 커뮤니케이션의 단점을 극복하고 장점을 극대화하는 방법이 면대면 활동이고, 체험활동이다. 그러므로 미래사회와 학교는 사이버 활동의 증가와 함께 체험활동과 면담활동을 적절하게 구조화해야 할 것이다. 교육과 체험, 즐거운 놀이학습과 대화가 있는 자연 친화적인 학교가 만들어져야 할 것이며, 국제적인 체험학습과 문화이해학습이 가능하도록 해야 할 것이다.

여섯째, 교육의 내용과 과정을 결정함에 있어 국가 경제발전을 위한 인적 자원개발의 관점에만 매몰 되어서는 안 된다. 미래교육은 환경파괴와 인성파괴, 자기집중과 독립성을 박탈하는 소비적 패러다임을 개선할 수 있는 대안적 패러다임을 만들고 교육해야할 것이다. 이를 위해 과도한 소비의 욕구에서 벗어나 삶의 내적 질을 추구할 수 있는 가치 지향적인 교육이 되어야 하며, 도덕 및 윤리교육을 강화해야 할 것이다. 도덕적이고 윤리적인 판단 그리고 자신의 개성과 능력에 입각한 삶을 설계하는 것은 복잡한 사회의 빠른 변화에 적응하는 중요한 기능이 될 수 있다.

일곱째, 미래에도 학교는 중요한 개념이지만 지금과 같은 학교의 틀을 고집하는 존재로서의 학교는 바람직하지 않다. 학교는 아이들의 협력이 요구되고 타인에 대한 책임감과 배려를 필요로 하는 것을 배울 수 있는 공간이라야 한다. 학교는 학습자들을 자신의 전문지식을 인류의 지식과 경험과 연관시킬 수 있는 지혜로운 지성인으로 길러 주어야 한다. 이를 위해 미래학교는 학습공동체로서의 학교로 변화되어야 한다. 학습공동체 학교는 학습을 교과교육에만 한정하지 않고 폭넓게 보며 공동체적 과정으로 간주하기 때문에 교육과정, 교육방법 및 평가의 맥락화를 강조하며, 각 주체별 민주적 의사결정의 중요성을 강조한다. 이에 따라 교사의 실천공동체, 학생의 학습공동체, 학부모의 지역공동체는 학습공동체 학교 개혁의 근간을 이룬다.

여덟째, 미래교육을 위한 비전을 함께 만들어 가고 공유할 수 있는 교육관련 학자, 공무원, 교사, 학부모, 학습자들이 함께 모여서 미래교육에 대해 논할 수 있는 장이 있어야 할 것이다. 또한 다양한 형태의 교육서비스 체제들과 자원봉사기관 등을 포함하는 공교육 및 사교육기관과 사회기관들과의 연계망이 이루어지는 것이 중요하다. 이를 위해 국내 · 외적 수준의 온라인 교육공동체를 구성하고 이러한 가상공간에서 얻어진 결과를 현실 세계에서 직접적으로 공유될 수 있도록 해야 한다.

미래교육의 변화에 대한 논의의 핵심은 교육의 본질적인 활동을 미래에도 가치 있게 수행하기 위해 우리의 교육과 학교가 어떻게 변화되어야 할 것인가에 있다. 새로운 기술의 적용과 확산은 변화된 사회를 반영하는 방식이며, 신기술의 적용 그 자체를 위해 교육이 변해야 하는 것은 아니다. 교육은 미래의 변화된 사회 속에서 교육을 더욱 교육답게 만들기 위해 변해야 한다.

제 3 절 미래사회의 교사

오늘날 한국 사회가 겪고 있는 변화는 다양한 방면에서 광범위하고도 심층적으로 전개되고 있다. 21세기 세계화의 급류 속에서 우리 사회에 닥쳐온 변화는 단순한 '세기적 변화'라기보다는 인류문명의 큰 흐름을 바꾸어 놓고 있는 '문명사적 패러다임의 전환'이라고 할 수 있다. 그러한 전환의 근저에는 우리 생활 곳곳에 영향을 미치고 있는 정보화의 물결이 있다. 이러한 변화의 급물살은 사회 각 분야에서 빠른 속도로 진행되고 있으며 가정, 학교, 사회, 기타 여러 분야에서 이 변화의 영향을 받지 않는 곳이 없다고 해도 과언이 아니다.

특히 과학기술을 바탕으로 한 멀티미디어와 초고속 정보망을 통한 엄청난 속도의 정보 팽창은 우리 생활 전반을 흔들어 놓고 있다. 이 정보화의 과정은 농경사회가 산업화되면서 초래되었던 생활양태의 변화보다 훨씬 큰 변화를 우리 사회에 가져다 주고 있다. 산업사회의 교육이 농경사회의 교육과 다를 수밖에 없었듯이 정보화 사회의 교육도 산업사회의 교육과는 여러 측면에서 크게 달라질 수밖에 없다. 산업사회에서 요구하던 규격화된 인력보다는 정보와 지식 생산을 위한 창의적인 인력을 양성하는 방식의 교육이 요구되고 있는 것이다. 이렇듯 21세기의 새로운 환경은 우리 사회 속에서 종전과는 다른 자질과 새로운 능력을 갖춘 새로운 인간상을 요구하고 있다.

일반적으로 교육은 인간을 인간답게 만들고, 그들을 통해 바람직한 사회를 형성하고, 그 속에서 인류의 미래를 창조하는 원동력으로써 역할을 담당한다고 한다. 그렇다면 우리의 삶과 미래가 바로 교육에 달려 있다 하여도 과언은 아니다. 따라서 교육은 본질적으로 미래 지향적인 활동이라 할 수 있으며 교육자와 피교육자가 가지고 있는 미래에 대한 비전에 따라 교육은 달라질 수 있는 것이다. 만일 개인이나 국가가 가지고 있는 미래상이 불확실하거나 잘못됐다면 그것에 기초를 둔 교육은 표류하거나 잘못된 방향으로 흘러갈 수밖에 없을 것이다. 그렇기 때문에 교육에서 주체적인 역할을 담당하는 교사는 분명한 교육이념과 철학이 있어야 하고, 시대와 국가를 이끌어갈 수 있는 비전과 방향이 있어야 하며, 나아가 인간을 구체적으로 형성하고 변화시킬 수 있는 능력이 있어야 한다.

교육은 개인의 인격형성과 자아실현에 커다란 영향을 주는 것만으로 그치지 않고 정치, 경제, 문화 발전에 결정적인 영향을 미치기 때문에 한 국가 · 사회의 번영과 발전에 직결된다고 할 수 있다. 이와 같이 오늘날의 교육은 국가 · 사회 발전의 원동력이 되고 있어 교육의 발전 없이는 국가의 발전을 기대할 수 없기 때문에 모든 국가는 자국의 발전과 번영을 위해 교육을 그 어느 것보다 중요시하고 있는 것이다.

따라서 국가 · 사회 발전의 원동력이 되는 교육을 담당하는 교사의 중요성은 교육의 중요성과 정비례한다고 할 수 있다. 교사는 교육활동을 주된 임무로 삼고 있으며, 교육활동에 있어서 가장 중추적이고 핵심적인 역할을 담당하는 사람이다. 오늘날 국가 · 사회발전을 촉진시키기 위해서는 교육의 질적 향상과 교육 발전이 강력히 요구되고 있으며, 교육에 거는 사회적 기대도 어느 시대 못지않게 크다고 할 수 있다. 교육의 발전을 위해서는 무엇보다도 교육활동에서 핵심적인 역할을 담당하는 유능한 교사의 확보와 교직적 사명감이 투철한 교사들이 절실히 필요한 것이다.

따라서 21세기 우리나라 중등학교 교사들이 가져야 시대적인 사명과 그 역할이 무엇인지를 살펴보고자 한다.

1. 정보화 사회에서 교원의 전문성

오늘날 우리는 다양한 정보처리 기술과 통신기술의 눈부신 발달로 이른바 정보화 사회라는 새로운 큰 변혁의 시대를 맞이하고 있다. 19세기와 20세기를 풍미했던 거대한 산업사회는 오늘날 정보의 무한한 가치 창출과 배분에 기초를 둔 정보화 사회의 대두와 더불어 급속히 퇴조하고 있다. 컴퓨터기술과 정보통신기술의 획기적 발전과 융합은 정보혁명을 일으켜 정치, 경제, 사회, 문화는 물론 우리의 의식구조에까지 대변혁을 가져오고 있으며, 통신기술은 다양한 개개의 표류정보들을 체계화하고 정보전달시간을 더 한층 단축시켜 변화의 속도를 가속시키는 정보화 사회의 주역이자 총아로 각광받고 있다.

미래학자 Alvin Toffler는 급격한 사회변화가 진행되고 있는 오늘의 현상을 산업주의의 종언과 새로운 문명의 출현으로 특징짓고 있다. 이렇게 등장한 새로운 문명속에서 과거의 사고, 공식, 이데올로기 등은 그 현실성과 타당성을 급속히 상실하고 있으며, 새로운 가치관과 테크놀로지, 새로운 생활양식이나 커뮤니케이션 등으로의 변화를 끊임없이 요구받고 있다.

정보화란 정보통신기술의 발달이 가속화되고 지식과 정보가 네트워크를 통해 대량으로 유통되는 추세에 따라 정보사회로의 전환이 가속화되는 현상이라고 할 수 있다. 정보화 사회를 향한 변화들이 사회 내 여러 영역에서 급속히 일어나고 있기 때문에 우리는 과거의 산업사회와는 전혀 다른 새로운 사회적 환경에 처해 있다. 정보기기의 활용능력과 정보의 획득 및 분석능력이 강조되는 정보화 사회의 도래는 교육의 내용과 방법에도 큰 변화를 요구하고 있으며, 새로운 교육에서 차지하는 교원의 전문적인 능력도 강화되어 가고 있음을 알 수 있다. 앞으로 국가의 장래는 사회 전반의 정보화와 이를 뒷받침하는 교육의 수준에 달려 있다 하여도 과언이 아니다. 그런데 그 교육의 수준을 결정하는데 주체적인 역할을 담당하는 사람은 바로 전문성을 갖춘 교사인 것이다.

따라서 오늘날 교사는 컴퓨터와 통신기기의 발달과 정보망의 구축으로 인해 국내 · 외의 모든 정보에 점점 더 손쉽게 접근할 수 있기 때문에 이제는 단순한 지식인이 아니라 정보를 수집하고 목적에 맞게 가공하여 활용하는 정보처리 능력을 갖춘 전문가가 되어야 한다. 그러므로 교사 자신이 다양한 정보의 원천을 파악하고, 컴퓨터와 인터넷 등의 정보망을 활용하는 능력을 갖추며, 필요한 정보를 찾아 올바로 해석하고, 자기의 상황에 맞게 가공하고 처리하는 능력을 길러 학생들을 지도해야 한다.

그렇기 때문에 미래의 정보사회화를 향한 장기적이고 근본적인 대비라는 차원에서 정보화 관련 부문에의 전문성 함양은 21세기 교사들에게 요구되는 중요한 역할 중의 하나인 것이다.

2. 세계화 시대에 맞는 교원의 윤리성

교육을 인간을 대상으로 개개인의 행복한 삶과 사회 발전, 그리고 인류 공동체의 바람직한 생존과 발전을 목적으로 하는 활동이라고 할 때, 교원의 시대적 윤리와 도덕성은 매우 중요한 덕목 중의 하나다. 특히 21세기에는 정보화, 국제화, 세계화 등의 여러 과정이 동시에 복합적으로 급속히 진행되고 있으며, 이러한 시대에는 사회가 전례 없이 더욱 다양화되고 복잡화되기 때문에 문화 전체에 급속한 변화와 다양화를 초래하게 된다.

이러한 변화는 사회 구성원의 가치관을 혼란스럽게 만들어 비도덕적이고 비윤리적인 행위들이 무비판적으로 성행하는 사회를 만들어 내고 있다. 그러므로 미성숙한 상태에 있는 어린 학생들을 지도하는 교사들은 높은 인격과 확고한 가치관을 가지고 바람직하고 실천적인 윤리의식을 가지고 있어야 한다.

한편, 교직의 전문성을 논함에 있어서도 반드시 윤리 문제가 포함된다. 그것은 교직에서만이 아니라 모든 전문직에서 요구되는 기본 조건의 하나다. 전문직 종사자에게는 다른 직업의 종사자보다 높은 직업윤리와 도덕수준을 사회로부터 요구받고 있다. 교사의 사회적 지위, 경제적 지위, 지적 우월성 등은 모두 중요하고 어느 하나도 소홀히 생각할 수 없는 것이지만, 이들보다도 먼저 생각해야 할 것은 교사의 윤리 문제이다. 왜냐하면 교사는 가르치는 사람이며 가르친다는 것은 지식을 가르친다는 의미만이 있는 것이 아니라 사회적 · 도덕적인 면에서 본을 보여야 한다는 의미를 포함하고 있기 때문이다.

교육하는 일이란 사람을 가르쳐 사람을 만드는 일로써 개인적 입장에서 볼 때는 개인의 능력과 자질 그 도덕적 품성을 형성하는 일이며, 국가 · 사회적 입장에서 생각할 때는 시민 혹은 국민의 생산력과 도덕적 자질을 만드는 일이다. 그러한 면에서 교직은 일반 생산 노동자가 아니고 단순한 공무원도 아니다. 개인의 일생에 영향을 미치며, 국가 · 사회의 미래에 막중한 영향을 미칠 시민의 도덕적 성품과 자질을 형성하는 일이다. 그러므로 교직자는 다른 어떤 직종의 사람들보다도 높은 도덕관과 표준적 윤리관을 가지고 있어야 한다. 교직자의 교육 실천 행위는 누구의 간섭도 받지 않지만 사회적 요구와 기대라는 보이지 않는 윤리적 규제의 대상이 되고 있다.

물론 교사의 행동을 외적 · 공식적 측면에서 강제적으로 규제하는 법규가 있다. 그러나 교사 행동의 적절성 또는 적부의 판정을 이와 같은 방법으로만 통제하는 것은 적절하지 못하다. 여기에는 내면적 · 자발적 · 잠재적 규제가 뒷받침되어야 한다. 인간형성이라는 교직의 직무는 정형화되어 있는 것이 아니고 다양하며, 자유재량의 폭이 매우 크다. 그러므로 교사의 내적 · 심리적 · 잠재적 동기와 자발적이고 능동적 규율이 더욱 중요한 것이다. 인간의 도덕적 품성의 형성은 내적 동기와 자발적 의지에 의해 더 크게 영향을 받기 때문이다. 그러므로 교사의 법규 준수 그 자체보다도 교사행동의 자발적인 윤리의식이 더 중시되는 것이다.

그렇다면 교직에서 법규의 준수 못지않게 그 윤리의 실천을 강조하는 이유는 무엇인가?

첫째, 가르치는 직종, 즉 교직이 학생의 인간형성을 하는 일이며, 국가 · 사회의 장래를 좌우하고 국민의 질을 결정하는 중요한 일이기 때문이다.

둘째, 교직이 전문직이기 때문이다. 어떤 직업이 전문직이라면 그 직종에 맞는 윤리규정이 없어서는 안 된다. 의사나 변호사, 법관과 같은 전문직에 종사하는 사람들은 그것이 전문직이기 때문에 직무 수행에 있어서 법규의 규정 외에 윤리규정도 지키도록 요구하고 있다. 따라서 교직도 전문직이기 때문에 교사의 실천도덕 또는 행동규범으로서 윤리 규정을 필요로 하는 것이다.

셋째, 교사로 하여금 강력한 교육력을 갖도록 하기 위해서다. 만일 교사에게 교권이 확립되지 않는다면 학생에게 제대로 된 교육을 실시할 수 없을 것이다. 교권의 확립은 바로 교육력의 강화와 직결되며, 교권 확립의 방안이 바로 교직 윤리의 확립인 것이다.

넷째, 학생지도의 효과를 높이기 위하여 교원의 윤리가 강조된다. 학생의 도덕적 · 윤리적 품격은 학생의 사회적 환경의 질에 의해 영향을 받는 것으로 직접적으로는 학생과 부모 및 교사와의 인격적 접촉과 인간적 감화를 통하여 다듬어진다. 다시 말해, 교사나 부모의 윤리 · 도덕성은 학생의 도덕적 · 윤리적 성장 · 발달에 중요한 영향을 미친다는 사실이다.

다섯째, 산업화 내지는 탈산업화사회에 있어서 도덕과 윤리의 재건을 위해 교원의 윤리는 강조된다. 오늘날 물질 지향적 사회에서 도덕부재, 타락한 정신, 또는 땅에 떨어진 도덕 등과 같은 개탄의 소리가 널리 퍼져 있다. 현대사회에서 황금만능주의나 물질주의는 인간의 도덕적 · 정신적 · 윤리적 황폐를 불러오고 있다. 따라서 지나친 물질숭배보다는 정신적인 의미를 강조하는 교육, 삶의 진정한 의미를 찾는 교육, 그리고 사람으로서의 도리를 알게 하는 교육을 더욱더 강조할 필요가 있다. 이를 위해서는 교사들의 확고한 윤리관 확립이 21세기 국제화 · 세계화 시대에서 절실히 요구되고 있다.

3. 경쟁력 강화를 위한 교원의 창의성

한국사회가 앞으로 더욱 국제화되어 가는 상황에서 다른 나라와의 치열한 경쟁을 통해 선진국 대열에 진입하기 위해서는 국민 각자의 창의적 능력과 혁신적 자세가 절실히 요청된다는 인식이 이미 우리 사이에 널리 퍼져 있다. 아직도 세계 각 국가 간 기술보호주의의 장벽이 높아지고 있는 상황 하에서 선진국과의 경쟁에서 승리하고 경제체제를 효율화 · 첨단화하기 위해서는 고도의 창조적 능력을 가진 고급 과학기술 인력의 양성이 무엇보다 중요하고 시급하다.

오늘날 한국사회가 경험하고 있는 가장 두드러진 특징 중의 하나는 변화의 속도가 대단히 빠르다는 것이다. 그러한 변화는 현대사회가 가진 대표적인 특징들 중의 하나이지만 특히 우리나라는 개화기에서부터 현재에 이르기까지 격동의 세월을 거치면서 100년 남짓한 기간에 정신적 · 물질적인 대부분의 영역에서 급격한 변화를 경험하고 있다. 이러한 신속한 변화에 적응하고 국가 간의 경쟁을 주도적으로 이끌어갈 인재를 양성하기 위해 교사들에게 절실히 필요한 것은 과연 무엇인가?

먼저, 능동적이고 창의적으로 사고하는 능력과 습관을 가진 교사가 필요하다.

교사는 변화의 경향에 대한 새로운 인식과 우리 사회의 미래에 대한 전망을 가지고 사회를 개선하고 올바른 길로 인도하는 선구자가 되어야 한다. 또 학생들로 하여금 지식은 그 자체가 목적이 아니라 생활의 수단임을 깨닫게 하고, 죽은 지식보다 산지식을 가지도록 지도하며, 삶에서 부딪치는 문제들을 스스로 해결해 나갈 수 있는 사고력을 발달시켜 주어야 한다. 그러기 위해서는 교사 자신이 능동적이고 창의적으로 사고하는 능력과 습관을 가지고 학생을 지도해야 하는 것이다.

다음으로 개방적이고 진보적인 태도와 능력을 가진 교사다. 오늘날 경제적으로 많은 어려움을 겪고 있기는 하지만 커다란 맥락에서 볼 때, 우리나라는 OECD에 가입하는 등 경제적으로 선진국으로 도약하고 있으며 이것은 문화적 선진화를 유도하고 있다. 그러기 위해서는 우리 국민은 문화적 시민으로서의 자질을 길러야 하며, 새로운 한국 문화를 창조하고 세계화로 나가야 한다. 그러므로 교사는 학생들에게 과거의 문화유산을 바르게 전달하고 그들로 하여금 새로운 문화를 창조할 수 있도록 개방적이고 진보적 태도와 능력을 길러 주어야 한다. 특히 인간의 사고방식과 태도는 모방을 통해서 길러질 수 있기 때문에 교사 자신이 먼저 창의력과 진보적 태도를 체득하고 실천하는 일이 중요하다.

이러한 능력과 태도를 가진 교사들이 학교현장에서 학생들의 창의력을 신장시키기 위해서는 구체적으로 어떠한 교육을 실시하여야 하는가?

첫째, 자기 주도적 학습능력을 신장해야 한다. 우리는 21세기의 정보화 사회 속에서 학교교육을 통하여 자기 삶을 주도적으로 설계하고 살아갈 능력을 가진 인간을 길러 낼 필요가 있다. 그러기 위해서는 학생들이 자유로운 탐색이나 정보수집과 같은 활동을 통하여 자신의 학습활동을 진행시켜 나갈 수 있는 능력을 길러 주는 교육이 필요하다. 여기에서 자기 주도적 학습이란 학습자 스스로가 선생님이나 선배의 도움을 받아 학습의 자율성을 갖추도록 하는 교육으로써 자신의 삶과 관련된 중요한 문제에 대한 주변의 조언과 도움에 귀를 기울일 줄 알면서 동시에 최종적으로는 스스로 판단하여 자주적으로 결정하며, 그 결과에 책임질 줄 아는 인간이 되도록 하는 교육이라고 할 수 있다.

따라서 우리는 학교교육을 통하여 적극적으로 문제를 발견하거나 설정하고, 그 문제를 스스로 해결해 나갈 수 있는 능력을 갖춘 인간을 양성할 필요가 있다. 그러한 능력의 함양을 통하여 지식 산출 능력인 창의성 신장이 가능해지고, 그럼으로써 새로운 지식이 창출되어 자기 자신은 물론 국가발전과 국가경쟁력 향상에 기여할 수 있을 것이다. 이러한 자기 주도적 학습능력의 신장은 이제는 우리 교육의 선택의 문제가 아니라 필수적인 과제가 되었으며 고령화 사회가 요구하는 평생교육적인 차원에서도 반드시 갖추어야 할 자질로서 인식되고 있다. 제7차 교육과정이 자기 주도적 학습능력을 갖춘 인간 양성을 교육과정의 중심 아이디어로 삼고 있는 것도 바로 그러한 의미에서라고 생각된다.

둘째, 다양성 존중의 교육이 실현되어야 한다. 우리는 21세의 특징 중의 하나로 다양화를 들고 있다. 다양화는 다중심성, 중층성, 개방성, 유연성, 복수가치의 인정 등을 포괄하는 개념이다. 다양화의 현상은 가치와 사고의 다양화로 나타난다. 이는 획일주의적 사고와 행동의 습성으로부터 다핵성, 다중심성 사고와 행동으로의 이행을 말한다. 현대사회는 변화가 다극화되는 동시에 그 폭과 깊이가 중층화되어, 그 변화의 파급효과가 여러 방면으로 확산되는 모습을 보인다. 따라서 우리 교사들은 이러한 패러다임 변화에 효과적으로 대처하기 위해 변화 자체를 부정하거나 저항하기보다는 변화에 대한 열린 마음과 유연한 태도를 가져야 한다.

현대사회의 다양화가 현대교육에 미치는 영향은 매우 크다. 우선 다원화된 사회의 요구를 충족시키기 위해서는 다양한 교육내용과 다양한 교육방법이 개발되어야 한다. 학습자 개인의 요구를 수용할 수 있는 교육을 해야 하고, 학습자의 능력과 그에 맞는 학습내용과 방법의 개발이 이루어져야 한다. 우수한 개인들이 획일화된 학교교육체제에서 자신의 능력을 발견하고 개발하는데 좌절하지 않도록 해야 한다. 학습자 개인의 다양한 능력을 인정하고 존중하는 학교문화를 형성하여야 한다. 높은 지적 능력만으로 인정받는 학교풍토로부터 과학, 문학, 음악, 미술, 체육 등 다양한 분야에서 각자의 주어진 달란트에 따라 자기 고유의 능력을 발휘하는 학생들도 존중하는 학교풍토를 우리 교사들이 만들어야 한다. 또한 사람이 사회 속에서 자기의 인간됨을 실현해 가는 자아실현의 과정이 인생이라 한다면 권력이나 재력에서 창출되는 가치뿐만 아니라 기술, 예술, 학문, 종교, 봉사 등 여러 영역에서 창출되는 다양한 가치들도 존중받는 사회풍토를 교사들이 만들어가야 할 것이다.

셋째, 수월성을 강조하는 교육이 되어야 한다. 지식기반사회의 전개, 국가간 무한경쟁 상황 등은 국가마다 자국의 생존을 위해 국가경쟁력을 키우기 위한 전략이며, 선진국들은 국가경쟁력을 키우기 위한 핵심적인 정책을 예외 없이 교육의 수월성(秀越性)을 추구하는 방향에서 찾고 있다. 이런 대표적인 예가 미국의 교육개혁이다. 1983년 레이건 대통령 시절 '국가의 위기'를 선언하면서 교육의 수월성 추구를 위한 교육개혁을 추진한 이래, 부시 대통령에 의해 추진되었던 '낙오자 없는(No Child Left Behind)' 교육정책에 이르기까지 미국은 자율과 책무성, 그리고 학교선택권을 강조하는 교육개혁을 지속적으로 추진하고 있다.

우리 청소년들을 국가와 사회에, 한걸음 더 나아가 인류와 국제사회에 자기 나름으로 이바지하고 봉사할 수 있는 인재로 길러 내는 일이 중요하다. 그러기 위해서 우리 교사들은 수월성을 중시해야 하며 선의의 경쟁, 공정한 경쟁의 여건이 마련되도록 해야 한다. 따라서 21세기의 우리 교육체제는 지금까지의 획일적인 평등성 추구를 넘어서 교육의 다양한 수월성 추구로 변화되어야 한다. 몸집의 크기가 다른 학생들에게 몸의 크기에 맞는 옷을 제공해 주어야 하는 것처럼 교사들은 학생의 지적 능력, 학업 성취 수준 뿐 아니라 품성, 리더십, 재능 등 개개인의 장점을 살리기에 적합한 교육 내용과 방법을 제시해 주어야 하는 것이다.

정보화 사회 속에서 개인과 국가는 정보화의 수준에 따라서 그 경쟁력이 판가름나게 되며, 정보화는 정보기술의 좁은 의미에서가 아니라 문화라고 하는 보다 넓은 의미에서 사회 전반의 흐름을 주도하게 될 것이다. 특히 지금의 청소년들은 현재와 미래에 정보화 사회 속에서 살아가야 하는 계층으로서 그에 적절한 교육을 받도록 해 주어야 할 필요성이 날로 더해 가고 있으며, 그들이 정보의 수요자인 동시에 창조자로서의 자질과 능력을 갖추도록 해줄 책임이 바로 교사들에게 있는 것이다.

앞으로 정보화 사회에서는 지식과 정보의 전수를 교육목표로 내걸고 있는 오늘날의 교육체계가 더 이상 유효하지 않을 것이다. 지식의 양이 너무 많아져서 교사들에게만 의존해서는 정보를 효율적으로 얻는 것이 불가능해지는 상황이 벌어질 수도 있다. 따라서 정보화 사회에서의 교사는 더 이상 지식과 정보를 전수하는 사람이 아니라 지식과 정보를 찾고 정리하며 분석 · 평가할 수 있는 능력을 가르쳐 주는 사람으로 역할이 달라져야 한다. 교육 패러다임의 변화에 대한 교사들의 올바른 이해와 인식이 정보사회에의 적응을 가능케 하는 핵심요소가 될 것이다.

또한 세계화, 국제화의 변화된 시대에 청소년들을 바른 길로 인도하는 데 있어서 교사들에게 요구된 중요한 덕목 중의 하나로 시대적 도덕성과 윤리의식을 새삼 강조하지 않을 수 없다. 미래사회에서는 각종 과학 기술의 발달에 힘입어 개인의 생활은 점점 더 독립적이 될 것이고, 컴퓨터와 같은 각종 기술의 발달로 인하여 개인 간의 실질적 접촉 기회는 더욱 적어지게 될 것이다. 따라서 오늘날 청소년들은 그들이 함께 모여 조화롭게 사는 공동체적 삶을 배우는 기회도 적어지게 된다.

이에 학교에서는 개인의 특성과 재능이 존중되고 인격이 중시되는 동시에 공동체 구성원으로서 갖추어야 자질을 함양시키는 데 역점을 두어야 한다. 그러기 위해서는 높은 인격과 확고한 가치관을 가지고 바람직하고 실천적인 윤리의식이 투철한 교사들이 청소년들에게 모범을 보여주어야 할 것이다.

그리고 오늘날 전 세계가 개방화로 나아가는 상황에서 다른 나라와의 치열한 경쟁은 피할 수 없는 도전이 되고 있다. 선진국과 경쟁하여 진정한 승리자가 되기 위해서는 고도의 창조적 능력을 가진 고급 과학기술 인력의 양성이 무엇보다 중요하다. 이러한 고급인력을 육성하기 위해서는 창의적이고 개방적인 태도와 능력을 길러 주는 학교교육이 절대적으로 필요하며, 그러한 교육은 창의적인 교사를 통해서만 가능한 것이다. 창의적인 교사란 변화의 경향에 대한 새로운 인식과 우리 사회의 미래에 대한 올바른 전망을 가지고 청소년들을 올바른 길로 인도하는 선구자적인 역할을 담당하는 사람을 말한다. 또한 학생들로 하여금 삶 속에서 경험하는 여러 문제들을 스스로 해결할 수 있도록 창의적 문제해결 능력을 발달시켜 주는 사람이다. 그러기에 21세기 학교교육에서는 능동적이고 창의적인 사고 능력과 습관을 가진 교사들을 요구하는 것이다.

미래의 교육은 세계가 함께 건강하게 공존할 수 있게 하는 지혜로운 신지식인을 양성하는 것을 목적으로 학습조직 차원의 신지식인 양성, 학습생태계 및 학습공동체 학교, 세계 공동체적 시민의식 고취, 도덕 · 윤리의식의 강화 및 가치 지향적 교육, 첨단 기술과 체험 및 경험의 융합, 학교 · 사회 · 세계와 연계된 실천 지향적 교육 경험, 첨단 기술 기반 교육환경을 반영하는 방향으로 나아가야 할 것이다(손미, 2006 : 175).

이러한 미래교육의 큰 틀 속에서 가르친다는 의미와 함께 가르치는 자로서의 교사의 모습도 실천적 지식인이 되기를 요구한다. 따라서 미래의 교사는 미래 교육환경의 틀로서의 학습생태계 속에서, 학습하는 조직으로서의 학교 속에서 실천적 지식인으로서의 교사가 되어야 한다. 실천적 지식은 학문적 지식, 실용적 지식, 현장 경험적 지식을 어우르는 총체적 지식이다. 이러한 실천적 지식인이 되기 위하여 교사는 학문, 실용, 현장성을 겸비해야 하며, 미래 지식사회를 대비하는 지식 구성활동, 지식 연결활동, 지식 공유활동의 리더가 되어야 한다. 또한 교사는 실천적 지식인으로서 발전적 자아의식, 세계의식 및 사회의식, 가치존중과 봉사 및 배려의식, 학습조직 구성원에 대한 이해 · 존중 · 협력 태도 등을 갖추어야 한다.

【단원별 과제】

[5.1] 미래사회 예측의 의미와 교육 분야에 대한 미래예측의 의의는 무엇입니까?

[5.2] 미래사회의 주요 특징과 그에 따른 교육의 변화는 무엇입니까?

[5.3] 미래사회의 교사의 역할과 기능 그리고 필요 역량은 무엇입니까?

[5.4] 학교교육 현장과 학생들의 문화를 대상으로 과거 2~3년 전에 비해 달라진 사례를 찾아보고, 변화의 원인과 교사의 입장에서 이러한 현상을 교육과 어떻게 연계할 것인지를 논의하시오.

[5.5] 교사와 학생간의 합리적 의사소통을 위한 방안과 사례를 작성하시오.

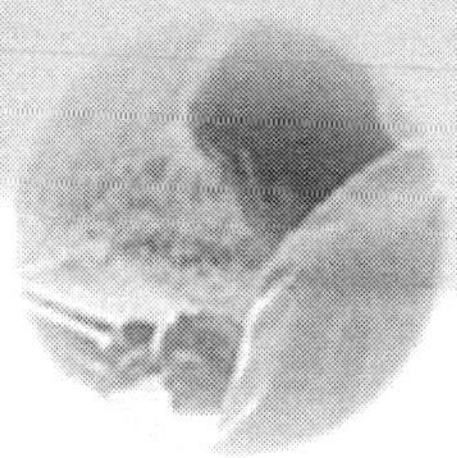

제 6 장

교원의 자격과 임용

제 1 절 교원의 자격
제 2 절 교원의 임용 및 신규채용제도

교원은 교육활동의 주관자로서 교육의 질을 좌우하는 가장 중요한 인적 요인이다. 따라서 교원을 양성하는 일은 교육체제의 핵심으로 다루어져 왔고, 이를 조성하고 마련하는 교육정책 활동의 주요 의제로서 다루어져 왔다. 이른바 평등한 교육여건의 핵심 여건으로서 교원의 전문성 확보가 가장 중요한 체제 판단의 기준이 된다. 특히 교직은 전문직이어야 하며, 전문직의 경우 일정한 자격의 취득을 그 필수 요건으로 하기 때문에 엄격한 자격기준을 적용하는 것은 당연하다. 이는 교직의 전문성을 보장하고 사회적 공신력을 높이기 위한 제도적 장치라고 할 수 있다.

이 장에서는 교원의 자격과 임용에 대해 살펴본다. 제1절에서는 교원자격제도의 의의, 교원자격제도의 시대적 변천과정, 교원자격의 기준, 교원자격 검정의 종류, 외국의 교원자격의 특징, 우리나라 교원자격제도의 주요 문제점과 개선방안에 대해 설명하고자 한다. 제2절에서는 교원 임용의 의의를 살펴보며 임용 중 특히 신규채용에 관한 내용을 알아보고 교원신규채용의 역사적 과정과 신규채용의 방법 및 절차를 설명하고자 한다.

제1절 교원자격과 임용

교육법에 의하면 교원에는 각급 학교에서 원아 · 학생을 직접 지도하고 교육하는 유치원 및 초 · 중등학교 교사를 포함하여 대학의 교수, 학장, 총장 등이 포함된다. 유치원 교원으로는 원장, 원감, 교사가 있고(유아교육법 제20조), 초 · 중등교원으로는 교장, 교감 및 교사(초 · 중등교육법 제19조), 대학교원으로는 총장 및 학장, 교수 · 부교수 · 조교수 · 전임강사가 있다(고등교육법 제14조).

1. 교원자격제도

교원은 교육활동의 주관자로서 교육의 질을 좌우하는 가장 중요한 인적 요인이다. 따라서 교원을 양성하는 일은 교육체제의 핵심으로 다루어져 왔고, 이를 조성하고 마련하는 교육정책 활동의 주요 의제로 다루어져 왔다. 한국의 교원정책사의 양대 조류 역시 교원의 사회 · 경제적 지위보장과 더불어 전문성 신장 과제로 특징지어 진다.

교육전문가를 길러 내고 그 전문성을 유지하는 전 과정을 양성과정으로 볼 때, 교원의 양성과정은 폭넓게 보면 교직입직 희망자의 선발과정인 교원양성기관의 학생선발 과정에서부터 출발하여 양성 교육과정, 교원자격의 검정과정 및 임용과정, 나아가 현직 교원에 대한 승진 및 연수과정을 모두 포괄하는 개념이라고 할 수 있다. 그리고 이러한 일련의 양성과정에 대한 제도화된 틀을 양성체제라고 표현할 수 있다. 따라서 교원 양성체제라 함은 학생선발, 교육과정, 자격검정, 임용검정, 승진 및 연수과정에 이르는 전체 시스템을 의미한다.

이른바 균등한 교육여건의 핵심 여건으로서 교원의 전문성 확보가 가장 중요한 체제 판단의 기준이 된다. 특히 교직은 전문직이어야 하며, 전문직의 경우 일정한 자격의 취득을 그 필수 요건으로 하기 때문에 엄격한 자격기준을 적용하는 것은 당연하다. 이는 교직의 전문성을 보장하고 사회적 공신력을 높이기 위한 제도적 장치라고 할 수 있다.

'자격'은 일정한 신분이나 지위를 가지거나 일정한 일을 하는데 필요한 조건이나 능력을 의미한다. 이와 유사하게 사용되는 '자질'은 어떤 분야의 일에 대한 능력이나 실력의 정도를 뜻한다. 이 개념 정의에 따르면 국가는 교원에 적합한 자질에 대한 합의에 의거하여 자격조건을 규정하고, 그러한 조건을 충족시킬 때 교원자격증을 수여하는 것으로 볼 수 있다. 이러한 자격증 수여는 법에 규정된 최소한의 조건을 충족시키는 사람에게 교원으로서의 역할을 수행할 수 있도록 허용하는 행정적 · 제도적 인정행위이다.

교원자격제도의 목적은 교직의 전문성 보장, 사회적 공신력 확보, 교원의 신분보장 등의 세 가지로 정리될 수 있다(신현석, 2002; 한국교육행정학회, 1995; 김종철, 이종재, 1994). 이러한 목적에서 보듯이 교원자격제도는 교사로부터 배움을 받는 학생뿐 아니라 가르치는 교사를 보호하고자 하는 양면성을 가지고 있다.

흔히 한 나라의 교육수준은 그 나라의 교원의 질에 달려 있고 그것을 넘어설 수 없다고 한다. 그러므로 교원의 자질과 자격은 교육에서 가장 중요시되는 원초적 문제라 할 수 있다. 교원의 질을 결정하는 것은 교사가 갖추고 있는 능력이며 이 능력은 자격증으로 증명된다.

교원의 자질에 관해서는 그들의 직무영역에 따라, 개인적 적성이나 성격 특성에 따라, 또는 교원을 채용하는 기관이나 교원양성기관에서 후보자를 선발하는 관점에 따라 각양각색으로 열거할 수 있다. 가장 보편적인 수준에서 교직에 보람과 만족을 느끼면서 교원으로서의 생활을 훌륭히 영위할 수 있으려면 다음과 같은 자질을 갖추어야 한다.

- 가르치는 교과에 대한 전문적 지식과 기능이 있어야 한다.
- 무엇보다도 아동 · 학생의 성장과 발달에 대한 이해와 관심을 가져야 한다.
- 사회실정에 대한 정확한 상황 판단과 이해력이 필요하다.
- 사회복지와 개선을 위해 봉사하는 직업이 교직이므로 개인의 이해보다는 보다 나은 사회를 창조한다는 건전한 사회철학과 국가관을 가져야 한다.
- 계속적인 교재연구와 연수에 전념하는 태도와 노력 및 습관이 필요하다.
- 교육과정과 교과서의 내용을 맹목적으로 전달하지 않고 그것을 아동 · 학생의 수준과 관심에 적절하게 적용할 수 있는 독창성과 창의력이 있어야 한다.
- 아동 · 학생을 포함한 대인관계에서 결정적이라기보다는 지적이고 객관적이며 분석적인 태도가 필요하다.

- 전문직으로서의 요건과 법정 자격 기준을 충족하여야 한다.
- 기타 정서적 안정감과 성실성, 협동과 관용, 건전한 판단력과 공정성, 건강과 단정한 용모, 우정과 설득력이 있어야 한다.

2. 교원자격의 종류

현재 교원자격증의 경우 유치원 교사, 초등학교 교사, 중등학교 교사, 특수학교 교사로 유형화되어 있고 그 급은 통상 1급 정교사, 2급 정교사, 준교사로 구분한다. 이외 학교급별 구분 없이 전문상담교사, 사서교사, 보건교사, 그리고 최근에 제정된 영양교사 자격제가 운영되고 있다. 이들 교원자격증은 양성기관의 졸업 요건(학점 취득 등)을 갖추면 무시험으로 부여된다. 이를 학교급별로 정리하면 〈표 6-1〉과 같다.

표 6-1

각급 학교 교원의 종별

<table>
<tr><th>초등학교</th><th>중등학교</th><th>고등기술학교</th><th>특수학교</th><th>유치원</th><th>대학</th></tr>
<tr><td>교장</td><td>교장</td><td>교장</td><td>교장</td><td>원장</td><td>정교수</td></tr>
<tr><td>교감</td><td>교감</td><td>교감</td><td>교감</td><td>원감</td><td>부교수</td></tr>
<tr><td rowspan="2">1급 정교사
2급 정교사
준교사</td><td rowspan="2">1급 정교사
2급 정교사
준교사</td><td rowspan="2">1급 정교사
2급 정교사
준교사</td><td rowspan="2">1급 정교사
2급 정교사
준교사</td><td rowspan="2">1급 정교사
2급 정교사
준교사</td><td>조교수</td></tr>
<tr><td>전임강사</td></tr>
<tr><td colspan="3">전문상담교사</td><td></td><td></td><td rowspan="5"></td></tr>
<tr><td colspan="5">사서교사</td></tr>
<tr><td colspan="5">영양교사</td></tr>
<tr><td colspan="5">실기교사</td></tr>
<tr><td colspan="5">보건교사(1, 2급)</td></tr>
</table>

3. 교원자격제도의 변천

우리나라의 교원자격이 명문화된 것은 1948년이지만 해방 이후 미군정청은 1946년에 교원의 자격, 신분, 임면의 기준을 내용으로 한 '교원신분임용규정'을 만들어 시행하였다. 우리나라 교원자격제도의 변천과정을 정리하면 다음과 같다.

1946년 미군정청은 교원신분임용 규정을 만들고 교원자격검정위원회를 설치, 운영하였다. 1948년 5월에는 교사자격 규정을 공포하여 최초로 초·중등교원에게 자격증을 교부하였고, 1948년 12월 31일 교육법의 제정에 따라 교원자격이 교육법에 규정되었고 이후 1953년 교육공무원법의 제정으로 교원자격제도의 틀을 갖추게 되었다.

1953년 10월에 교육공무원자격검정령이 공표되었고, 여기에 자격검정의 종류와 자격증 수여대상 및 자격증의 효력 등의 사항을 구체적으로 규정하였다. 자격검정의 방법으로 무시험검정과 시험검정을 그리고 시험검정은 다시 전형검정과 고시검정으로 구분되었다. 교사자격증의 유효기간을 10년으로 하고 자격증의 효력을 갱신하고자 할 경우 그 유효기간 내에 문교부장관이 지정하는 소정의 강습을 받도록 규정하였다.

그러나 이 제도는 1963년 12월 교육공무원법의 전면개정으로 변경되었다. 교사자격이 1급 정교사, 2급 정교사, 준교사, 교도교사, 사서교사, 실기교사, 양호교사 등으로 분류되었고, 중학교와 고등학교의 교원자격이 중등학교 교원자격증으로 통합되었다. 이와 함께 교육공무원자격검정령이 폐지되었다. 그 대신 1964년에 20세 미만자에 대한 교원자격증 수여보류(20세 도달까지), 교사자격증에 담당과목 표시, 상급자격 취득을 위한 재교육 강습제도 도입 등을 주요내용으로 하는 교원자격검정령이 새로이 만들어졌다.

그 이후 시대적 필요에 의해 자격제도가 지속적으로 변화되었는데 1960년대와 1970년대의 변화 중 핵심적인 것으로는 교원자격증 유효기간의 폐지(1962), 교육대학원 수료자에게 중등학교 정교사 자격증 수여(1965), 임시교원양성기관 수료자에게 초등학교 준교사 자격 부여(1968), 교원자격증 수여 연령제한 철폐(1969), 초등학교 교원에게 전형검정을 통한 중등학교 준교사 자격 취득 허용(1973) 등을 들 수 있다. 1972년 12월 교육공무원법 개정에 의하여 종래 이 법에 규정되어 있던 교원자격제도에 관한 사항을 교육법에 통합함으로써 현재와 같은 체제를 갖추게 되었다.

1980년대는 교원자격 무시험검정을 위한 교직과목과 전공과목의 평균 성적 80점 이상으로 상향조정(1982), 전공과목 표시를 위한 이수학점 42학점 이상, 부전공 표시과목을 위한 이수학점 21학점 이상으로 규정(1982), 대학과 대학원 졸업자의 교원자격 검정과 실기교사 자격검정을 대학의 장에게 위임 · 위탁(1988) 등을 들 수 있다.

1990년대에는 1997년 교육법이 교육기본법, 초 · 중등교육법, 고등교육법 등 교육 3법 체제로 전환됨에 따라 교원자격제도에 관한 주요 사항은 초 · 중등교육법으로 다시 옮겨지게 된 것을 들 수 있다. 내용면에서는 1988년 8월에 교직과정 이수자의 자격검정에서는 교직과목과 전공과목의 평균성적이 각각 80점 이상일 때만 합격한 것으로 한 것과, 교육대학원 또는 대학원에서 전문상담교사 양성과정을 이수한 자에 대한 자격검정에 있어서는 상담에 관련된 과목을 18학점 이상 이수한 자를 합격으로 한 것 등을 들 수 있다. 또한 중등교사 자격증을 가진 자로서 일정한 보수교육을 받아 초등학교 교사자격증을 취득한 자에 대해서 그 자격증을 초등학교에서 담당할 과목을 표시할 수 있도록 한 것(1995년 5월) 등이 있다.

2000년대 들어서는 2004년 3월 헌법재판소의 사범대 지역가산점 위헌결정 이후 현 교원양성체제에 대한 개편 필요성이 대두됨에 따라 우수교원 확보를 위한 교원양성의 전문화 · 특성화가 필요하게 되었다. 특히 교원자격의 질 관리체제 미흡, 교원양성 프로그램의 전문성 부족, 교원양성기관에 대한 평가 · 감독체제 미흡, 교원수급 불균형 및 양성과정별 특성화가 부족, 교직적격자 선발체제 미흡 등의 교원양성체제의 문제점이 제기되면서 교원양성체제 개편을 위한 법안이 만들어지고 '교원양성체제개편 종합방안'(시안)이 발표되어 교직과목 이수학점 확대(20학점 → 33학점 이상), 교육실습 기간을 단계적으로 연장(초등 15주, 중등 8주 이상), 각 교원양성기관에 〈교원자격심사위원회〉, 〈교육과정개선위원회〉 설치, 사범대학, 교직과정, 교육대학원 등에 대해 평가인정제도 실시, 〈교원양성체제개선위원회〉를 구성 · 운영, 교원임용시험에서 면접 및 교직전문성 평가 비중을 강화 현행 2단계 전형을 3단계 전형으로 전환, 합격자 결정에서 1차 필기시험 영향력을 현행 55%에서 35%로 축소하는 등의 변화를 진행 중에 있다. 또한 초 · 중등교육법과 학교급식법에 의거 2006년 영양교사제를 도입한 것 등이 특기할 만한 사항이다.

4. 교원자격기준

교원자격과 관련한 법률들은 교육법 및 동법시행령, 교육공무원법, 교원자격검정령 및 동 시행규칙, 교육공무원 인사관리규정, 교수자격인정령, 초·중등교육법과 동법 시행령, 교원자격검정령과 시행규칙 등에 상세히 규정되어 있다.

1) 교원의 자격기준

교원자격기준은 초·중등교육법 제21조에 의하면 초등학교와 중등학교, 사서·실기·보건교사의 기준이 조금씩 다르게 규정되어 있다.

〈표 6-2〉에서 보는 바와 같이 초등학교 교원의 경우는 교육대학을 졸업하거나 초등교육과정을 전공해야 하는 기본요건이 있다.

표 6-2 초등학교 교사·교감·교장 자격기준

구분	자격기준
정교사(2급)	·교육대학 졸업자 ·사범대학에서 초등교육과정을 전공한 자 ·교육대학원 또는 교육과학기술부 장관이 지정하는 대학원 교육과에서 초등학교 과정을 전공하고 석사학위를 받은 자 ·초등학교 준교사로서 교육경력이 2년 이상이고 소정의 재교육을 받은 자 ·중등학교 준교사 자격증 소지자로서 필요한 보수 교육을 받은 자 ·전문대 이상 학력자로서 임시 교원양성소 수료자 ·초등학교 준교사로서 2년 이상의 교육 경력과 방송통신대학 초등교육과 졸업자
정교사(1급)	·초등학교 정교사(2급)자격증을 가진 자로서 3년 이상의 교육 경력을 가지고 소정의 재교육을 받은 자 ·초등학교 정교사(2급)자격증을 가진 자로서 교육경력이 3년 이상, 방송통신대학 초등교육과를 졸업한 자 ·초등학교 정교사(2급)자격증을 가지고 교육대학원 또는 교육과학기술부 장관이 지정하는 대학원 교육과에서 초등교육과정을 전공하여 석사학위를 받은 자로서 1년 이상의 교육경력이 있는 자 ·특수학교 정교사(2급)자격증을 가지고 3년 이상의 교육 경력이 있는 자로서 소정의 재교육을 받은 자
교감	·초등학교 정교사(1급)자격증을 가지고 3년 이상의 교육경력이 있는 자로서 소정의 재교육을 받은 자 ·초등학교 정교사(2급)자격증을 가지고 6년 이상의 교육 경력과 소정의 재교육을 받은 자 ·특수학교의 교감자격증을 가진 자

교장	· 초등학교의 교감자격증을 가지고 3년 이상의 교육 경력과 소정의 재교육을 받은 자 · 학식 · 덕망이 높은 자로서 교원자격검정위원회의 추천에 의하여 교육과학기술부 장관의 인가를 받은 자 · 특수학교의 교감자격증을 가진 자

〈표 6-3〉에서 보는 바와 같이 사서 · 실기 · 보건교사의 자격기준도 각 대학에서의 전공과 경력을 정하고 있음을 알 수 있다.

표 6-3

사서 · 실기 · 보건교사 자격기준

	사서교사	실기교사	보건교사(1급)	보건교사(2급)
초중등교 · 특수학교 · 유치원	· 대학 졸업자로서 재학 중 문헌정보학 또는 도서관학을 전공하고, 소정의 교직 과정을 이수한 자 · 준교사 이상의 자격증을 가진 자로서 소정의 사서교사 양성 강습을 받은 자 · 교육대학원 또는 교육과학기술부 장관이 지정하는 대학원의 교육과에서 사서교육 과정을 전공하고 석사학위를 받은 자	· 전문대학(전문대학에 준하는 각종 학교 포함)졸업자로서 재학 중 대통령령으로 정하는 실기계의 기능 이수자, 또는 고등기술학교의 전공과를 졸업한 자 · 대학(대학에 준하는 각종 학교를 포함) · 전문대학 졸업자로서 재학 중 예능, 체육 기타 대통령령으로 정하는 기능을 이수한 자 · 실기계 고등학교 또는 3년제 고등학교의 졸업자로서 실기교사의 자격 검정에 합격한 자 · 실기계, 예능계, 또는 보건과에 관한 지식과 기능을 가진 자로서 실기교사의 자격 검정에 합격한 자	· 보건교사(2급)자격증을 가진자로서 3년 이상의 보건교사 경력을 가지고 자격을 연수를 받은 자	· 대학의 간호학과졸업자로서 면허증을 가진 자 · 전문대학의 간호학과 졸업자로서재학 중 소정의 교직 학점을 취득하고 간호사면허증을 가진 자

* 비고 : 실기교사란 중 실업계 실기교사는 국가기술자격 종목이 있는 과목은 해당 종목의 기능사 2급 이상 자격을 가지고 있어야 한다.

2) 교육 전문직

교육 전문직은 장학관 · 장학사, 교육연구관 · 교육연구사를 포함하며 자격기준은 자격증이 아닌 자격기준만을 명시하고 있다. 교육 자치제의 실시로 교육장이 자격에서 보직으로 변경됨에 따라 교육장은 전문직에서 제외되었다.

교육공무원법 제9조에는 교육 전문직의 자격은 장학관, 장학사, 교육연구관, 교육연구사로 제시하고(별표) 자격기준에 해당해야 함을 명시하고 있다.

표 6-4

교육 전문직의 자격기준

직명 자격기준	교육공무원법 제9조(별표)
교육장	(삭제)
장학관 · 교육연구관	· 대학 · 사범대학 · 교육대학 졸업자로서 7년 이상의 교육경력이나 2년 이상의 교육경력을 포함한 7년 이상의 교육행정 경력 또는 교육 연구 경력이 있는 자 · 2년제 교육대학 또는 전문대학 졸업자로서 9년 이상의 교육경력이나 2년 이상의 교육 경력을 포함한 9년 이상의 교육행정 경력 또는 교육 연구 경력이 있는 자 · 행정고등고시 합격자로서 4년 이상의 교육경력이나 교육행정력 또는 교육 연구 경력이 있는 자 · 2년 이상의 장학사, 교육연구사의 경력이 있는 자 · 11년 이상의 교육경력이나 2년 이상의 교육 경력을 포함한 11년 이상의 교육 연구 경력이 있는 자 · 박사학위 소지자
장학사 · 교육연구사	· 대학 · 사범대학 · 교육대학 졸업자로서 5년 이상의 교육경력이나 2년 이상의 교육경력을 포함한 5년 이상의 교육행정 경력 또는 교육 연구 경력이 있는 자 · 9년 이상의 교육경력이나 2년 이상의 교육 경력을 포함한 9년 이상의 교육 행정 경력 또는 교육 연구 경력이 있는 자

교원자격기준에서 특기할 사항은 교장자격제와 관련된 변화이다. 가장 큰 변화는 4년(1차 중임 가능)의 교장임기제 도입(1991년 3월)과 교장 자격이 없는 사람도 교장이 될 수 있도록 하는 교장초빙공모제(200년 9월)의 시행이다. 초 · 중등교육법

제63조 제1항의 '학교교육제도를 포함한 교육제도의 개선과 발전을 위하여 특히 필요하다고 인정되는 경우에는 대통령령이 정하는 바에 의하여 제21조 제1항의 규정을 한시적으로 적용받지 아니하는 학교를 운영할 수 있다'는 규정에 의거하여 이 제도가 도입되었다.

교원자격검정령에 의하면 교장(원장) 자격은 초 · 중등교육법상의 교장과 교감 자격기준에 제시되어 있는 '학식과 덕망이 높은 자로서 대통령령이 정하는 기준에 해당한다고 교육과학기술부 장관의 인정을 받은 자'로 제시되어 있다. 이 자격인정 기준은 학교장의 직무가 행정위주의 일로서 교사로서의 전문성을 가지지 않은 사람도 그 직을 수행할 수 있음을 전제로 하고 있다고 볼 수 있다.

5. 교원자격의 취득

교원자격 검정은 규정에 따라 자격증 부여 여부를 결정하는 활동을 뜻한다. 자격검정의 종별, 자격증 표시과목 등 교원의 자격검정에 관한 사항은 교원자격검정령과 교원자격검정령시행규칙에 규정되어 있다.

1) 무시험검정

무시험검정은 시험을 치르지 않고 법이 정한 자격기준의 요건에 합당하면 서류심사에 의하여 교원자격증을 수여하는 방법이다. 현재 교원자격 취득자의 대부분이 무시험검정을 통하여 자격증을 수여받고 있다. 무시험검정의 대상은 초 · 중등교육법에 의한 교장 · 교감 · 원장 및 원감의 자격검정과 동법에 의한 교사의 자격검정 중 제24조의 규정에 의한 시험검정 대상이 아닌 자의 자격검정을 포함한다. 무시험검정의 방법은 초 · 중등교육법 [별표 1] 또는 [별표 2]의 자격기준에 따라 수시로 서류심사에 의하여 이를 행한다. 교직과정을 이수한 자에 대한 합격기준은 자격검정에 있어서는 교직과정의 과목과 전공과목의 평균 성적을 각각 80점 이상으로 규정하고 있다.

2) 시험검정

시험검정은 교원수급 계획상 필요에 의하여 실시하는 것으로, 합격자에게 교원자격증을 수여하는 방법이다. 따라서 시험검정은 매년 시행되는 것이 아니라 교사자격의 종별에 따라 필요에 의해 실시된다. 교원자격검정령에서는 시험검정의 대상 · 시행 · 방법 · 내용 · 합격기준 · 응시자격 등의 내용을 규정하고 있으며, 교원자격검정시행규칙에서는 시험검정의 응시자격과 학력고사 과목 등을 규정하고 있다.

시험검정의 대상은 교육법에 의한 교사의 자격검정 중 시험검정 대상이 되어 있는 자로서 초 · 중등학교 및 특수학교, 유치원의 준교사와 실기교사가 그 대상이 된다. 그리고 시험검정의 응시자격은 초 · 중등학교 및 특수학교, 유치원의 준교사와 실기교사 자격증을 취득하기 위하여 고등학교 졸업자 또는 이와 동등 이상의 학력이 있는 자가 시험검정 응시자격을 가진다.

시험검정은 교사자격 종별에 따라 교원수급 계획상 필요에 의하여 시행되며, 시험검정의 방법은 학력고사와 실기고사 및 구술고사로 구분하여 실시하되, 학력고사에 합격한 자에 한하여 실기고사 및 구술고사를 받도록 하고 있다.

시험검정의 학력고사는 중등학교 및 특수학교 준교사, 실기교사는 그가 담당할 과목 및 교육학이 시험과목이며, 초등학교 준교사는 도덕, 국어, 사회, 산수, 자연, 체육, 음악, 미술, 실과 및 교육학이 시험과목이다. 그리고 유치원 준교사의 학력고사 과목은 사회정서 발달영역, 인지발달영역, 언어발달영역, 신체발달영역, 건강영역 및 교육학으로 되어 있다. 구술고사는 교사로서의 인성, 적성 및 자질에 대해 시험을 보도록 되어 있다.

3) 교사자격증 표시과목

초등학교, 중등학교, 특수학교의 정교사 및 준교사와 실기교사의 자격증에 표시할 담당과목은 교원자격점정령 시행규칙에 규정되어 있다. 이와 함께 동시행규칙은 무시험검정을 위한 조건으로서 교직과목, 전문상담교사, 영양교육과정의 이수과목과 학점 등을 규정하고 있다. 사범대학 졸업생의 경우에는 전공과목과 부전공과목을 자격증에 표시하도록 되어 있는데, 전공과목과 부전공과목의 표시는 재학 중 전공과목은 42학점 이상, 부전공과목은 해당학과 또는 전공분야에서 30학점 이상 이수하여야 한다. 중등학교의 현직교사가 교육과학기술부 장관이 지정하는 교육기관에서 교육과학기술부 장관이 인정하는 교육과정을 30학점 이상 이수하는 경우에도 자격증에 부전공과목을 표시할 수 있다. 그리고 교육대학원 또는 교육과학기술부 장관이 지정하는 대학원 교육과에서 교육과학기술부 장관이 인정하는 과목과 학점을 이수하고 석사학위를 받는 경우에도 자격증에 부전공과목을 표시할 수 있다. 이와 함께 앞에서 밝힌 것처럼 중등학교 교사자격증을 가진 자가 법령에 따른 필요한 보수교육을 받고 초등학교 교사자격증을 취득하는 경우 그 자격증에 담당과목을 표시할 수 있다.

6. 외국의 교원자격

1) 미국

(1) 교원의 자격

미국에는 교육자치제가 실시되고 있어 교원에 대한 자격과 기준이 각 주마다 약간의 차이가 있다. 하지만 기본적으로는 교육학 관련 학위를 취득해야 하며, 교양교육은 California, Oregon, Washington 주를 제외한 모든 주에서 요구하고 있거나 인정된 프로그램을 이수하도록 하고 있다. 전공과목 이수는 Connecticut 주와 Florida, Indiana 주에서 전공교과목의 이수나 평점을 명시하고 있으며, 인정받은 프로그램의 이수로 학업이수가 대체되는 Alaska와 Vermont 주 외에는 모두 전공교과에 대한 학습을 필요한 요소로 파악하고 있다. 전공과목 이수에 대한 부분은 자격수준에 따라 다르나 중등은 47개 주에 기준이 있으며, 주로 가르칠 과목에 대한 최저이수 학점수의 제한이나 프로그램에 포함될 특수요소를 규정하고 있고 주 전공을 요구하기도 한다. 시험은 읽기, 수학, 작문을 포함하는 기본적 능력에 대한 시험과 교과목에 대한 시험, 수업지식에 대한 시험이 주로 평가되고 있다. 부대조건으로는 추천과 기본기술시험이 많은 편이고, 28개 주는 최소연령에 대한 제한도 있다.

유치원에서 초등학교 4학년까지 가르칠 수 있는 교사자격을 취득하기 위해서는 대학교의 사범대학생으로 등록을 해야 한다. 다른 단과대학이나 대학교에서 사범대학으로 옮기기 위해서는 45학점 이상을 이수해야 하며 학점도 2.0 이상이어야 한다.

교사자격 프로그램은 예비교사 자신이 선택한 단과대학의 학위를 받으면서 교사자격을 취할 수 있도록 설계되어 있다.

중등교사 자격 프로그램은 초등교사 자격 프로그램과 달리 자신이 전공하는 학과나 단과대학의 학위를 받고 교사자격증을 취득하게 된다. 1개의 전공과목을 가르치기 위해서 최소 24학점을 이수하고, 부전공 과목을 가르치기 위해서는 48학점 이상을 이수하게 되어 있다.

표 6-5

미국의 중등교원 교사자격과정 신청 항목

자격종류	중학교(4~8학년) / 고등학교(8~12학년)	
대학성적	대학 전체 평균평점 2.5 이상 또는 가장 최근에 이수한 60학점 과목 평균평점 2.75 이상	
	대학 성적표에 표시된 학점 가운데 24학점이 아래 항목을 포함하고 있어야 함 · 영어 6학점 이상 · 수학 6학점 이상 · 자연과학 3학점 이상 · 사회(역사, 경제, 정부론 포함) 3학점 이상 * 위 항목은 평균평점 2.5 이상 ** 고등학교(8~12학년)의 경우에는 자기 전공분야에 한함	
시험성적	아래 항목 중 지원자의 독해, 작문, 수학능력을 확인 · 석사학위 이상 · GRE 언어영역과 수리영역 500점 이상 · SAT 언어영역과 수리영역 550점 이상 · ACT 언어영역과 수리영역 20점 이상을 포함하여 전체 23점 이상 · 텍사스 주 고등교육능력평가 시험에서 독해, 작문, 수학에서 통과기준점수 이상 · 대학에서 이수한 과목 가운데 · 독해-1학년 영어에서 B학점 이상 · 작문-1학년 영작문에서 B학점 이상 · 수학-대학수학에서 B학점 이상	

(2) 교원자격증의 종류

텍사스 주에서 발급하는 교사자격증은 예비자격증(Provisional Certificate)과 교장이나 교육감 등 교육행정가의 자격과 관련된 전문자격증(Professional Certificate) 두 종류가 있다. 그리고 교사부족 현상을 일시적으로 해결하기 위해 임시교사 자격증(Permit)을 발급하며, 교원의 연수나 기타 출장으로 인한 공백을 메우기 위한 대체강사(Substitute)가 있고, 학교의 일반행정 담당자를 위한 준전문직 자격증(Paraprofessional Cerfitication)이 있다.

(3) 교원자격의 취득

교사자격증을 취득하기 위한 시험의 경우 텍사스 주정부의 경우, TExES(Texas Examinations for Educator Standards)를 치러야 한다. TExES 성적은 100~300점 분포로 되어 있으며 교사로서 최소한의 자질을 평가하는 기준을 240점으로 잡고 이 점수 이상이면 합격하는 것으로 판정된다. 이 시험 외에도 특별히 외국어 관련 과목, 가령 유아교육 4학년 교사(이중언어교육), 서반아어나 불어 중등교사의 경우 언어수행 능력을 점검하는 TExES Oral Proficiency Test를 치러야만 한다. 시험과목은 모든 교사자격 공통으로 교육학과 교사의 책임(교사자격에 제한된 학년만 적용)이라는 시험과목에 전공과목(예 : 일반, 서반아어, 특수교육, 전공과목 등) 두 과목을 2회에 걸쳐 치르게 되어 있다.

교육지원센터의 교사양성과정은 17개월간 이론과 실천을 종합한 현장중심 교육과정으로 학사학위 이상의 소지자를 대상으로 한다. 양성과정은 주정부에서 실시하는 교사평가시험 준비과정, 2주간의 교육실습, 6개월간의 온라인과 면대면 수업을 통한 교육과정, 6개월간의 교사준비과정으로 이 기간 동안은 오스틴 지역의 교육청에서 교사로 근무하면서 계속해서 멘토링과 함께 다양한 지원이 포함된 교육을 받게 된다.

또한 교원이 되기 위해서는 학업이수 조건, 교수능력에 대한 평가, 교생실습 이수 등의 자격기준을 갖추어야 한다. 일반적으로 초임교사는 3~5년 뒤에 상급자격을 취득하거나 자격증의 유효기간을 갱신하여야 하므로, 그 때마다 주의 기준에 맞는 자격조건을 갖추도록 하고 있다. 유효기간 연장을 위한 조건을 충족하지 못한다면 자격증의 효력을 잃게 되어 교직을 떠나게 된다.

기본적으로 교육은 주나 지역교육청의 책임으로 교원자격기준 역시 각주의 고유 영역에 속한다. 다만 각종 단체들의 노력으로 교사들의 능력 개발이 지원되고 있다. 임시교사 이외에는 교사가 되려면 학사학위와 전공분야에 대한 이수, 교육학 분야의 이수와 시험 통과를 요구한다. 평가는 기본적 기술, 전문교과에 대한 능력, 상식, 교수지식, 교수수행도와 같은 항목으로서 1개 이상의 평가를 요구한다. 그 외에도 특수교육이나, 컴퓨터교육, 건강, 마약, 음주와 영양에 관한 과목이수도 요구하는 경우가 있다. 교사자격을 받으려면 시민권을 보유하고 있거나, 순종의 선서, 채용증서, 대학이나 고용주의 추천서, 일정 연령 이상의 조건, 건강증서(결핵검사, 폐 엑스레이검사), 미국 헌법에 대한 이해 등과 도덕성 검사(지문검사 포함)의 통과와 자격증 발급 비용의 제출을 요구한다.

2) 뉴질랜드

(1) 교원의 자격

뉴질랜드는 교사자격증 발급과 갱신, 교사등록 및 취소, 교원양성기관의 교육과정인가, 무자격 교사에 대한 기소 등을 전담하는 단체로서 뉴질랜드 교원위원회(이하 NZ 교원위원회)를 설립하여 교원의 전문적 자질과 교육의 질을 보장하고 있다.

NZ 교원위원회는 교육기관에서 교원이 실제로 가르치기 위해서 반드시 획득하여야 할 실무 자격증(Practising certificate) 발급과 교원등록 기준 뿐만 아니라 30개 교육기관에서 제공되는 교원교육 프로그램의 질적 수준을 심사하여 매 5년마다 양성기관을 인가(approval)하는 관리적 기능을 수행하고 있다.

교원적성의 적합성(Fit to be a teacher)과 만족스러운 자질을 갖춘 교원(Satisfactorily trained to teacher)이라는 두 가지 기준에 집중된다.

교직의 전문적 지위 제고, 교원의 전문성 개발, 교원등록을 위한 기초적 토대를 제공한다.

NSW 주에서 교원으로 고용되기 위해서는 교육 주관부처인 교육훈련부(Department of Education and Training : 이하 DET)에서 인정하는 고등교육기관으로부터 수여된 공식 교원자격증을 소지하여야 한다.

① 4년간 대학에서 수학하여 교육학사 취득

② 3년간 학사학위 + 대학원교원교육을 이수하여 교육학석사 취득

③ 대안적으로 4년 혹은 5년간 복수학사학위(문학사/교육학사)와 같은 프로그램을 이수
④ 전문대학 졸업장이나 유관한 산업체 경험이 있는 자가 교원교육 코스 이수
⑤ 사전훈련, 산업체 혹은 전문가적 경험 등을 복합적으로 가지고 있는 경우 단기속성교원 훈련 프로그램 이수

교원자격기준은 교원이 갖추어야 할 태도, 기능, 지식에 초점을 두고 위의 네 가지 전문성 발달 단계를 중심으로 일곱 가지 요인으로 구분되어 있다.

① 교원은 교과내용과 학생에게 내용을 어떻게 가르칠 것인가를 알아야 한다.
② 교원은 학생과 어떻게 학생이 학습하는지를 알아야 한다.
③ 교원은 효과적인 학습을 위하여 보고 · 평가 · 계획하여야 한다.
④ 교원은 학생과 효과적으로 의사소통하여야 한다.
⑤ 교원은 학급관리 기능의 활용을 통하여 안전하고 도전적인 학습 환경을 창조 · 유지하여야 한다.
⑥ 교원은 전문적 지식과 실제를 지속적으로 향상하여야 한다.
⑦ 교원은 보다 넓은 공동체와 전문직 구성원으로서 활발하게 활동하여야 한다.

(2) 교원자격 취득

뉴질랜드에서 교원자격을 취득하기 위해서는 NSW 교원연수원의 자격인증요구(교원전문성 개발 4단계 중 수습연수 기간을 통과한 후 전문 교수 능력을 인정받는 제 2단계)를 통과하여야 한다.

지원자가 국 · 공립학교 교원임용을 위한 지원서를 제출하면 교육훈련부(DET)는 지원자의 자격증을 평가한 후 NSW 공립학교 근무를 위한 교원적합성 심사를 위해 인터뷰를 실시한다. 교원 지원자는 인터뷰를 통과하면 수업허가를 받은 후 임용을 위하여 학교에 직접 접촉하여 전일제 교원 또는 교육청에서 운영하는 임시교원등록시스템에 등록하여 임시교원으로서 근무기회를 탐색할 수 있다.

NSW 교원연수원은 교원이 교육환경 속에서 근무하면서 동료교원과의 협동적 관계속에서 교과 내용적 지식, 교수 방법적 지식, 교수경험을 획득하여야 한다고 보기 때문에 모든 신임교원(수습교원)에게 2년간의 수습연수(induction) 기간을 필수적으로 부과하고 있다. 수습교원은 고용유형에 상관없이 전일제 종신직 교원이

나 시간제 종신직 교원으로 임용되는 모든 교원이 해당되며, 수습연수를 성공적으로 마친 교원에 한해서 실제로 학생을 가르칠 수 있는 교원자격증이 주어진다.

뉴질랜드의 교원 등록은 지원자의 자격, 경험, 훈련 정도에 따라서 순차적인 등록단계인 3가지 유형으로 구성되어 있다.

① 임시(provisional) 등록 : NZ 교원위원회가 승인한 교원교육 프로그램을 수료한 예비교원이나 뉴질랜드로 이민한 외국교원에게 임시등록증을 발급한다. 임시등록증을 수여받은 교원은 정식 등록증과 실무자격증(practising certificate)을 획득하여야 교원으로서 근무할 수 있다.

② 추인대상(subject to confirm) 등록 : 교직근무 경험자이기는 하나 지난 5년 중 2년 동안 교육현장 교수경험을 가지지 않은 사람은 추인 대상자로 등록된다. 추인대상자로 등록된 교원 역시 정식 등록증과 교사로 근무할 수 있는 실무자격증을 획득할 책임이 있다.

③ 정식(full) 등록 : NZ 교원위원회는 교원 지원자가 아래의 해당 사항을 모두 충족할 때 한해서 정식등록증과 실무자격증을 교부한다.

- 좋은 성격을 가진 교원(Good Character)
- 적합한 교육 적성을 가진 교원(Fit to be a Teacher)
- 만족스러운 자질을 갖춘 교원(Satisfactorily trained to teacher)
- 만족스러운 최근 교수경험을 가진 교원(Satisfactory Recent Teaching Experience)

임시등록은 5년 후, 추인대상 등록은 3년 후, 정식등록은 실무자격증 만기 후 5년 안에 종료된다.

7. 교원자격제도의 주요 문제점과 개선방안

한 국가의 교원양성 체제가 바람직하느냐 하는 것은 얼마만큼 양질의 교원을 확보하여 국민의 '능력에 따른 균등한 교육기회의 보장'에 기여하는지에 대한 판단이라 할 수 있고, 국민 개인의 입장에서 보면 적어도 의무교육기관의 경우 어느 학교에 진학하고 어느 학급에 배정되더라도 일정 수준과 자격을 갖춘 교원을 만날 수 있는 상황이냐는 것이다. 이른바 균등한 교육 여건의 핵심 여건으로서 교원의 전문성 확보가 가장 중요한 체제 판단의 기준이 된다. 학생선발 및 양성 교육과정, 자격 및 임용 검정과정은 이러한 전문성을 기르고 변별하는 기제로서 체제를 구성하는 주요 영역이 된다.

교원자격 검정의 경우 기본적으로 교육대학 및 사범대학의 경우 졸업이수 학점을 이수하면 무시험 검정에 의하여 자격을 부여하는 방식으로 일관하여 왔다. 교원공급이 부족할 경우 시험검정에 의하여 교원자격(준교사)을 부여하는 경우도 일시적으로 있었으나 현재에는 교원적체로 실시되고 있지 않다. 교직과정에 대한 질 관리 차원에서 교직 성적의 평량평균이 B학점(통상 3.0) 이상인 경우에 한하여 자격증을 발급하기도 하여 나름대로 질적 관리를 시도하기도 했다.

교원임용 검정의 경우 능력의 검증에 의한 공개전형을 원칙으로 하였으나, 교원수급 상황에 따라 몇 번의 제도 변화가 있었다. 그러나 교원임용 적체현상이 점차 나타나기 시작하였고, 1981년 졸업정원제 실시로 증가된 졸업자가 배출된 1980년대 중반부터는 심각한 수준에 이르렀다. 이런 상황하에서 1990년 10월 헌법재판소는 국·공립 사범대학 졸업자의 우선 임용규정이 위헌임을 결정하였고, 이에 따라 1991년부터 공개경쟁 시험으로 전환(다만, 3년간 국립 7 : 사립 3 비율 적용)하였으나 여전히 사범대학에 대한 지역 가산점을 부여하기도 했다. 이후 가산점 비율 조정 조치(15%에서 10%) 등도 있었으나 결국 2004년 3월 또다시 이 규정은 위헌 결정을 받아 현재의 교원양성 체제 개편방안이 재검토에 이르게 된 것이다.

이러한 상황 하에서 교원양성 및 자격제도에 관한 주요 쟁점 사항을 정리해 보면 다음과 같다.

1) 자격증의 질과 제도의 유지방식

교사자격 수여에 있어서 국가수준의 자격증의 질적 통제장치 결여와 이에 따른 교사양성기관 간의 격차를 무시한 획일적인 자격 수여에 관한 문제다. 공교육체제를 유지하는 한 표준화된 자격증제도는 유효하며, 그 관리 주체는 전국적인 통일 관리 방식에 의해야 한다. 교원자격증제도는 국민들이 향유하는 '능력에 따른 균등한 교육기회의 보장' 여건 중 균등한 교사의 자질 확보를 위하여 필수불가결한 요소이기 때문이다. 자격증의 검증 수준을 최대기준 혹은 최소기준으로 할 것인지의 논란이 있을 수 있고, 예외적인 무자격자의 교직 임용(사회인에 대한 교직입직 허용) 등 다원화의 취지도 의미가 있으나, 이는 예외적인 제도에 머물러야 한다. 기본 체제는 국가기준에 의한 엄격한 자격관리 체제를 유지하는 것이 바람직하며, 이는 곧 교육의 전문성 보장을 위한 제도 보장책으로서 헌법정신과도 연계되는 부분이다.

2) 자격증 획득을 위한 요건

교원자격증 획득을 위한 최소 필수요건을 무엇으로 하는가 하는 부분이다. 여러 가지 방안이 제시되고 있으나 공통적으로 교직인성, 교과지도 · 학생지도 · 정보활용 및 의사소통 능력 등이 필요하다고 본다. 다만, 초등교원과 중등교원의 필요한 차이도 반영하여야 한다. 자격 검정과정에서 무시험 검정과정에 대한 문제점은 공통적으로 지적되는 부분이다. 검증방법에 대하여는 실질적인 교수능력을 검증할 수 있는 졸업자격 인증시험이나 제반 자격증 및 강좌의 이수, 포트폴리오에 의한 평가 방안 등이 강구될 필요가 있다. 특히 교사로서 갖추어야 할 '화법(話法)'과 '생활지도 및 행동교정 능력(상벌 등)'은 실습 교육과정과 연계하여 검증되어야 한다.

또한 교원자격 검정과정에 있어서 국가적 수준의 검정 절차가 미비되어 있다는 점 역시 문제이다. 현재 졸업이수 학점을 이수한 후 무시험 검정으로 부여되는 자격검정체제 하에서는 부적격 교원을 원천적으로 차단할 방법이 없다. 교원자격에 대한 법정 요건의 부재와 형식적으로 운영되는 각 대학의 자격검정위원회 운영 또한 문제이다.

이러한 문제를 해결하기 위하여 자격요건 강화, 무시험 검정기준과 절차 강화, 자격증 유효기간 설정, 교원자격 세분화 등의 일반적인 대안과 함께 학교급간 교육의 연계성을 강화하면서 특성을 감안할 수 있는 자격제도 마련, 전문적 직업경험을 가진 유능한 인력이 교직에 입직할 수 있도록 자격검정제 보완, 복수자격제도 개선, 교사자격 구분 세분화 등의 방안이 제시되고 있다.

제2절 교원의 임용 및 신규채용제도

임용이란 개인에게는 신분을 설정하는 행위를 의미하고 기관이나 조직에서는 업무수행을 위한 충원을 의미한다. 따라서 일정한 자격조건을 갖춘 사람 가운데서 업무수행에 필요한 인원을 선발하고, 일정한 일을 하도록 하는 행위는 모두 임용에 해당한다.

교원의 임용문제는 교원 인사 영역 중에서도 가장 중요한 영역이다. 임용은 신규채용, 승진, 승급, 전직, 전보, 겸임, 강임, 휴직, 직위해제, 정직, 복직, 해임 및 파면 등을 포함하는 매우 포괄적인 개념으로 교육공무원법에 규정하고 있다. 일반적으로 사용하는 임용의 의미는 조직의 결원을 조직 외부로부터 보충하는 신규채용과 동일한 개념이다.

교사의 신규채용도 일반조직에서의 신규채용처럼 인력 수급 계획, 모집 · 선발 · 임명 등의 과정을 거치지만, 일반 조직에서의 직원 신규채용과는 달리 교원의 신규 채용은 교원 수급 계획, 양성 · 자격 부여 과정 등과 밀접하게 관련되어 있다.

1. 교원의 신규임용

1) 선발

그 동안 우리나라에서는 교원의 선발과 임명에 국 · 공립대학의 사범대학 졸업자와 사립대학 사범대학 졸업자에 대하여 차별을 두어 왔으나, 1990년 10월 8일 헌법재판소의 판결에 따라 1994년 1월부터 교원자격증을 취득한 모두를 대상으로 공개경쟁시험을 통하여 선발하게 되었다.

선발의 과정은 모집→지원자의 접수 및 검토→선발시험→면접→신체검사→경력 및 신원조회→채용의 결정→배치의 순으로 이루어진다.

선발시험의 기본 원칙은 정확한 직무분석에 기초해야 하고, 신뢰도와 타당도가 높아야 하며, 선발방법상 대체적 역할이 아닌 보조적 역할을 하는 것이어야 한다.

사립학교 교원의 선발에서는 신규임용의 경우 사학의 자율성을 보장한다는 측면에서 그 임용 권한을 학교 경영자에게 부여한다. 그러나 최근에는 공정성을 확보하기 위해 국가에서 실시하는 임용고사를 통해 사립학교 교원을 선발하기도 한다.

2009학년도부터 시행할 예정인 교원임용시험체제 개선안을 현재의 제도와 비교해 보면 〈표 6-6〉과 같다.

표 6-6

2009년도 교원임용시험체제 개선안 비교

구분	현행	개선
1차 시험	· 지필고사(100점) -교육학(20점, 4지선다형) -전공(80점, 서술 · 단답형) · 대학 재학 성적(20점) · 가산점(10점)	· 선택형 필기시험(100점) - 교육학(30점, 5지선다형) - 전공(70점, 5지선다형) ※중등(영어) : 외국어 듣기 포함 · 대학 재학 성적(20~40점) · 가산점(5~10점)
	130% 선발	200% 이상 선발
2차 시험	· 논술 · 면접 · 실기평가 ※교육청별로 50~60점 부여	· 논술형 필기시험(100점) - 교과 교육학+교과 내용학 ※ 중등(영어) : 외국어로 실시
	100% 선발	150% 선발
3차 시험	-	· 교직적성 심층면접과 수업 능력 및 실기 · 실험평가(100점)
	-	100% 선발
합격자 사정	1차+2차 시험 점수 합산 (130)+(50-60)	1차+2차+3차 시험 점수 합산 (125-150)+(100)+(100)
특 징	· 1차 시험 중심형 · 지필고사 비중 과다(55% 정도)	· 1차 선택형 필기시험 영향력 축소(30%) · 2 · 3차 시험 배점 확대 및 적격자 선별 기능 강화

2) 임용

각종 교원양성기관을 통하여 배출된 교원자격증 소지자는 임용고사를 통하여 교사로 임용되는데, 국 · 공립과 사립은 서로 다른 방식을 채택하고 있다. 국 · 공립학교 교원의 신규임용은 교사임용 후보자 공개 전형(교원임용고사)을 통해 이루어진다. 임용고사의 내용은 채용 예정직의 해당 과목 교원자격증을 취득한 사람을 대상으로 교육공무원의 임용권자가 실시한다.

사립학교 교원의 신규임용의 경우 원칙적으로 사학의 자율성을 보장한다는 측면에서 그 임용의 권한을 학교 경영자에게 부여하고 대체로 동료교사나 학교법인 그리고 지역사회 유관기관 등으로부터의 추천, 신문 공고에 의한 공개 채용방식 등을 채택한다.

3) 교원 수급의 결정 요인

교육활동의 규모가 방대해지고 국가와 지방자치단체에 의한 교육의 양적 · 질적 통제가 강화됨에 따라 교원의 수요와 공급을 계획적으로 조절하는 문제가 중요시되었다. 여기서 교원의 수요는 흔히 교직에 요구되는 교원 수, 즉 교원의 필요량을 의미하며, 교원의 공급은 교원양성기관을 졸업한 교사자격 취득자를 지칭한다.

교원의 수요와 공급의 결정 요인은 교육 내적인 요인과 교육 외적 요인의 영향을 받는다. 교육의 내적인 수요 결정은 취학률, 진급 및 진학률, 학생의 주당 수업 시간, 교원의 주당 수업 시간 및 업무량, 교과목 구성, 교사당 학생 수, 교원의 법정 정원 충족률, 교원의 이직 및 퇴직률 등이 주요 변인이며, 교육 외적 변인으로는 인구의 변화, 출생률, 교육 예산, 타 직종의 취업 상황 및 봉급 수준을 둘 수 있다.

한편, 교원 공급의 결정요인은 교원양성기관의 체제 및 정원 교원자격제도 및 자격증 소지자 비율, 임용자 비율, 임용 기피자 비율, 임용을 위한 예산제약 등 정책적 요인에 크게 영향을 받는다.

교원의 수요와 공급을 예측하여 계획한다고 하여도 수급 사이에는 장기간의 시차가 있기 때문에 교육 내 · 외적인 변동에 따라 수요와 공급간의 격차는 나타나기 마련이다. 특히 인구 이동, 경기 변동에 의한 교원 이직률의 변화, 교육예산의 배분 및 개혁에 대한 정책 결정자의 의지 등 교육 외적인 요인에 의해 수급의 불균형이 야기될 수 있다. 더욱이 교원의 수요와 공급에는 여러 가지 변수가 다양하게 작용하므로 관련 변인들의 변화에 따라 계속적으로 수정 · 활용되어야 한다. 따라서 민주사회에 있어서의 교원 수급 계획에는 상당한 신축성이 있어야 한다.

2. 신규임용제도의 변천

교원의 신규채용제도는 주로 교원 수급 상황과 연계하여 변해 왔다.

해방 직후 교원인력이 부족하여 중등학교를 마친 사람이면 특별한 전형이나 시험을 거치지 않고도 초등교원이 될 수 있었고, 대학을 마친 사람은 중등교원이 될 수 있었다. 정부수립 후 1949년 교육법이 제정되었고, 동법은 교원의 신분, 자격, 복무, 보수, 연금 등에 대한 일반사항을 규정하였다. 그러나 법의 제정은 전쟁으로 인해 1953년에야 이루어졌다. 교육공무원법이 제정되기까지는 교원의 질을 통제 · 관리하기가 어려웠으므로 사범대학과 사범학교 졸업자 그리고 교원양성소를 이수한 자를 바로 교원으로 채용하였다.

1953년 4월 교육공무원법이 제정 · 공포되었고, 동년 11월 교육공무원임용법이 제정되어 교육공무원 인사기준이 확립되었다. 당시 사립학교에도 이 법이 준용되었다. 이 법의 제정으로 국가공무원과는 별도의 자격, 임용, 보수, 연수, 신분보장 등에 관한 근거규정이 마련된 것이다. 1963년 교육공무원법이 전면 개정되어 교원 임용에 있어서 국립 또는 공립의 사범대학, 교육대학, 기타 양성기관의 졸업자 또는 수료자를 대통령령이 정하는 비율에 따라 우선 채용하여야 한다는 조항이 삽입되었다. 단 수급이 맞지 않을 경우 경쟁시험으로 후보자를 선발하였다.

1973년 3월 교육부는 공 · 사립 중등학교간의 교사평준화를 위해 사립 중등학교에서도 국립사범대학 졸업자를 임용할 수 있도록 하였다. 같은 해 8월 교육부는 '교원신규임용 순위고사 시행지침'을 발표하였다.

교원신규채용과 관련하여 가장 큰 변화는 1990년 10월 헌법재판소가 국립교원양성기관 졸업생의 국 · 공립 초 · 중등학교에 대한 우선채용이 평등권과 직업선택권을 보장하는 헌법에 위배된다고 판결함으로써 1991년부터 공개전형을 실시한 것을 들 수 있다. 현재는 2005년 〈교원양성체제개편 종합방안〉의 수립에 따라 교원선발 방법의 개선안이 마련되었는데 우선 임용시험을 현 2단계 전형에서 3단계 전형으로 개선, 2차 및 3차 전형의 교직적격자 선발기능을 강화한다는 방안이다. 1차 시험에는 교사로서 기본능력, 2차 시험에서는 교직전문성, 3차 시험에서는 교직관을 중점평가하겠다는 계획이다. 또한 합격자 결정에서 차지하는 1차 필기시험의 비중을 현재의 55% 선에서 35% 선으로 낮추고, 대신 2차 및 3차 전형의 평가비중을 확대하고, 농어촌 지역 초등교사의 안정적 확보를 위한 '교육감 추천 교대 입학제' 확대 시행, 정규교사 채용이 어려운 희소교과 지도인력 충원방법 개선(산학겸임교사 활용범위 확대, 시간제 · 계약제교사 검토 등) 등을 주요내용으로 하고 있다.

3. 교육공무원 신규채용제도

교육공무원의 신규채용제도와 관련된 법령으로는 국가공무원법, 교육공무원법, 교육공무원 임용령, 교육공무원 인사관리 규정, 교육공무원 임용 후보자 선정 경쟁시험 규칙, 사립학교법 및 시행령 등이 있다. 교원의 임용(교육공무원법 제10조)은 그 자격, 재교육 성적, 근무 성적, 기타 능력의 실증에 의하여 행하여지고 있으며, 교원으로서의 자격을 갖추고 임용을 원하는 모든 자에 대하여 능력에 따라 균등한 임용의 기회가 보장됨을 원칙으로 하고 있다. 따라서 교육공무원의 임용은 능력주의, 자격주의, 실적주의를 바탕으로 하며 기회균등의 원칙이 적용되고 있다.

다음에는 이들 법령을 중심으로 현행의 교육공무원 신규채용제도를 국 · 공립학교 교사와 사립학교 교사, 교육 전문직, 그리고 대학 교원으로 구분하여 살펴본다.

1) 교원의 신규채용

교사의 신규채용은 교육공무원법(제11조)과 교육공무원 임용령(제 9조~제 12조)에 규정되어 있으며 그 내용은 다음과 같다.

우리나라의 교원 신규채용은 공개 전형에 의하고 있다. 공개 전형은 당해 교원의 임용권자가 이를 실시하며, 이 경우 국립학교의 장은 그 전형을 당해 학교가 소재하는 교육감에게 위탁하여 실시할 수 있도록 하고 있다. 공개 전형은 필기시험, 실기시험 및 면접시험 등의 방법에 의하며, 필기시험 성적에는 우수한 교사 임용후보자의 선정을 위하여 재학 기간 중의 성적 등 명료하다고 인정하는 평가 요소를 점수로 확산하여 가산할 수 있다. 그리고 공개 전형에 응시할 수 있는 자의 연령은 최초시험 시행 예정일 현재 40세 이하로 하며, 시험실시기관의 장은 결원의 신속한 보충 등 특별한 사유가 있는 경우에는 채용 예정직에 해당하는 교사자격증을 가지고 있거나 교사자격증을 취득할 졸업예정자 또는 수료예정자이며 공개 전형에 합격한 자를 대상으로 임용권자는 임용후보자 채용 순위를 정하여야 한다.

이를 위해 임용권자는 교육부령이 정하는 바에 따라 임용 후보자 명부를 작성 · 비치하여야 하며, 교사를 신규채용할 때에는 작성된 임용후보자 명부의 고순위자 순으로 그 채용 예정 인원의 3배수 범위 안에서 임용 또는 임용 제청하여야 한다. 임용후보자 명부의 유효 기간은 작성한 날로부터 1년이며, 임용권자 또는 임용제청권자가 필요하다고 인정할 때에는 교사 임용후보자 명부의 유효 기간을 1년의 범위 내에서 연장할 수 있도록 규정하고 있다.

교원 임용의 가장 큰 변화는 1990년 10월 헌법재판소의 판결로 국립교사 양성기관 졸업생의 국 · 공립 초 · 중등학교에 대한 우선 채용이 평등권과 직업선택권을 보장하는 헌법에 위배된다고 판결함으로써 1991년부터 공개 전형을 실시하여 신규교사를 채용하게 되었다.

신규채용을 위한 공개 전형의 구체적인 내용은 교육공무원 임용후보자 선정 경쟁시험 규칙에 제시되어 있고 그 내용은 다음과 같다.

시험단계는 제1차 시험과 제2차 시험으로 구분하여 실시하되 필요한 경우 제1차 시험과 제2차 시험을 통합하여 실시할 수 있다. 시험은 필기시험 및 실기시험 그리고 면접시험에 의하여 실시한다. 다만 응시자가 채용 예정 인원수에 미달되거나 시험 실시 기관이 필요하다고 인정할 때에는 시험의 일부를 면제할 수 있다.

여기서 필기시험은 서술적 단답형 · 선택형 또는 논문형으로 실시하며 채용 예정직에 상응하는 학력과 능력을 고사한다. 실기시험은 예 · 체능 과목 등 실기 시험이 필요한 경우에 실시하며 채용 예정직에 상응하는 실기 능력을 고사한다. 면접시험은 교원으로서의 적성 · 교직관 · 인격 및 소양을 고사한다. 그리고 제2차 시험은 논문형의 필기시험과 면접시험으로 실시한다.

시험 과목 및 배점비율은 시험 실시기관이 정하도록 되어 있다. 그리고 시험 실시 기관은 교육대학 · 사범대학 기타 교원양성기관의 졸업자(졸업 예정자 포함)에 대하여 재학 기간 중의 성적에 대하여 일정 비율로 환산한 점수를 제1차 시험 성적에 가산할 수 있다. 이때 교육대학, 사범대학 기타 교원양성기관 외의 학교를 졸업한 자에 대하여는 필기시험의 성적에 대하여 일정 비율로 환산한 점수를 제1차 시험 성적에 가산할 수 있도록 하였다. 뿐만 아니라 시험 실시기관은 ① 교육대학 · 사범대학 기타 교원 양성기관의 졸업자로서 교육과학기술부 장관이 정하는 지역에 응시하는 자 ② 특별시 · 광역시 · 도 교육감이 정하는 지역에서 근무할 것을 조건으로 응시하는 자 ③ 기타 시험 실시 기관이 인정하는 기준에 해당하는 자에 대하여 제1차 시험 성적 만점의 15%의 범위 안에서 가산점을 부여할 수 있다.

이상과 같은 교육공무원 임용후보자 선정 경쟁시험 규칙을 근간으로 하여 각 시 · 도 교육청은 지역 실정에 맞도록 그 구체적인 내용과 방법을 적절히 조정하여 공개 전형을 실시한다.

또한 교육공무원의 신규채용에 있어서 대통령령이 정하는 바에 의하여 신체검사를 시행하여야 하며, 임용권자 또는 임용제청권자는 신체검사의 합격기준에 미달하는 자를 임용하거나 임용 제청하여서는 아니 된다(교육공무원법 제16조).

2) 사립학교

사립학교 교원의 자격에 관하여 국 · 공립학교 교원의 자격을 준용하기 때문에 국 · 공립학교 교원과 다를 바 없다. 그러나 사립학교 교원의 신규채용은 국 · 공립학교와는 달리 공개경쟁 시험에 의하지 않는다. 사립학교의 경우 원칙적으로 사학의 자율성을 보장한다는 측면에서 그 임용의 권한을 학교 경영자에게 부여하고 있다.

그러나 국 · 공립학교 학교 교원에 대한 공개채용제도가 도입, 실시됨에 따라 사립학교 교원에 대한 채용제도도 개선, 발전되어야 할 필요성이 그 어느 때보다도 높아졌다. 현재 사립학교에서의 교원 신규채용은 학교장의 제청으로 할 필요성이 제기되고 있다. 현재 사립학교에서의 교원 신규채용은 학교장의 제청으로 학교법인 또는 사립학교 경영자가 임명하며, 이를 관할청에 보고하는 것으로 되어 있다(사립학교법 제53조 2항, 제54조).

그런데 사립학교에서의 교사 신규채용은 주로 학교 재단의 추천이나 교직원의 추천에 의하고, 그밖에 지역사회 유관기관의 추천이나 신문 공고에 의한 공채 또는 사학 재단들의 연합 공채의 방식을 택하고 있다.

3) 교장 · 교감

교장 · 교감의 신규채용은 대부분이 승진 임용이거나 교육 전문직에서의 전직으로 이루어진다. 승진 임용의 경우 교장(교감) 승진 후보자 명부에 등재된 사람 중 임용 예정 인원의 3배수 내에 있는 사람이 그 대상이 된다. 또 승진 후보자의 승진 임용 포기는 일체 인정하지 아니한다(교육공무원 인사관리 규정 제6조). 전직의 경우는 교육 전문직에서 2년 이상 재직한 사람으로서 교육 · 교육행정 · 교육 연구 경력이 22년 이상인 자는 교장으로, 17년 이상인 자는 교감으로 전직할 수 있으며, 교육 경력 10년 이상이고 교육 전문직으로 10년 이상 근속한 자는 전직될 지위에 제한을 받지 아니한다(교육공무원인사관리 규정 제14조).

교장은 교육과학기술부 장관의 제청으로 대통령이 임명하고, 교감은 교육과학기술부 장관의 권한 위임에 의해 교육감이 임용한다(교육공무원법 제29조 2항, 제30조). 교장은 1991년 교육공무원(제29조 2항)과 교육공무원 임용령(제92조 3항과 4항)이 개정된 이래 종래의 종신제에서 임기제로 전환되어 임기는 4년이고 1차에 한하여 중임할 수 있다. 다만 초빙교장 등 교장으로 재직하는 횟수는 이에 산입하지 아니한다. 교장으로 1차 임기를 마친자에 대하여는 정년 잔여 기간이 4년 미만인 경우에도 특별한 사유가 없는 한 교장으로 다시 임용할 수 있다. 정년 전에 임기가 만료되는 교장으로서 교사로 근무할 것을 희망하는 자(교사자격증 소지자에 한함)에 대해서는 수업 시간의 경감, 당직근무의 면제, 명예퇴직대상자 선정에 있어서의 우선 고려, 기타 교내외 각종 행사 등에서 우대하여야 한다. 원로교사는 소속 학교장의 요청이 있는 경우에는 신규임용된 교사에 대한 상담, 교내 장학지도 기타 학교운영에 관한 필요한 자문에 응할 수 있다. 임기가 만료된 교장을 다시 교사로 임용하고 우대하는 원로교사제도는 아직 시행초기여서 뿌리를 내리지 못하고 있다.

4) 교육 전문직

교육 전문직의 신규채용은 공개 경쟁시험, 특별 채용, 전직의 세 가지 형태에 의해 이루어지는 데, 공개 경쟁시험은 서류 전형, 필답고사, 면접고사 등을 통해 이루어진다. 임용 시험 및 전형과정의 경우 장학사 · 교육 연구사는 교육기관 · 교육행정기관 · 교육 연구기관의 추천을 받아 전형을 거쳐 임용하여야 하며, 임용을 위해 전형 기준 · 전형 방법 및 전형 절차 등은 임용권자가 정하는 바에 의하도록 규정되어 있다(교육공무원 인사관리규정 제13조 제3항 내지 제4항).

5) 대학 교원

대학 교원 인사관리 지침(교육과학기술부)에 의하면 신규 임용의 원칙으로 ① 상위직 임용제한 ② 퇴직 교원의 퇴직 전 직명보다 상위직으로의 임용 제한, ③ 공개채용을 들고 있다. 즉 우수하고 유능한 대학 교원 확보를 위해 신규채용은 특별한 경우(재외 한국인 학자, 외국인, 특수과목 전공자 채용 등)를 제외하고는 원칙적으로 공개 채용의 방법에 의하여 임용하도록 하고 있다.

6) 기간제 교원의 임용

기간제 교원의 임용에 관한 사항은 「교육공무원법」 제32조에 규정되어 있다. 고등학교 이하 각급 학교 교원의 임용권자는 다음의 경우 예산의 범위 내에서 교원의 자격증을 가진 자 중에서 기간을 정하여 교원에 임용할 수 있다.

- 교원이 「교육공무원법」 제44조 제1항 각호의 1의 사유로 휴직하게 되어 후임자의 보충이 불가피한 경우
- 교원이 파견, 연수, 정직, 직위해제 등으로 인하여 1개월 이상 직무에 종사할 수 없어 후임자의 보충이 불가피한 경우
- 교원이 퇴직하여 신규채용하여야 할 사유가 발생했음에도 교사임용후보자 명부에 임용대상자가 없어 신규채용할 수 없을 경우
- 파면, 해임 또는 면직처분을 받은 교원이 교원징계재심위원회에 재심을 청구하여 후임자의 보충발령을 하지 못하게 된 경우
- 특정 교과를 한시적으로 담당하도록 할 필요가 있을 경우
- 교육공무원이었던 자의 지식이나 경험을 활용할 필요가 있을 경우

기간제 교원 임용기간은 1년 이내로 하되, 필요한 경우 3년의 범위 안에서 이를 연장할 수 있다. 기간제 교원은 정규 교원으로 임용됨에 있어 어떠한 우선권도 인정되지 않으며, 책임이 중한 감독적 직위에 임용될 수 없다. 또한 임용 기간이

만료된 때에는 당연히 퇴직된다.

4. 교원 신규임용의 문제점

1) 교원 수급의 불균형 심화

교원의 수요와 공급이 적정한 균형 상태를 이루는 것은 중요하다. 교원 수급의 적정화를 기하기 위해서는 취학인구, 교원대 학생 수, 교원의 퇴직율, 국가의 경제적 형편 등이 고려되어야 하기 때문에 간단하지는 않지만 자격증 소지자의 과잉배출을 교사자격증 소지자의 임용과 교직에 매력을 반감시키고 있다.

2) 교원 정책의 전반적인 연계성 결여

교원의 임용제도는 교원 지망생의 선발, 양성, 자격, 보수, 처우 등의 근무조건, 현직교육 등과 같은 교원 정책의 다른 부문과 연계하여 시행되어야 한다. 그러나 현행의 공개 전형에 의한 초 · 중 교원의 임용은 그에 상응하는 유인책이 뒷받침되지 못한 채 시행되어 교원 지망생들에게 교직의 문턱을 높이는 결과만 가져와 교사양성기관에 우수한 학생을 유치하는 데 실패하였다.

또한 현행의 자격 검정 및 임용제도는 이것들이 교사양성 교육과정에 영향을 준다는 사실을 충분히 고려하지 못한채 시행되고 있다. 즉 이 제도가 교사양성기관 학생들에게 면학태도와 사기 함양 및 자기 개발을 위한 노력을 고취할 수 있을 것이라는 측면은 고려되었지만 그 부정적인 측면의 고려는 미흡하다는 것이다.

3) 교원 임용고시제도 운용의 불합리성

1994년부터 완전 공개경쟁에 의한 교사 신규채용 임용고사가 실시되고 있으나, 현행 초 · 중등 교원 임용고시는 교원의 질적 통제의 기능이 미흡하고 인성적 특성 및 실기 능력의 평가가 곤란하며, 임용고사의 평가 항목간의 배점과 점수 편차에 대한 종합적인 고려가 미흡하다. 즉 공개 전형에 의한 임용고사가 충분한 연구를 고쳐 우수한 교사를 선발하는 타당도가 어느 정도 교원의 질적 통제가 가능하다. 그러나 이제까지 시행된 임용고사는 오히려 신규채용에 필요한 인원의 선발에 더 중점을 두는 준거지향적인 평가였기 때문에 교원에 대한 질적 통제의 기능을 발휘하지 못했다. 또한 임용고사가 교원으로서의 적성, 교직관, 인성적 자질 등을 평가하기 위해 면접고사가 실시되고 있으나, 면접고사의 내용과 방법에 있어서 객관성이 부족하며 형식적이어서 인성적 특성을 고려한 평가는 어려운 실정이다.

4) 교원 양성 · 임용 관련 기관간의 협조 체제 미흡

교육과학기술부와 교육청 그리고 교원양성기관은 각기 다른 역할을 수행하지만, 교원의 자격과 임용에 관한 한 우수한 교원의 양성과 확보라는 면에서 동일한 목적을 가지고 있다. 따라서 전문적인 자질과 능력을 갖춘 우수한 교원을 양성하고 확보하기 위해서는 이 세 기관이 긴밀한 협력 관계를 유지하면서도 각각의 역할과 업무를 수행해야 한다. 즉 교원의 자격과 임용에 있어서 교육과학기술부는 국가 차원에서 교원의 표준 자격 기준을 설정하고 전국적인 교원양성 및 수급 계획과 대원칙을 수립하며, 국가 교육체제를 지역 이기주의로부터 보호하고 지역 간의 불균형을 조정하며 교육청과 교원양성기관에 대한 재정 지원 등의 업무를 수행해야 한다.

교원 임용검정의 경우 능력의 검증에 의한 공개 전형을 원칙으로 하였으나, 교원 수급 상황에 따라 몇 번의 제도 변화가 있었다. 1953년의 교육공무원 임용령에 의거하여 국립 교원양성기관 졸업자와 상급자격증 소지자는 우선적으로 채용하는 원칙이 적용되었다. 1969년 동 임용령에서는 사범계 출신자 7, 비사범계 출신 3의 구체적 비율이 제시되기도 했다. 이후 1973년부터는 국 · 공립학교 교원 충원시 부족한 교원의 경우 사립 사범대와 교직과정 출신자를 대상으로 이른바 '순위고사'를 치른 것이 교원임용시험의 시발이 되었다.

그러나 교원 임용 적체 현상이 점차 나타나기 시작하였고, 1981년 졸업정원제 실시로 증가된 졸업자가 배출된 1980년대 중반부터는 심각한 수준에 이르렀다. 이런 상황하에서 1990년 10월 헌법재판소는 국 · 공립 사범대학 졸업자의 우선 임용규정이 위헌임을 결정하였고, 이에 따라 1991년부터 공개경쟁 시험으로 전환(다만, 3년간 국립 7 : 사립 3 비율 적용)하였으나 여전히 사범대학에 대한 지역 가산점을 부여하기도 했다. 이후 가산점 비율 조정 조치(15%에서 10%) 등도 있었으나 결국 2004년 3월 또다시 이 규정은 위헌 결정을 받아 현재의 교원양성체제 개편 방안의 재검토에 이르게 된 것이다.

【단원별 과제】

[6.1] 교원자격에게 가장 필요한 요소는 무엇인지 논하시오. ?

[6.2] 교원자격의 취득과정에 대해 설명하시오.

[6.3] 현행 교원의 신규채용제도에 대해 설명하시오.

[6.4] 교원의 임용과 채용에 관한 문제점과 해결방안을 논의하시오.

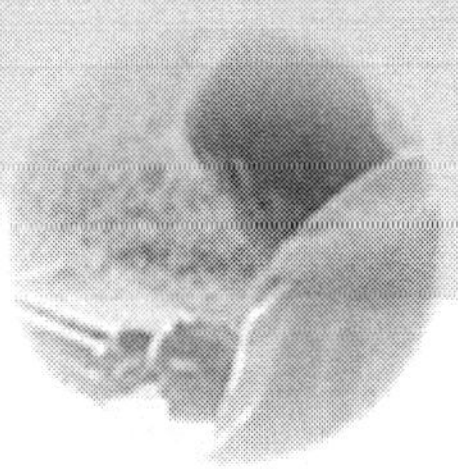

제 7 장

교사의 능력개발

이 장에서는 교원의 재교육을 다루고자 한다. 교원을 대상으로 하는 재교육 직전 및 현직교육 · 훈련을 모두 포함하며, 현직교육 · 훈련은 대체로 현직연수, 현직교육, 교원연수, 재교육 등으로 특별한 구별없이 사용되고 있다. 본 장에서는 현직 교육 · 훈련을 중심으로 살펴보고자 한다.

교원의 현직연수는 교원이 교직에 종사하면서 직업적 성장을 위하여 자율적으로 또는 의무적으로 하는 교육 및 제반 활동을 말한다. 또한 교직은 전문적인 지식과 기술을 습득하기 위한 장기적이고 계속적인 교육과 연찬이 필요하고 엄격한 자격 기준이 요구될 뿐더러, 교육 공급자인 교원의 권익보다 수요자인 학생의 권익을 우선하는 사회 공공적 · 윤리적 책임이 수반되는 직종이다. 따라서 전문직 종사자로서 교원은 전 교직 기간을 통해 계속 교육차원에서 전문성을 유지 · 발전시킬 필요가 있다.

제1절 교원의 재교육

1. 교원 재교육의 의의

1) 교원 재교육의 의미

교원 재교육으로서의 현직교육은 교사로 근무하는 사람들에게 교직생활에 대한 적응과 경력이 있는 교사들의 전문성을 향상시키는 데 목적을 둔다. 일반적으로 현직교육은 '교원현직연수', '교직원 개발', '전문성 개발' 등으로 불리우기도 하는데, 좁은 의미에서는 특정한 교육 프로그램의 수행이나 임용과 직접적으로 관련하여 제공되는 공식적인 교육 · 훈련만을 의미하고, 넓은 의미로는 교직 생활 전 기간 중에 다양한 형태로 제공되는 모든 교육훈련을 의미한다. OECD는 이를 현직교육을 '초 · 중등학교의 교사 및 교장(교감)들이 그들의 자격증 취득 이후에, 학생들을 보다 효과적으로 교육하기 위하여 주로 그들의 전문적 지식, 기능 및 태도를 증진 · 발전시킬 목적으로 참여하는 교육 · 훈련활동'으로 정의하고 있다.

교원의 현직연수는 교원이 교직에 종사하면서 직업적 성장을 위하여 자율적으로 또는 의무적으로 하는 교육 및 제반 활동을 말한다. 또한 교직은 전문적인 지식과 기술을 습득하기 위한 장기적이고 계속적인 교육과 연찬이 필요하고 엄격한 자격 기준이 요구될 뿐더러, 교육 공급자인 교원의 권익보다 수요자인 학생의 권익을 우선하는 사회 공공적 · 윤리적 책임이 수반되는 직종이다. 따라서 전문직 종사자로서 교원은 전 교직 기간을 통해 계속 교육차원에서 전문성을 유지 · 발전시킬 필요가 있다. 1966년 유네스코와 세계노동기구는 세계 각국에서의 교원의 지위에 관하여 일련의 공통적인 기준과 척도를 설정하기 위한 목적으로 '교원의 지위에 관한 권고'를 선포하였다. 이러한 교원 지위권고 제6항에 '교직은 전문직으로 간주되어야 한다(Teaching should be regarded as a profession)'고 규정하고 있다. 또한 제44항에 '교원의 승진은 엄밀한 전문직적 기준에 비추어 새로운 직위에 대한 교원의 자격을 객관적으로 평가한 결과에 근거를 두어야 한다.'고 규정하여 전문직적 기준을 강조하고 있다. 교원연수의 개념은 현직교육, 현직교육 · 훈련, 교직원 개발, 전문적 개발, 교원 계속교육 등의 용어로 사용되고 있다. 현직 연수에 대한 개념은 좁은 의미로는 '특정한 교육 프로그램의 수행이나 임용과 직접적으로 관련하여 제공되는 공식적인 교육 · 훈련'이며, 넓은 의미로는 '교직 생활 전 기간 중에 다양한 형태로 제공되는 모든 교육 · 훈련'이다.

과거에는 현직교육보다는 직전교육에 비중을 두었다. 교직에 있어 가르치는 일의 특성상 개별교사들의 교수행위를 특정기준에 의해 평가하기 어려우며, 교사들의 고객이 학생이어서 다른 직업처럼 동료와의 수행비교나 비판적인 고객을 통한 자기개선에의 자극은 미흡한 편이다. 또한 평생 자격증이 유효하고 재직권이 보장되는 등 교직의 안정적 특징도 자기개선을 자극하지 못하는 원인이 되고 있다. 그러나 최근 직전교육과 현직교육은 분리된 별개의 과정이 아니라 하나의 통합된 연속적 과정으로 보며 교직을 전문직으로 보는 관점에서 현직교육의 중요성이 더욱 강조되고 있다. 변동하는 사회에서 교사가 교육혁신의 주체적 · 능동적 주도자로서의 역할을 수행할 것을 요구받고, 교육과정의 개발 및 시행에 있어서도 교사의 역할이 강조되면서 교사의 전문적 성장 · 발달을 위한 현직교육의 중요성은 더욱 부각된다. 교사의 역할이 고정된 것이 아니라 끊임없이 변화하는 것이므로 교직 생애 동안 지속적인 교육을 통하여 교사들의 전문성을 점진적 · 단계적으로 발달시키고 변화에 능동적으로 적응할 수 있도록 도와 주는 현직교육이 필요하다.

현직연수의 목적은 첫째, 학교 교직원 전체 또는 교직원 일부집단의 직무수행 능력의 개선.

둘째, 개개인 교사의 직무수행 능력의 개선.

셋째, 승진 또는 승급을 위한 개개인 교사의 사전 경험의 확장.

넷째, 개개인 교사의 전문적 지식 및 이해의 증진.

다섯째, 교사의 개인적 욕구 충족 혹은 일반교양의 증진 등이다(OECD, 1982).

2) 교원 재교육의 성격

교직은 성숙자인 교원이 미성숙자인 학생에게 주는 지적, 도덕적, 신체적 영향이므로 전문직으로서의 교직의 특성을 요약하면 다음과 같다.

(1) 교직에는 고도의 지적 능력이 필요하며 교직의 수행을 위해 계속적으로 연구

해야 한다.

(2) 교원이 되기 위해서는 장기간의 준비교육이 필요하며 교원이 된 후에도 계속적인 자기 성장을 위해 노력해야 한다,

(3) 교원은 봉사 지향적이어야 하며 사회적 책임이 강조된다,

(4) 교원은 자신들이 지켜야 할 윤리강령을 가지고 있다

(5) 교원은 개인적으로나 집단적으로나 전문적 판단의 권위를 존중받아야 하며 따라서 광범위한 자율권을 행사할 수 있다.

교육현장에서는 이러한 교원의 기본적인 자질과 능력의 수준에서 교육의 질이 결정된다고 할 수 있다. 교육의 질이 향상되기 위해서는 교원의 능력과 자질의 계속적인 향상이 요구되고 교원의 재교육은 언제나 필요하며 특히 다음과 같은 상황에서는 재교육이 절실히 요구되어진다고 할 수 있다.

첫째, 교육과정의 개편이나 지식이나 기술의 변화와 같은 교재의 내용과 관련하여 어떤 변화가 발생했을 때.

둘째, 학생들의 생활환경, 행동의 특성에 변화가 발생하여 교육적 대응에 있어 새로운 문제나 과제를 인식해야 할 상황에 처할 때.

셋째, 교육의 정책적 방향에 변화가 있을 때.

넷째, 교육의 이론과 사조의 새로운 흐름이나 경향에 변화가 발생하였을 때.

다섯째, 교육여건의 개선에 의한 교원자질의 재조정을 기하고자 할 때.

여섯째, 교원의 전문적 자질과 능력의 계속적 성장의 기회를 제공해야 할 필요가 있을 때 등이다.

3) 교원 재교육의 법적 근거

교원 재교육(연수)에 관한 근거는 교육 공무원법, 교육 공무원 승진 규정에 법적인 근거를 마련하고 있으며 교원 연수의 당위성(교육자의 품성과 자질을 향상시키기 위한 노력 : 교육기본법 제14조 2항), 연수기회의 균등 제공(교육공무원법 제37조), 연수와 교재비의 보조(교육공무원법 제38조 제1항), 연수기관 설치의 의무화(교육공무원법 제39조), 연수에 대한 지도 · 감독(교육공무원법 제40조)을 명시하고 있다.

연수는 연수기관 및 근무 장소 이외의 연수에 대하여 수업에 지장이 없는 한 소속 기관장의 승인을 얻어 연수할 수 있으며(교육공무원법 제 41조), 연수 및 근무

성적의 평점 재교육, 연수실적과 근무성적의 반영(교육공무원법 제42조)을 규정하고 있다.

연수성적은 교육성적 평정과 연구실적으로 나누며(교육공무원 승진 규정 제29조), 평정자와 확인자를 두고(교육공무원 승진 규정 제30조, 평정의 시기 및 평정표) 평정의 시기는 매년 12월 31일 기준(교육공무원 승진 규정 제31조)으로 평정하도록 하고 있다.

그 외 교육성적 평정, 교육성적의 평정점, 연수실적 평정, 연구대회 입상실적 평정, 당해 직위에서 취득한 석 · 박사학위의 평정, 연구실적 평정은 연구성적 3점 이상을 초과하지 못하고, 연구대회 입상성적은 1년에 1회의 연구성적에 한하여 평정하도록 하고 있다.

2. 우리나라 교원 재교육 체제와 기능

1) 교원 재교육의 체제

(1) 교원 재교육(현직연수)의 종류

교원의 연수는 '교원 등의 연수에 관한 규정'에 연수기관의 종류, 연수대상, 연수종별과 연수과정, 연수기간, 연수비 지급에 관하여 규정하고 있다. 교원연수는 교육의 이론 · 방법 및 직무수행에 필요한 능력배양을 위한 직무연수와 교원의 자격을 취득하기 위한 자격연수, 특별연수로 구분한다(교원 등의 연수에 관한 규정 제6조 1항). 직무연수의 연수과정과 내용은 연수원장이 정하며 자격 연수의 과정은 2급 정교사 과정, 1급 정교사 과정, 전문 상담교사 과정, 사서교사 과정, 1급 보건교사 과정, 원감 과정, 원장 과정 및 교장 과정으로 구분하고 있다(제6조 3항).

(2) 연수기간 및 시간 편제

자격연수는 180시간으로 보통 30일이 소요된다. 1일 평균 6시간의 강의가 이루어지고, 주로 하 · 동계 방학을 이용하여 실시되고 있으나 지역에 따라 학기 중 오후 시간을 이용하여 실시하는 경우도 있다. 자격연수는 기간이 오래 소요되는 단점이 있으나 방학을 주로 이용함으로써 수업 결손을 막고 집중 연수에 따른 피로도를 줄일 수 있는 장점이 있다.

(3) 연수방법

연수방법은 예나 지금이나 강의중심의 일제식 수업에 의존하고 있다. 연수생들이 많기 때문에 학습집단을 대단위로 구성할 수밖에 없는 현재의 여건으로서는 새로운 교수방법을 시도할 여지가 없으며 강사위주의 일방적인 연수가 될 수밖에 없는 조건에 놓여 있다. 연수생들이 연수에 직접 참여할 수 있는 기회와 조건이 보다 확대되어야 한다.

(4) 강사

일반적으로 연수는 표준교육과정이 작성되어 있어 그 내용과 범위를 어느 정도 규정하고 있다. 그러나 연수를 담당하는 강사의 수준이 천차만별이어서 연수의 질적 차이가 매우 크다. 지역에 따라서는 강사의 지원이 많지 않기 때문에 적절한 강사를 구하기가 어렵고, 한 강사의 겹치기 출강이 불가피할 수밖에 없는 현실이다. 또한 강사료가 적기 때문에 외지에서 강사를 초빙하기도 쉬운 일이 아니다. 결국 연수의 질적 수준은 기대 수준에 이르지 못하고 부실해지는 결과가 되기 쉽다.

(5) 연수 내용

연수과정별 표준교육과정을 살펴보면 교과목이 지나치게 세분화되어 있다. 과목수가 30여 개 되는 경우도 있고 과목별 배당시간도 4~12시간에 지나지 않아 심층적 내용을 연수한다기보다 겉핥기 수준이 되기 쉽다.

(6) 연수생

일반적으로 연수생의 연수에 참여 동기나 문제의식이 매우 미약한 편이다. 자발적 동기에 의해서 스스로 참여하는 것이 아니라 대개의 경우는 상위 자격을 취득하기 위해서나 외부 차출에 위해서 참여하기 때문이다. 연수생들의 학습준비가 안 되어 듣는 연수로 그치고 있는 것도 문제이다.

(7) 연수비용

일반연수의 경우 1인당 22만원(연수비 5만원 포함) 정도이며 자격연수는 1인당

52~72만원(연수비 17만원 포함) 정도 책정되고 있다. 연수비 지급에 대하여 부정적인 시각이 있으나 교원 개개인의 질적 향상이 교육력의 향상과 직결된다는 점에서 긍정적으로 인식할 필요가 있다.

2) 현직연수의 유형

교원 현직연수의 유형은 교원연수의 목적, 대상, 성격, 실시 주체 등에 따라 다양하게 유형화된다. OECD(1982)는 현직연수의 목적을 기준으로 하여 교직원 전체 또는 일부의 직무 능력 개선을 위한 연수, 교사 개인의 전문적 지식 및 이해의 증진을 위한 연수, 교사의 개인적 욕구 충족을 위한 연수 등 다섯 가지 유형을 제시하였다.

우리나라의 현직연수는 교원 및 교육 전문직을 대상으로 다양하게 운영되고 있으며, 주관하는 주체에 따라 기관중심, 학교중심, 그리고 개인중심 연수로 구분할 수 있다. 또한 교원이 받는 연수의 성격에 따라 자격연수, 직무연수, 특별연수 등의 유형으로 구분할 수 있다. 현직교육의 유형을 기초로 하여 현재 시행되고 있는 현직연수를 유형화하면 〈표 7-1〉과 같다.

표 7-1

현직연수의 유형

종류 \ 형태	기관중심 연수	학교중심 연수	개인중심 연수
자격연수	○		
직무연수	○		
특별연수	○		
자체연수		○	
자율연수			○

3) 현직교육의 형태

현직교육의 유형은 교육의 목적과 교육실시 주체에 따라 다양하다. 교육의 목적에 따른 유형은 아래와 같이 나뉜다.

첫째, 학교 교직원 전체 또는 교직원 일부 집단의 직무수행 능력을 개선시키려는 목적의 연수.

둘째, 개개인 교원이 직무수행 능력을 개선시키려는 목적의 연수.

셋째, 승진 또는 승급을 위한 개개인 교원의 사전경험을 확장시키려는 목적의 연수.

넷째, 개개인 교원의 전문적 지식 및 이해를 증진시키려는 목적의 연수.

다섯째, 교원의 개인적 욕구를 충족시키거나 일반교양을 증진시키려는 목적의 연수.

현직교육을 실시주체별로 나누면 기관중심 연수, 학교중심 연수, 개인중심 연수로 나눌 수 있다. 기관중심 현직연수는 기관이 중심이 되어 운영되는 연수로 연수의 성격에 따라 임용연수, 일반연수, 자격연수 등으로 구분된다. 학교중심 연수는 학교 교육목표를 달성하고 학교의 문제를 해결하기 위하여 교원들에게 유익하고 생동감 있는 현직교육이 될 수 있다. 비교적 많이 사용되는 연수형태는 연구수업, 협의회, 과제연구, 직원세미나, 전달강습, 장학지도 등이다. 학교중심 연수에서 다루어지는 내용은 학습지도와 교재연구, 교과전문지식, 일반교양, 교육이론, 실무 등이 주류를 이루고 있다. 개인중심 현직연수란 교원 스스로 자신의 발전과 전문적 지식을 습득하기 위하여 하는 연수로서 자율연수, 자기연수라고도 한다. 이는 교원 개인의 교육적 욕구를 충족시키는 활동이며, 자발적으로 이루어지는 활동이기 때문에 그 효과도 크다. 교원을 대상으로 하는 해외연수, 대학이나 교육대학원의 진학, 현장연구의 수행, 학습활동 또는 전공과 관련된 동아리 활동, 작품활동 등이 있다.

(1) 실시장소에 따른 분류

실시장소에 따른 분류는 교원에 대한 현직연수에서 기관이 중심이 되어 운영하는 것을 말한다. 즉 교육과학기술부, 시 · 도 교육청, 시 · 군 · 구 교육청 등 국가의 교육행정기관이 주체가 되어 실시하는 연수다. 여기에는 국가전문행정연수원 교육행정연수부, 시 · 도 교육연수원, 대학부설 초 · 중등교육연수원, 한국교원대학교 및 한국방송통신대학교 부설 종합교육연수원, 서울대학교 사범대학 부설 교육행정연수원, 대학이나 교육대학 또는 교육과학기술부 장관이 지정하는 기관의 원격교육연수원 등이 있다. 또한 특수한 분야에 관한 연구를 위해 연수기관을 따로 지정 · 운영할 수 있도록 하고 있다.

표 7-2

기관중심의 연수 유형

기관	해당 교육기관의 연수
초등교육 연수원	· 전국 11개 교육대학교의 부설 초등 교원연수원 · 유치원, 초등학교, 공민학교, 특수학교 및 이에 준하는 각종 학교에 근무하는 교원을 대상으로 교(원)감 자격연수와 유 · 초 · 중등 1급 · 2급 정교사 자격연수와 일반연수, 교도 및 사서 교사의 자격연수
중등교육연수원	· 중학교, 고등학교, 고등공민학교, 기술학교, 특수학교 및 이에 준하는 각종 학교에 근무하는 교원을 대상으로 교(원)감 자격연수와 유 · 초 · 중등 1급 · 2급 정교사 자격연수와 일반연수, 교도 및 사서 교사의 자격연수
지방교육연수원	· 교감 · 교장의 직무연수, 교(원)감, 유 · 초 · 중등교원의 자격 · 일반연수교도 및 사서교사 자격연수, 초 · 중등교원과 신규교원의 국민정신교육, 6급 이하 지방 교육행정직 공무원 직무연수 및 국민정신 교육 실시
교육행정연수원	· 서울대학교 사범대학 부설의 교육행정연수원 · 각급 학교에 근무하는 교장 · 교감 · 원장 · 원감 및 교원 자격 검정령 제23조의 규정에 의거하여 교장 · 교감의 자격인가를 받은 자를 대상으로 교육행정가의 전문적 소양과 교육 지도자의 자질 향상을 도모함 · 6개월(700시간)의 각급 학교 교장 자격연수(전기 : 초등교장 반, 후기 : 중등교장반, 각각 40명 대상)
종합교육연수원	· 한국 교원대학교의 종합교원연수원 · 교(원)장 자격연수와 유 · 초 · 중등교원의 1급 · 2급 정교사 일반연수와 자격연수
중앙교육연수원	· 학교관리자 과정, 직무교육 과정, 퇴임예정자 사회교육, 국외사찰 사전교육 등 운영 · 6개월의 중견간부 양성반 : 교육전문직, 교장, 감, 4 · 5급 일반직의 전문교육 · 3주의 신규 승진자반 : 신규로 승진된 교장 · 교감 · 장학관 · 연구관 · 2박 3일의 정책 관리자반 : 현직 교육장 및 구청장 · 3주의 초급 관리자 양성과정(5급 승진 시험 합격자) · 중견 관리자 양성과정(4급 승진 후보자) · 2주 중견 실무자 보수과정(6 · 7급 일반직)

(2) 자율연수

교원이 평상적인 업무를 수행해 나가면서 자율적으로 하는 연수를 특정한 시기나 방법 등을 기준으로 나눌 수는 없다. 이는 가르치는 것 자체가 자율연수이기도 하기 때문이다. 자율연수는 교원 스스로 전문적 지식을 습득하기 위해 교육을 받는 것을 의미한다. 학교 내에서 또는 학교 밖에서 자율적으로 실시하는 형태로 구분할 수 있다. 자율연수는 강의, 연구 발표, 협의회 등으로 구성되는 자체 연수와 수업개선을 위한 수업 연구로 나뉜다. 그리고 자체 연수는 다시 일반적 교육발전을 위한 자체 연수와 교과수업 발전을 위한 교과협의회로 나뉜다. 대학이나 교육대학원에 등록하여 다닌다거나 개인 연구를 수행하는 것 등을 그 예로 들 수 있다.

이러한 자율연수의 장점은 다음과 같다.

① 가장 순수하고 자발적인 것으로 내적 보상이 크며, ② 교사의 평상적인 일과 동떨어지지 않으므로 특별한 시간을 내어야 할 필요가 없으며, ③ 독서, 서클활동, 시범수업 참관, 진학, 현장연구 등 방법과 기회가 여러 가지로 주어지며, ④ 상위 자격 취득과 같이 자기 생애 계획과도 연결하여 통합이 가능하다.

(3) 자격연수

자격연수는 교원의 연수 가운데에서 가장 체계화되고 충실한 연수과정이다. 제도적으로 구조화되어 있을 뿐 아니라 교육을 받는 자들도 가장 현실적이고 구체적이어서 학습효과가 높다. 상위 자격을 부여하기 위한 연수는 11개 교육대학과 사범대학 및 기타 대학에 부설된 연수원에서 실시된다.

1, 2급 정교사, 교감, 교장 등 상위 자격 취득을 위한 연수와 교도교사, 사서교사와 같은 특수자격을 취득하기 위한 연수가 있다. 자격 연수는 다른 연수에 비해 경비와 시간이 많이 소요될 뿐더러, 상위의 연수 기간은 30일 이상으로 하되 그 이수 기간은 180시간 이상이어야 한다.

(4) 자질연수

자질연수는 '목적'이나 '기능'면에서 현직에 있는 교사가 그의 전문직으로서의 소양을 높이고 지위를 높이기 위한 활동이라는 점에서 '자기연수'와 같다. 하지만 제한적으로 규정되어 근무하는 학교 내외의 장소에서 특정 기간 동안 집중적으로 하게 된다는 점이 다르다. 자질연수는 여러 기관에서 주관하며 그 내용과 기간 등도 지극히 다양하며 어떤 한 가지 준거에 따라 정리하기가 어렵다.

대표적인 기관은 중앙교육연수원, 전국 교육대학교, 사범대학 등이 있다. 초등교육 연수원은 그 연수원이 위치하고 있는 지역의 유치원과 초등 교원을 대상으로 여러 자질연수를 한다. 중등교육연수원은 특정 지역 내의 교사에게 자질연수를 한다. 그리고 행정연수원은 전국 교장을 중심으로 자질연수를 실시한다.

자질연수의 효과를 극대화하기 위하여 평생교육 체제를 확립하고 임용 전에 직무연수를 실시하며 현직교육에서는 이념교육을 강화하는 등 연수과정과 체제를 재편성하며 계절제와 야간제 등의 방법으로 운영한다.

(5) 직무연수

직무연수는 교육의 이론과 방법 및 직무 수행과 직장 적응에 필요한 능력 및 자질 배양을 위한 연수를 말한다. 직무연수로는 직무 수행 능력의 향상을 위하여 교육과학기술부 장관이 필요하다고 인정하는 자의 연수, 교육과정의 개편 · 개정에 따른 연수, 교육정보화 연수, 또는 「교육공무원법」 제45조 3항의 규정에 의하여 장기휴직 후 복직을 위한 연수 등이 있다. 연수 기간은 당해 연수원장이 정한다.

(6) 특별연수

특별연수는 국가 또는 지방자치단체가 계획을 수립하여 교육공무원을 국내외의 교육기관 또는 연구기관에서 일정 기간 동안 연수를 받게 하는 것을 의미한다. 교원을 대상으로 한 국외 연수가 그 대표적인 예다.

3. 외국의 현직교육

1) 미국

미국의 공립 초 · 중등 교원연수는 주에 따라 다르다. 일반적으로 교육구(county)에서 교원연수 계획의 조정과 관리의 책임을 가진다. 미국의 현직교육의 주요 특색은 다음과 같다.

첫째, 교육구에서 자체적으로 시행하는 다양한 워크숍, 강습회 등이 있고 교사들은 선택적으로 참여한다.

둘째, 대학이 주관하는 계절제 강좌, 야간 강좌, 주말 강좌, 통신교육 등에 참여하여 학점 및 학위를 취득하는 현직교육 방법이 있다. 대학의 사회 교육원이 교육구등과의 협약 아래 여러 가지 프로그램을 운영하기도 한다. 특히 미국에서는 교육대학원에서 학점 및 학위를 취득하는 것이 중요한 현직교육 활동으로 간주한다.

셋째, 일반적으로 자격증 유효기간을 설정하고 이 기간 내에 대학원 과정을 통해 필요한 학점과 학위를 취득하도록 하고 있다. 이 규정의 불이행시에는 봉급 인상이 중단되는 등 불이익이 수반된다. 이러한 과정을 통하여 현직 교사들로 하여금 전문적 능력의 신장을 위해 스스로 노력하도록 제도적으로 유도하고 있다.

넷째, 주에 따라서 연수 학점제를 채택하여 운영하고 있다. 각 교육구의 연수 프로그램은 시간수에 따라 연수 학점이 부여되고 주 교육부에 의해서 이에 대한 인정 여부가 결정된다. 예를 들면, 위스콘신 주에서는 승급에 필요한 연수의 경우 10시간의 연수를 1학점으로 계산하고 있다.

다섯째, 1960년대 중반 영국에서 건너온 '교원센터(Teacher Center)가 급속하게 보급되고 있으며 이를 통해서 교원연수가 이루어지기도 한다. 교원센터는 교사들이 자유롭게 무엇이든 이야기할 수 있는 교류 장소이며 상호 연수의 장소이다. 교사들을 위해서 그리고 교사들에 의해서 운영되고 있으며 교사들의 참여가 보장된다. 또한 최근에 교원센터에 따라서는 승진 · 승급에 대응하는 프로그램을 개선하여 운영하기도 하고 대학 · 대학구와의 협조 아래 학위 취득과 연결시키고 있는 곳도 있다.

2) 영국

영국의 현직교육은 1971년 발간된 '제임스 보고서'(James Report)와 1972년의 '교육백서(Education : A Framework for Expatiation)를 통해 교원 양성과 현직교육 정책의 기본 방향이 제시되었다. 영국의 현직교육의 특징은 다음과 같다.

첫째, 현직교육 · 연구학부(School of Inservice and Research)를 Bulmershe 고등교육대학(College of Higher Education) 내에 하나의 독립된 학부로서 설치하여 운영하고 있다. 이 대학은 고등교육과 교사 양성 및 현직교육을 연결시키는 주요한 기틀이 되었다. 여기에는 현직교사들이 야간, 주말 또는 방학 중에 자유롭게 이용할 수 있는 도서관과 자료실이 마련되어 있다. 이 학교에서는 교장이나 중견 교사들을 대상으로 하는 학교 경영에 관한 과정을 개설하고 타 고등교육대학과의 협력 아래

대학원 수준의 경영학 수료증도 수여하고 있다. 뿐만 아니라 현직교육 · 연구학부는 양성교육과 현직교육 사이에 교량 역할을 하는 도입교육에도 실질적으로 관여한다. 일선 학교와 계속적으로 접촉을 가지면서 정기적으로 학교를 방문하고 새로 채용된 신임교사의 도입교육의 책임을 맡아 지도하기도 한다.

자격이나 학위와 관련된 과정 이외에도 현장에서 급히 해결해야 할 문제에 대하여 도움을 주기 위해서 단기간의 비공식적인 코스를 개설하여 교사들로 하여금 쉽게 이용하도록 한다. 이를 위해 위크숍이나 세미나, 강연 등 여러 가지 다양한 방법이 활용된다.

둘째, 1960년대 중반부터 영국 각지에 설치 · 운영되어 온 교원센터(Teacher Center)는 오늘날 수백개소를 넘고 있으며 이런 형태는 미국과 이스라엘 등에도 확산되고 있다. 교원센터는 교육과정 개발과 현직교육이 이루어지는 장이며 동시에 교육에 관심을 가진 사람들이 모여 토론하는 곳이기도 하다. 이러한 교원센터의 활동에는 교육문제에 관한 논의, 교육과정 개발을 위한 코스, 비공식적 소집단회의, 새로운 교재와 학생 작품의 전시, 도서 및 자료의 개발 등이 포함된다. 교원센터를 활성화하기 위해 재정 보조, 높은 전문성을 가진 리더의 발굴, 개방적 분위기 조성 등에 많은 관심을 기울이고 있다.

셋째, 교사를 정식으로 임용하기에 앞서 일정기간을 시보기간(Probation Period)으로 설정하고 있으며 이 기간을 얼마나 성공적으로 마치느냐의 여부가 교사임용에 있어서 필수적인 조건이 된다. 시보 교사를 돕기 위해 지도교사가 임명된다. 직전교육과 현직교육을 유기적으로 결합하여 양자를 일관된 과정으로 파악하는 것이 일반화되어 있고 이러한 관점에서 입직 초기의 경험이 매우 중요함을 강조하고 있다.

넷째, 방송 · 통신 매체를 이용한 현직교육이 이루어진다. BBC는 교사들이 학급에서 사용할 수 있는 수천편의 라디오 및 TV방송 프로그램을 방영할 뿐만 아니라 교원양성과 현직교육에 직접 관련되는 프로그램도 제작 방영한다. 이와 함께 1969년에 설립된 개방대학도 교원 현직교육을 제공하는 주요 기관이 되고 있다. 문학사 학위과정이 현직 교사들을 위해서 정시제로 운영되고, 교사들이 전문성을 높이기 위해 여러 가지 연수 프로그램이 비학위 과정으로 제공되고 있다.

다섯째, 학교중심의 현직교육이 강조된다. 학교중심의 현직교육은 단위학교를 교육과정 개발의 중심지이며, 교사의 핵심적인 역할이 교육과정의 개선에 있다는 가정에서 출발한다. 학교중심 현직교육은 학교마다 그 운영실태가 다르기 때문에 일률적으로 기술하기 어려우나 주로 자료실을 이용한 비공식적 연수, 팀티칭, 교사 세미나, 외래 강사초빙, 집단토의, 지도교사 주도의 현직교육 등이 이루어진다.

3) 독일

독일의 교원 현직교육은 양성교육, 시보교육과 더불어 교원교육의 전체 테두리를 형성하며 평생 교육적 의미를 가진다. 그 특징은 다음과 같다.

첫째, 교원연수는 각 주정부의 주관 아래 운영되고 있으며 이를 위해 교원연수원을 설치하여 운영하고 있다. 교원연수원에서는 다양한 연수 프로그램과 그 일정을 정기적으로 교사에게 알리며 교사들은 이러한 과정에서 선택적으로 참여한다. 이들 과정은 대개 오후나 야간에 특정 학교에서 이루어지며 장기적인 프로그램의 경우는 지역 연수원에서 이루어진다. 원격교육(distance education)의 형태로 운영되는 재교육 과정(refresher course)을 유급 휴직 상태에서 제공하기도 한다.

둘째, 교원연수는 자율연수와 의무연수로 나누어 실시된다. 전자는 교사들의 전공분야를 심화시키고 전문적 능력을 발전시키기 위한 일반연수의 성격을 가진 연수로서 교원이면 누구나 참여할 수 있다. 반면, 후자는 상위 자격 취득이나 다른 종류의 자격 취득을 위해서 받아야 하는 자격연수의 성격을 띤 것으로 교감이나 교장 승진을 위한 교사, 교육부 직원, 연수원 교관 등이 이 과정에 참여하게 된다.

셋째, 초 · 중등 교사가 되기 위해 교육대학 3년 과정을 마치고 1차 국가시험에 합격한 후 18~24개월간의 현장실습을 하도록 하고 있다. 예비교사들은 해당 학교에서 강의 및 수업 참관, 지도교사의 수업 참관, 실제 경험에 대한 평가 등을 통하여 교육이론과 과목별 교수방법에 대한 연수를 받는다. 이 과정이 끝난 후 2차 국가시험에 합격해야 정식교사가 될 수 있다. 이는 일종의 시보교사로서 이 기간 동안 준공무원의 신분을 유지하며 보수는 정교사의 절반 정도가 주어진다.

4) 프랑스

교원 현직교육은 1982년 제정된 '교원 계속교육을 위한 학술 계획'(MAFPEN)의 기본 방향에 따라 각 대학구가 주관하여 실시하고 있다. 각 대학구의 현직교육활동에는 교육부, 지방 교육 행정기관, 대학 등이 프로그램 개발이나 연수의 실제 운영과정에 협력하게 된다. 프랑스 현직교육의 주요 특징은 다음과 같다.

첫째, 초등교사 연수의 경우 상위 자격을 취득하기 위한 연수는 없고 교사 자신의 필요에 의해서 연수를 받게 된다. 교육현장에서 바로 사용할 수 있는 새로운 교육이론이나 방법은 실험교실(pilot class) 또는 특수교실(special class)의 운영과 관련된 것이다. 다만 상담교사와 같은 전문교사 자격증 취득을 위한 연수는 별도로 제공한다.

둘째, 중등교사 연수의 경우 주요 연수 프로그램으로는 '아카데미 연수과정'(PAF), 국가 연수과정(PNF), 하계대학 과정(UE) 등 세 가지가 있다.

아카데미 연수과정은 각 아카데미가 그 지역의 교사들을 대상으로 국가 및 지역 교육의 차원에서 중요하다고 생각되는 연수 프로그램을 자율적으로 운영하는 프로그램이다. 이에 비해 국가 연수과정은 국가 수준에서 특수한 목적을 위해서 비교적 제한된 교사들을 대상으로 운영하는 프로그램이다. 하계대학 과정은 교사들의 능력을 개발하여 교육 개혁을 촉진시키기 위한 혁신적 프로그램이다.

5) 일본

일본의 현직교육은 교육공무원 특례법, 국가공무원법, 지방공무원법, 교육공무원 특별조치법 등의 법률에 명시되어 있다. 특히 교육공무원 조치법에서 교육공무원은 그들의 직무를 수행하기 위해 끊임없이 연구하고 지적 훈련을 해야 한다고 규정하고 있다. 일본의 현직교육은 성격상 직무연수, 직전연수, 자주연수 등이 있고 수강 대상자별로 초입자 연수, 중견 연수, 교두 연수, 교장 연수가 있다.

장소에 따라 자기 연수, 교내 연수, 각종 단체에서 실시하는 연수, 교육행정기관에서 실시하는 연수 또 대학에서 행하는 연수 등으로 구분되어 실시되고 있다. 그 특징은 다음과 같다.

첫째, 일본에서는 1978년에 법적 조치가 이루어져 호고교육대학 등이 설치되었으며 1980년에는 이 대학에 '학교교육연구과'가 설치되어 대학원 과정을 통한 교원 현직교육의 새로운 장이 열리게 되었다. 이 대학원에 입학하기 위해서는 원칙적으로 3년 이상의 교직경험을 가져야 하며 소속 학교의 교장으로부터 추천을 받아야 한다. 대학원에 입학한 현직교원들은 2년간에 걸친 유급휴가를 얻으며 이 때문에 전일제 연수가 가능하여 연수에 몰두하는 장점을 가진다. 종합 학문적 입장에서 교육과정의 구조와 내용을 편성하고 현장의 문제와 직결되는 교육 연구에 중점을 두고 있다.

둘째, 1992년부터 모든 초임교사에 대한 1년간의 연수 의무를 부과하여 시행하고 있다. 특히 초임교사가 배치된 학교에서는 지도교원을 임명하여 60일간 초임교사를 지도하며, 도 · 도 · 부 · 현의 지방교육위원회 산하의 교육센터에서 30일 동안 교육을 받아야 한다. 초임교사의 연수를 담당할 지도교원은 초임교사가 배치된 학교의 교감, 교사 또는 장학사 중에서 임명된다. 초임교사 연수과정은 교과 지도 능력의 함양, 바람직한 교직관 함양, 학교교육과 관련된 지식과 경험의 확대 등에 목적을 두고 있다.

셋째, 교직 경력에 따라 교직 생애를 구분하여 그 단계의 특성을 고려하여 연수과정을 제공하고 있다. 연수과정으로는 5년, 10년, 20년 교사 연수과정, 수석교사 연수과정, 교감 · 교장 연수과정이 있다.

넷째, 교원대학의 장기 연수프로그램을 제외하면 교원양성과 연수가 제도적으로 기능 분담이 되어 있어 양성은 대학이 담당하고 연수는 행정기관이 담당하고 있다. 최근에는 학교 중심교원 연수의 중요성에 대한 인식이 높아지고 있다.

제 2 절 학습조직과 능력개발[1)]

1. 학습조직의 개념과 원리

1) 학습조직의 개념

학습조직의 개념을 정립하는데 크게 기여한 대표자는 Senge(1990), Garvin(1993). Marquardt(1996), Huber(1991) 등이다. 이 중에서 Senge는 시스템이론에 입각하여

1) 이석열 · 이미라(2005). 학습조직이론 관점에서 현직교원교육의 내용과 절차에 대한 재해석. 인문학 연구. pp. 152-158을 부분 인용.

학습조직을 논의하면서 조직의 변화를 유도했다. 그는 급변하는 경제적 · 사회적 · 기술적 변화에 대처해 나가는 답으로써 학습조직의 개념을 소개했다. Senge(1990)는 학습조직을 조직의 구성원들이 자신들이 원하는 성과를 달성하도록 지속적으로 역량을 확대시키고, 새롭게 포용력 있는 사고능력을 함양하며, 집중된 열의가 자유롭게 설정되고, 학습방법을 서로 공유하면서 지속적으로 배우는 조직이라고 정의했다. 그는 학습조직이 구축되기 위해서는 다섯 가지 원칙이 중요하다고 했다. Senge의 5가지 원칙은 학습 리더에게 종래의 사고방식으로부터 새로운 패러다임으로 전환이 가능하게 해 준다. 이러한 학습조직 개념은 비즈니스에만 유일하게 적용되는 것이 아니다. Senge et al.(2000)의 「Schools That Learn」이란 저서는 학습조직이론을 학교조직에 정착시키려는 구체적인 제안을 제시하고 있다. 학습조직의 원리를 적용한 저서는 교사들에게 교육에 대한 본질적인 질문과 상호간의 협력을 통해서 전문적 능력을 제고하도록 강조하고 있다. 결국 학습조직은 교사들이 정보를 공유하고, 협력적인 학습활동을 전개하여 지속적으로 새로운 지식을 창출함으로써 학교조직의 변화를 시도하게 한다.

2) 학습조직의 원리

학습조직의 개념을 적용하기 위한 방안은 여러 학자들에 의해서 논의가 이루어졌고 학계나 기업에서 활발한 연구가 이루어졌다. 특히 Senge et al.(2000)는 기존의 학습조직의 다섯 가지 원리를 학교조직에 적용시켜서 다음과 같이 제시했다.

(1) 개인적 숙련(Personal mastery)

개인적 숙련은 개인이 자신의 전문적 역량을 지속적으로 넓혀가고 심화시켜 가는 행위이다. 한 개인이 자신의 꿈과 비전을 현재의 상태와 비교하고, 이 차이를 줄이기 위한 학습활동의 전개를 행위를 의미하는 것이다. 개인의 비전은 자신의 인생에서 꼭 성취하고자 하는 결과에 대한 상상이다. 그러한 상상 속에서 자신의 모습은 어떠한지 그리고 어떤 느낌이 드는지를 현재 시제를 사용하여 기술해 본다 (Senge et al., 2000 : 61).

개인적 숙련이 높은 사람들은 비전이나 목표를 바탕으로 특별한 목적의식을 가지며, 현실을 저항하거나 도피하지 않고, 현실을 인정하고 개척하려 한다.

(2) 정신 모형(Mental models)

정신 모형은 주변에서 발생하는 현상들을 이해하는 인식체계이다. 개인이 어떻게 보느냐를 결정하고, 어떻게 행동할지를 이끄는 인식의 틀이다. 사람들은 하나의 상황에 대해서도 자신의 정신 모형에 따라 각기 다르게 해석하고 판단한다. 개인이나 조직의 행동양식에 직접적인 영향을 미치는 이러한 정신 모형은 새로운 정신 모형으로 쉽게 전환되지 않는다. 그 이유는 정신 모형이 반복적으로 고착화되도록 '추론의 사다리'(The ladder of inference)가 작용되기 때문이다. 우리는 관찰 가능한 자료 중에서 일부 자료를 선별하고, 여기에 의미를 부여하면서, 급하게 그 이유에 대해서 가정하고, 자신의 사고방식에 따라 결론을 내린다. 이와 같이 우리는 추론의 단계를 통해서 현실을 인식하고 행동하게 되는 반사 고리(reflexive loop)를 갖게 된다(Senge et al., 2000 : 68-71). 이러한 반사 고리는 우리가 조직생활에서 정보나 자료를 선별하는데 영향을 미친다. 만약 우리가 새로운 정신 모형으로 바꾸고자 한다면 성찰(reflective)이 필요하다. 자신이 가지고 있는 기존의 정신 모형을 지키고, 정당화하려는 요구에서 벗어나 새로운 정신 모형에 도전하고 시도하기 위해서 반성적 사고가 필요한 것이다.

(3) 공유 비전(Shared vision)

공유 비전은 조직이 추구하는 방향이 무엇이며, 그것이 왜 중요한지에 대해 모든 구성원들이 공감대를 형성하는 것이다. 공유 비전은 조직 구성원들이 공동적으로 가지고 있는 것을 바탕으로 각기 갖고 있는 열망을 한 방향으로 정렬하도록 도와준다. 공유 비전은 사람들이 함께 하는 공감대를 형성하게 되고, 조직 구성원들이 함께 만들기를 원하는 미래에 대한 이미지를 개발하게 해 준다(Senge et al., 2000 : 72). 불행하게도 많은 사람들은 아직까지 비전설정을 리더만의 직무라고 생각한다. 그러나 권위에 의해서 세워진 비전은 지속될 수 없다. 공유 비전 방법은 개인적 접촉을 통해서 이루어지기 쉽다. 따라서 조직 내에 활발한 비공식적 관계를 이용할 수 있도록 다양한 의사소통 채널을 형성해야 한다. 조직 구성원이 함께하는 공유 비전은 지속적인 학습활동을 전개할 수 있는 에너지가 된다.

(4) 팀 학습(Team learning)

팀 학습은 구성원들이 팀을 이루어 학습하는 것으로 개인수준의 학습을 증진시키고, 조직학습을 유도하게 된다. 팀 학습은 구성원들 간의 대화와 공통사고로부터 시작되며, 대화와 토론을 통한 학습으로 인해서 학습의 시너지가 발생하게 된다. 개인이 해결할 수 없는 복잡한 문제나 핵심적인 문제를 해결할 수 있고, 서로의 학습을 촉진하는 효과를 주게 된다. 학교는 팀 활동이 풍부한 조직이다(Senge et al., 2000 : 73).

(5) 시스템 사고(System thinking)

시스템 사고는 현상을 이해하고, 이를 바탕으로 문제를 해결하는 수단으로 이용하게 된다. 조직에서 일어나는 여러 가지 사건들을 부분적으로 이해하고 해결하기보다는 전체적인 순환적 인과관계 또는 역동적인 관계로 이해하고 사고하는 접근방식이다. 따라서 시스템 사고는 문제해결을 단순한 직접적인 관계뿐만 아니라 변인 사이의 간접적인 상호관계까지 이해하도록 도움을 준다. 결국 시스템 사고는 조직 내에서 역동적 변환과정을 이해하는데 초점이 되고, 입체적인 사고논리를 갖게 하는 틀이 되는 것이다. 따라서 시스템 사고 훈련은 부분보다 전체를 보는 사고방식이며, 비전을 만들고 비전을 성취하는 근간이 된다(Senge et al., 2000 : 78). Senge는 시스템 사고를 제 5의 수련이라고 칭할 정도로 중요하게 부각시키면서 조직의 학습능력을 배양시키는 가장 중요한 요인이라고 주장한다(Senge, 1990).

2. 학습조직이론을 적용한 현직 교원연수의 내용

학교에서 무엇을 가르칠 것이고, 그러한 것들을 왜 가르쳐야 하며, 어떻게 가르칠 것인가는 이미 정해져 있다고 보고 있다. 새삼스럽게 이러한 문제를 생각할 필요도 없었으며, 전통적인 방법에 의해서 이루어지고 있다. 하지만 앞으로 현직교원교육은 교사들로 하여금 여러 가지 교과 교수행위들을 수집하고 거기서 나타나는 부적합성을 비판적으로 반성할 수 있는 기회를 제공하는 일이 필요하다(김자영, 김정효, 2003 : 93). 교원연수는 교사들이 자신의 교수행위에 근거가 되는 신념이나 그에 관여되는 다양한 개인적 삶, 이론적 지식 등을 개인 차원을 넘어 조직의 공동체적 접근을 통해 재점검하고 재충전하는 기회가 되어야 한다.

1) 개인의 비전 명료화 : 개인적 숙련

개인적 숙련은 전통적인 형태의 훈련과 개발 활동만으로는 충분하지 않다. 여기서 강조하는 내용은 개인의 비전을 구체화 · 명료화하는 과정이다. 개인의 비전을 명료화하는 방법은 자신이 스스로 비전을 선택하고, 선택한 비전에 대한 타당성을 탐색하는 일이다. 교사들은 자신의 비전과 현재의 상황을 비교하면서 그 차이에서 발생하는 창조적인 긴장감(creative tension)을 경험하게 된다. 교사들은 이러한 긴장감을 해소하고 균형을 유지하기 위해서 비전에 그려지는 모습으로 움직이게 되고, 이러한 과정에서 개인적 숙련이 이루어지게 된다.

개인의 비전을 명료화하기 위해서 교사는 우선 자신의 삶에서 진정으로 성취하고자 하는 결과를 상상해 보고 직접 적는다. 예를 들어, 미래에 성취하고자 하는 것은 무엇인지 그리고 어떤 교사가 되기를 원하는지 등 미래의 자신이 원하는 모습이 무엇인지를 분명히 기술한다.

Senge는 비전을 명확히 하는 일을 양파의 껍질을 벗기는 것에 비유를 했다. 양파의 껍질을 한층씩 벗기는 것과 같이 자신이 생각하는 비전에 대해서 "만약 내가 그것을 성취할 수 있다면 그것이 나에게 무슨 의미가 있는가" 하는 질문을 다섯 번 정도 계속하면서 개인의 비전을 명료화하는 것이다.

다음은 현실을 직시해 보는 것이다. 자신이 재직하고 있는 학교 현실, 교실 환경, 학생 문제, 조직 변화, 인간관계 등에 대해서 실제적인 현실을 파악하는 것이다. 개인적 숙련의 훈련은 우리에게 선택을 하도록 요구한다. 우리가 가장 하고자 하는 것이 무엇인가에 대해 생각하고, 그것을 선택하고, 그에 따른 행동을 취하게 된다. 이러한 과정을 통해서 교사들은 최소한 연수에 대한 부정적인 태도와 불확실한 연수목표를 해소할 수 있을 것이다. 개인적 숙련은 교사들이 스스로 전문적 신장의 필요성을 인식하게 도와줄 것이다. 결국 이와 같은 연습을 통해서 교사들은 경험하고 있는 정체감의 위기와 상실해 가고 있는 삶과 일의 의미를 재음미하는 기회를 가질 수 있다.

2) 성찰과 탐구의 과정 : 정신 모형

정신모형은 교사들이 자신의 생각과 관점들을 성찰하고 객관화하여 자신의 행동과 선택에 영향을 미치는 사고의 틀을 새롭게 하는 훈련이다. 정신 모형은 교사들이 교직을 이해하고 행동을 취하는 방법에 영향을 미치는 내재된 가정이나 일반화 혹은 심상을 말한다(Senge et al., 2000). 정신 모형은 교사들이 같은 사건을 두고 그것을 왜 다르게 설명하는지를 알려 준다. 정신 모형 훈련은 자신의 세계 또는 학교를 더 명확하게 이해하길 원하는 교사들에게 중요하다.

정신 모형의 훈련을 위해서는 성찰과 탐구라는 두 가지 연습이 필요하다. 성찰은 개개인의 신념체계나 교직에 대한 가정이 어떻게 형성되고, 이것이 실천적 행위에 어떠한 영향을 미치고 있는지를 인식하는 과정이다. 탐구는 자신의 세계관과 기본 가정 및 신념체계를 타인과 공유하고, 타인의 다양한 관점도 수용하면서 새로운 통찰력을 얻어 가는 과정이다.

정신 모형을 새롭게 변화시키는 것은 쉬운 일이 아니다. 대부분의 사람들은 새로운 경험을 이해하고 받아들이기 보다는 기존의 정신 모형을 강화하는 정보만을 기억하기 때문이다. Senge는 이론 한 장의 창유리에 은유적으로 비유하여, 정신모형은 창유리를 깨끗하게 해 주는 것처럼 우리의 사고체계를 더 나아지도록 해 주는 작용이라고 했다. 이처럼 교사들은 성찰과 탐구의 과정을 거치며 자신의 교직관을 새롭게 정립하는 기회를 가지게 될 것이다.

3) 팀 학습조직의 틀 형태 : 팀 학습

팀 학습의 조직은 교사들의 연수의 형태와 밀접한 관련이 있다. 연수조직의 형태는 크게 단위 학교 차원, 학교간의 교류, 시 · 군 · 구교육청의 연수, 시 · 도교육청의 연수 등 네 가지로 나눌 수 있고, 이처럼 형태에 따라 팀 학습 조직도 달라질 수 있다. 단위 학교 차원의 팀 학습조직은 개별학교가 스스로의 인적 · 물적 자원에 비추어 교과별 · 학년별에 초점을 맞추어 학습조직 팀을 구성하고 교사의 공동체 학습을 형성하는 경우이다. 이 경우 교사들의 자율적인 공동체 형성과 모임 절차의 간소화를 통해서 비공식적 모임을 활성화할 수 있다. 다음은 학교간의 교류는 교사교류, 공동협의 프로그램 설치 · 운영 등으로 학교 간에 서로 벤치마킹하는 경우다. 현재도 일부 학교 간에 서로 방문해서 수업관찰이나 교과협의회 등을 통해 공동프로그램을 활성화하고 있다. 시 · 군 · 구를 중심으로 추진하고 있는 교원연수는 지역간의 역할 분담을 통해 교원연수의 다양화를 유도하여 교사의 전문성을 강화하는 경우다. 시 · 도교육청의 연수는 우리가 기관연수라고 하는 집단연수를 의미하며 일반연수와 자격연수, 직무연수, 특별연수로 나누어진다. 팀 학습조직의 형태에 대한 내용을 요약해 보면 [그림 7-1]과 같다.

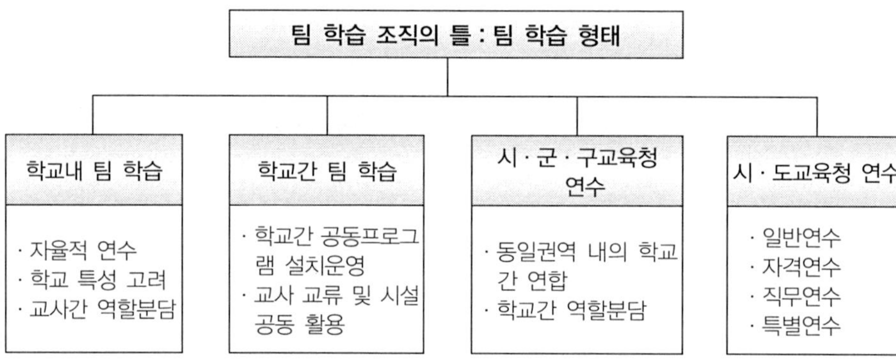

[그림 7-1] 학습조직을 위한 팀 학습조직의 틀

앞으로의 현직교원교육은 단위학교 중심이나 학교 간 협력을 통한 팀 학습조직 형태로 활성화될 것이다. 이런 과정을 통해서 교사들은 공동체 의식이 촉진될 것이고, 개인학습의 의미를 넘어선 조직학습의 효과성을 갖게 될 것이다.

4) 조직의 방향을 한 방향으로 정렬 : 공유 비전

학교의 관례를 바꾸는 방법에는 4가지가 있다(Senge et. al., 2000 : 392-393). 첫 번째는 이성적이고 합리적인 논리로 사람들을 설득하는 방법이다. 두 번째는 힘과 권력을 가진 사람의 명령이나 지시에 의해서 사람들을 따르게 하는 방법이다. 세 번째는 사람들을 단체나 문화에 빠져들도록 하여 그들이 자신들의 오래된 규범과 행동을 변화시키도록 하는 방법이다. 네 번째는 보다 본질적인 방법으로 사람들에게 구체적인 질문을 해서 설득하는 방법이다. "현재의 상황이 올바르다고 생각합니까?", "그것은 공정합니까?" 만약 그렇지 않다고 생각한다면, 그렇게 되기 위해 우리는 어떤 방향으로 가야 합니까? 그리고 우리는 그것에 대하여 무엇을 할 수 있습니까? 이와 같은 방법은 도덕적 설득이라고 할 수 있다. 조직의 비전을 공유하는 방법은 네 번째 도덕적 설득을 사용하는 것이다.

교사들은 학교조직의 목표 및 사명에 어떤 내용이 포함되어 있는지에 관심도 없고 깊이 생각하지도 않는다. 하지만 교사들은 학교 목표와 자신들의 일상 업무를 밀접하게 연결시켜 생각하기 위해서 "자신이 ……이라면 그것에 어떻게 할 것인가(If you are --- commitment to it)"에 대해서 신중하게 생각할 필요가 있다. 예를 들어, "내가 만일 교장이라면 성공적인 학교를 만들기 위해서 어떻게 할 것인가"하는 내용을 갖고 스스로 진단해보고 토의하는 자세가 필요하다. 이런 과정을 통해서 교사들은 성공적인 학교의 이미지를 공유하게 될 것이고, 이는 교사들에게 목표를 설정하고, 이를 향한 추구적인 행동을 하도록 활력이 될 것이다.

5) 거시적 관점으로 전환 : 시스템적 사고

시스템적 사고는 교사들이 학교교육의 문제를 전체적 관점에서 볼 수 있도록 유도한다. 학교조직에서 의사결정을 할 때, 예상하지 못한 문제에 직면하게 되는 경우가 많다. 이는 시스템적 사고를 하지 못했기 때문이다. 교사들은 학생들의 요구에 어떠한 변화가 있는지를 생각하고, 학교 자체의 변화와 학교와 관련된 학부모 및 지역사회의 요구에도 관심을 가져야 한다. 교사들은 이와 같이 학교에서 일어나는 여러 가지 문제에 대한 의사결정 과정에서 단편적인 입장이 아닌 거시적 관점으로 생각할 필요가 있다. 이런 과정을 통해서 교사들은 현실적인 문제에 대한 해결능력이 신장될 수 있다. 거시적 관점으로 생각할 때 고려해야 할 여러 가지 요소를 그림으로 나타내면 다음과 같다.

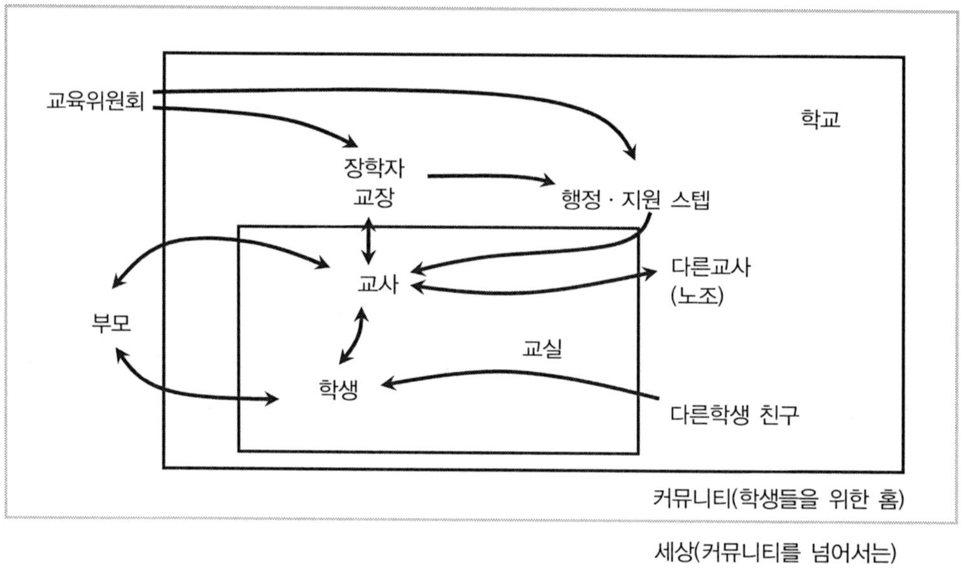

[그림 7-2] 시스템적 사고를 위한 도식

* 자료 : Senge, P. M. Cambron-McCabe, N., Lucas, T. Smith B., Dutton, J., & Kleiner, A.(2000). *Schools that learn*. New York : Doubleday. p. 15.

3. 우리나라 교원 재교육의 문제점 및 개선방안

1) 교원 재교육(현직교육)의 문제점

(1) 연수기관의 여건 불비

현재 현직교원을 위한 재교육기관은 연수내용과 자격에 따라 달리 운영되고 있다. 1 · 2급 정교사 자격연수와 교감 자격연수는 교원대학교 종합 교원연수원에서 실시되고 있다.

지방 교원연수원은 독립기관으로 역할을 하고 있어 시설과 인력은 확보되어 있으나 전문 강사요원이 크게 부족한 상태이다. 초 · 중등 교원 연수원은 교육대학과 국립대학에 부설되어 있고 필요한 시설과 설비는 소속 대학의 것을 겸용하고 있으며 전임교수도 확보되어 있지 않고 조교나 사무원이 배치되어 있는 정도에 불과하다.

또 자격연수에 참여하는 강사들은 대부분 소속 대학의 교수들로 충원되고 있지만 실제로는 그 수가 부족하고 적절한 강사마저 구하기 어려워 과도한 양의 강의를 떠 맡는 경우가 많다.

(2) 현직교육 과정의 비체계성 및 부적합성

현직교육 과정은 직전교육 과정과의 연계성이나 현직교육 과정간의 단계성, 교육현장과의 관계 등 적합성 측면에서 볼 때 몇 가지 문제가 있다.

첫째, 현직교육 과정과 직전교육 과정간의 내용상의 중복이 많다. 이 두 과정의 교직과목의 전공과목을 살펴보면 동일하거나 유사한 과목이 많다. 이는 현직교육이 직전교육과정을 되풀이하거나 겉핥기에 그쳐 형식화할 가능성이 있음을 의미하기도 한다. 심지어 대학시절에 배운 교수한테 같은 과목을 강습받은 경우도 없지 않은 실정이다.

둘째, 자격 연수과정간의 과목이 중복되어 있을 뿐만 아니라 과목 설정의 이론적 근거가 미약하다. 교원 자격연수 표준교육이 개정(1987)됨에 따라 많이 정선되었지만 아직도 교과영역의 교과목이 서로 같고 1 · 2급 정교사 자격연수의 교과목이 동일하다. 더욱 중요한 문제는 1급 정교사, 교감, 교장 자격연수의 교과목 설정의 이론적 타당성이 미흡하며 연수 목표와 내용의 괴리가 크다고 할 수 있다. 또 2급 정교사와 1급 정교사 과정간에 교장, 교감 과정간의 자격 상승에 따른 연수 내용의 수직적 심화와 수평적 확대가 보장될 수 있어야 한다.

셋째, 현직교육이 교육현장의 요구를 충분히 반영하지 못하고 있다. 교사들은 현직교육을 통해서 교육현장에서 당면하는 문제들을 해결하고 자신을 더욱 발전시키는 데 필요한 전문적 지식 기술을 습득하고자 한다. 현장 경험을 가진 현직교사들을 대상으로 하는 현직교육의 내용은 직전교육과는 차이를 가져야 한다. 그러나 대부분의 교육현장과 유리된 채 이론적 · 개념적 수준을 벗어나지 못하고 있기 때문에 현장교육 문제의 해결에 도움이 되지 않는다는 반응이 대부분이다. 교육 프로그램이 교원들의 요구와 현장의 문제를 외면할 경우 학습 동기유발에 실패할 수밖에 없을 것이다. 연수내용 자체가 세분화되고 배당시간이 충분하지 않아서 현장의 문제를 깊이 있게 논의하기가 어려운 실정이다.

(3) 운영 방법의 다양성 미흡

교사연수의 운영은 실시시기, 형태, 수업방법 등에 있어서 다양성이 부족하다.

첫째, 연수의 시기와 기간 그리고 연수형태가 적절하지 못하다. 대부분의 연수는 여름방학 중에 집중적으로 이루어진다. 이는 학교현장의 수업결손을 최대한 방지하려는 데 목적이 있지만, 연수 대상자인 교사들은 혹서기에 냉방시설도 잘 갖추어지지 않은 강의실에서 집단 연수를 받아야 하는 점과 장시간 소나기식 연수를 받아야 하는 단점을 가진다.

둘째, 수업방법에 문제가 있다. 대부분의 연수가 현장경험을 가진 현직교사들이지만 연수 대상자의 특성이나 욕구를 고려하지 않은 채 일방적으로 쏟아붓는 강의이거나 강연에 의존하는 경우가 비일비재하다. 이런 획일주의적 연수는 동기유발이 어렵고 흥미를 잃게 하며 평가 방식에 따른 부담을 가져온다. 교사들은 평생교육의 일환으로 자기개발을 원하며 이런 강의보다는 실제적인 문제해결 방식을 더 선호한다. 또 일방적으로 듣는 강의보다는 연수과정에 주체적으로 참여하기를 원한다.

셋째, 연수체제의 경직성이다. 모든 연수과정이 공급자 위주로 편성 · 운영되고 있어 연수의 실질적인 대상자인 교사 자신의 필요나 요구에 따라 연수 프로그램을 선택할 수 없다. 해당 기관에서 마련한 연수과정에 자신의 참여 여부에 관계없이 강제적으로 이루어지기도 하고 원하는 연수가 있을 경우 기회가 주어지지 않는 경우도 있다.

(4) 점수 중시 연수 풍토

일반적으로 연수생들은 연수의 과정보다는 높은 성적을 얻는데 관심을 집중한다. 연수를 통하여 자신의 전문적 능력 신장에 목적을 두어야 함에도 불구하고 점수에만 치중하게 되어 연수 자체의 본질을 왜곡하기 쉽다. 이는 연수 점수가 승진 점수와 연계되어 있어 나타나는 현상이며 1급 정교사의 자격연수 점수가 20여 년이 지난 후 승진에 반영되는 현실의 타당성에 대해 논의해야 한다.

(5) 연수효과의 미흡

연수에 투입되는 시간과 비용에 비해 그 효과가 의심스럽다는 것이 일반적인 견해이다. 연수생의 연수에 임하는 자세가 안일하고 소극적인 태도에 문제가 있지만 전문능력을 향상시키기에는 부족한 점이 있다. 과목당 배당시간 부족, 내용부실, 여건 열악 등도 효과에 지장을 주고 있다.

2) 우리나라 현직교육의 개선방안

(1) 능력 개발 개념으로서의 현직교육

현직교육이 종래의 결합 보완적 개념으로부터 탈피하여 능력 개발 개념으로 수정 · 전환되어야 한다. 전문직 교사가 되기 위해서는 현직교육이 전문성 신장에 어느 정도 기여하고 있는가에 대한 철저한 평가가 이루어져야 한다. 또한 현직교육에 대한 수단적 개념을 본질적 개념으로 전환시키는 제도적 장치가 마련되어야 한다.

(2) 현장중심의 현직교육

현직교육은 교육현장과는 거리가 멀다. 연수의 대부분은 대학에서 이루어지고 강사들은 주로 대학 교수들이 맡고 있는 실정이다. 현직교육의 프로그램 내용과 시간 배당 등도 법률로 정해져 획일적으로 이루어지고 있다. 현직교육의 주체는 학교현장이 되어야 하며, 수혜자 역시 현장의 교사들이 되어야 한다. 따라서 교육현장과 직결된 현직교육이 이루어지기 위해 당해 학교교사들이 직면하고 있는 문제를 직접 제기하고 이를 공동으로 해결해야 한다. 이와 같이, 현직교육은 곧 임상장학의 한 형태가 되어야 한다.

(3) 교사들의 요구에 기초한 현직교육

현직교육의 내용과 형태가 법규에 묶여 있고 연수기관에서도 연수를 '시킨다'는 권위주의적 생각에 젖어 있기 때문에 교사들의 요구에 소홀한 경우가 있다. 연수가 교사들의 전문성 신장과 교육적 필요에 부응하기 위한 것이라면 요구 분석을 통하여 교사들이 무엇을 우선적으로 알기를 원하며 무엇을 필요로 하는지를 발견하여 이를 충족시켜 주는 방향으로 프로그램이 편성되어야 할 것이다.

(4) 연수의 방법 개선

연수의 방법을 보다 개별화 또는 인간화해야 한다. 한 교실에 수십 명씩 수용된 가운데 한 명의 강사가 일방적으로 추상적인 내용을 주입하는 방식의 연수를 수십 일씩 들어야 하는 것은 풍부한 현장 경험을 갖고 있는 교사들에게는 적합하지 않은 방식이다. 교사들은 일방적으로 듣기보다는 문제해결이나 토의방식으로 학습 과정에 주체적으로 참여하는 방법으로 이루어져야 한다.

(5) 연수기회의 확장

법적으로 규정되어 있는 연한을 넘기고도 제때에 상위 자격을 획득하지 못하여 교사의 자질을 향상시키지 못하는 데서 오는 교육적 손실은 막대하다. 교원의 복지 측면에서도 보더라도 문제점이 뒤따르게 된다. 연수는 상위 자격 취득을 위한 자격강습 뿐 아니라 자질 향상을 위한 일반연수가 주어져야 한다. 방송통신뿐 아니라 인터넷 등의 새로운 방법을 계속 확장시켜 나가야 한다.

(6) 교사 국내외 연수의 내실화

세계화, 정보화 시대를 맞이하여 교내외 교원연수는 교원들로 하여금 성공적인 지방 혹은 각국의 교육현장을 체험하게 함으로써 새로운 교육적 시각과 감각을 익혀, 이를 현장교육에 연결시킬 수 있는 제 3의 교원연수라 할 수 있다. 이러한 소기의 목적을 달성하기 위해서는 국내외 연수가 단순한 관광으로 인식되어서는 안 된다. 시 · 도 교육청 차원에서 세계의 각국의 지방교육청과 자매결연을 맺고 교육내용을 구체적으로 명시하고 정기적으로 실천할 필요가 있다.

(7) 교사들의 교과교육연구회 활성화

교사들로 하여금 21세기 지식과 정보의 급격한 증가로 인한 담당 교과내용의 변화 추세를 알고 학생에게 가르쳐야 할 지식을 선정, 교수-학습방법의 효과를 높일 수 있는 능력을 체계적으로 키울 수 있도록 유도하고 지원해야 한다.

(8) 교원 양성대학과 현장교원간의 상호 교류 강화

교원 양성대학은 교육대학 및 사범대학 등의 학생 등을 대상으로 현장교육의 다양한 정보와 교수-학습방법에 관한 강의가 이루어져야 한다. 교원 양성대학 교수들의 현장교육에 대한 문제를 발굴하고 이를 개선하기 위한 직접수업 현장에 참여할 필요가 있다. 지금까지 현장교육과 교원 양성대학 간에는 상호 연계 프로그램이 없었고, 지금처럼 이론과 실제가 괴리된 상황에서는 예비 교사들의 현장교육력 강화를 기대할 수 없다.

【단원별 과제】

[7.1] 교원재교육의 종류를 기술하시오.

[7.2] 신규교원에게 가장 필요하다고 생각되는 재교육을 들고 그 이유를 토론해 봅시다.

[7.3] 학교조직에서 학습조직의 운영방안을 논의해 보시오.

[7.4] 우리나라 교원의 능력개발 방안에 대해 논의해 보시오.

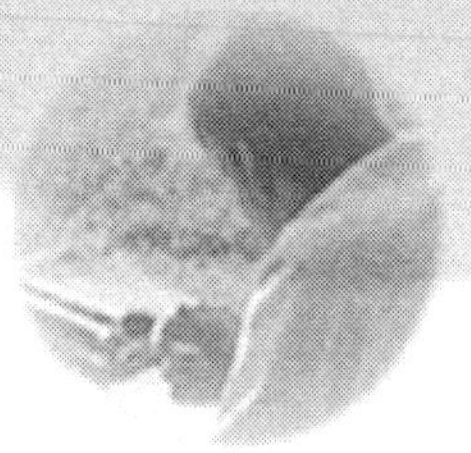

제 8 장

교사발달과 교내장학

제 1 절 교사발달의 의미
제 2 절 교사발달 단계의 이론
제 3 절 교사발달을 위한 교내장학의 활동
제 4 절 임상장학과 장학의 과제

교사발달은 교직의 전 기간을 통하여 변화, 성장하는 교사의 사고력, 개념 형성, 자아발달 등을 의미한다. 교사의 발달은 단순히 교직 경력과 일치하지 않는다. 교사들도 평생 성인 학습자로서 지식과 기술을 익히고 사고 능력과 문제해결 능력을 배양하고 사회성과 도덕성을 신장시켜 나가려는 노력이 있을 때 성장이 이루어지는 것이다.

이 장에서는 교사의 발달을 촉진하기 위한 장학의 방향을 탐색하고자 교사발달의 단계이론을 살펴보고, 발달단계의 초점에 따른 자신의 발달단계를 정리해 본다. 그리고 교사발달을 위한 노력으로 장학활동이 어떻게 이루어지는 것이 바람직한지를 알아보고자 한다.

제1절 교사발달의 의미

교사들도 무엇을 배우고 자신을 개발해 나간다는 의미에서는 학생들과 같은 학습자이지만, 교사들의 학습은 교육방법이나 교수전략 등 여러 면에 있어서 학생들의 학습과는 차이가 있기 마련이다. 교사의 학습은 아동의 학습과 다르다는 것을 인식하는 것은 교사의 발달을 이해하는 첫걸음이 된다(김정한, 2003 : 415). 성인으로서 교사는 학생들과 달리 더 많은 자유를 원하며 창의적인 아이디어를 만들어 내고 의사결정에서 자신의 의견을 최대한 반영시키려고 하며 계획, 실천, 평가의 과정에 직접 참여하기를 원한다. 교사발달은 교사가 교직생활을 하면서 교직에 대한 가치관과 지식, 능력에서 변화와 발달의 과정을 거치는 것을 의미한다. 다시 말해 교사들이 교직에 종사하면서 경험하는 일체의 변화를 교사발달이라는 개념을 사용하여 설명하고 있다. 즉 교사발달이란 예비교사가 교사양성기관에서 교직 적성을 개발하는 시기부터 교직생활 전체 기간을 통하여 전문적 지식, 기술, 행동, 태도, 신념, 관심사 등의 교직수행과 관련된 모든 영역에서 변화되어 가는 것을 의미한다(윤홍주, 1996; 신현석, 1997, 이정욱 · 최영남, 1992; 백승관, 2003).

교사발달은 교사의 양성 및 현직교육, 그리고 장학 등 교원정책과 관련해서 교사의 전문성을 심화시키는 데 필요한 많은 자료를 제공해 주고 있다. 현재와 같이 학교교육에 대한 불신이 원인이 되어 많은 교육문제를 파생시키는 상황에서는 학교교육의 주체인 교사집단에 대한 신뢰회복을 위해 유용한 정보를 제공할 수 있다(백승관, 2003 : 31). 교사발달은 주로 성인발달의 한 형태로 보기 때문에 교사발달을 이해하기 위해서 Knowles(1984)는 성인 학습의 지침이 되는 5가지 가정을 제시하였다.

첫째, 성인들은 기본적으로 자기 지향적으로 자신들이 학습을 주도한다.

둘째, 성인들은 풍부한 경험을 가지고 있으므로 이것이 학습과정의 일부분이 되어야 한다.

셋째, 성인들은 학습이 실제 삶의 문제이다. 자기발달 과업과 연관이 있을 때는 더 수용적으로 임한다.

넷째, 성인들은 수행 지향적이며 그들이 학습한 것을 즉각적으로 적용해 보기를 원한다.

다섯째, 일반적으로 성인은 스스로 학습 동기를 부여하며 다양한 장면에서 학습 기회를 찾는다.

이와 같이 성인 학습의 지침도 교사발달 단계이론에 통합적으로 활용하게 된다. 교사발달에 관한 연구는 발달단계이론을 활용하여 교사들의 발달 단계 과정에 대한 이해를 높이는 것이다. 교사들은 성숙도, 학습동기, 경험, 사고수준, 관심사, 학습준비도 등에 차이가 있게 마련이다. 교사들의 발달 단계나 발달 수준을 알고 프로그램을 계획하고 실천해 나가야 한다. 학습자로서 교사들에게는 공통적인 발달시기나 단계가 있으며 그 시기나 단계는 순서적으로 진행되며 진행이나 발달의 속도는 개인 교사마다 다르다.

제 2 절 교사발달 단계의 이론

교사발달의 구성요인을 Loevinger의 자아복잡성, Hunt의 개념적 수준, Fuller의 관심영역에 초점을 맞추어 살펴보고자 한다. 이 세 가지 영역이 교사의 교수행위에 얼마나 밀접한 관련이 있는지를 알아보고, 이에 따른 장학의 관점과도 연계시키고자 한다(이석열 · 신붕섭, 2004 : 38-45).

1. 교사의 '자아 발달 단계'에 대한 이해

인간의 자아 발달이나 개인 내적 성장을 이해하기 위한 연구는 많은 학자들에 의해서 이루어졌다. 대표적으로 Loevinger(1976)는 자아가 어떻게 의사결정을 하는지에 대한 틀을 제시하였다. 그는 면접 방법을 사용하여 자아 발달을 이해하기 위한 틀을 제시하였는데, 자아는 성격의 일부이며, 개인이 자신의 행동을 선택하고 지시하며 조화를 이루게 한다는 것이다. 자아 기능이 높은 수준에 있는 사람들은 주어진 상황에서 여러 가지 측면을 수용하거나 조화를 이루고, 복잡한 의사결정에서도 모호한 상황을 잘 참는다고 했다. 또한 가능한 다양한 대안들을 검토한 후에 이를 기초로 행동한다는 것이다. 여기서 자아 발달 단계는 각 단계마다 질적으로 다르며, 대체로 충동적 자아 수준에서 순응적 자아 수준을 거쳐 자율적 자아 수준으로 이동하는 경로를 보여주는 데, 구체적인 내용은 〈표 8-1〉과 같다.

표 8-1

Loevinger의 자아 발달 단계의 특징

자아수준 단계	충동 통제, 성격 발달	인지양식	대인관계 양식	의식적 편향
전사회적 상호의존적			자폐적, 상호의존적	자아 대 비자아
충동적	충동적, 보복의 두려움	틀에 박힘, 개념적 혼란	의존적	신체적 감정, 성적이고 공격적
자기보호적	들킬까봐 두려움, 외부의 탓으로, 눈치		신중함, 사람을 잘 조종함, 남을 이용	자기보호, 어려움, 이익, 통제
순응적	외부규칙에 복종, 위반에 대한 죄의식	개념적 단순함, 상투적	소속감, 피상적 친절	외모, 사회적 수용성, 진부한 감정
양심적-순응적	규준의 차별화	다양성	자아 인식, 조력적	적응, 문제, 기회
양심적	자기평가적 기준, 결과에 대한 죄의식, 자기비판, 장기목표	개념적 복잡성	집단관계에서 책임감, 상호적, 의사소통에 관심	분화된 감정, 행동 동기, 자아존중, 성취
개별적	개성의 존중	과정과 결과의 구별	정서적 문제로서 의존성	발달, 사회적 문제
자율적	내적 요구의 갈등에 대처, 관용	개념적 복잡성 증가, 모호성에 관대함, 객관성	자율성 존중, 상호의존적	활발한 감정, 통합, 역할개념, 자아성취
통합적	내적 갈등의 해결, 달성할 수 없는 것의 포기		개성을 소중히 여김	정체성

* 자료 : Alan J. Reiman & Lois Thies-Sprinthall(1998). *Mentoring and Supervision for Teacher Development*. p. 46.

충동적 자아 수준에 있는 사람은 타인에게 의존하여 의사결정을 내리고, 순응적 자아 수준에 있는 사람은 개인적인 선택보다는 사회적으로 수용될 수 있는 기준에 의해 판단한다. 반면에 자율적 수준에 있는 사람은 풍요한 내적 생활을 하면서 갈등을 조정할 수 있고 모호한 상황을 아주 잘 참는다. 가장 높은 자아 단계에서는 내적 갈등에 대처하고 수용하는 증거를 보여 준다. 대체로 성인들은 순응적 단계와 양심적 단계 사이에 안주하려는 경향을 보이고, 아주 소수의 성인만이 양심적 단계 이상의 더 높은 자아발달 수준에서 기능하고 있었다.

Cummings & Murray(1989)는 Loevinger의 자아 단계와 교수 행위간의 관계를 연구했다. 이 연구에서 자아 단계에 따라 교사의 수행에 차이가 있는 것으로 나타났다. 자아발달이 순응적인 교사는 정보 제공자의 역할을 했고, 양심적인 교사는 학생들에 대한 관심과 시범을 보이면서 교수 기술을 습득하는 교사의 역할 모델이 되었다. 또한 자율적인 교사는 아동 전체에 관심을 기울이고, 교수-학습을 탐구하는 역할을 보였다. 연구결과에 따르면 자아 발달 단계에 따라 교사가 학생들에게 질적으로 다른 배려를 한다는 것을 볼 수 있다. 또한 이러한 연구 결과는 교육실습생뿐만 아니라 경력교사에게도 마찬가지로 나타났다(Cummings & Murray, 1989 : 31).

Oja & Smulyan(1989)은 교사의 인지발달 단계를 밝히면 교실에서 보여주는 행동의 의미를 이해할 수 있다고 하였다. 예를 들어, 높은 자아 단계에 있는 교사들은 문제를 다양한 측면에서 보고 그에 맞는 행동을 하였으며, 다양한 교수-학습 전략을 활용하였다. 또한 대인관계에서도 더욱 세밀하게 반응하고 자기 반성적인 경향을 나타냈다.

결국 교사의 자아 단계에 따라 교수행위가 달라지고 아동에 대한 관심이나 타인에 대한 배려가 달라진다는 것을 알 수 있다. 이는 교사의 자아 단계가 순응적이거나 양심적인 단계가 아닌 그 이상의 단계에 도달하도록 교사발달이 이루어져야 함을 암시해 준다.

2. 교사의 '개념 수준 단계'에 대한 이해

Hunt(1976)는 개념 수준(conceptual level)을 중심으로 교사의 발달 단계를 제시하였다. 개념 수준이란 인간의 상호작용 속에서 일어나는 문제를 해결하는데 있어서

한 개인이 현재 선호하는 양식(style)을 의미한다. 그러나 이러한 양식은 영속적인 분류가 아니라 타인과 관계에서 나타나는 하나의 질적인 수준을 의미하는 것이다. Hunt는 인간의 상호작용에서 내포되어 있는 반응성(responsiveness), 상호 교환성(reciprocality), 반성적 사고(reflexivity)를 '새로운 3R'로 명명하고, 이를 기초로 개념 수준이 세 가지로 나타난다고 보았다.

첫째, 단계 A는 사고가 구체적인 경향을 띠고, 규칙이 고정되어 있고 변화하지 않으며, 한 가지 확실한 교수 방법을 선호한다. 다른 사람을 즐겁게 하는 것을 바람직하게 여기고, 구조화 정도가 높은 학습 활동을 매우 선호한다.

둘째, 단계 B는 사고가 구체적인 경향과 추상적인 경향을 함께 띠고, 감정의 중요성에 대한 인식이 커지며, 문제 해결을 위한 대안적 전략의 중요성을 인식한다. 교사들은 새로운 아이디어에 대해 개방적이며 다소 모호한 상황도 참고 받아들인다.

셋째, 단계 C는 추상적인 경향을 띠며, 교사들은 대안을 중요시하고 균형을 유지하며, 위험을 감수하고, 협력을 가치 있게 생각한다. 그리고 대인관계에서도 통합적이고, 자신이 한 행동의 결과를 전적으로 수용한다. Hunt의 개념 단계에 따른 교수-학습에 대한 교사의 태도를 보면 〈표 8-2〉와 같다.

표 8-2

Hunt의 개념적 단계 : 교수-학습에 대한 교사의 태도

구분	단계 A	단계 B	단계C
사고 양식	구체적 사고의 증거 보임	구체적 사고와 추상적 사고의 차이 인식	추상적
지식 정의	고정된 것으로 여김	약간의 융통성	계속적인 접근 과정으로 이해
교수방법	가장 확실한 한 가지 방법	학생의 개인차에 따른 교수모형 즐김	모든 종류의 적절한 교수 모형 적용
학생의 정서적 요구	감정 인식의 어려움	민감한 반응	적절히 반응
블름의 단계	지식(수준1)에서 이해(수준 2)까지 활용	지식(수준1)에서 분석(수준 4)까지 활용	지식(수준 1)에서 평가(수준 6)까지 활용

구분	단계 A	단계 B	단계C
행동 특징	낮은 자기 주도성 구조화 선호 모호한 과제를 거북하게 여김 권위에 복종	자율성을 선호 혁신에 개방적	논리적 근거 선호 혁신적인 것에 창의적 좌절되거나 모호한 상황을 잘 견딤

* 자료 : Alan J. Reiman & Lois Thies-Sprinthall(1998). *Mentoring and Supervision for Teacher Development.* pp. 50-51을 재정리.

Hunt가 제시한 세 가지 개념 수준은 인간의 대인관계 발달에 대한 설명이다. 연구 결과에 의하면, 추상적 개념 수준에 있는 교사들이 더 효율적인 교사들이었다(Reiman & Thies-Sprinthall, 1998, 43). Miller(1981)가 교사들을 대상으로 Hunt의 개념체제검사(Conceptual System Test : CST)를 사용한 60여 개의 연구들을 분석한 결과, CTS에서 높은 단계의 기능을 발휘하는 사람들은 편견의 감소, 감정이입적인 의사소통, 내적 통제 강조, 신중한 의사결정, 다양한 교수 방법, 자율성과 상호 독립적인 특징을 보인다는 것이다. Hunt(1976)는 실제로 CST에서 높은 점수를 받은 교사는 학생들의 요구에 따라 학습 환경을 변화시킬 수 있는 능력이 있다고 하였다. 이와 유사한 연구 결과들이 Thies-Sprinthall(1980)에 의해서도 보고되었다.

McKibbin & Joyce(1981)는 교사들의 발달 단계에 따라 새로운 교수모형의 채택 정도를 알아보았다. 교사들이 학습에서 사용할 수 있는 혁신적인 교수방법을 연수하고 1년 후에 어느 정도 일반화시켰는지를 알아본 결과, 높은 단계의 교사는 사전 · 사후검사에서도 높은 반면, 낮은 단계의 교사는 사전검사에서 보통이었고, 사후검사에서는 낮게 나타났다. Hopkins(1990)도 발달단계, 혁신적인 실행, 학교풍토 간의 관계를 조사한 연구를 수행했다. 이 연구에서도 추상적이며 인지적으로 복잡한 교사가 그렇지 않은 교사들보다 새로운 교수모형을 네 배 정도 더 많이 사용한 것으로 나타났다.

Peterson(1988)도 그의 동료들과 연구하여 인지적 복잡성과 교수행위간의 관계를 보다 더 확고히 하는 결과를 제시했다. 그는 1학년을 담당하고 있는 두 집단의 경력교사를 대상으로 교수 행위와 학생의 수학 성취도를 비교하였다. 그 결과 인지 수준이 높은 집단의 교사들은 더 심층적인 교수 기술(예를 들어, 적절한 문제 제시와 적극적 경청 등)을 사용하였고, 인지 수준이 낮은 집단의 교사들은 엄격하고 사실에 기초하여 일상적인 방법을 사용하였다. 숫자에 관한 성취 검사결과는 두 집단이 똑같이 높았으나 문제해결 검사에서는 인지 수준이 높은 교사들이 더 높은 성취도를 보였다. 이러한 결과들을 비추어 볼 때, Hunt의 개념적 수준에 대한 많은 연구결과들은 대체로 일치하고 있다.

결국, 개념 수준이 높은 교사들은 교수방법에 보다 잘 적응하고, 융통성이 있으며, 모호한 상황을 잘 참아내고 있었다. 또한 보다 추상적인 개념 수준에 있는 교사들은 학생들의 요구에 잘 부합하도록 교수행위를 적절하고 효율적으로 조절하고 있었다. 또한 더 감정이입이 잘 이루어지고, 학생의 학습요구와 감정을 잘 이해하고 융통성 있게 받아들이고 있었다. 이에 반해서 개념 수준이 낮은 교사들은 구체적으로 사고하며 학생들에게 덜 반응적이고, 교수방법도 가장 확실한 한 가지 방법을 선호한다는 것이다. 이와 같이 교사들이 개념적 복잡성이 추상적일수록 실천적 행동을 한다면, 교사들이 마지막 단계에 도달하도록 하는 것을 교사발달의 목표로 삼을 수 있을 것이다.

3. 교사의 '관심 단계'에 대한 이해

Fuller(1969)는 수업 상황에서 교사들이 갖게 되는 관심이 일정한 유사성을 가지고 있다는 것을 발견하였다. 교사들이 갖게 되는 관심은 생존 또는 자아, 과업, 교수 활동의 효과 등 세 가지 범주로 요약하였다. 교사의 관심단계가 낮은 경우는 타인에 의한 평가와 개인적 이익에 관심을 가지게 되며, 관심의 단계가 높은 경우는 자기평가와 학생의 이익에 초점을 두고, 교수활동의 효과에 대한 관심사에 도달한 교사는 학생의 학습에 초점을 둔다는 것이다. 그런데 초임교사들은 경력교사보다 새로운 수업준비, 학생 관리 방법, 부적절한 자료, 동료교사로부터의 지속적인 지원 부족 등의 이유 때문에 과업 단계나 아니면 자아 수준 관심에 머무르게 된다(Veenman, 1984).

이러한 Fuller의 연구를 바탕으로 관심사 단계의 후속 연구에서 관심 기초 적응 모델(Cocerns-Based Adoption Model)과 관심영역을 확인하는 관심 단계 질문지(Stages of Concern Questionnaire)를 개발하게 되었다. 관심 기초 적응 모델을 살펴보면 〈표 8-3〉과 같다.

표 8-3

Fuller의 관심 단계 구분에 의한 특징

Fuller의 단계	단계	감정	일반적인 단계
교수활동의 효과	6. 대안 모색	자신감	교수활동의 효과를 고려하는 단계
	5. 협력	활발	
	4. 학습결과	성공, 당황	
과업	3. 학급운영	좌절감	과업과 관련된 단계
자아 수준	2. 개인	걱정	개인적인 것과 관련된 단계
	1. 정보	호기심	
	0. 무관심	무관심	

* 자료 : Alan J. Reiman & Lois Thies-Sprinthall(1998). *Mentoring and Supervision for Teacher Development*. p. 85.

자아 수준 단계에서 첫 번째는 '무관심'이다. 이 단계에 있는 교사는 교육적인 상황이나 일에 대해서 의식이 부족하거나 무관심한 태도를 보이며, 그가 표현하는 감정은 무관심 또는 냉담함이다. 이런 교사가 가장 혼란스러운 수준에 있는 교사의 예이다. 다음은 '정보'인데 여기서 정보는 교직 소양을 높이기 위한 것이기 보다는 주변에 대한 정보를 말한다. 학교나 교육청에서 무엇에 더 중점을 두는지에 대한 탐색적 정보에 관심을 갖는다. 그리고 정보에 대한 관심이 충족되면 교사의 관심사는 개인적인 일과 관련된 사항에 관심 초점을 두게 된다. 이 단계의 교사들이 자기 자신에 대해 관심을 갖는다는 것은 교실에서 실수하지 않고, 학생들을 잘 다루며, 그들의 역할을 학교조직과 조화시키는 것을 의미한다. 이 단계의 교사들은 자신의 역할을 적절히 수행함으로써 생존하는 데 많은 관심을 갖고 있다.

다음으로, 과업과 관련된 단계에서 중요한 관심은 학급운영이다. 교사들은 대부분 이 시기에 속하는데 과업의 성격은 우선 학교의 일상적인 생활에서 지속되는 사무업무부터 관심이 된다. 예컨대 공문서 처리에서부터 학급운영에 관련된 관심을 갖게 되면서 교실이나 학교의 일과를 잘 처리하려고 노력한다. 그러면서 교사는 수업에까지 관심을 갖게 되며 수업과 단원을 계획하게 되고, 이런 관심이 다음의 교수 활동의 효과를 고려하는 수준으로 발전한다.

마지막으로 교수활동의 효과를 고려하는 단계는 학습결과, 동료 및 학교의 활용성에 대한 광범위한 관심을 보이는 단계이다. 학습 결과 단계는 학생에게 의미 있는 수업에 대해서 관심을 갖게 되고, 동료들과 함께 해결방법을 모색하기 위해서 협동 단계를 갖게 되며, 이를 통해서 특정한 교수행위를 혁신하기 위한 대안을 모색하게 된다. 예를 들어, 특정한 교수행위 혁신을 통해 협동학습을 적용하거나 수업환경을 재구성하는 데 관심을 갖게 된다.

Fuller와 그 동료들의 연구 결과는 교육적 환경에 적용이 가능했다. Kimpston (1987)은 교사 관심사 단계에 대한 연구를 4년 동안 수행했다. 교사를 대상으로 한 이 연구에서 교사들의 관심 단계가 점차적으로 꾸준하게 증가했다. 또한 일반적으로 교사들이 교장보다 더 높은 수준의 관심사를 나타냈으며, 교원연수에 적극적인 교사가 소극적인 교사보다 더 높은 관심사의 단계로 이동하는 것으로 나타났다.

4. 교사발달 단계의 종합

지금까지 논의한 교사발달 단계는 상호 관련성이 있다. 예를 들어 Hunt의 개념수준이 구체적인 단계에 있는 교사는 Fuller의 관심이 낮은 단계에 속한다. 이를 종합해서 〈표 8-4〉와 같이 표현할 수 있을 것이다.

표 8-4

교사발달 단계 이론의 종합

영역	Hunt의 개념 수준	Loevinger의 자아	Fuller의 관심
단계	충동적	전사회적-충동적	
	구체적-독단적	자기 보호적	자아 수준
	의존적, 추상적	순응적	과업
		양심적	
	자기 지시적, 추상적	자율적	교수활동의 효과

교사의 자아발달, 개념수준, 관심단계 발달의 세 영역은 분명하고 일관적인 연구 결과를 보여주고 있다. 더 높은 단계에 있을수록 더 복잡한 인간의 상호작용

에서 더 효과적인 성과를 보여주고 있다. 반면에 더 낮은 단계일수록 거의 대부분 더 적은 성과에 머무르고 있다. 낮은 단계에 있는 교사들은 구체적인 용어를 사용하고, 흑백논리의 선택을 하며, 상급자에게 높은 존경을 보이고, 복종하면 보상을 받는다고 믿는다. 가르치는 방법도 유일한 방법을 사용하고 모호한 상황을 편하게 받아들이지 못한다. 그들의 관심은 주로 자신에게 있거나 아니면 주어진 과업을 어떻게 해결할 것인가에 초점이 맞추어져 있다. 이에 비해 높은 단계에 있는 교사들은 내부 지향적이고, 동료와의 협동에 관심이 있으며, 학생들의 다양한 수업 요구를 잘 이해하고 융통성 있게 대처하며, 학생들이 더 다양하게 반응하도록 격려하며, 학급에서 학업성취를 강조하고 대인관계를 지향한다. 그러므로 교사의 관심도 교수 활동의 효과에 있게 된다. 교사발달은 교사의 관심사에 부합해서 이를 더 촉진하는 방향으로 전개해야 할 것이다.

제 3 절 교사발달을 위한 교내장학의 활동

교내장학은 단위학교에서 교육활동의 개선을 위하여 자율적으로 교장, 교감을 중심으로 전체 교직원들이 공동으로 노력하는 과정이다. 이러한 교내장학은 학교장을 중심으로 한 학교 수준의 장학이며, 교직의 전문성 제고 및 교수-학습 방법의 개선을 위해 교사를 지도 또는 조언하는 데 초점을 두고 있다. 특히 교사의 수업의 질 개선에 주목하게 된다. 결국 교내장학이란 교육현장인 학교에서 교사의 성장, 발달을 도모하기 위하여 특히 교수-학습의 개선, 향상을 도모하기 위하여 지도 · 조언하는 전문적이며 기술적인 봉사활동이라 할 수 있다.

교사의 발달 정도에 따라 다른 장학방법을 적용하고 장학에 의하여 발전 수준을 높여 나가는 장학을 발달장학이라 한다. 예를 들어 낮은 수준의 교사에게는 지시적 장학을 적용하고, 중간 정도의 교사에게는 협동적 장학을 적용하고, 높은 수준의 교사에게는 비지시적 장학을 적용한다. 물론 장학에 대한 교사 참여 정도도 차차 높아진다. 이렇게 차등적으로 교사의 발전 정도, 참여 정도를 높여 나간다는 의미에서 발달장학이라는 말이 나왔다.

1. 교사발달을 위한 교내장학의 방향

1) 교직사회에 대한 불신감 해소

학교에서 장학은 교사들을 위해 교사들의 흥미와 능력에 따라 계획되고 신중한 교육적 경험을 제공해야 한다. Dewey의 입장에서 보면 교사의 역할이란 경험학습과 그 경험에 대한 세심한 분석 및 반성적 사고를 통해서 성장과 발달을 촉진하는 것이다. 그러므로 가르치기 시작한지 얼마 되지 않은 초임교사에게는 가르치는 일에 의욕적이면서도 부담스러워하기 때문에 누군가의 지원과 격려가 필요하다. 이런 초임교사에게 다른 교사들이 맡기 싫어하는 귀찮은 업무나 과중한 일이 맡겨지게 되면 심리적 부담을 더욱 느끼게 된다. 초임교사 시절에 이런 심리적 부담을 경험을 했던 교사들의 교육적 회고를 들어 보면 처음부터 교직사회에 대해 불신감을 갖게 되었다고 한다. 그러면서도 자신이라면 어떻게 그런 일을 다음 초임교사에게 떠맡길 것인가를 생각했다고 한다. 이렇게 되면 초임교사가 느낀 교육적 경험의 질은 Dewey가 의미하는 교육적 경험과는 거리가 멀어진다. 결국 초임교사들은 교직사회에 들어서면서 교직사회에 대해서 불신감을 갖게 된다.

초임교사들의 불신감을 해소하기 위해서는 초임교사들에게 양질의 교육적 경험을 제공해야 한다. 그러기 위한 조건 중에 하나가 바로 교사들의 상호작용이다. 그 동안 전통적으로 교사의 발달단계에서는 교육적 상호작용의 중요성에 대해 제대로 된 관심을 기울이지 못했다. Dewey의 주장처럼 상호작용의 질은 경험의 잠재성을 해석하는 중요한 수단이다(Alan J. Reiman & Lois Thies-Sprinthall, 1998 : 68). 특히 초임교사를 위한 상호작용 방법이 적극적으로 모색되어야 한다.

2) 반성적 사고의 촉진

Sprinthall과 Thies-Sprinthall(1983)은 교사발달을 위한 조건으로 역할수용, 반성적 사고, 균형, 계속성, 지원과 자극 등 다섯 가지를 제시했다(Reiman & Thies-Sprinthall, 1998 : 69-73). 예를 들어, 교사가 새로운 과제를 해결하기 위해 새로운 생각과 행동을 하게 되고 이에 대한 책임감을 느끼게 될 때, 바로 새로운

'역할 수용'이 이루어진다. 이러한 역할을 수용하고 새로운 행동을 하면서 자신의 경험에 대해 돌이켜 보는 '반성적 사고'를 하게 되는 것이다. 교사는 새로운 과제를 해결하기 위해 새로운 생각과 행동을 하게 되고, 이에 대한 책임감을 느끼게 된다. 책임감을 느끼는 것은 교사로서의 역할을 생각하면서 자신의 행동을 돌이켜 보는 '반성적 사고'를 하게 됨을 의미한다. 많은 연구들에서 반성적 사고가 뒤따르지 않은 새로운 경험은 교사발달에 많은 영향을 주지 못하는 것으로 나타났다(Reiman & Parranmore, 1993; Sprinthall, Hall, & Gerler, 1992; Sprinthall, Reiman, & Thies-Sprinthall, 1993). 따라서 교사들이 자신의 경험을 반성적 사고로 구조화시키는 방법을 배우는 것이 교사발달에 중요하다. 왜냐하면 반성적 사고의 유도는 개인이 경험한 것을 자신의 것으로 의미화하도록 도움을 주기 때문이다. 이와 같이 반성적 사고를 통해 자신의 현재 행동과 비교해 보고, 차이가 있다면 이를 일치시키려는 노력을 하게 되는데 이것이 '균형'이다. 균형을 이루기 위해서 행동과 반성적 사고를 주기적으로 반복하는 것이 '계속성'이다. 반성적 사고와 행동이 균형을 유지한다고 할지라도 계속 의미 있는 경험으로 연결되지 않는다면 이런 경우 시간과 에너지를 낭비하게 되고 시간이 지나서 보면 교사의 발달은 제자리걸음을 하게 된다. 전통적인 장학에서는 상호작용의 계획이 없고 계속성도 결여되어 경험의 일관성이 없는 경우가 많았다. 교사발달을 위한 장학 활동도 교사의 반성적 사고를 촉진하여 교단 경험의 질을 높이는 것이다. 마지막 교사발달의 조건은 지원과 자극인데, 이는 교육적 분위기를 형성해 주는 것이다. 그래서 지원과 자극의 방법을 배우는 것은 다섯 가지 조건 중에서 가장 어렵다. 왜냐하면 개인마다 단계에 따라 자극의 정도와 지원의 정도가 다르기 때문이다. 어떤 사람은 약간의 자극과 상당한 양의 지원을 요구하는 반면, 어떤 사람은 지원보다는 자극을 더 많이 요구할 수도 있다. 이와 같이 반성적 사고를 촉진하기 위해서는 장학활동에서 장학협의회를 활성화시킬 필요가 있다.

3) 다양한 교사교육 방법론의 적용

최근 장학의 방향이 감독이나 지도가 아닌 교사의 전문성 발달을 돕기 위한 방안으로 인식되어 그 방향이 '교사교육'이라는 전체적인 틀 안에서 논의되고 있다. 장학은 교사의 자질과 전문성을 높이기 위하여 발달적 관점을 적용하여 체계적이고 효율적으로 이루어져야 한다. 국내의 교사교육 논의를 보면 대체적으로 교사교육 체제나 제도, 구조 측면에 집중되어 있는 경향을 보이며, 수차례 있어 왔던 한국교원교육학회를 비롯한 관련 학회의 학술대회에서도 대체적으로 교사교육체제나 제도, 정책 등을 중심 주제를 다루어 왔다. 다만, 국내에서는 유아교육 연구자들을 중심으로 유아교사를 대상으로 한 교사교육 방법론 논의가 비교적 활발하게 진행되어 왔다(김병찬 · 유수현, 2002 : 6). 교사교육 방법론에 대한 논의에 초점을 둔 장학은 교사교육체제보다는 교사교육의 방법, 프로그램 구성에 더 많은 시사점을 제공해 준다. 예를 들어 현장의 사례를 중심으로 교사교육을 진행하는 사례중심 교사교육(Merseth, 1996), 학습자들의 반성적 성찰을 강조하는 교사교육(Colton, & Sparks-Langer, 1993; 박은혜, 1999), 포트폴리오를 활용한 교사교육(Barton, J. & Collins, 1993; 임승렬, 2000), 교사교육을 담당하는 대학과 학교현장을 연계한 PDS(professional development school)기반 교사교육(Book, 1996; 손영민, 1999), 구성주의 원리를 바탕으로 한 교사교육(Black & Ammon, 1992; Rainer & Guyton, 1994) 등 다양한 대안적 방법들이 개발되어 활용되고 있다(김병찬 · 유수현, 2002 : 6). 하지만 이와 같은 교사교육방법론을 적용하기는 쉽지 않을 것이다. 전통적 방식에 익숙해져 있는 교사나 교사교육 담당자들의 마음을 변화시키는 일은 결코 쉽지 않기 때문이다. 이러한 방식은 전통적 장학 방식에 비해 장학담당자나 교사들 모두에게 더 많은 시간과 노력을 요구한다. 앞으로 장학에서 교사의 발달 수준을 높이기 위해 다양한 교사교육 방법들이 공존할 수 있는 열린장학 풍토를 조성하는 것도 중요한 하나의 과제라고 할 수 있다.

2. 교사발달을 위한 교내장학의 활동

1) 초임교사를 위한 장학

우리는 초임교사가 우는 모습이나 지치고 피곤한 모습을 쉽게 보게 된다. 많은 교사들은 자신들이 초임교사로서 새롭게 요구받는 역할 때문에 스트레스를 받고, 긴장하여 이삼일을 꼬박 새우는 예들을 기억할 수 있을 것이다. 많은 초임교사들은 부임 얼마 동안은 그들에게 주어지는 새로운 업무로 인하여 개인적인 면과 학급

운영에 주된 관심을 보인다. 그 이유는 교사가 된 첫 해에 자신들이 받을 수 있는 전문적 지원이 부족하기 때문이다(Veenman, 1984). 또한 초임교사들은 학교에서 가장 어려운 업무를 맡는 경향이 있다. 새로운 수업준비, 학생들의 지도, 불충분한 자료, 동료 교사로부터의 지원 부족 등은 초임교사들이 공통적으로 겪는 문제이다. 한 연구에서 초임교사의 약 30%는 처음 1년 동안 제대로 학급 운영을 하지 못한다는 것을 발견하였다(Reiman & Rarramore, 1994). 초임교사들은 처음 1년 동안은 자기 자신에게 관련된 개인적 관심에만 주의를 기울이거나 학급 운영의 문제를 해결하는 데 많은 시간을 보내게 된다. 그래서 많은 초임교사들은 관심 발달단계에 비추어 볼 때, 자아나 과업단계에 있게 되는 것이다.

초임교사들은 수업과 단원을 계획하고 교실이나 학교의 일과를 구성하는데 필요한 적절한 오리엔테이션이나 동료교사의 지원을 필요로 한다. 초임교사들의 관심사를 공유한 후에 이해하고 도와 주기 위한 전략이 필요하다. 초기의 고립감이나 공포심을 극복하도록 도와 주기 위해 초임교사를 위한 소규모 팀을 구성하는 것도 한 방법이다. 예를 들어 매주 함께 하는 시간을 갖고, 학교업무에 대한 이해를 도와 주거나, 형식적이거나 비형식적인 협의를 통해 교수 기술의 향상을 정기적으로 점검하고 이에 관련된 자료를 수집하여 제공해 준다면 초임교사들의 어려움은 해결될 것이다. 100명 정도의 초임교사를 표집한 연구에서 이러한 팀에 참여한 초임교사들을 점차적으로 꾸준하게 격려한 결과, 대다수 초임교사들이 관심 발달단계에서 교수 활동의 효과에 관심을 보임으로써 관심 발달 수준이 높아진 것으로 나타났다(Reiman, Bostik, Lassiter & Cooper, 1995).

2) 장학협의회 중심의 장학

교사들의 발달장학에서는 장학협의회의를 누가 주관하고, 협의회의 내용이 무엇인지에 대해서 관심을 가져야 한다. 왜냐하면 장학협의회가 어떻게 운영되느냐에 따라 교사의 반성적 사고 기회가 달라지기 때문이다. 실제로 장학 요원에 따라 협의회의 특성이 다르다는 것을 알 수 있다(Reiman & Gardner, 1994). 예를 들어 개념 수준에서 더 복잡한 단계인 추상적인 수준에 있는 장학 요원은 더 민주적으로 협의회를 운영한다. 즉 초임교사들에게 충분히 의사를 표현하도록 하고, 감정을 수용하고, 세심한 격려를 하며, 아이디어를 명료화하고, 높은 수준의 질문을 한다는 것이다. 교사들에게도 특정한 교수 전략을 제안하면서도, 그 제안에 대한 선택의 자유를 주고, 그 제안을 수정할 수 있도록 허용하여 협의회의 질을 높인다는 것이다.

일반적으로 임상장학의 접근 방법을 사용하는 장학요원이 전통적인 접근 방법을 사용하는 장학요원보다 수업관찰 사후 협의회에 수용적이고 개방적이라는 사실을 발견하였다(Reavis, 1977). 그렇지만 학교 현장에서 이루어지는 장학은 대부분 계획협의회를 생략한 채 피드백협의회만 이루어지는 것이 보통이다. 피드백협의회도 엄밀한 의미의 피드백이라기보다 그저 수업 소감 정도만 이야기하는 것 뿐이며 수업에 대한 대화가 제대로 이루어지지 않는다. 더욱이 시간상의 제약이나 협의회 내용에 대한 신뢰성 부족으로 인하여 그나마 이루어지는 협의회는 장학담당자의 지도 · 조언을 받는 것을 위주로 이루어진다. 협의회가 형식적으로 이루어진다면 교사의 반성적 사고는 기대할 수 없고, 결국은 별다른 장학의 효과를 거두지 못하게 된다. 교사에게 반성적 사고의 기회를 주고자 한다면 구체적인 단계를 거쳐 협의회의 목적이나 내용을 분명히 해서 의미 있는 협의회를 가져야 한다. 예를 들어 학년별, 학과별 협의회를 갖고, 교사들로 하여금 반성적 사고를 유도하여 보다 더 높은 수준의 교육적 경험을 갖도록 도와 주어야 한다.

3) 수업에 초점을 둔 장학

교사들이 장학의 목적을 어떻게 인식하고 있고, 장학에 대해서 어떻게 생각하고 있는가는 장학의 효과성에 매우 중요한 요인이다. 하지만 장학에 대한 교사들의 인식은 부정적이다. 교사들은 아직까지도 장학이 실질적인 수업개선을 위한 장학보다는 형식적인 장학이 많이 이루어지고 있다고 생각한다. 구체적인 계획과 방법, 절차를 따르지 않고 그저 문서행정의 결과물을 내놓아야 한다는 지시에 따른 것이어서 수업기술 향상에 별다른 효과를 가져다 주지 못하고 있다고 생각한다.

교사들에게 장학활동에 대한 불신이 깊게 자리잡고 있다면, 아무리 좋은 말로 장학의 중요성을 강조한다고 해도 대부분의 교사들은 '의심'하는 태도를 갖는다. 즉 장학은 기껏해야 비효과적이고, 최악의 경우에는 교사의 일을 방해하는 해로운 형태라는 것이다(Mosher & Purpel, 1972 : 2).

교내 자율장학의 한 형태인 '연구수업'도 마찬가지로 역시 형식적이다. 연구수업에서는 대체적으로 해당 교과에서 한 명의 교사가 수업을 준비하여 실시하고, 그 교과의 교사들이 공동으로 참관, 평가를 하게 된다. 교사들은 이 연구수업을 서로 하지 않으려 하고, 매우 부담스러워 한다. 결국 대체적으로 경력이 적은 교사가 '맡게' 된다(김병찬, 2003 : 10-11).

만약 교실에서 이루어지는 수업의 본질을 다루는 수업장학 체계를 전개하지 못하고 일회적으로 이루어지는 장학을 계속한다면 그런 장학으로 교사를 간섭하기보다는 혼자 두는 것이 더 낫다. 이제 수업개선이 궁극적인 목적인 장학으로 장학에 대한 인식을 전환시킬 시점이다. 대부분의 성공적인 학교는 효과적인 장학과 지원을 수업개선에 통합하고 있다는 것을 상기할 필요가 있다.

3. 교사발달을 위한 교내장학의 종합

앞에서 교사발달을 위한 교내장학의 방향과 활동을 제시하였다. 이를 교사발달의 구성요인과 결부시켜 종합해 보면 〈표 8-5〉와 같다.

표 8-5

교사발달을 위한 장학활동의 종합

교사발달	핵심 개념	거시적 장학활동	미시적 장학활동
자아발달	자아, 성격	교직사회에 대한 불신감 해소	초임교사를 위한 장학
개념 수준	태도, 인간관계	반성적 사고 촉진	장학협의회 중심의 장학
관심 단계	교수행위	다양한 교사교육 방법론의 적용	수업에 초점을 둔 장학

첫째, Loevinger의 자아 발달이 충동적이거나 자기 보호적 수준에서 벗어나 자율적으로 발달하기 위해서 교사들이 교직사회에 대한 불신감을 갖지 않도록 하거나 불신감을 해소시켜 주도록 장학활동이 이루어져야 한다. 그러기 위해서 교사 입문단계인 초임교사 시기에 직면하는 어려움을 극복할 수 있도록 초임교사를 위한 장학이 이루어져야 한다.

둘째, Hunt의 개념적 발달이 타인 의존적인 낮은(구체적) 수준에서 벗어나 통합적이고 자신이 한 행동의 결과에 책임을 지는 높은(추상적) 수준으로 발달하기 위해서는 교사의 역할과 수행한 행동에 대해서 반성적 사고를 촉진시켜야 한다. 그러기 위해서는 장학활동에서 협의회에 비중을 두어야 한다. 형식적인 협의회가 아닌 교사의 반성적 사고를 촉진시킬 수 있는 협의회가 이루어지도록 사전계획과 진행에서 보다 전문성을 가져야 한다.

셋째, Fuller의 관심 발달이 생존과 같은 낮은 단계에서 벗어나 학생과 교수활동의 효과에 이르도록 하기 위해서 다양한 교사교육 방법론이 적용되어야 한다. 이와 같은 방법을 적용하게 되면 실제 현장의 문제를 중심으로 장학활동이 진행되며, 교사들의 수업에 대한 자율적 탐구와 협동학습이 활성화되어 수업에 초점을 둔 장학이 이루어질 수 있다.

제 4 절 임상장학과 장학의 과제

1. 임상장학의 적용

임상이라는 말 속에 병리적, 처치적인 뉘앙스가 풍기는 것과는 정반대로 임상장학은 오히려 건전한 교사, 발전 지향적 교사라는 기본 가정에서 출발한다. 이는 우리가 지금까지 배워서 많이 들은 Carl Rogers의 "내담자중심 카운슬링"의 정신과 목적, 원리와 같다. 임상장학은 과거의 장학과는 반대로 지시적이기보다는 장학자와 교사 간 상호작용적이고, 권위주의적이기보다는 민주적이고, 장학자 중심적이기보다는 교사중심적인 하나의 대안적 장학모형이라고 할 수 있다. 교사의 필요에 의하여 교사가 주체가 되어 실시되는 장학이다.

교사의 잠재 능력을 믿고 이를 개발해 주어 교수기술을 향상시키고 전문적 성장을 하게 하여 교사를 행복하게 해 주자는 의도를 갖고 있다. 간접적, 우회적으로 도와 주는 것이 아니라 교실활동에 실질적, 직접적으로 도움을 주자는 것이다.

임상장학에서는 우선 ① 교사에게 객관적인 피드백을 제공해 주어 교사로 하여금 이를 활용하게 하고, ② 수업상의 문제점을 진단하고 해결하며, ③ 교사로 하여금 수업전략을 세울 수 있도록 하고, ④ 평가가 필요하다면 객관적인 평가를 할 수 있도록 하는데 우리나라에서는 이 항목은 적용하지 말도록 권고한다. ⑤ 계속적인 전문적 성장에 긍정적 태도를 갖도록 하는 등 다섯 가지를 구체적 목표로 하고 있다.

이제 장학에 대하여 계속 부정적인 태도만을 가질 수는 없다. 평생을 건 교직에서 보람을 느낄 수 있도록 임상장학을 받을 필요가 있다.

임상장학은 구체적인 과정과 단계를 제시하고 있다. 처음에 임상장학 방법을 개발한 하버드 대학 팀은 8단계를 적용했으나 그 후에 많은 사람들이 ① 관찰 전 협의회, ② 수업관찰, ③ 분석과 전략, ④ 관찰 후 협의회, ⑤ 관찰 후 협의회 분석의 5단계로 압축하였다. 이것을 더 압축한 것이 ① 계획협의회, ② 수업관찰, ③ 피드백협의회의 3단계이다.

임상장학에서는 사전에 계획협의회를 한다는 것이 하나의 특징이다. 계획협의회에서 친밀한 관계를 형성하여 교사, 학급, 수업, 장학의 필요성 등에 대하여 상호 이해를 같이 하고 또 사전계획을 세우고, 상호 약속을 하여 일종의 계약을 하는 단계라고 할 수 있다.

수업관찰은 계획협의회에서 약속한 대로 약속한 도구에 의하여 객관적인 필요 자료를 수집하기 위하여 교실을 방문하고 실제로 수업을 관찰하는 임상장학의 핵심적인 단계이다.

피드백협의회는 수집된 자료를 놓고 협의하여 수업개선과 수업기술 향상의 전략을 모색하는 단계라고 할 수 있다. 임상장학의 3단계별로 목적과 방법을 요약하면 [그림 8-1]과 같다.

2. 교사발달을 위한 교내장학의 과제

장학은 오래 동안 학교현장에서 강조되어 왔다. 그런데도 교사들은 장학에 대하여 부정적이며 교사발달을 위한 장학이 교사들에게까지 미치지 못하고 또 그들과 밀착되지 못하고 있다.

1. 계획협의회

[목적]

1. 래포의 형성
2. 수업관찰의 목적과 기능 설정
3. 수업관찰할 측면에 대한 합의
4. 관찰 중 사용한 절차 개발
5. 관찰 중 장학자와 교사가 수행할 역할 확인
6. 피드백협의회의 목적과 성격을 결정
7. 수업관찰과 피드백협의회에 대한 교사의 질문에 대답

[방법]

1. 수업에 대한 교사의 관심 확인
2. 교사의 관심을 관찰 가능한 행동으로 바꾸기
3. 교사의 수업개선을 위한 절차 확인
4. 교사로 하여금 자기개선의 목표를 설정하도록 돕기
5. 수업관찰의 시간 결정
6. 기록할 관찰도구와 관찰행동을 선정하기
7. 자료기록을 위한 수업장면을 명료화하기

순 환

임상장학의 순환과정

1. 수업관찰

[목적]

1. 교사의 장점과 개선 필요 영역을 확인 진단
2. 학생학습을 손상시키는 상황을 관찰
3. 수업에 관한 객관적 자료의 수집

[방법]

A. 부분적인 정확한 기록 방법
1. 교사의 방문
2. 교사의 피드백 방법
3. 교사의 지시와 구조적 진술

B. 좌석표에의 관찰기록
1. 과업집중
2. 언어흐름
3. 이동양식

C. 광각렌즈 방법
1. 일화기록
2. 녹음 · 녹화기록

D. 체크리스트
1. 교사 이미지 질문지
2. 학생관찰 조사
3. 교사 스타일에 대한 학생의 지각
4. 문답식 수업
5. 강의-설명식 수업
6. 시간선에 따른 기록

3. 피드백협의회

1. 수업 상황에 대한 지각과 그 이유에 대한 이해
2. 수업문제에 대한 가능한 해결책 탐색
3. 수업개선의 행동계획의 설계와 합의
4. 교사의 수업개선시의 진선 상황 검토

1. 객관적 관찰자료에 의해 교사에게 피드백
2. 교사의 추측과 의견, 느낌을 끌어내기
3. 대안적 수업목적, 방법, 이유를 고려하도록 교사를 격려하기
4. 교사에게 연습과 비교의 기회를 제공하기

※ 비지시적 교사중심협의회 방법
1. 많이 경청하고 덜 말하기
2. 교사가 말하는 것을 인정, 의역, 사용하기
3. 명료화하는 질문
4. 교사의 성과와 성장에 대해 구체적 칭찬
5. 직접적 조언을 피하기
6. 언어적 지지를 하기
7. 교사가 느끼고 있는 것을 인정하고 사용하기

* 자료 : 주삼환(2003). 장학의 이론과 기법. 학지사. p. 296.

[그림 8-1] 임상장학의 단계별 목적과 방법

교사들은 장학에 대해서 심리적으로 피하고 싶은 것으로 보고 있으며, 교사의 전문적 위치를 위협하는 것으로 보기까지 한다. 교사들은 장학이 존재하기는 하지만 교사들에게 적절하지 못하며 조직에 있어서 하나의 양식과 같은 교육체제의 한 부분으로 보고 있다. 장학에 대한 교사의 부정적 시각은 장학 자체에 대해서가 아니고 교사가 흔히 받는 장학의 형태 때문일 수도 있다. 장학이 교사발달을 위한 교사들의 관심과 열망에 대하여 보다 더 반응을 주는 장학이 될 수 있다면 장학을 바라보는 교사들의 시각도 긍정적으로 바뀔 수 있을 것이다.

이러한 상황은 장학이 감독이나 평가와 동일시되는 전통적인 입장에서 벗어나 교사발달을 위한 장학이 될 수 있도록 교내장학의 접근 자체가 교사의 능력개발에 대한 실천적인 접근법이 되어야 한다.

전통적인 장학은 불유쾌한 경향이기 때문에 장학자와 교사 간의 상호작용이 도피적이거나 아니면 최소한의 정도였다. 장학의 결과는 문제를 개선하거나 교사발달에 도움이 되지 못하고 대개 교사의 직무수행에 대한 평가를 하는 정도였다. 지금이라도 장학이 정말 교사에게 도움을 주고 또 교사발달에 필요하다는 것을 절실히 느낀다면 교사들의 태도도 바뀔 수 있을 것이다. 장학을 통하여 교수자료와 매체 및 교재, 여기에다가 교장이나 동료교사가 부여해 주는 용기와 지원 등이 준비되어 있는 환경을 교사에게 제공해 줌으로써, 교사들은 탐구와 발전을 통하여 서로서로가 관계를 맺으면서 장학을 교사발달의 기회로 삼을 수 있을 것이다. 교사발달에 따른 교내장학의 목적은 교사 발달적 관점에서 실제적인 장학활동에 대해 이론적 근거와 시사점을 제시하기 위함이다.

Loevinger, Hunt, Fuller의 연구에 기초하여 교사들의 발달 구성요인을 자아, 개념, 관심의 세 가지 요인을 통합하여 개념적 틀로 제시하였다. 하지만 교사발달의 구성요인으로 교직관, 교직에 대한 신념, 가치관과 같은 영역도 있을 수 있고, 생활지도, 학급경영, 업무수행, 교수방법 등과 같은 영역도 있을 수 있다. 교사발달과 관련된 다양한 요인이 있다는 점에서 보다 계속적인 연구가 필요하다. 또한 교사발달과 장학활동의 관련성을 연결하는 노력이 필요하다. 여기서 교사발달의 자아, 개념, 관심에 따른 교내장학의 방향과 활동을 제시하고, 종합적으로 그 관련성을 연결시켜 보았다. 그러나 그 관련성을 지지하기에는 충분한 논리성이 부족한 점이 한계점이 있다.

교사발달 수준과 장학활동은 상호보완적인 관계이다. 교사들이 탐구와 발견을 통해서 자신을 발견하게 해 주고, 그들의 창의력을 자유롭게 발휘하도록 하며, 교사들이 서로 가지고 있는 능력에 대하여 배우도록 하고, 동시에 새로운 수업 아이디어와 수업활동 또는 수업방식을 개발할 수 있도록 해 준다. 일반적으로 교사발달을 위해서 장학활동이 필요하다고 생각하고 있다. 그러나 장학활동이 잘 이루어지기 위해서는 교사발달 수준도 중요하다는 점을 인식할 필요가 있다. 다시 말해 교사발달과 장학활동의 관계는 무엇이 먼저이고, 나중인지 구분하기 어려울 정도로 상호보완적 관계가 있다. 교사발달 수준이 높아지도록 장학활동이 활발히 이루어져야 하겠지만, 실제 한 연구에서 교사발달 수준이 높을수록 장학활동에 대한 요구가 높은 것으로 나타나고 반면에 교사발달 수준이 낮은 경우에는 장학에 대한 요구도 낮게 나타나고 있다(조부경 · 백은주, 2002 : 114-115).

교사들이 장학요원으로서의 역할을 수행할 수 있도록 준비와 현직연수가 필요하다. 현재 교육전문직인 장학사나 장학관으로는 모든 장학을 담당할 수도 없다. 그렇다고 초임 교사들을 위한 수업장학을 제공할 수 있는 교사도 많지 않다. 교사발달에 따른 장학활동을 수행할 수 있는 교사들을 장학요원으로 준비시켜야 한다. 따라서 교사들을 장학요원으로 준비하기 위한 대학원 교과 과정을 개발하는 것도 검토해 볼 필요가 있다. 그러기 위해서 특수대학원의 교육대학원을 전문대학원으로 전환하는 교사교육의 혁신적인 시도가 필요하겠다.

여기서 제시하고자 하는 교사발달의 구성요인은 장학의 방향을 위한 개념적 틀을 예시하는 성격이 강하다. 아직은 교사발달에 대한 이론은 교육적 실천을 지지할 수 있을 만큼 충분하지 못하다. 다시 말해 여기서 제시한 교사발달의 구성요소는 교사 행동에 대한 질문을 충분히 해결하지 못한다. 다만 우리가 현재 이해하고 있는 것을 기술하고, 앞으로 교사발달을 위해서 장학이 지향해야 할 방향을 제시해 보았다. 앞으로 이루어질 교사들의 교수-학습 과정과 교사발달에 대한 지속적인 연구는 교사의 전문성을 높이기 위한 핵심 과제이며 장학의 방향이라고 할 수 있다.

【단원별 과제】

[8.1] 교사발달의 의미를 생각해 보고, 교사로서 자신의 자기개발 계획을 세워 보시오.

[8.2] 교사발달 단계의 이론을 정리해 보고, 자신은 어느 단계에 있는지 확인해 보시오.

[8.3] 교사발달을 위한 장학활동의 방향에 대해 자신의 생각을 정리해 보시오.

[8.4] 교사발달을 위한 장학의 방향이 교사가 장학활동에 핵심이 되어 주체적으로 장학요원이 되는 것에 대해서 어떻게 생각하는지를 논의해 보시오.

제3부

교사의 실천

제 9 장

학 생 상 담

학생상담은 학생의 개인적, 사회적, 교육적, 직업적인 문제해결에 진전과 발전을 목적으로 하는 개인적이며 집단적 생활지도의 중핵활동이다. 신뢰와 독특한 인간관계의 형성을 기반으로 하는 학생상담은 학생개인이나 학생집단이 구체적인 목표를 향하여 발전하도록 돕는 조력과정이다. 그리고 상담은 학생들의 잘못된 행동의 변화를 꾀하기 위한 고도의 전문적인 기술이 요구되는 활동이다. 학교에서 상담교사는 학생들과 교사와 학부모들과의 상담과 자문활동을 주요업무로 한다.

본 장에서는 상담을 개인상담과 집단상담으로 구분하고 상담의 목표와 상담의 과정을 설명하고, 상담의 이론을 정신분석적 접근, 행동주의적 접근, 현상학적 접근으로 분류하고 접근별 상담이론들의 인간관, 문제발생에 대한 관점, 상담의 목표, 내담자와 형성하는 상담관계, 상담의 과정과 기법에 대해 설명한다.

제1절 개인상담

개인상담은 문제가 위급하거나 원인과 해결이 복잡하고 내담자와 관련된 사람의 신상을 보호할 필요가 있을 때, 혹은 집단에서 발표할 때 심한 공포 불안이 있는 학생들에게 적당하다. 개인상담은 학생들의 언어발달, 행동발달, 인지발달 과정의 지식을 바탕으로 효율적인 상담관계를 형성할 수 있을 때 실질적인 도움을 제공할 수 있다. 미국상담학회(American Association of Counseling and Development : AACD)는 학생들을 대상으로 개인상담을 할 때 첫째, 학생들이 자신을 가치 있는 존재로 보고 그들의 발달과정을 이해하며, 스스로 자신들의 목표를 설정할 수 있는 상담관계를 형성할 수 있도록 돕는 기회를 제공할 수 있어야 하며, 둘째, 학생들이 그들 자신과 다른 사람들과 이 세상에 대하여 무엇을 말하고자 하는지 들어 줌으로써 학생들과 진지하고 의미 있게 대화할 수 있는 기회를 제공할 수 있어야 한다고 제언한다.

1. 상담의 목표

개인상담을 할 때에는 구체적이고 분명한 상담의 목표를 세우는 것이 가장 중요하다. 학생상담에서 다음의 세 가지 정보는 질문을 통해서 먼저 얻어야 하는 중요한 사항이다.

첫째, 학생이 자신의 주요문제가 무엇인지 파악하고 있는가?
둘째, 학생이 이 문제에 대해서 어떻게 느끼고 있는가?
셋째, 학생이 이 문제에 대하여 상담자가 무엇을 해 주기를 바라는가?

이와 같은 문제에 대하여 이야기를 나누며 상담교사와 학생은 상담의 초기단계에서 상담의 목표와 방향을 정할 수 있다. 초등학교 어린이들과 같이 어린 학생들을 상담할 때에는 집중력의 한계를 고려하여 언어에 의존하기보다는 그리기, 노래 듣기, 게임하기, 이야기 나누기, 역할놀이 등 다양한 대화의 방법을 사용하여 친밀감과 신뢰감인 래포를 형성하도록 노력하는 것이 바람직하다.

2. 상담의 구조화

학생들과 상담할 때에는 구조화된 상담방법이 바람직하다. 이러한 구조화된 상담방법에서 상담교사는 예, 아니오, 혹은 아마 등 내담자의 상담에 임하는 태도를 소극적이고 위축되게 만드는 폐쇄적인 질문을 가능하면 하지 않도록 유의해야 한다. 어린 학생들이나 청소년기의 학생들과 상담할 때 학생들이 대답하는 내용에 따라 "~에 대하여 좀더 얘기해 보겠니?", "마치 ~것처럼 얘기하는구나!", "~에 대하여 얘기하는 것을 좋아하는 것 같구나!"와 같이 학생들의 응답 내용에 따라 적절히 질문과 공감적 반응을 하는 것이 좋다.

3. 상담의 종결

학생들과 상담할 때 유의해야 할 또 다른 한 가지는 상담의 종결을 세심하게 준비해야 하는 것이다. 상담관계를 종결하려 할 때에 상담교사는 학생들의 부모나 담임교사들과 협력하는 것이 바람직하다. 학생들이 상담관계를 종결할 때 상담기간 동안 그들이 보여 왔던 성과와 발전 사항에 대해 상담자가 격려하고 강화하는 상담자의 역할을 되새김으로써 상담자의 지원에 걸맞는 다른 지원 자원을 활용할 수 있도록 준비시키는 것이 중요하다.

중학교 학생들을 대상으로 한 개인상담에서 종결을 말하기 전에 몇 가지 고려해야 할 점이 있다. 상담교사들은 종종 중학생들은 어린 학생들에 비하여 언어발달 등 지적 수준이 높다고 생각하고 언어와 인지적 수준에서 상담관계를 종결하기 쉽다. 그러나 상담교사는 언어적인 상호관계보다는 행동적인 상호관계에 보다 많은 주의를 기울이는 것이 바람직하다. 그림이나 음악이나 운동이나 역할놀이나 이야기 게임 등과 같은 행위위주의 상담관계를 형성하는 것이 훨씬 더 바람직하다.

교육의 성격을 지닌 게임이 중학생들과 상담관계를 형성하고 점차 언어적인 상담으로 이끄는 것이 가장 좋다. 초등학생들과 달리 중학생들은 집단활동에 많은 흥미를 갖고 있다. 그들은 자기의 또래집단에 더 많은 관심을 가지며 소속되고자 한다. 이와 같은 소속감에 대한 열의는 때로는 독립심을 키우고 자신의 정체감을 형성하는 노력과 상충될 수 있다. 이러한 갈등은 신체적 변화의 시기에 학업이나 운동, 인간관계, 특히 이성과의 인간관계 등에서 남보다 잘 하려는 욕구로부터 야기될 수 있다. 이러한 경우 개인상담보다 집단상담이 초등이나 중등학생들의 발달문제를 다루기 위해 더 효율적일 수 있다.

제 2 절 집단상담

1. 집단상담의 정의

집단상담은 자기이해가 필요하고, 타인의 조언과 반응이 필요한 학생과 타인과 관계를 맺는 사회적 기술이 필요한 학생에게 적당하다. 집단상담은 집단의 구성원들이 일정기간 동안 매주 한두 차례씩 정기적으로 만나면서 생활과정에서 직면하는 문제나 사건 등 각자의 관심사에 대하여 각자의 느낌, 반응, 생각 등을 서로 교환하는 가운데 긍정적 변화를 모색하는 집단활동이다.

집단상담은 종종 교육, 진로 및 사회적 그리고 개인적인 문제와 같이 특정한 문제에 초점을 두며 학교나 지역사회의 정신건강센터 등에서 이루어진다. 집단상담은 집단치료와는 달리 의식수준의 문제를 다루고, 신경증적 혹은 정신적인 장애의 치료나 중요한 성격 변화를 목표로 하지 않으며, 특정한 단기 문제의 해결 지향적이다(Corey, 1985). 집단상담자는 반영, 명료화, 역할극 등과 같은 다양한 기법을 사용할 수 있다. 집단상담자의 역할은 집단활동을 구조화하고 생산적인 작업이 이루어질 수 있도록 누구나 개방적으로 이야기하는 가운데 응집력이 있는 분위기를 형성하고 유지하고 활용하여 집단원들의 상호작용을 촉진하는 것이다. 이처럼 좋은 집단을 형성하고 유지하기 위해서는 집단의 규범이 필요하다.

2. 집단의 규범

모든 집단은 집단규범이 존재할 때 응집력이 형성될 수 있다. 집단규범이란 어떠한 행동이 적절한지에 대한 규칙이다. 그 규칙은 형식적 혹은 비형식적일 수 있으며, 겉으로 드러날 수도 있고 그렇지 않을 수도 있다. 그러한 집단규범이 집단원들의 행동에 영향을 미치려면 집단원들이 그 규범을 이해하고 수용할 의지가 있어야 한다. 집단원들이 집단규범을 설정하는 데 참여할 때보다 적극적으로 그 규범을 자신의 것으로 받아들이고 수용하게 된다는 것이다. 예컨대 집단원간에 만나는 시간엄수, 집단에서 자신의 관심사항이나 자신의 의견을 적극 표현하는 자기노출, 다른 집단원의 언급에 대한 적극적인 피드백 주고받기 등은 응집력 있는 집단을 형성하고 발전시키는 데 매우 중요하다. 집단상담이 성공적으로 이루어지려면 집단응집력은 필수이다. 집단응집력은 개발, 유지, 증진되어질 수 있다. 신뢰, 모험, 분명한 목표, 적극적인 참여와 격려, 갈등의 수용, 집단의 매력, 솔직한 감정표현과 같은 것들은 집단응집력을 향상시킬 수 있는 요인들이다. 집단응집력을 향상시킬 수 있는 이러한 요인들은 또한 집단의 치료적 요인이 되기도 한다.

3. 집단의 치료적 요인

집단상담이란 집단의 구성원들이 생활과정에서 직면하는 문제나 사건 등 각자의 관심사에 대하여 각자의 느낌, 반응, 생각 등을 서로 교환하는 가운데 긍정적 변화를 모색하는 집단활동이라고 정의했다.

집단의 구성원들이 그들의 성격과 생활방식까지 변화시키며 성장하고 발달하려면 이러한 일이 가능해질 수 있는 집단의 분위기가 형성되어야 한다. 이러한 집단의 분위기는 집단의 구성원들 사이에 형성되는 허용적, 현실적, 감정정화적, 신뢰적, 수용적, 친밀감, 소속감, 모방행동, 정보교환, 감정이입, 유머 등으로 특징지어질 수 있다. 이와 같은 집단의 분위기 아래서 집단의 구성원들은 변화에 대한 희망과 의지를 가지고 변화를 시도하는 자유를 느끼며 스스로 변화하도록 노력할 수 있게 된다.

그밖에 변화하고 싶은 희망, 변화하려는 공약, 신뢰와 모험의 의지, 배려, 수용, 공감, 친밀감, 힘, 자유로운 실험, 피드백, 정화, 인지적 구성요소, 개인 능력의 학습, 유머, 집단응집력 등은 집단상담의 핵심적 치료요인이다.

집단원들의 변화를 촉진시킬 수 있는 이러한 집단의 분위기를 좋은 가정에 비유해 보면, 좋은 가정에서는 가족구성원들이 서로 깊은 애정과 관심을 갖고 진지하게 말하고 들으며, 즐거운 일뿐만 아니라 괴롭고 고통스런 일까지 터놓고 얘기하며 실패와 실수는 성장의 원천이라는 관점에서 어려움에 도전하고 변화를 시도하는 태도를 격려하고 고무하며 실망, 두려움, 상처, 분노, 비판 등도 자유롭게 이야기한다. 이와 같은 가정의 분위기를 만들어 가는 결정적인 역할을 하는 사람이 있다면 부모일 것이다. 좋은 가정의 가족구성원들처럼 집단의 구성원들이 성장과 발달의 원천인 변화를 자유롭게 시도할 수 있는 집단의 분위기를 형성하는 것은 집단상담자의 몫이다. 따라서 집단상담자를 흔히 leader(집단을 이끄는 사람) 혹은 facilitator(촉진자)로 칭한다. 집단원들의 의사교환을 원활히 하는 가운데 각자의 목표 아래 변화를 추구할 수 있는 집단분위기의 형성을 촉진하는 사람이라는 의미이다. 집단상담자는 집단구성원들의 바람직한 변화가 일어나도록 집단의 분위기를 형성하고 유지하기 위하여 집단상담의 목표를 분명히 알고 그 목표달성에 도움이 되는 촉진자의 역할을 해야 한다.

집단의 구성원들은 그들이 속한 집단의 분위기에 따라 바람직한 변화가 일어날 수도 있고 일어나지 않을 수도 있다. 집단원들의 변화를 촉진시키는 집단의 분위기에 대하여 Corey(1977)가 강조하는 집단의 치료요인에 대한 좀더 구체적인 예를 살펴보자.

- 내가 허용한다면 집단원들은 나를 배려해 줄 것이다.
- 집단원들은 나의 고통을 이해하고 함께 나눈다.
- 나는 이전에 내가 생각했던 것처럼 그렇게 무력한 존재가 아니다.
- 모든 사람이 나를 좋아해야 할 필요는 없다.
- 변화를 원한다면 아직 너무 늦지 않다.
- 다른 사람들로부터 보다 많은 것들을 원한다면 그 선택은 내가 하는 것이다.
- 긴장된 느낌의 경험은 나를 견디지 못하게 하지는 않을 것이다.
- 나에겐 가까운 사람들이 있으며 외롭지 않다.

- 내가 겪는 고통은 온전히 나의 책임이다.
- 나는 사람들을 신뢰할 수 있다.
- 내가 변화할 것인지 않을 것인지 그 선택은 내가 한다.
- 자발적으로 행동하는 것은 가치 있다.
- 나는 내가 생각했던 것보다 더 매력적이며 사랑스러운 존재이다.
- 거절에 대한 모험을 할 의지가 없다면 진실로 수용될 수 없다.
- 내가 원하고 노력하는 것을 집단으로부터 얻을 수 있다.
- 내가 자신을 드러냈을 때 가장 걱정하던 두려움은 실제로 일어나지 않았다.
- 내가 원하고 필요한 것을 다른 사람들에게 직접 요청할 수 있어야 한다.
- 친밀감은 두려운 것이지만 그 가치가 있다.
- 내 행동에 관한 결정은 내 자신이 내리는 것이다.
- 변화는 지속적인 노력을 요한다.
- 사람들은 가면을 벗어버릴 때 아름답고 창조적이 될 수 있다.
- 그러한 겉치레를 유지하려면 굉장한 노력이 필요하다.

4. 집단상담의 과정

1) 집단상담의 목표

집단상담의 목표는 집단원들이 성장하고 발달하고 그들 각자가 희망하는 변화를 이루는 것이다. 이와 같은 목표를 성취하기 위해 상담자는 집단원들이 각자 자신의 현실을 수용하고 상황에 적응하도록 도울 수 있을 것이며, 때로는 자신들의 행동을 동기의 측면에서 이해하고 자신의 능력에 자신감을 가지도록 도울 수 있다. 또, 집단원 상호간 인간관계를 통하여 다른 사람들을 이해할 수 있는 폭을 넓히며, 자신과 타인을 또 다른 관점에서 볼 수 있도록 도움으로써 일상생활의 문제해결과 의사결정에 충분히 자유로우며 융통성이 있도록 도울 수 있다. 또한, 새로운 관점에 기초하여 새로운 가치체계를 발견하도록 도울 수도 있다. 집단의 목표는 그 구성원들이 집단상담에 참여하는 자신의 구체적인 목표를 설정하도록 논의되어져야 하며, 이는 상담자가 분명한 자신의 촉진자로서의 역할을 효율적으로 하는 데에도 도움이 된다.

2) 계약서

집단원들은 집단상담의 효과를 극대화시키기 위해 계약서를 만들어 활용할 수 있다. 집단 내에서 개인의 목표를 달성하도록 돕는 데 유용한 방법이다. 계약서를 작성하는 의도는 집단원이 어떤 종류의 문제를 탐색하고 싶은지 어떤 행동을 고칠 의향이 있는지를 구체적으로 밝히는 것이다. 계약서는 언제나 적절하게 수정 · 보완될 수 있다.

3) 집단상담의 과정과 상담자의 역할

집단상담의 과정이란 집단원들이 상호간 영향을 미치면서 어떤 공동목표를 향하여 진행하는 것이라 할 수 있다. 여기에서 과정이란 말은 연속적이고 역동적이며 목표 지향적인 움직임의 현상을 뜻한다. 집단상담의 과정이란 그 집단이 거치는 단계들을 말하는데, 각 단계들은 집단원들의 독특한 감정과 행동으로 구분지어진다. 즉 집단상담의 초기단계는 집단원들이 서로 이해하기 시작하는 과정으로 불편한 감정과 어떤 불안감으로 누군가가 먼저 활동을 시작하기를 기다린다. 그러므로 긴장, 적대감, 지루함 등이 생겨나며, 어떤 집단원은 이 과정에서 집단상담자나 다른 집단원을 공격할 수도 있다. 그러다가 집단활동이 원만히 전개되어 나가면서 집단원들은 서로를 신뢰하게 되고 그들의 느낌과 생각 그리고 다른 사람들에 대한 반응 등을 터놓고 표현하기 시작한다. 이러한 과정이 집단과정을 구축하는 요소가 된다.

집단과정의 발달단계는 학자들에 따라 다양하게 구분되지만 여기서는 Hansen, Warner 그리고 Smith가 구분한 시작단계, 갈등단계, 응집단계, 생산단계, 종결단계로 나누어 집단과정의 단계별 특징을 살펴본다.

(1) 시작단계

집단의 시작단계에서는 분명한 집단의 목표와 그에 부합하는 집단원 각 개인의 목표를 설정하고 집단의 규범을 정하는 일이 필수적이다. 목표나 규범이 모호하게 되면 집단원들의 어떠한 행동이 적절하고 부적절한지 불확실함해지며, 집단원들의 일부만 참여하게 되거나 혹은 집단원들 사이에 반감과 혐오감이 발생할 수 있다. 이러한 문제점들은 집단의 구성원들이 각자 적극적인 집단의 leader 역할을 함께 공유할 때 응집력이 증가되면서 해결될 수 있다.

(2) 갈등단계

시작단계가 지나면 집단원들 사이에 부정적인 정서반응을 나타내면서 집단원들 간에 갈등이 일어나게 되는데, 이는 집단상담의 과정상 필연적인 것으로 본다. 이러한 과정을 겪는 까닭은 집단원들이 기대했던 것처럼 집단상담자가 조직적으로 지도해 주지 않고, 집단의 운영이 집단원들에게 맡겨지면 집단원들은 당황하게 되며, 그러한 상황에 대한 반응으로 상담자를 향해 공격하거나 혹은 침묵하거나 방관하는 것과 같은 수동적인 형태의 저항을 보이게 된다. 갈등상황이 발생할 때 상담자는 이를 터놓고 다루는 것이 바람직하다. 갈등을 수용하고 서로 간의 차이에 대해 정직하게 의사교환을 할 때보다 바람직한 방향으로 문제가 해결될 수 있다.

(3) 응집단계

집단이 갈등단계를 지나면 부정적이었던 감정이 극복되고, 조화적이며 협력적인 집단의 분위기가 형성되면서 점차 집단원들 간에 신뢰감과 응집력이 발달하게 된다. 이와 같은 집단원들 간의 심리적 변화는 적극적인 관심과 관여로 나타나며, 집단원들은 상담자와 집단 그리고 자신을 동일시하게 된다.

(4) 생산단계

집단원들이 상호 친근감과 신뢰감을 느끼면서 수용하는 단계를 거치면, 다음엔 깊은 통찰을 통한 행동변화가 일어날 수 있는 심리상태에 이르게 된다. 이 때 집단원들은 서로 피드백과 직면이 가능하게 되는 생산단계에 도달한다. 그러면 집단원들은 실험적 모험도 시도하고 같은 교정적 정서를 경험하면서 진정한 자기이해를 통해 행동의 변화도 일어나게 된다.

(5) 종결단계

새로운 행동유형의 학습 등 집단의 목표 및 집단원 개개인의 목표를 달성해 온 것과 그 동안 거쳐온 집단의 과정을 반성해 보고, 학습된 새로운 행동유형을 실생활에서 적용해 가면서 집단원들은 집단에 대한 욕구가 감소되고 바야흐로 종결단계에 이른다.

집단상담의 과정이 이와 같이 진행되는 동안 상담자는 집단원들이 단계마다 어떤 심리적 변화를 경험할 수 있도록 집단의 변화와 치료적 촉진요인을 이끌어 내는 분위기를 형성하고 유지하기 위하여 다음과 같은 자세로 그 역할을 다해야 한다.

첫째, 상담자는 자신의 실수와 자신의 역할에 완전하지 못함을 인정하는 용기를 가져야 한다. 이와 같은 상담자의 태도와 용기는 집단원들이 진지하고 솔직한 대화를 할 수 있도록 도울 수 있다.

둘째, 상담자는 자신에 대해 정직하게 털어놓고 개방하고 남에게 귀 기울이는 진지한 태도를 모범으로 보여야 한다. 자신은 하지 않으면서 남에게 하라고 기대할 수는 없다.

셋째, 상담자는 고통, 슬픔, 고통, 분투 등 집단원들의 감정상태를 함께 나누며 그들의 심리상태에 동참해야 한다.

넷째, 다른 사람들의 문제에 진지하고, 선의의 관심으로 존중하고 신뢰하며 긍정적인 태도와 반응을 보여야 한다.

다섯째, 상담자는 구성원들이 집단의 과정을 통하여 태도, 행동, 사고의 중대한 변화를 이끌어 낼 수 있으리라는 상담성과에 대해 긍정적인 확신이 있어야 한다.

끝으로, 상담자는 집단원들에게 자신을 있는 그대로 드러내 보이며 새로운 경험에 접하면서 그들 자신의 모습과 다른 생활양식과 삶의 가치를 적극 수용할 수 있는 개방적인 자세를 취할 수 있어야 한다.

제 3 절 상담의 이론

1. 정신분석 상담이론

1) 인간관

프로로이드에 의하여 창시된 정신분석이론은 성격이론이며 인간본성의 철학이며 심리치료의 한 방법이다. 이 이론은 인간을 결정론적이고 비관론적인 존재로 본다. 그 까닭은, 일생을 통하여 삶의 모든 형태에 결정적인 영향을 미치는 성격이 어린 시절의 동물적이고 본능적이며 쾌락을 추구하는 무의식적 동기에 의하여 형성되고 결정된다고 보기 때문이다. 유아기에 본능적 욕구가 충족되는 과정에서 이를 통제하고 억제하는 부모와 사회적 가치와 규범에 의하여 경험할 수 있는 사회현실과의 마찰의 심리적 충격이 성격의 무의식 부분으로 남아 성격발달을 저해하는 요소가 된다고 보는 것이다.

2) 주요개념

(1) 무의식

'Freud의 이론적 특징을 하나의 용어로 말한다면 무의식이다. 무의식은 어떤 순간에 어떤 것에 대하여 의식적 정신기능이 결여되어 알아차리지 못하는 상태를 말한다. 우리는 때때로 어떤 행위를 왜 했는지 알아차리지 못하는 경우가 있는데 이것을 무의식적 행위라고 한다. Freud의 정신분석이론에서 무의식은 핵심개념이다. 인간에 대한 정신분석의 관점은 삶의 고난과 복합성에 기초한다. Freud는 인간 문제의 해결에 간단한 방법을 제시하지 않는다. 오히려 그 반대로 우리 인간은 아주 희미하게 인식할 수 있는 힘의 활용으로 해결방법을 찾을 수 있다고 주장한다 (Corey, 1977, p. 12).

Freud의 정신분석이론은 지속적으로 변화하며 새로운 관점을 택한다. 북미에서 연구되고 활용되는 정신분석이론의 대부분은 Adler와 Erikson과 같은 자아심리학자들의 업적에 바탕을 두고 있다. Adler와 Erikson은 우리 인간은 무의식에 의한 영향보다는 의식적인 정신상태에서 더 많은 영향을 받으며 따라서, 우리의 삶을 통제할 수 있다고 믿는다. 교류분석, TA(Transcational Analysis)이론도 인간을 생활용어에 의해 많이 결정되는 존재로 보며 그러한 생활용어를 충분히 분석하고 이해할 수 있으면 새로운 생활용어를 사용하며 새로운 삶을 영위해 나갈 수 있음을 강조하는 Freud의 정신분석이론에서 파생된 이론으로 본다.

태어나서 약 2세까지 구강기의 발달단계에서 주요 발달과업은 주위의 다른 사람들과 만나며 인간관계를 형성하는 능력을 습득하는 것이다. 이러한 발달과업은 유아로 하여금 독립심과 애착심을 동시에 발달시키도록 요구한다(Bowlby, 1989).

생존을 위하여 인간은 독특한 개성을 지닌 채 다른 사람들과 의존적인 한편 동시에 독립적인 인간관계를 형성하는 방법을 배운다. 유아시절의 이와 같은 학습은 대개는 무의식으로 남아 일생을 통해 반복된다. 그러므로, 대상관계이론은 현재의 생활양식과 삶의 형태를 과거의 경험으로부터 이해하려는 점에서 Freud의 이론을 더 한층 발전시키며 활용한다.

(2) 전이와 역전이

내담자는 과거 어린 시절에 주위 사람들 중 누군가와 맺었던 인간관계에서 형성된 감정을 상담과정에서 상담자에게 드러낼 수 있다. 이처럼 과거에 다른 사람에게 가졌던 느낌, 태도, 감정을 상담자에게 드러내 보이는 것을 전이라 한다. 실제 상담과정에서 자세히 관찰하면 내담자가 과거에 중요한 관계를 맺었던 다른 사람들과의 느낌, 태도, 감정을 상담자에게 반복해서 드러내는 것을 쉽게 발견할 수 있다. 만약 당신이 이혼에 직면해 있는 한 내담자와 상담을 하고 있다면 그 내담자가 지금 이 자리에서 자신의 배우자와 겪었던 개인감정을 당신에게 드러내 보이기 쉽다. 상담자로서 당신은 그와 같은 문제를 상담에 다룰 수도 있고 다루지 않을 수도 있다. 그러나 상담자를 향한 내담자의 이와 같은 전이감정을 인식할 수 있어야 한다.

상담과정에서 내담자를 대하는 상담자의 느낌, 태도, 감정도 과거에 다른 사람들과의 인간관계에서 형성된 것들이 전이되는 것을 역전이라고 한다. 역전이는 상담을 그르칠 수 있는 여지가 많으므로 상담자는 상담교육과 훈련과정에서 역전이의 관점에서 철저한 지도 · 감독을 받아야 한다.

3) 성격의 형성과 발달

프로이드는 성격을 원본능(id), 자아(ego), 초자아(superego)의 세 요소로 구성된 것으로 보았다. 원본능은 성적이고 동물적인 쾌락추구의 원리에 따라 자신의 본능적 욕구를 충족시키기 위한 목적으로 움직이는데 비하여 초자아는 부모나 교사와 같은 사람들과의 상호관계를 통하여 양심과 도덕적 규범을 내면화한다. 그러므로 쾌락추구의 본능적 욕구를 충족시키려는 원본능의 에너지와 이를 양심과 도덕적 규준에 따라 통제하려는 초자아의 에너지가 반목하며 갈등을 일으키는데, 이 갈등을 논리적이며 합리적인 사고로 현실원리를 따르는 자아가 조정을 하면서 현실세계에 적응해 나간다. 성격의 세 요소가 이러한 작용을 하는 가운데 인간의 성격은 점차 발전하며 성숙한다. 갓 태어난 유아는 주로 원본능의 욕구충족을 위해 반응하고 행동한다. 유아는 자라면서 점차 초자아의 성격요소를 갖추며 원본능과 초자아의 갈등을 경험하며 자아의 힘을 키워 나간다. 성인에 이르러 합리적이고 논리적인 수준에서 사고하고 추리하며 지각하여 결정하는 자아의 기능이 확대되며 성격이 발달하며 성숙된다.

4) 문제의 발생과 변화

문제의 발생과 변화에 대한 정신분석이론의 관점은 어린 시절에 형성된 성격 때문이다. 어린 시절 성적 욕구와 동기와 갈등에 의한 심리적 충격이 무의식에 잠재되어 현재 행동을 좌우하므로 성격문제의 해결은 유아기와 초기 아동기의 무의식적 동기와 억압된 갈등을 이해할 때 가능해진다. 인간은 태어나서 약 1~2년 동안의 구강기를 시작으로 항문기, 남근기, 잠복기, 생식기로 청소년기까지 이어지는 각 발달단계에서 이루어야 하는 발달과업들을 완수해야 하는데, 완수하지 못할 때는 그 상태에서 발달이 멈추거나 이후의 성격발달을 저해시키며 정신질환으로 발전될 수도 있다. 각 발달단계의 명칭도 해당시기의 성적 욕구를 충족시키는 데 예민한 신체부위의 성감대를 의미한다. 즉 인간은 태어나면서부터 지니고 있는 성적 욕구가 충족되지 않으면 심리적으로 충격적인 경험을 할 수 있다고 가정한다. 따라서, 청소년 학생들의 현재 성격문제는 어린 유아 시절의 성적 욕구가 충족되지 않아 충격적이었던 경험과 관련이 있으므로 무의식으로 남아 있는 그 경험들을 찾아내어 문제의 원인을 이해하는 것이다. 즉 문제의 근원을 알면 문제는 해결된다고 가정한다. 이러한 관점에서 볼 때, 청소년기의 문제는 유아기와 아동기에 받았던 심리적 충격이 성격발달에 좋지 못한 영향을 미쳐, 과거 충격적이었던 것과 유사한 현재생활에서 자신을 보호하기 위해 무의식적으로 자신을 보호하기 위해 부적응의 형태로 재연되거나 전이되는 것으로 해석할 수 있다. 청소년들이 문제를 의식하는 상황이나 문제를 일으키는 상황은 과거의 어린 시절의 경험에서 비롯된 것이지만, 그 경험은 대개 인생초기의 것으로 출생에서부터 약 4~5세까지에 걸쳐 어떤 심리적 위기를 극복하는 지극히 비효율적인 습관적 행동들이었기 때문에 의식하기 어렵다. 그러므로 상담의 목표는 내담자의 성격형성에 영향을 미친 무의식적인 인생초기의 경험을 찾아 현재 어떤 문제를 일으키는 요인으로 작용하는지 인식하도록 돕는 것이다.

5) 상담자의 역할과 기법

정신분석의 상담목표는 무의식을 의식화하는 것이다. 정신분석 상담자는 내담자의 저항과 전이감정을 분석하여 자아의 성장과 기능의 확대를 모색하며 나아가 자아가 무의식적 갈등을 해결하도록 돕는 것이다. 이러한 성격의 재구조화는 즉각적인 문제해결 이상의 것이다.

무의식을 의식화하는 상담목표를 완수하기 위하여, 상담자는 내담자와 다양한 역할을 할 수 있는 상담관계를 형성하도록 정신분석학자들은 제안한다. 내담자의 문제가 어린 시절 누군가와의 상호관계에서 비롯된 것이라면 그 대상은 부모나 형제나 교사일 가능성이 높다. 내담자와 상담을 진행하는 동안 상담자는 내담자의 어린 시절의 부모나 형제나 교사와 같은 역할을 함으로써 무의식으로 남아 있는 어린 시절의 경험과 감정을 투사하며 감정전이가 일어날 수 있도록 도와야 한다.

상담과 치료과정에서 일어나는 저항에 초점을 맞추며 이러한 저항의 해석과 전이감정을 다루는 데 중점을 둔다. 이러한 과정을 통하여 내담자는 자신의 과거와 현재의 경험 사이의 관련성을 탐색하며 성격변화를 위한 기초가 될 수 있는 새로운 이해를 하게 된다.

상담기법으로는 내담자가 통찰하며 억압된 감정을 표현함으로써 의식적인 방법으로 다룰 수 있도록 설계되어 있다. 내담자에게 생각할 수 있는 거의 모든 것을 떠올리게 하는 자유연상법과, 내담자의 꿈을 해석함으로써 어린 시절의 충격적이었던 경험들을 탐색한다. 꿈은 충족되지 못했던 성적 욕구 등이 의식에 의하여 억압된 채로 남아 있다가 잠자는 동안 무의식 상태에서 자유분방하게 드러나는 것으로 보았다. 즉 꿈은 오랜 세월 동안 무의식 상태로 남아 있는 성적 욕구가 무엇인지 알려주는 중요한 소재이다. 상담자는 또, 내담자가 드러내 보이는 저항은 어린 시절의 충격적인 경험과 관련된 누군가에게 가졌던 감정이 상담자에게 전이되고 있는 것으로 가정하고 저항과 전이되는 감정을 과거와 현재의 맥락에서 탐색하고 해석한다. 그밖에 어린 시절의 병역의 수집도 상담의 기법으로 활용된다.

2. 행동주의 상담이론

1) 인간관

Pavlov, Hull의 고전적 조건화와 Skinner의 조작적 조건화의 학습이론과 원리가 1950년대에 상담과 심리치료에 활용되며 형성되었으며, 초기엔 기존의 상담이론들에 행동의 측면을 강화하며 시작되었다.

인간은 선하지도 악하지도 않은 상태로 태어나며, 환경의 자극에 반응하는 유기체로서 인간의 행동은 환경과의 상호작용에 의하여 학습된 습관이다(Kazdin, 1978). 즉 환경의 자극에 대한 인간의 반응에 대해 환경이 제공하는 강화의 형태와 빈도에 의해 결정되는 것이다.

2) 행동수정의 이론과 기법

(1) 행동수정의 기본개념

안다고 하여 곧 행동으로 옮겨지는 것은 아니다. 어떤 문제의 원인을 안다는 것이 일상생활에서 그 문제행동을 바꾸는 데 충분하지는 못하다. 행동주의 상담은 확실한 행동의 변화를 위주로 하며, 내담자들이 자신의 행동과 나아가서는 운명까지 통제할 수 있도록 하는 데 주력한다.

Skinner는 우리의 행동은 그 행동의 결과로 우리에게 무슨 일이 일어났는가에 의하여 결정된다고 보았다. 만약, 우리가 지금 하고 있는 일에 보상을 받으면 앞으로 그 일을 또 할 가능성이 많다. 반대로, 우리가 지금 하고 있는 일에 아무도 관심을 보여주지 않거나, 오히려 벌을 받게 되면 앞으로 그 일을 하지 않게 될 것이다. 행동주의 상담은 내담자가 자신의 행동의 결과로 일어나는 상황을 통제하도록 도움으로써 자신의 행동을 변화시키도록 이끈다.

인간은 행동하는 존재이며 행동의 대가로 받는 보상이 앞으로 어떤 행동을 할 사람이 되는지 결정하게 된다. 그러므로 행동주의 상담자의 임무는 내담자의 행동에 긍정적이거나 부정적인 반응을 받게 됨으로써 앞으로의 행동에 영향을 미치는 내담자의 환경에 각별한 관심을 기울인다. 이제, 행동주의 상담의 근간을 이루고 있는 행동수정의 이론과 기법에 대하여 자세히 살펴보기로 한다.

행동수정은 적응행동을 습득시키고 유지하는 가운데 부적응행동을 약화시키는 체계적인 생활지도의 기법이다. 우리는 자칫 한 아이가 공부를 못하면, '머리가 나빠서', 늘 싸움을 하는 아이에겐, '공격적이기 때문에', 공부를 하지 않으면, '학습동기가 없어서', 교사의 지시를 따르지 않고 멍하니 앉아 있으면, '정서적인 문제가 있어서' 그렇다고 생각하기 쉽다. 행동수정이론은 이와는 다른 두 가지 전제에서 출발한다.

첫째, 개인의 부적응 문제는 성격구조나 내부의 반사회적 성향에 기인하는 것이 아니라, 그 행동자체가 반사회적이기 때문이라고 생각한다.

둘째, 인간의 행동은 환경과 함수관계를 맺고 있다. 즉 환경의 영향을 받는다는 것이다. 따라서 행동수정이론은 행동에 관련되어 있는 외적 환경조건들이 무엇인가를 확인하고 그 조건을 조정하려는 입장을 취한다.

행동수정은 행동을 직접 변화시키기보다는 그 행동을 선행하는 조건 또는 후속의 조건을 변화시킴으로써 행동을 변화시키고자 한다(Bellack, & Hersen, 1977). 행동 앞에 일어나는 것이 그 행동을 하게 하는 원인이 되며 행동 후에 일어나는 것이 그 행동을 더 빈번히 재발되게 하거나 재발을 방지하게 하는 것이다.

(2) 행동수정의 절차

응용행동분석(Applied Behavioral Analysis)이라는 구성개념으로 연구되고 상담과 심리치료에 활용되는 행동수정은 표적행동, 행동의 기초선 측정, 강화의 3단계의 절차를 거친다.

1 표적행동(Target Behaviour)

학습할 행동과 약화 또는 제거할 행동을 선정하여 관찰과 측정이 가능한 객관적 용어로 정의한다. 즉 두 명 이상의 독립된 관찰자에 의한 관찰과 기록의 일치비율이 산출될 수 있도록 관찰측정이 가능한 행동으로 세분화한다. 예컨대 사교성의 학습은 사교적 행동의 학습으로 세분화되어야 그 행동의 빈도나 강도를 정확히 관찰하고 측정할 수 있다.

[2] 행동의 기초선 측정(Baseline)

행동수정의 시발점을 가리키는 것이다. 즉 행동수정을 위해 선정된 행동의 빈도이며 행동수정이 끝났을 때, 행동수정의 정도를 평가할 수 있게 한다. 측정방법에는 두 가지가 주로 사용된다. 한 가지는 수업시간 중 장난치는 행동과 같이 행동의 빈도를 측정하는 방법이고, 또 다른 한 가지는 행동의 지속 정도를 시간으로 측정하는 방법이다.

[3] 적응행동의 증강과 부적응행동의 약화(강화계획)

부적응행동을 약화시키는 반면 적응행동을 증강시키는 강화방법은 두 가지로 구분해 볼 수 있다. 그 하나는 정적강화로서 바람직한 행동에 보상하는 것이다. 정적강화는 미래의 행동발생률을 향상시킨다. 또 다른 하나는 부적강화로서 적절한 행동 후 싫어하는 것을 제거해 주는 것이다. 예컨대 30분 이내에 30문제를 정확하게 다 푼 학생에게 청소당번을 면제해 준다. 정적강화와 부적강화는 모두 강화받은 행동의 발생률을 증가시킨다. 강화에 의한 효과가 나타나기 시작하면 간헐강화를 통하여 새로운 적응행동의 일반화를 꾀한다.

[4] 반전기간

강화계획대로 실천에 옮긴 결과는 부적응행동이 약화되고 적응행동이 어느 정도 증강되는 것으로 나타날 것이다. 간헐강화에 의하여 수정된 행동이 어느 정도 일반화되어 행동수정 프로그램의 효과가 나타났는지 확인해 보기 위하여 계획대로 실시해 왔던 강화를 모두 거두어 행동수정 이전의 상태로 돌아간다. 이러한 기간을 반전기간이라고 하며 이때 행동수정 프로그램의 효과를 검증해 볼 수 있다.

이러한 행동수정은 응용행동분석이라는 명칭으로 연구되고 다양한 방법이 개발되어 많은 행동주의적 상담자들이 상담에 활용하고 있다. 즉, 행동주의적 상담은 응용행동분석에 바탕을 둔 것으로 이는 내담자와 내담자의 환경을 조사하여 환경을 바꾸기 위해 구체적인 중재를 개발해 나가는 체계적인 방법이다. 행동수정이라고도 불리는 응용행동분석은 어떤 종류의 상담방법을 선택하건 상관없이 상담자는 내담자를 보다 잘 이해하도록 돕는 유용한 구성개념이다.

(3) 상담의 과정

성공적 응용행동분석은 ① 상담자와 내담자의 관계, ② 행동의 조작화를 통한 문제 정의, ③ 기능적 분석을 통한 문제배경의 이해, ④ 내담자를 위한 사회적으로 중요한 목표의 설정 등 4가지의 요인에 바탕을 둔다.

3) 문제의 발생과 변화

부적응행동도 환경과의 상호작용 과정에서 자극과 반응과 강화에 의하여 학습되는 것이다. 즉 적절하지 못한 행동도 환경의 자극에 반응으로서 어떻게든 강화되어 학습된 것이다. 예컨대 수업 중에 지속적으로 문제행동을 하는 아이는 그 문제행동만으로 교사의 관심을 받을 수 있다는 것을 배웠기 때문이다. 사회성이 부족하여 항상 고립되어 의기소침해 있는 아이들은 어울리기 불편한 사람이나 상황을 그와 같은 방법으로 피할 수 있음을 배웠기 때문이다. 그러한 행동에 대한 대가와 보상은 과거의 경험에서 두려웠던 상황을 피할 수 있었던 일이다. 이러한 예에서처럼 행동주의 상담자들은 부적응이나 문제의 형태를 관찰과 측정이 가능한 학습된 행동과 습관에 초점을 둔다. 상담과정에서 환경의 자극에 보다 적합하고 적응행동으로 반응하도록 그 반응에 보상과 강화를 받을 수 있도록 함으로써 상담의 목표는 새로운 행동과 습관을 배우도록 돕는 것이다.

4) 상담자의 역할과 상담기법

상담자는 내담자로 하여금 자신의 환경자극에 대한 반응방식을 바꿈으로써 새로운 형태의 바람직한 행동을 재학습할 수 있도록 돕는다. 내담자는 자신의 반응에 대해 다양한 형태의 보상이나 강화물을 물질적으로나 심리적으로나 계획적으로 사용함으로써 가능하다. 상담자는 내담자가 문제를 구체적으로 파악하여 문제행동을 제거함과 동시에 바람직한 행동을 대체시키도록 강화계획을 내담자 스스로 세울 수 있도록 도와야 한다. 이러한 과정에서 다루고자 하는 모든 행동은 관찰과 측정이 가능한 구체적인 행동이어야 하며 쉽게 변화시킬 수 있는 것에서부터 어려운 것으로 체계있게 구성되어야 한다. 행동을 변화시키기 위한 훌륭한 계획은 실행

단계에서 모호한 점이 없다. 실행에 어려운 점이 나타날 때마다 상담자는 그에 대해 청소년과 긴밀히 협조해야 한다. 조그만 변화에서도 큰 성취감을 맛보도록 조금씩 그리고 천천히 실행에 옮기도록 도울 수 있어야 한다. 내담자들은 자신이 인생의 주체임을 확실히 해야 한다. 상담자에 의해 운영되는 프로그램의 대상자가 아니라 그들 스스로 프로그램을 운영하는 주체가 되어야 한다. 상담자가 행동수정의 전문가적이며 교사와 같은 역할을 피할 수 없다 하더라도 상담과정에서 많은 책임을 수용하고 소유해야 한다.

행동주의 상담자는 내담자가 자신의 부적응행동은 제거하고, 그 대신 적응행동을 형성하여 대체시키도록 돕기 위해 다양한 기법을 사용한다. 부적응행동을 소멸시키기 위하여 그 행동의 반응으로서 벌과 같은 혐오자극을 제공할 수 있다. 바람직한 적응행동을 형성하기 위하여 그 행동의 보상으로 강화물을 제공함으로써 행동형성(shaping)기법을 사용한다. 행동형성은 바람직한 행동을 여러 단계로 분류하여 점진적으로 바람직한 목표행동에 접근하도록 하는 것인데, 행동주의 상담에서 가장 많이 활용되는 기법이다. 계획적으로 내담자가 바람직한 행동을 하도록 하게 하고, 그 행동을 하면 유쾌한 자극으로 보상을 주며 그 행동을 강화하여 그 행동의 빈도를 높인다. 이 밖에 체계적 감감법, 소멸, 계약, 모방학습, 토큰강화법, 근육이완법, 긴장이완법, 주장훈련 등 다양한 기법들이 사용된다.

3. 인간중심 상담이론

1) 인간관

인간중심이론은 로저스에 의하여 창시된 이론으로 인간은 자신의 성장과 발달의 저해요인을 스스로 인식하고 해결할 수 있는 능력을 가진 합리적이고 긍정적이며 사회적이어서 궁극적으로 자아를 실현할 수 있는 존재로 본다. 자아실현이란 자신의 잠재능력을 충분히 발휘하며 사는 것을 의미한다. 즉 인간은 자신의 경험을 바탕으로 현실세계를 인지하고 파악할 수 있는 일관된 내적 준거체제를 형성하여 자신의 중요한 가치와 욕구를 스스로 결정하고 삶의 장기적인 목표를 성취하기 위하여 잠재력을 최대한 발휘하려고 노력한다(Patterson, 1987). 인간은 존재의 의미를 찾기 위해 각자 자기경험을 주관적인 측면에서 소유하고, 삶의 과정에서 선택의 자유를 가지며, 자신의 선택에 책임을 지려 한다.

2) 문제의 발생과 변화에 대한 관점

문제의 발생과 변화에 대한 Rogers의 관점은 인간은 생득적인 자아실현의 욕구를 충족시키는 과정에서 시행착오와 좌절을 경험하는 데 이러한 실패의 근원은 자아정체감을 발달시키는 과정에서 겪는 혼란 때문이다. “나는 어떤 사람인가? 나는 어떻게 살아왔으며 어떤 일생을 살아가야 하는가? 어떤 것에 가장 큰 가치를 둘 것인가? 어떤 배우자와 어떤 직업을 선택할 것인가? 나 스스로 이와 같은 모든 것을 결정할 수 있는가?” 이것은 자아정체감을 발달시키고 형성시키는 데 필요한 의문이다. 그러나 이러한 질문에 분명한 답을 갖기까지는 몇 가지 전제조건이 있다. 친구를 사귀며 이성 친구를 사랑하고 원만한 사회생활을 영위할 수 있어야 하며, 자신을 긍정적으로 평가하며 인정하는 마음가짐이 있어야 한다. 오늘날과 같이 극심한 경쟁사회, 특히 입시위주의 학력 경쟁 상황에서 많은 청소년들이 실패와 좌절을 경험함으로써 자신을 부정하고 학대한다. 특히 현대생활은 바쁜 일상생활 때문에 누구나 그저 평범한 일상인의 존재로 전락하여 존엄한 인간으로서 존재의 의미를 상실하기 쉽다. 그러나 인간은 누구나 심리적 적응의 능력과 자신을 향상시키려는 자아실현의 욕구와 잠재능력을 지니고 태어나기 때문에 이러한 자원을 충분히 활용할 수 있는 심리적 분위기만 형성되면 자신을 신뢰하며 자발적으로 자신의 목표를 달성할 수 있게 된다(Hergenhahn, 1990).

선천적으로 타고난 적응능력과 자아를 실현하고자 하는 욕구와 잠재능력을 완전히 발휘할 수 있는 안정된 심리적 분위기를 형성하기 위하여 상담자는 내담자와 우선 친밀하고 신뢰할 수 있는 래포를 형성해야 한다. 상담자와 무엇이든 이야기할 수 있는 안전한 분위기에서 내담자는 자신의 경험에 대한 주관적 견해와 해석을 재검토함으로써 현재 자신의 성장과 발달을 저해하는 요인과 자신을 부인하고 왜곡시킨 현상이 무엇인지 탐색할 수 있다.

3) 상담자의 역할과 상담기법

이러한 과정에서 상담자는 내담자들의 실패와 좌절에서 그들 스스로 의미를 찾을 수 있는 경험을 하게 함으로써 더 이상 자기 부정과 학대를 하지 않도록 도울 수 있다. 동시에 자기 자신에 대한 신뢰를 구축할 수 있도록 상담자는 내담자들을 존엄한 인격체로 대하며 실패와 좌절로 인한 고통은 인생의 새로운 의미를 찾게 만드는 발전의 원동력임을 인식하고 서로의 주관적 견해를 나눌 수 있어야 한다. 상담자와 내담자의 진정한 인간 대 인간으로서의 만남 그 자체가 곧 훌륭한 변화의 원천이다(Ivey, & Simek-Downing, 1987). 이것이 내담자의 변화를 촉진하는 상담자의 역할이다.

인간은 진정으로 내면의 자기(inner self)를 만나게 될 때, 긍정적인 변화가 일어나며 충만감을 느낄 수 있다. 그러므로 내담자들이 자기부정과 학대에서 벗어나 인생의 새로운 의미를 찾고 그들의 자아실현을 위한 욕구와 잠재능력을 충분히 발휘하며 생활할 수 있는 변화가 일어날 수 있도록 상담자는 내담자에게 신뢰할 수 있고 친밀한 심리적 분위기를 형성하는 것이 무엇보다 중요하다. 친밀하고 신뢰할 수 있는 분위기의 형성은 그 자체가 내담자가 변화할 수 있는 충분한 요건이 된다. 이와 같은 분위기 형성을 위하여 상담자는 내담자의 내적 준거체제와 주관적 세계를 이해하도록 노력해야 한다. 이것은 내담자들이 그들의 경험을 어떻게 생각하고 느끼고 행동하는지 그들의 관점에서 이해할 수 있을 때 가능해진다. 내담자에게 지시하고 충고하기보다는 그의 말과 감정에 귀 기울이며 듣고 느끼고, 그의 관점에 기초하여 이해한 내용을 교환하고, 사물을 보는 새로운 관점과 의미를 찾을 수 있도록 격려하는 상담자의 기술이 요구된다. 상담자는 내담자가 이야기하는 내용만 듣기보다는 그 경험의 의미와 주관적 해석과 중점을 두는 가치를 들을 수 있도록 적극적인 경청기법을 활용해야 한다. Ivey, & Simek-Downing(1987)이 제시하는 내담자중심 상담모델을 살펴보자.

【단원별 과제】

[9.1] 개인상담과 집단상담 이외에 또 어떤 형태의 상담을 가정할 수 있는가?

[9.2] 상담이론들을 정신분석이론, 행동주의이론, 인간중심이론으로 분류한 주요 기준은 무엇인가?

[9.3] 상담이론과 기법들이 한국문화에 어떤 점에서 적합하고 부적합한지 논의해 보시오.

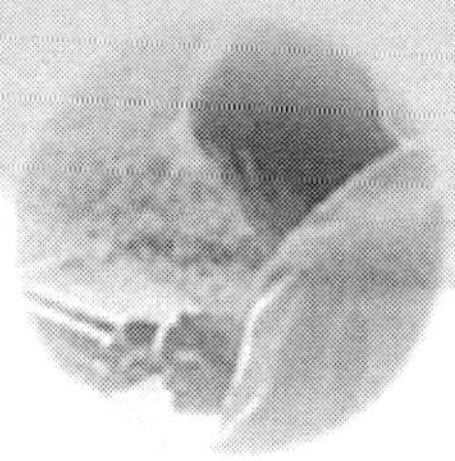

제 10 장

진로교육과 상담

진로교육은 학생들이 자신에 대해 잘 이해하고 세상의 직업들에 대해 잘 이해하도록 지도하여 자신에게 가장 적합한 직업을 선택하도록 돕기 위해 이루어지는 체계적 지도활동이다. 학교교육은 학생들이 학교를 졸업할 때 진학이나 직장에서 필요한 지식과 기술을 가르칠 수 있도록 되어야 함과 동시에 학생들이 자신의 특성과 욕구를 이해하고 자아정체감의 발달을 이루어 나갈 수 있도록 중점을 두어야 한다.

본 장에서는 진로교육의 과정에서 교사들이 학생들을 지도할 때 상담의 측면에서 활용할 수 있는 진로상담이론에 중점을 두고 설명한다. 약 1세기에 걸쳐 학생들의 진로교육과 상담에 영향을 미쳐 왔던 주요연구와 학자들의 관점을 소개하고 학교에서 진로교육과 상담의 활용방안을 탐색한다.

제1절 진로교육과 상담의 이해

1. 진로상담의 정의

진로상담은 개인이 자기 자신과 일의 세계에서 자신의 역할에 대한 통합된 자아상을 만들고 발전시키는 일이며, 이러한 개념들을 자신에게 만족스럽고 사회에 바람직하게 공헌할 수 있도록 돕는 과정이다. 다시 말하면 진로상담이란 먼저 개인을 이해하고 그 다음 직업의 세계를 이해한 후에 그 개인에게 적합한 직업을 찾도록 돕는 과정이다.

즉 진로상담은 내담자가 끊임없이 변화하는 직업세계 속에서 만족스러운 생활을 창조하기 위해 기술, 흥미, 신념, 가치, 일, 습관, 개인적 자질을 학습하는 것을 촉진하는데 있다.

2. 진로상담의 발달이론

Parsons의 특성이론의 상담과정은 대학과 YMCA와 같은 전문기관에서의 직업상담에 기초가 되었으며 이후 Williamson과 Jones 등의 학자들이 수정 · 발전시켰다. Williamson은 진로선택을 내리지 못한 경우나 선택이 확실치 않은 경우, 혹은 현명하지 못한 선택을 내린 경우나 흥미와 적성 간에 괴리가 있는 네 가지 경우에 진로상담이 이루어진다고 보았다.

1950년대 초 진로상담의 발달에 초석을 이룬 Ginzberg, Roe, Super와 같은 진로발달 이론가들은 성숙을 진로발달의 핵심으로 보고 연령별, 발달단계별로 설명하였으며, 그 이후, Holland, Tiedman, Gelatt, Krumboltz, Boldin 등의 학자들이 진로발달 및 진로선택의 이론을 더욱 발전시켰다.

그러나 최근의 연구동향은 진로발달의 단계를 특정한 연령대로 구분하기보다는 개인이 소속된 사회 · 문화적 환경에 따라 유동적일 수 있음을 강조한다(Niles, 1998; Raskin, 1998; Schmitt-Rodermund & Silbereisen, 1998).

3. 진로상담의 이론

1) Parsons의 특성-요인이론

Parsons는 직업지도의 선두주자로 알려져 있으며, 산업 독점가들에 의한 노동자 착취에 관심을 가지고 산업개혁, 능력/흥미에 맞는 직업선택 교육, 사회제도 개혁 방안을 제안하였다. Parsons는 개인분석, 직업분석, 과학적 조언이 진로선택에 있어서 진실한 추론을 해 나간다고 보았다.

1930년대까지 특성은 정신이나 신경조직에 있는 지속적인 정신적 · 신경학적 구조라고 가정되어 왔다. Thurstone, Jensen은 내적 특성 측정할 수 있는 도구가 개발될 수 있다고 믿었다. 특성이란 숨어 있는 특질이나 원인이 아니라 기술적인 범주이고, 학습된 것이며 특정한 임무나 상황에 한해서만 타당하다고 보았던 것이다.

특성요인검사의 관심사는 성공의 예언과 구인타당도(검사의 명칭이 의미하는 특성을 측정하는지 검사점수의 의미를 분석, 심리적 개념의 타당성)에 초점을 두었다.

특성요인이론의 특징은 다음과 같다.

① 각 개인은 신뢰할 수 있으며 타당하게 측정될 수 있는 고유한 특성의 집합체이다.
② 직업은 성공을 위해 특정 특성소유자를 필요로 한다.
③ 직업선택은 직선적 과정이며 매칭이 가능하다.
④ 개인의 특성과 직업의 요구 간에 매칭이 잘 될수록 성공가능성은 커진다.

2) Roe의 욕구이론

Roe는 성격이론과 직업분류와의 이질적 영역간의 통합에 관심을 두었다. 그는 직업과 신체 · 심리적 개인차를 고려하여 직업과 기본욕구만족의 관련성을 Maslow의 욕구위계설을 바탕으로 할 때 가장 효율적이라고 보았다.

Roe는 흥미에 기초한 직업군집을 서비스직, 비지니스직, 단체직, 기술직, 옥외

활동직, 과학직, 일반문화직, 예능직으로 만들었다.

각 군집은 다시 책임, 능력, 기술의 정도를 기준으로 고급 전문관리, 중급 전문관리, 준전문관리, 숙련직, 반숙련직, 비숙련직으로 나뉘어진다.

Roe 직업분류이론의 흥미욕구에 대한 명제는 다음과 같다.

① 유전은 모든 특성의 발달 잠재성에 제한을 가하지만, 통제의 성격에 차이(지능, 기질, 흥미, 태도)

② 유전된 특징의 발달 정도 방식은 개인의 경험, 문화적 배경, 가정 · 사회경제적 지위 등에 의해 영향을 미친다.

③ 흥미태도 및 상대적으로 약하고 일반적인 유전적 통제력을 가진 성격변인들의 발달형은 개인경험에 의해 결정되며 무의식적 방향성을 지닌다.

④ 관심-방향성에서 정신 에너지의 최종적 형태는 흥미의 주요 결정요인이다.

⑤ 욕구의 강도, 만족도, 조직화는 성취에 대한 동기유발의 정도를 결정하는 주 요인이다.

3) Holland의 인성이론

Holland는 '40년대 중반 모병면접자 군대경험에서 진로이론에 관심을 보이며, 학생, 신체장애자, 정신질환자 대상의 상담경험, 사람들이 소수의 유형으로 분류될 수 있다고 확신하였다. 직업적 흥미는 성격의 일부, 개인의 직업적 흥미에 대한 설명은 곧 개인의 성격에 대한 설명이다.

Holland(1973)에 의하면 개인은 성격과 다양한 환경요인에 따라 특정 진로를 선호하며, 진로선택은 직업의 세계에 반영된 성격의 표현이다. 특정한 직업에 대해 자신을 어떻게 지각하는지 그리고 그 직업에 대해 수용적인지 혹은 거부적인지가 진로를 선택하는 주요 결정요인이다. 자신과 직업 선호에 대한 관점이 일치를 보이면 개인 양식 유형(modal personal style)을 구축한다. 개인 양식 유형은 유전과 환경과의 상호작용을 통해 형성되는 발달과정이다. Holland이론의 핵심은 개인이 선호하는 양식을 만족시켜 주는 진로를 선택한다는 가정에 있다. 예를 들면 사회지향적인 사람은 다른 사람들과의 상호작용을 제공하는 환경에서 일하기를 선호한다([그림 10-1] 참조).

Holland는 만족스럽고 안정된 직업을 구하기 위해서는 자기 지식을 가지는 것이 중요하다고 강조했다. 이러한 관점에서 Holland는 여섯 가지의 직업 환경 양식과 어울리는 6가지의 개인 지향 양식을 개발했다.

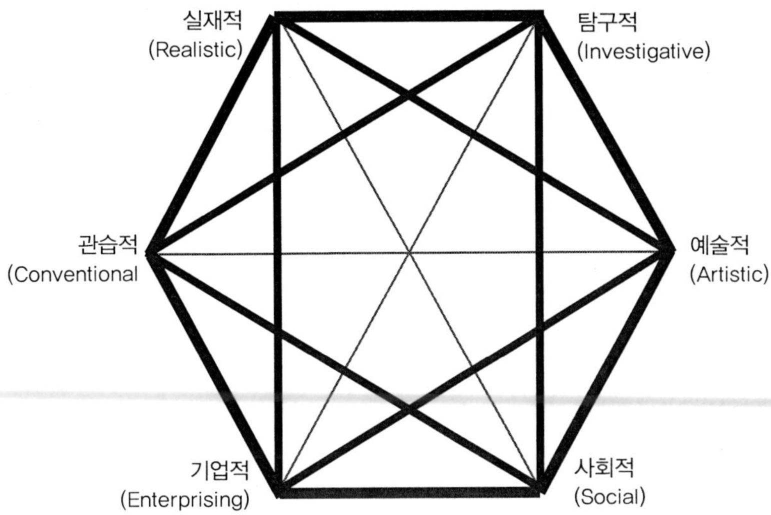

[그림 10-1] Holland의 인성이론

Holland이론에는 4가지 기본 가정이 있다. 첫째, 대부분의 사람들은 현실적, 탐구적, 예술적, 사회적, 사업적 그리고 관습적 6개 유형 중 하나로 범주화되어질 수 있으며, 둘째, 직업 환경 역시 현실적, 탐구적, 예술적, 사회적, 기업적 및 관습적인 6개 영역으로 구분할 수 있다. 셋째, 사람들은 그들의 기술과 능력을 발휘하고 태도와 가치를 표현하면서 자신이 동의하는 역할을 수행할 수 있는 환경을 찾는다. 넷째, 행동은 개인의 성격과 그 주어진 환경과의 상호작용에 의해 결정된다.

Holland의 육각형 모델은 3개의 핵심 개념을 포함한다.

첫째, 성격 모형의 일관성(consistency of personality patterns)으로 육각형 모델에서 개인은 자신이 선호하는 한 유형과 인접한 유형들에 대해서도 흥미를 보인다.

둘째, 성격 유형들은 각각이 고유해서 각 유형들은 서로 뚜렷이 구분되지만, 다양한 성격유형을 가진 사람들은 두드러진 한 가지 성격유형으로 규정하기가 어렵다.

셋째, 적합성은 개인의 성격유형과 어울리는 환경에 있게 될 때 발생한다.

Holland는 사람이 여섯 가지 유형으로 성격패턴이 있다고 제안하였다. 여섯 유형에 대해 간단히 설명하면 다음과 같다.

첫째, 실재적(Realistic) 유형은 성격이 남성적, 솔직, 성실, 검소, 지구력, 신체건강, 소박, 말이 적고 고집이 셈, 직선적, 단순하다. 적성은 손으로 사용하는 기능적인 작업을 선호하고, 객관적이고 분명하며 구체적인 과제를 즐긴다. 기계적 · 운동적 능력이 뛰어나지만 대인관계 능력이 부족한 편이다. 수공, 기술적 능력면에서 유능하다. 실재적 유형의 대표 직업으로는 기술자, 자동차/항공기 조종사, 정비사, 농부, 엔지니어, 전기기계기사, 운동선수가 있으며 전공계열로는 공학, 농학, 해양수산, 이학 계열 분야가 있다.

둘째, 탐구적(Investigative) 유형은 성격이 탐구심, 논리적, 분석적, 합리적, 비판적, 내성적, 수줍어함, 신중, 지적, 독립적이다. 적성은 학구적 · 지적 자부심이 높으므로 관찰적, 상징적, 체계적 탐구활동과 수학 · 과학 영역이 탁월하다. 하지만 지도력 · 설득력이 부족한 편이다. 탐구적 유형의 대표직업은 과학자, 생물학자, 화학자, 물리학자, 지질학자, 인류학자, 의료기술자, 의사 등이 있으며, 전공 계열로는 의학, 약학, 이학, 의학지원계 분야가 있다.

셋째, 예술적(Artistic) 유형은 성격이 풍부한 상상력, 감수성, 자유분방, 개방적 · 민감하고, 충동적, 독창적 · 자기 반성적이며, 큰 사회 모임보다 소집단이나 혼자 있기를 선호한다. 적성은 미술 · 음악적 능력이 있고, 창조와 표현, 변화하는 것이 맞으며, 상징적, 비체계적 활동 능력을 보인다. 단, 사무기술이나 체계적 · 순서적 능력 부족이 부족하다. 예술적 유형의 대표 직업으로는 예술가, 작곡가, 음악가, 무대감독, 작가, 배우, 소설가, 미술가, 무용가, 디자이너가 있으며, 전공 계열은 예술 · 음악 · 미술 · 공예, 연극영화, 무용계, 인문계가 있다.

넷째, 사회적(Social) 유형은 성격이 친절, 이해심, 봉사적, 감정적 · 이상주의적, 명랑적, 성취적, 보수적이다. 또한 사람들과 함께 일하고 다른 사람들을 돕는 것을 즐긴다. 적성은 사회적 · 교육적 지도력, 언어능력, 대인관계 기술이 좋다. 하지만 기계적 · 과학적 능력이 부족하다. 사회적 유형의 대표 직업으로는 사회복지사, 교육자, 간호사, 종교지도자, 상담가, 임상치료사, 언어치료사가 있으며, 전공 계열로는 사회계열, 가정, 간호, 체육, 복지 사범대, 심리학과가 있다.

다섯째, 기업적(Enterprising) 유형은 성격이 지배적, 통솔력, 지도력, 설득적, 경쟁적, 야심적, 외향적, 낙관적, 열성적, 모험적이다. 적성은 적극적, 대인지향적, 선도,

계획, 통제, 관리를 통해 위신, 인정, 권위를 얻는 데 관심을 보이며, 지도적이고 언어능력이 뛰어나다. 반면 과학적 능력이 부족한 편이다. 기업적 유형의 대표 직업으로는 기업경영인, 정치가, 판사, 영업사원, 상품구매인, 보험회사원, 판매원, 관리자, 연출가가 있으며, 전공 계열로는 상경, 법정, 사회, 행정, 정치학과가 있다.

여섯째, 관습적(Conventional) 유형은 성격이 정확, 치밀, 신중, 계획성, 계산적, 완고, 책임감이 강하며, 사회적인 인정에 관심이 있으며, 보수적, 순응적이다. 적성은 정해진 원칙, 계획에 따라 자료를 기록, 정리, 조직하는 사무적 계산능력이 뛰어나다. 관습적 유형의 대표 직업으로는 공인회계사, 경제분석가, 은행원, 세무사, 컴퓨터프로그래머, 감사원, 안전관리사, 사서가 있으며, 전공 계열로는 법정, 상경, 행정, 회계, 문헌정보학과가 있다.

표 10-1

Holland의 성격 패턴 유형

Holland의 분류	특 성
현실적 (Realistic)	현실적(기능) 유형이 우월한 사람들은 손을 사용하는 기능적인 작업을 선호하며 객관적이고 구체적인 과제를 즐긴다. 이들은 종종 수학 · 기계 지향적이다.
탐구적 (Investigative)	탐구(과학)적인 사람들은 학구적이고 과학적인 영역에서 탁월한 경향이 있다. 그들은 전형적으로 신중하고, 지적이며, 독립적이며, 과업 지향적이다.
예술적 (Artistic)	예술적인 사람들은 언어적이고 예술적인 영역에서 탁월하며 창의적이고 독창적인 경향이 있다. 그들은 민감하고, 충동적이며, 자기 반성적인 경향이 있는데, 큰 사회적 모임보다는 소집단 혹은 혼자 있기를 선호한다.
사회적 (Social)	사회적인 유형의 사람들은 일반적으로 다른 사람들과 함께 일하고 또 다른 사람들을 돕는 것을 즐긴다. 그들의 강점은 언어능력과 대인관계 기술이다. 그들은 사회적이고, 명랑하며, 성취적이고, 보수적인 경향이 있다.
기업적 (Enterprising)	기업적인 사람들 또한 대인 지향적이나 도움을 주는 것보다는 지배하고 권유하는 것과 연관이 있다. 이들은 모험적이고, 외향적이며, 사회적인 경향이 있다.
관습적 (Conventional)	관습적인 유형의 사람들은 사회적으로 인정받는 것에 관심이 있으며, 보수적이고, 순응적이며, 사회적인 경향이 있다. 이들은 사업, 계산적, 그리고 사무적인 직업을 즐기는 경향이 있다.

4) Krumboltz의 사회학습이론

Krumboltz는 교육적 · 직업적 선호 및 기술의 획득, 교육 프로그램과 직업 현장의 일들의 선택을 설명하기 위해 발달된 이론이다. 강화이론, 고전적 행동주의이론, 인지 정보처리이론에 기원이 되었으며 행동에 대한 일반적인 사회학습이론에 기초하였다.

Krumboltz는 진로결정에 영향을 주는 요인을 다음과 같이 분류하였다.

① 유전적 요인과 특별한 능력은 교육적 직업적 선호나 기술에 제한을 줄 수 있는 자질을 말하며 인종, 성별, 신체특징, 지능, 예술적 재능, 근육기능 등이 포함된다.

② 환경적 조건과 사건은 진로활동이나, 진로선호에 영향을 미친다는 것이다.

③ 학습경험이 의사결정에 영향을 미친다는 것이다.

④ 과제접근 기술은 문제해결 기술, 일하는 습관, 정보수집 능력, 감성적 반응, 인지적 과정 등이 포함된다.

5) Ginzberg의 진로발달이론

경제학자인 Eli Ginzberg와 정신과 의사인 Ginsberg 그리고 사회학자인 Sidney Axelrad는 그들의 저서 「직업선택 : 일반이론적 접근(Occupational Choice : an approach to a general theory)」을 통해 초기의 생애이론(life-span theory)에 기여하였다. 이들은 도시에 사는 중 · 상류층 청교도 및 가톨릭 가정의 남자 청소년들을 대상으로 한 연구의 결과로 이들의 진로선택 과정을 세 단계로 구분하였다. 즉 진로발달 과정은 기쁨과 환상이 진로선호에 있어서 일차적 결정자가 되는 환상단계(6~11세)를 거쳐, 2단계로 현재의 흥미와 즐거움과 연관된 미래 목표에 초점을 두는 흥미단계(interest substage : 11~12세)에 이른다. 다음 세 번째 단계인 잠정단계(11~17세)는 다시 능력단계, 가치단계, 전환단계 등의 하위단계로 나뉘어진다. 능력단계(capacity substage : 12~13세)에는 진로목표를 진술할 때 그들이 가지고 있는 능력을 고려하다가 가치가 희망하는 진로를 결정하는 요인이 된다. 15~16세 무렵에 이들 가치(values), 능력(capacities), 흥미(interests)를 통합하여 진로를 계획하다가, 대략

17세 전후가 되어 전환단계(transition substage)에 이르면 개인을 둘러싸고 있는 현실을 바탕으로 직업을 선택한다.

그리고 마지막 단계로 현실단계에 이른다. 이 단계는 대략 18세 무렵에 시작되는데, 탐색(exploration)단계, 결정화(crystallization) 혹은 진로목표 설정의 단계 그리고 선택한 영역에서의 특수화(specification)단계로 진행되어진다고 주장했다. 후에 Ginzberg(1972)는 이론의 수정을 통하여 불가역적인 단계를 철회하며 진로발달을 인생전반에 걸친 변화가 가능한 과정으로 보았다.

Ginzberg의 발달이론은 중요한 공헌을 하였지만, 진로발달을 촉진시키는 과정에 대한 지침을 제공하지 못하는 설명적인 이론에 그쳤으며, 또한 하나의 진로발달 단계에서 다른 단계로 이동하는 과정과 그 과정적 장애, 혹은 백인이 아닌 사람들은 그 발달과정이 어떻게 다를 것인지에 관하여 별로 언급하지 못했다는 단점이 있다.

6) Super의 생애발달이론

Super(1957)는 뉴욕시 미들타운에 거주하는 100명의 중학교 3학년 남학생들을 대상으로 한 진로유형 연구(career pattern study)에서 자기개념(self-concept)의 중요성을 강조하였는데, 직업선호를 그 자기개념을 실행하려는 노력의 표현일 뿐만 아니라 자기 자신을 보는 관점의 반영으로 보았다. 그는 자신의 생애 진로발달 모델을 토대로, 이들이 21세, 25세 그리고 36세일 때 추가로 종단적 진로유형 연구(career pattern study)를 실시했다(1984).

Super의 진로발달 모델은 5단계로 이루어진다. 그 1단계는 성장기(growth stage)로 출생에서 14세 때까지의 기간을 말하는데, Ginzberg가 언급한 환상, 흥미 그리고 능력 단계들이 포함된다. 두 번째 단계인 탐색기(exploration stage)는 24세까지로 진로발달에 있어서 현실감이 증가되는 역할을 한다. 이 단계는 다시 잠정기(tentative stage : 15~17세), 전환기(transition stage : 18~21세), 그리고 시행기(trial stage : 22~24세) 등 세 개의 하위단계로 나뉘어진다. 중 · 고등학생들은 탐색기의 잠정기에 해당되는 데 이 시기가 되면 자신의 욕구, 흥미, 능력, 가치, 진로 기회 등을 고려하기 시작한다. 이 시기의 청소년들은 환상이나 토론, 일, 그리고 기타 경험을 통해 잠정적인 진로선택을 한다. 세 번째 단계는 확립기(establishment stage)

로 불리는 데 이 시기는 직업의 세계에의 입문과 이동(trial & shifting : 25 ~ 30세)단계와 안정기(stabilization : 31 ~ 44세)로 구분된다. Super의 모델에서 네 번째 단계는 중년의 유지기(maintenance stage : 45~64세)이며, 마지막 다섯 번째 단계는 65세 이후의 쇠퇴기(years of decline)로 감속(deceleration : 65 ~ 70세)과 은퇴(retirement : 71세 이후)를 포함한다.

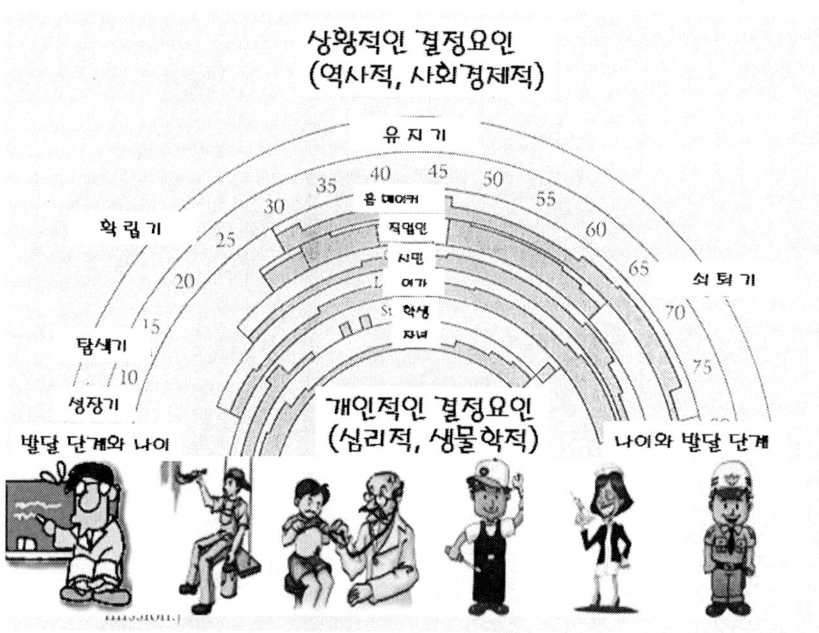

[그림 10-2] Super의 생애발달이론

Super는 일생 동안에 경험하는 9가지의 주요 역할, 즉 자녀, 학생, 여가생활, 시민, 직장인, 홈메이커의 상호작용을 '진로발달무지개(life-career-rainbow)'로 나타냈는데, 이들 역할 간 상호작용의 변화에 따른 개인의 진로발달을 설명한다. 또한 그는 전체 진로발달 과정을 소주기(minicycles)로 설명하면서 일생 동안 여러 번의 결정을 내리게 되는 변화의 과정으로 보았다.

제 2 절 진로발달을 돕는 지도와 상담

학교교육이 아동들의 잠재능력을 최대한 계발하지 못하고 실패하는 원인 몇 가지를 들 수 있다.

① 교사들의 학생들에 대한 낮은 기대
② 비효율적인 교육과정 및 교수방법에의 의존
③ 준비가 불충분한 혹은 지원을 충분히 받지 못 하는 교사
④ 취약한 학교-가정의 연계
⑤ 적합한 책임 체제의 결여
⑥ 학교의 비효율적인 자원의 활용 등을 들 수 있다(Carnegie Task Force, 1996).

1. 초등학교에서의 진로교육 및 상담

1) 발달 단계적 특징 : 직업의 세계에 대한 인식

초등학교 아동들은 그들을 안전하게 지켜 주고 성장하는 데 기여하는 많은 직업들을 인식한다. 직업의 세계에 종사하는 사람들을 관찰하기 시작하며 월급은 어떻게 쓰는지 등에 관심을 가지게 된다. 그들은 점차로 모든 사람들이 기능 세계의 일원으로서 기여한다는 것을 인식한다. Drummond과 Ryan(1995)은 이러한 직업의 세계에 대한 인식과 더불어 초등학교 학생들에게 나타나는 특징들을 〈표 10-2〉와 같이 설명한다.

표 10-2

초등학교의 진로목표 및 능력

초등학교의 진로목표 및 능력
일반 진로목표 · 자신의 성격, 흥미, 적성 및 자신이 가지고 있는 기술 등을 알게 된다. · 다양한 직업의 세계를 인식하고 각각의 특성을 존중한다. · 일에 대한 긍정적인 태도를 기른다.

학년별 능력	
1학년	· 자신이 좋아하고 싫어하는 것들을 설명할 수 있다. · 다양한 장면에서 일하는 사람들을 밝힐 수 있다. · 집과 학교에서의 자신의 임무를 밝힐 수 있다. · 전에는 할 수 없었으나 지금은 할 수 있는 자신의 기술은 어떤 것인지 밝힐 수 있다.
2학년	· 집과 학교에서 과제를 마치는 데는 어떤 기술이 필요한지 설명할 수 있다. · 학교환경에서 어떤 사람들이 무슨 일을 하는지 구체적으로 설명할 수 있다. · 다양한 장면에 다양한 직업이 있음을 인식한다.
3학년	· '미래'라는 용어가 무슨 의미인지 정의 내릴 수 있다. · 사람들이 가지고 있는 다양한 삶의 역할을 인식하고 설명할 수 있다. · 가능한 한 많은 직업 명칭을 열거할 수 있다.
4학년	· 미래에 어떤 삶을 살고 있을 것 같은지 상상해 볼 수 있다. · 지역사회 내에서 볼 수 있는 다양한 직업들의 중요성을 평가해 볼 수 있다. · 각 직업에 종사하는 사람들은 어떤 일을 하는지 설명할 수 있다. · 개인적인 취미와 여가 활동을 밝힐 수 있다.
5학년	· 자신이 알고 있는 직업들은 지역사회에 어떻게 기여하는지 밝힐 수 있다. · 자신이 가지고 있는 흥미와 기술을 평소에 알고 있는 직업들에 비추어 비교해 볼 수 있다. · 개인적인 취미와 여가활동을 직업에 비추어 비교해 볼 수 있다. · 무엇이 자신에게 중요한지 토론한다.
6학년	· 현재의 직업 흥미와 기술을 밝힐 수 있다. · 결정을 내리는 데 필요한 요소들을 열거할 수 있다. · 부모님이 하시는 일이 가정생활에 어떻게 영향을 미치는지 토론한다. · 흥미와 능력의 관계를 생각해 본다. · 자신의 강점과 취약점을 밝힐 수 있다.

2) 초등학교에서의 진로상담

이전에는 환상 속에서 진로를 인식하던 아동들은 대략 10세 정도 되면 자신의 흥미에 따라 특정 분야의 활동을 선호하는 경향이 나타나며 이는 장래에 진로를 정하는 데 기초가 된다. 이 시기의 아동들은 자신에 대하여 비교적 분명한 개념을 형성한다.

인식단계에 있는 초등학생들의 진로발달을 돕기 위해서는 이들의 발달과업을 만족시킬 수 있는 일관성 있는 프로그램이 필요하다. 이러한 프로그램을 통해 학생들은 ① 자기 자신을 이해하고 현실적이고 긍정적인 자기개념을 개발한다. ② 자기에 대한 지식, 이해, 태도 그리고 현재의 역할을 효율적으로 해내는 능력을 개발한다. ③ 학교와 지역사회에서 그들의 진로발달 인식을 증진시키는 데 이용할 수 있는 기회를 개발한다.

초등학생들을 위한 진로상담은 직업의 세계에 대한 인식뿐만 아니라 자기 자신에 대한 인식을 증진시키는 데 역점을 두어야 한다. 자신의 강점과 취약점, 가치와 흥미 및 기타 요인 등 자기에 대한 인식을 바탕으로 노동 시장에서 보다 나은 결정을 내리는 능력을 기르는 데 촉진적인 역할을 하기 때문이다. 초등학생들의 학년별 진로상담 및 생활지도의 목표는 다음과 같다.

진로 인식 발달을 위한 활동 사례

이건 무엇/누구일까; 나는 누구일까 : 자신과 환경을 이해하는데 초점을 둔 교실활동

'학교 앞 문구사'는 나의 삶에 어떻게 영향을 주는가 : 아침에 일어나 잠자리에 들 때까지, 신문배달원, TV아나운서, 버스운전사, 문구점 아저씨, 학교선생님, 분식센터 아줌마, 의사와 간호사 등 어떤 사람들이 우리들의 삶에 영향을 주는지 알아보기. 집단별로 어떤 직업인들이 다른 직업인들보다 더 중요한지 선택하고 그 이유를 토론하기

관심 있는 직업의 세계를 다룬 만화 스트립 만들어 보기 : 어떤 직업에 관심이 있는지 다양한 집단원들의 의견 중 한 가지를 선택하여 그와 관련된 만화 스트립 만들어 보기

각종 TV프로그램에서는 어떤 직업인들이 어떻게 소개되는지 토론하기 : 다양한 TV 드라마나 만화 혹은 쇼프로그램에 등장하는 직업인들을 가능한 한 많이 적어 보고 왜곡되게 소개되는 부분 밝혀 보기

3분 연설 : 내가 만약 ________이 된다면~ : 장래에 자신이 원하는 어떤 인물이 된다면 무엇을 어떻게 하겠는지 3분 동안 학급친구들 앞에서 연설하기

초등학교의 진로상담과 생활지도 프로그램은 교실 수업, 상담, 사정, 진로정보, 배치, 자문, 의뢰 등 7가지 과정에 기초한다. 그러나 중요한 것은 이들 과정이 아니라 어떤 종류의 내용을 포함할 것인지에 있으며, 체계적인 통합 및 계획하에 이루어졌을 때 그 진가를 발휘할 수 있다(Herr & Cramer, 1996).

2. 중학교에서의 진로상담

1) 발달 단계적 특징 : 진로의 탐색

중학생들은 진로발달에 있어서 탐색단계에 있다. 이 시기에 청소년들은 특별히 흥미 있는 영역에 관하여 구체적인 탐색을 시작한다. 전형적인 탐색활동으로는 관련 직업에 관한 정보활동, 흥미영역에 관한 컴퓨터 조사, 자원봉사 활동 등을 포함하며, 또한 개인, 가족 및 사회 발달과 관련지어 교육의 기회를 탐색하기도 한다(VanZandt & Hayslip, 1994).

중학교 시기의 청소년들은 다음과 같은 특징을 보인다.

① 자기중심적이며 다른 사람들이 그들 자신에게 보이는 반응에 민감하다.
② 외모에 지대한 관심을 보인다.
③ 조숙한 남학생들은 늦게 성숙하는 남학생들에 비하여 보다 높은 자기 존중감과 자신감을 가지고 있다.
④ 대부분의 학생들이 모든 문제에서 형식적 · 조작기적 사고를 하는 것은 아니지만 형식적 조작기에 이른다.
⑤ 남학생들과 비교했을 때 성적 성숙과 사회지향 면에서 여학생들의 급격한 성장이 현저하게 나타난다.
⑥ 공간, 언어, 기억, 귀납적 결론, 연역적 추론 등의 인지적 하위능력이 급격히 발달하기 시작한다.
⑦ 그리고 자율권을 간절히 바라는 시기이기도 하다(Drummond & Ryan, 1995).

표 10-3 중등학교의 진로목표 및 능력

중학교의 진로목표 및 능력(견본)
일반 진로목표 · 자신의 성격, 흥미, 적성, 및 자신이 가지고 있는 능력과 기술 등을 안다. · 다양한 직업의 세계를 인식하고 각각의 특성을 존중한다. · 일에 대한 긍정적인 태도를 기른다.

중학교의 진로목표 및 능력(견본)	
학년별 능력	
1 학년	· 현재의 흥미를 밝히고 이를 미래의 진로 계획과 연관지어 본다. · 학교성적과 진로계획 간의 연관성을 인지할 수 있다. · 진로탐색과 정보를 얻을 수 있는 자원을 찾아낼 수 있다.
2 학년	· 검사 결과를 이용하여 자신이 가지고 있는 구체적인 흥미와 능력을 찾아낼 수 있다. · 진학 결정을 하는데 장래의 진로계획을 고려한다. · 현재 가지고 있는 기술, 능력, 흥미를 설명할 수 있다. · 진로를 탐색하고 정보를 얻을 수 있는 자원을 찾아낼 수 있다.
3 학년	· 긍정적인 작업 습관을 인지할 수 있다. · 자신이 가지고 있는 기술, 적성, 흥미, 가치에 관한 지식을 정교화한다. · 일반적인 진로목표를 밝힌다. · 진로목표를 바탕으로 학과목 선택을 할 수 있다. · 목표를 설정하고 결정을 내리는데 진로 자원을 사용할 수 있다.

2) 중학교에서의 진로상담

학생들이 자신의 학습양식과 능력, 현재와 미래의 직업 흥미 그리고 부모님의 기대 등과 같은 정보를 수집하며 진로를 탐색하는 시기에 있는 중학생들의 진로발달을 돕는 활동이 필요하다. 중요한 점은 진로탐색에 중요한 지식과 기술을 습득하고자 하는 이 시기 청소년들의 욕구는 학교활동뿐만 아니라 가정 및 독립된 그들의 개별 활동에서 비롯된다는 것이다(Herr & Cramer, 1996). Amundson과 Penner (1998)에 의하면 성별, 사회경제적 지위 혹은 학교성적보다도 가족의 기능이 청소년들이 진로를 탐색하고 계획하는 데 더욱 많은 영향을 미치는 것으로 나타났으며, Ketterson과 Blustein(1997)에 의하면 부모와 보다 친밀한 관계를 형성하고 있는 청소년들이 자신과 환경을 탐색하는 데 보다 적극적인 것으로 나타나는 등, 최근들어 가정환경의 중요성이 더욱 강조되고 있는 추세다. 따라서 상담교사는 학교행정가와 동료교사들과 협력하여 각 학과목은 어떤 직업들과 관련이 있으며 어떻게 공헌하는지를 알아보거나 학생들의 공부습관을 바람직한 사회/직장에서의 작업습관과 연관지어 본다거나, 현대 기술의 발달이 직업의 세계에 미치는 효과에 관해 토론해 보는 등의 다양한 학교 및 교과 활동, 부모교육, 진로의 밤(career night) 등 다양한 가정 및 지역사회와의 연계활동을 계획하고 실행에 옮겨야 할 것이다.

이들의 환경요인과 발달상의 특징을 토대로 한 적절한 진로탐색의 기회를 제공한다면 중학생들이 학교 프로그램과 일의 세계와의 관계를 보다 잘 이해하며 자신의 진로를 탐색해 나가는 데 큰 도움이 될 수 있을 것이다. 이 시기의 청소년들을 담당하는 교사 혹은 상담교사는 이들의 진로발달을 위한 활동을 계획하고 실행하는 데 보다 창의적이고 다문화적으로 접근하여야 할 것이다.

진로탐색을 위한 활동 사례

* **특권/지위는 어떻게 중요한가** : 6~10명 가량의 소집단으로 나누어 특권/지위를 정의 내린 후, 10가지 이상의 직업들을 그 특권/지위와, 가족 및 사회경제적인 지위에 미치는 영향을 토론한다. 학생들은 다른 사람들의 기준이 직업적 조망과 결정을 내리는데 영향을 미치는 것을 인식할 수 있다.

* **카드놀이 하기** : 60 카드의 앞면에는 직업의 이름이 쓰여 있고 뒷면에는 그 직업에 대한 설명이 적혀 있다. 진로를 선택하는 데 고려해야 할 동기유발 요인과 가치 등에 따라 여러 방법으로 분류할 수 있다.

* **내게 중요한 것은 무엇인가** : 중학생들은 수입, 교육 정도, 계층, 종교, 특권 등 다양한 요인들이 미래의 생활양식에 영향을 미칠 것을 알아야 한다.

* **학교 밖의 세계** : 상담교사는 현장 견학, 면담, 그리고 각종 발표 등을 통하여 직업 환경과 직업에 관한 정보를 학생들에게 제공할 수 있어야 한다.

3. 고등학교에서의 진로발달 : 진로 결정 및 준비

청소년기는 혼란과 불확실함 속에서 급속한 변화를 경험하는 시기이다. 특히 고등학생들은 부모님에게 의존적이었던 생활에서 벗어나 동료들과 더욱 신뢰하는 유대관계를 형성하면서 자주적으로 활동하는 등의 과도기를 경험한다. 이 시기의 청소년들은 형식적인 사고와 가정을 통한 복잡한 정신작용이 가능하다. 그러나 한편으로는 현실보다는 가능성에 집중하는 경향이 있으며 자기중심적이기도 하다.

고등학교 기간 동안 학생들은 대학진학, 기술 훈련을 받기 위해 직업학교에 등록한다거나 취업 전선에 입문하는 등 미래교육 계획과 연관지어 진로를 선택, 결정,

준비하는 등 용의주도하게 진로를 결정하기 위해 노력한다(Herring, 1998). 이 시기에 자신의 능력에 대한 기대가 낮은 청소년들은 진로 결정을 하지 못하는 경우가 많다(Betz & Voyten, 1997).

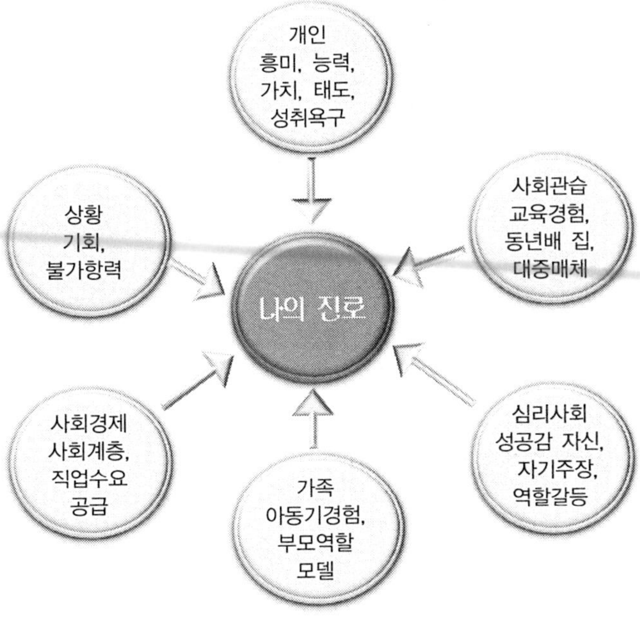

[그림 10-3] 진로결정 영향 요인

이러한 고등학생들의 진로 발달적 특징을 토대로 한 고등학교의 진로목표는 〈표 10-4〉와 같다.

대부분 고등학교에서는 현실적으로 학생들의 요구가 고려되지 않은 채 편파적으로 대학 입학과 관련된 생활지도나 상담이 이루어지고 있다. 학생들의 욕구를 토대로 진로지도가 이루어질 때 학생들이 더 긍정적인 기대를 가지고 능동적이고 적극적으로 자신의 진로를 개척해 나가는 계기가 될 것이다.

표 10-4

고등학교의 진로목표 및 능력

고등학교의 진로목표 및 능력(견본)	
일반 진로목표 · 자신의 성격, 흥미, 적성, 및 자신이 가지고 있는 기술 등을 알게 된다. · 다양한 직업의 세계를 인식하고 각각의 특성을 존중한다. · 학교성적과 진로선택과의 관계를 이해한다. · 일에 대한 긍정적인 태도를 기른다.	
학년별 능력	
1 학년	· 진로를 선택하는데 있어서 개인적인 가치의 역할을 밝힐 수 있다. · 관심이 가는 진로 영역에서 요구되는 교육 및 기술을 설명할 수 있다. · 진로 혹은 직업의 선택이 삶의 다른 영역에서 미치는 효과를 인지할 수 있다. · 다양한 영역에서의 그들의 잠재력을 현실적으로 평가하기 시작한다. · 진로계획과 관련하여 내적 욕구들의 위계를 정립하는 기술을 개발한다.
2 학년	· 자기 자신에 관한 정보를 종합하고, 자원을 사용하며, 다른 사람들의 조언을 통하여 미래의 진로목표를 정립할 수 있다. · 진로목표에 따라 학과목 선택을 조정할 수 있다. · 목표를 달성하기 위하여 요구되는 구체적인 교육 조건을 밝힐 수 있다. · 일과 여가생활과 관련하여 자신의 가치를 명료화할 수 있다.
3 학년	· 고등학교 졸업 후의 과도기에 필요한 조건을 완수할 수 있다. · 진로계획에 대한 최종적인 공약을 한다. · 일과 관련된 자신의 흥미와 가치를 변화시킬 수 있는 자신의 잠재능력을 이해한다. · 진로의 발달을 일생에 걸친 과정으로서 이해한다. · 자신의 진로의 방향에 대한 책임을 수용한다.

제3절 진로지도 자료의 활용과 검사

1. 자료의 활용

학생들이 자신에 대하여 보다 정확하게 이해하고 그를 토대로 진로를 선택 결정하도록 돕기 위해서는 그와 관련된 제반 특성들에 대한 정확한 정보가 필요하다.

그러한 요구에 따라 각종 객관적 및 주관적인 지필검사와 진로상담관련 자료들이 활용되고 있으며 최근에는 각종 컴퓨터 프로그램 및 인터넷상의 검사의 이용도 확산되고 있는 추세이다.

2. 검사

진로지도 및 상담과 관련된 검사로는 진로발달검사, 진로성숙도검사, 기초학력 및 능력검사, 성취도검사, 흥미검사, 가치관검사, 성격검사, 지능검사 등을 들 수 있다. 단순한 짐작이나 판단이 아니라 정확한 근거를 토대로 한 검사와 측정을 하기 위해 보통 표준화검사를 이용한다. 이들 표준화된 검사들이 유용하게 활용되려면 검사의 타당도, 신뢰도, 개관도, 실용도 등이 적절한 조건을 갖추고 있어야 할 것이며 그러한 검사의 결과를 토대로 이해와 설명, 예측, 통제의 기능이 가능할 것이다.

한편으로는 위와 같은 표준화검사를 활용하지 않고 학생들이 스스로 자신을 탐색하며 이해하도록 돕는 과정으로 가치명료화 프로그램, 대인관계 향상 프로그램, 진로의식발달 프로그램, 진로탐색 프로그램 등 각종 프로그램이 활용되기도 한다.

1) 진로성숙도검사

객관적으로 점수화되고 표준화된 측정도구로서 최초로 개발된 진로성숙도검사(Career Maturity Inventory)는 진로를 결정하기 위해 얼마나 준비되어 있는지 그에 필요한 태도와 기술을 측정하기 위해 설계되었다(Crites & Savickas, 1995).

진로성숙도검사는 50개 진술문으로 이루어져 있는데, 이 중 25개 문항은 태도척도(Attitude scale)용이고 25개 문항은 능력검사(Competency test)용이다. 태도척도는 진로를 선택하고 취업을 하는 데 대한 느낌과 태도를 측정한다. 능력검사는 직업에 관한 지식과 진로를 선택하는 데 포함되는 결정을 측정한다. 두 점수를 합한 전체 점수는 진로성숙 수준을 측정한다. 이 진로성숙도검사는 대략 45분 정도 소요되며 '동의한다/동의하지 않는다'의 반응 체제를 활용한다.

1978년형 태도척도와 능력검사는 각각 5개의 하위척도로 구성되어 있었으나 신뢰도를 개선하는 차원에서 1995년형에서는 이를 없앴다. 그러나 아직도 각각의 하위척도당 5개 질문에 의해 진로성숙도검사가 이루어져 있다. 1995년형 태도척도 항목들은 1978년형에서 선정되었으므로 그 타당도와 신뢰도는 변함이 없다. 1995년형 능력검사는 Crites가 설명한 진로성숙 모델을 더 정확하게 반영하기 위하여 항목들이 새롭게 쓰여졌으며 응답형식은 선다형에서 동의한다/동의하지 않는다의 형태로 바뀌었다. 1978년형 검사는 구인타당도(construct validity)가 잘 구축되어 있었으나 이 최신형의 구인 타당도를 검증하기 위해서는 보다 많은 실험적인 증거가 필요하다(Zunker & Norris, 1998).

2) 나의 진로 상황

많은 연구에서 진로결정을 내리지 못하는 중·고등학생들의 측정도구로 Holland, Kaiger, & Power가 개발하여 표준화한 MVS(My Vocational Situation)를 사용해 왔다. 전체 문항은 진로결정에 필요한 직업정체감, 직업에 대한 정보, 환경적 장애를 측정하는 3개의 하위척도로 나뉜다. 직업정체감은 자신의 목표와 흥미, 성격 그리고 재능을 측정하는 18개의 진위형 항목으로 되어 있다. 직업정체감의 높은 점수는 본인이 선호하는 방향으로 가고 있으며 직업정체감이 잘 형성되어 있음을 반영한다.

4항목으로 된 직업정보 척도는 각종 직업에 필요한 훈련이나 정보가 부족한지를 측정하는 것이다. 직업정보 점수가 높은 사람은 더 이상의 직업정보를 필요로 하지 않는다.

그리고 환경 및 성격적 장애의 높은 점수는 목표로 하는 직업을 향해 가는 데 별 장애가 없음을 나타낸다. 또한 MVS는 현재 생각하고 있는 직업을 모두 적어 보도록 하여 다른 질문이나 언급사항이 있는지를 묻는 항목이 있다. Wiggins(1987)는 고등학생들에 대한 MVS 척도의 신뢰도와 타당도가 적절한 정도라고 보고했다.

3) 흥미검사

대부분의 사람들은 여가 활동에서 혹은 진로와 관련하여 어떤 활동을 할 것인지

결정을 내리는 데 있어서 어떤 방법으로든 자신의 흥미를 탐색하게 된다. 이러한 탐색을 돕기 위하여 흥미검사는 오랫동안 진로지도와 연관되어 왔다. Strong은 다양한 활동이나 사물에 대한 선호 여부와 흔히 만나게 되는 사람들 유형과 관련된 자료를 수집하여 개인의 흥미를 측정하는 혁신적인 방법을 개발하였다. 그는 특정 직업에 종사하는 사람들은 다른 직업에 종사하는 사람들과는 다른 유형의 흥미를 가진다는 것을 발견하였다. Holland, Powell 그리고 Fritzsche의 유형론은 6가지 유형과 흥미를 조화시키는 체제를 제공한다.

가장 널리 활용되는 스트롱 흥미검사(Strong Interest Inventory)와 쿠더 직업흥미검사(Kuder Occupational Interest Inventory)와 Holland의 Self-Directed Search(SDS), Harrington /O'Shea System for Career Decision-Making, 그리고 Campbell Interest and Skill Survey 등의 다양한 흥미검사가 있다. 우리나라에서 만들어진 검사로는 노동부 발행 직업흥미검사, 행동과학연구소 발행 흥미검사, 진위교의 직업흥미검사, 이상로의 직업흥미검사 등이 있다.

【단원별 과제】

[10.1] 진로교육이란 무엇이며 진로교육은 왜 필요한가?

[10.2] 진로상담이론 중 세 가지 이상을 설명하고 자신이 생각하는 이상적인 이론과 그 이유를 설명하시오.

[10.3] 여러분이 중 · 고등학교에서 경험한 진로교육에 대해 서로 토론하고 문제점을 논의하시오.

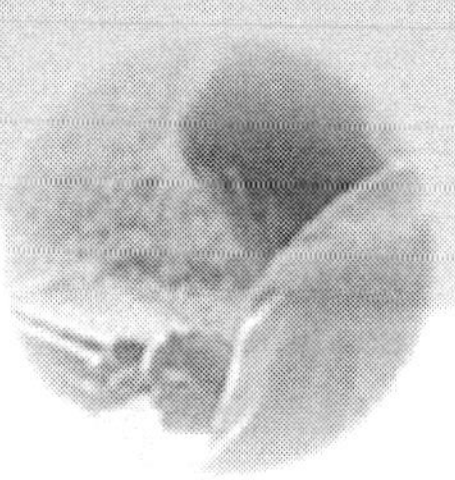

제11장

수업 및 학생평가

제 1 절 수 업

제 2 절 학생평가

모든 직업이 그러하듯이, 교직은 다른 직업과 공통되는 업무나 적성이 있는가 하면 크게 차별화되는 업무와 적성이 있다. 교직을 다른 직업과 구분짓는 가장 큰 특징은 학생의 학습지도와 평가에 있어서의 전문성 발휘이다. 물론 부모가 자녀의 학습지도와 인간으로서의 자녀를 평가하기도 하며, 사회교육기관의 어떤 강사가 수강자의 학습을 지도하고 평가하는 일을 수행하기도 한다. 그러나 이들이 하는 학습지도와 평가는 교사의 그것과는 의도성, 계획성, 체계성, 타당성 등에서 크게 다르다. 그러므로 교사가 수행하는 학습지도와 평가가 교사가 아닌 사람이 수행하는 그것과 별반 다르지 않다면 교사를 굳이 교육의 전문가라고 부를 이유가 없다. 어떤 교사이건 교사의 기본적인 과업은 학생 성취의 극대화이다. 이 과업 수행 정도는 교사의 교수 효과성과 평가의 적절성 여하에 따라서 결정된다. 교사의 전문성을 이야기할 때 교사는 수업 및 평가, 특히 학습지도와 학생평가의 이론과 실제에 정통해야 한다고 요구하는 것은 바로 이 때문이다.

이 장에서는 교사가 수행하는 일 중에서 가장 핵심적인 영역이라고 할 수 있는 수업과 학생평가에 대한 기본적인 사항을 파악해 봄으로써 교사의 전문성 개발 과제가 무엇이며, 그 방법이 어떤 것이 있는가를 살펴보고자 한다. 즉 수업과 학생평가라는 용어가 의미하는 바가 무엇이며, 어떤 요소들로 구성되는가, 이러한 일을 올바로 혹은 효과적으로 수행하기 위해서 교사가 갖추어야 할 기본적인 지식과 자질이 무엇인가를 살펴본다.

제1절 수 업

교육의 핵심적인 요소 혹은 영역은 교육과정(教育課程, curriculum)과 교수-학습(教授 · 學習, teaching-learning), 즉 수업이다. '교육' 개념을 정의하는 방식은 무수하게 제시되고 있어서 누구나 동의할 수 있는 의미를 명쾌하게 제시하기란 어려운 일이다. 그러나 교육이라는 개념을 어떻게 정의하건 모든 정의들이 공통적으로 지적하는 것은 이것이 '무엇인가를 가르치고 배우는 활동'이라는 점이다. 여기서 '무엇인가'라는 것이 교육과정이라면, '가르치고 배움'이라는 것이 곧 수업이다.

1. 수업의 의미

수업이라는 용어는 흔히 교수라는 용어와 혼용하거나 서로 바꿔 사용되기도 하는 애매한 용어이다. 보통 교수(教授)는 '무언가를 가르쳐 주는 것'을 의미하고, 수업(授業)은 '배울 무엇인가를 주는 것'을 의미한다. 영어에서도 양자 간에 명쾌한 구분이나 관계를 밝히고 사용하는 경우는 흔하지 않으며, 대체로 instruction을 교수로, teaching을 수업으로 구별하고 있다.

이 두 개념의 의미를 규정하는 학자들 간에도 의견의 일치가 이루어지지 않고 있다. 교수를 보다 포괄적인 개념으로 파악하는 학자가 있는가 하면(Corey, 1971; Gagne, 1974), 수업이 교수에 비해 더 포괄적인 의미를 지니는 것으로 파악하는 학자(Hosford, 1973)도 있다. 특히 Reigeluth와 Stein(1983)같은 학자는 교수를 수업의 설계로부터 시작하여 개발-적용과 실행-관리-평가가 포함되는 포괄적인 개념으로, 수업은 이들 교수 영역 중 적용과 실행(가르치는 과정)에 중점을 두는 것으로 구분함으로써 수업을 교수보다 좁은 개념으로 보고 있다. 즉 교사가 교육활동의 장에서 학생을 가르치는 것이 수업이며, 이 수업은 포괄적인 교수활동의 일부분으로 본다(변영계, 2005 : 22-23).

그러나 필자는 Reigeluth와 Stein과는 반대로 수업을 교수보다 넓은 의미로 파악하며, 영어 단어 'instruction'을 수업으로, 'teaching'을 교수로 번역하여 사용하고자 한다. 교사가 행하는 활동으로서 수업이건 교수건 가르치는 일의 계획과 준비로부터, 교사의 가르침과 학습자의 배움이 얼마나 효과적이며 효율적인가를 평가하는 일, 다음 단계의 가르치는 일을 개선하기 위한 정보를 수집하고 이를 활용하는 일들이 유기적으로 관련되는 것으로 보아야 한다. 다만 교사의 가르치는 행위가 학습자와의 적극적인 상호작용이 이루어지는 정도에 따라서 적극적인 상호작용이 일어나는 사상을 '수업'으로, 교사가 가르치기는 했으나 학습자와의 상호작용이 적극적으로 일어나지 않거나 가르친 바를 학습자가 성취하지 못한 경우는 '교수'로 규정한다. 달리 표현하면 교사가 학습자에게 무엇인가를 일방적으로 전달한 행위를 지칭할 때는 교수로, 그러한 교사의 행위와 학습자의 학습 행위가 상호작용하는 사상을 수업으로 파악한다. 이를 그림으로 나타내면 [그림 11-1]과 같다.

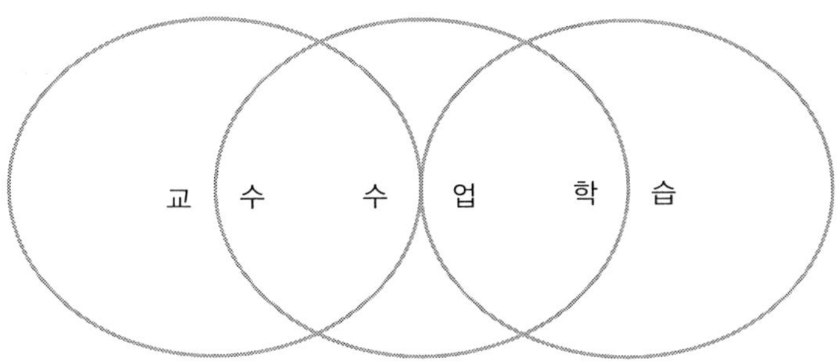

[그림 11-1] 교수, 수업, 학습 간의 관계

위 그림에 의하면 교사의 교수가 수업에까지 확장되거나 발전하지 못한 채 개인적인 정력만 낭비한 부분이 생길 수 있으며, 학습자의 학습은 교사와의 상호작용을 통하여 배우고 익히고 경험하는 부분과 학습자 스스로 배우고 익히고 경험하는 부분으로 이루어짐을 알 수 있다.

그러므로 '수업'은 '교수-학습'이라는 용어와 동일한 의미를 지닌다고 할 수 있으나, 학습이라는 개념의 용례(用例)가 너무 다양하고 복합적이어서 두 용어를 동의어로 사용하는 것도 적절한 방식은 아니다. 만약에 수업을 교사의 가르침과 학습자의 배움이 상호 교차하는 사상으로 규정한다면, 그 의미는 여전히 오리무중일 수밖에 없으며 어느 누구도 그 의미를 명확하게 규정하기란 불가능해진다.

따라서 여기서는 수업을 다소간 제한적인 의미를 지니는 개념으로 사용한다.

즉 수업이란 교사의 가르치는 행위와 학습자의 배우는 행위가 상호작용하는 사상(事象)이되, 여기서는 교사의 가르치는 행위에 초점을 둔다. 따라서 수업이란 "학습자로 하여금 학습목표 달성을 위해 교사가 연출해 내는 일체의 활동"으로 정의한다.

2. 수업 현상의 개념체계

우리가 관찰할 수 있는 여러 가지 수업 현상을 상상해 보자. 여러분의 머리에는 어떤 모습이 떠 오르는가? 교사가 교실, 운동장, 실험실, 실습실 등 다양한 교육의 장에서 연출해 내는 행동들, 거기에 참여한 수많은 학생들을 기술해 내기 어려운 다양한 행동들, 그리고 교사와 학생을 둘러싸고 있는 물리적 환경들, 객관적으로 기술해 내기 어려운 상황 마다의 분위기와 문화적 특성들이 복잡하게 얽켜 있는 장(場)이 다름 아닌 수업 사상이다. 이러한 복잡하고 기술해 내기 어려운 수업 사상을 일목요연하게 표현해 내는 일은 실로 거의 불가능에 가깝다.

그러나 다른 한편, 초등학교에서부터 고등학교 교실에 이르기까지, 교사와 학습자가 교육과정을 매개로 상호작용하는 모습들에서 나타내 보이는 행동들의 어떤 공통점을 추출해 내는 것이 불가능한 것은 아니다. 학자들은 이들 다양한 수업 장면들에서 공통적으로 발견되는 중요한 특징들을 추출하고, 그것들이 서로 어떻게 관련되며, 어떤 연관성을 지닐 때 수업의 효과성이 높게 나타나는가를 논리적 · 실증적으로 규명하여 '수업이론' 혹은 '수업모형'을 고안해 내고 있다. 그것들은 대체로 어떤 것들이 있는가를 살펴봄으로써 교사로서 수업운영 역량을 제고하는데 도움을 주고자 한다.

1) 수업의 미시적 모형

수업의 미시적 모형은 주로 교실에서 교사가 전개하는 단위 수업시간의 교과교육 활동에 초점을 두고 그 활동이 어떤 절차를 따라서 진행되며, 각 절차에서 나타내 보이는 교사의 중요한 행동이 무엇인가를 중심으로 수업 사상을 규범적으로(교사와 학생이 해야 할 활동을 처치하는 것) 제시한 것이다. 이 모형은 〈표 11-1〉과 같이 나타낼 수 있다.

표 11-1

수업의 미시적 모형

단 계	교사활동	학생활동
도입	· 출석 확인 및 학생들의 수업준비도 점검 · 학습의욕 고취 · 앞 시간에 학습한 주요 내용 확인 · 학습목표 인지시키기 · 본시 학습의 주요 내용 안내 · 수업방법 안내	· 수업에의 주의집중 · 교사의 질문에 답변 · 학습목표 인식하기 · 수업방법 이해하기
전개	· 수업의 주요 내용의 계열에 따라서 단계별로 수업 ① 판서하면서 해설하기, 질문하기 ② Power Point 자료를 제시하면서 해설하기 ③ 동영상 혹은 인터넷 자료를 제시하면서 해설하기 ④ 모둠을 나누어 집단별 활동 안내하기	· 교사의 안내에 따른 학습활동 · 노트 필기하기 · 질문하기 · 교사의 질문에 답변하기 · 교사에게 질문하기 · 모둠별 활동 ⇒ 발표 및 토론
정리	· 해당 수업시간에 학습한 주요 내용의 정리 · 필요한 경우 형성평가하기 · 학습한 내용의 일반화 · 개별 혹은 모둠별 과제 안내 · 다음 시간의 수업내용 예고하기	· 교사의 질문에 답변하기 · 형성평가 문제해결하기 · 학습한 내용을 실제 생활장면과 관련짓기 · 과제해결 방법 이해하기 · 다음 시간 학습내용 확인

이러한 미시적 모형 즉 Gagné와 Briggs(1974)의 인지처리 9과정 모형은 〈표 11-2〉에 그 근거를 두고 있다.

Gagné와 Briggs는 인지처리(주로 교과 수업을 통하여 인지의 변화가 일어나도록 수업 절차를 처치하는 활동)의 과정을 크게 (1) 학습을 위한 준비, (2) 학습내용의 획득과 수행, (3) 재생과 전이 등 3단계로 나누고, 각 단계에서 교사와 학습자가 수행하는 활동을 9개 과정으로 처치할 것을 제안하고 있다.

표 11-2

Gagné & Briggs의 인지처리 9과정 모형

	과 정	교사	학 습 자
인지처리 9과정	학습을 위한 준비	주의 획득	주의집중
		목표 제시	기대
		선수학습의 재생 자극하기	장기기억으로부터 재생
	획득과 수행	학습과제에 내재한 자극제시	선택적 지각
		학습을 안내하기	의미의 부호화
		성취행동의 유도	재생, 반응
		피드백 제공	강화
	재생과 전이	성취행동의 평가	재생을 위한 암시
		파지 및 전이 높이기	일반화

2) Glaser의 수업모형

수업과정을 일목요연한 단계나 흐름을 중심으로 하여 개념화한 모형으로 제시하려는 노력은 여러 학자들에 의해 이루어졌으며 그 중에서 가장 많은 관심을 끄는 것은 Glaser의 모형이다. 그의 수업모형은 다음과 같다(변영계, 2005 : 26).

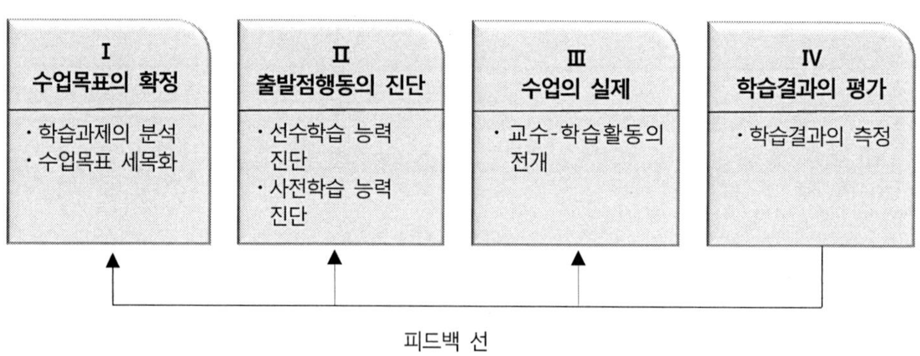

[그림 11-2] Glaser의 수업모형

앞에서 제시한 수업의 미시적 모형과는 달리, Glaser의 수업모형의 한 특징은 수업과정을 교사에 의한 계속적인 의사결정 과정으로 상정하고 있다는 점과, 수업의 실제라는 제한적인 사상으로서가 아니라 교사는 (1) 무엇을 가르칠 것인가를 모색하며 결정하여 그것을 수업목표로 설정하고(이 과정에서는 수업목표를 가능한 한 구체적으로 기술할 것을 제안하고 있다.) (2) 그 수업목표의 달성에 관련된 학습자의 현재 수준(능력, 태도, 동기 등)을 진단하며, (3) 학습자들로 하여금 설정된 수업목표를 달성케 하기 위한 최적의 교수절차를 처방하고 전개하며, (4) 설정된 수업목표가 얼마나 충실하게 달성되었는가를 평가하는 일련의 결정과 실천이 이루어지고(김호권, 1981 : 39), (5) 평가 결과는 다음 단계의 수업절차 각각을 개선하기 위한 정보원으로 활용하는 feedback(환류선)이 이루어지는 것으로 제안하고 있다는 점이다.

3. 효과적인 수업

교사에 의해 전개되는 수업절차 혹은 수업사상은 그것을 전개하는 교사 자신의 자질과 열성과 태도에 의해서만 그 질이 결정되는 것은 아니다. 수업에 참여하는 학습자들의 능력과 열성과 동기와 태도, 수업이 추구하는 목표달성에 관련된 물리적 환경과 수업문화 혹은 수업풍토 등이 복잡하게 상호작용하면서 수업의 질 혹은 효과가 결정된다. 그러므로 한 사람의 교사가 전개하는 수업의 효과성을 따져 내는 일은 실로 어렵고 복잡한 과정이라고 아니할 수 없다.

사정이 이렇다고 할지라도, 동일한 학습자를 대상으로 동일한 조건에서 수업을 하는 교사를 관찰해 보거나 교사의 수업에 대한 평가결과를 보면 이른바 수업을 잘 하는 교사가 있고, 수업이 졸렬한 교사가 있다는 점도 분명하다. 그러면 어떤 교사의 수업의 질이 높다고 할 수 있는가?

Carroll(1963 : 723-733)은 "학교학습의 한 모형"이라는 논문에서 수업의 질을 규정하는 잠정적인 기준을 네 가지로 밝히고 있다. 그는 수업을 전개하는 교사의 주요임무는 주어진 학습과제를 학습자들이 될 수 있는 대로 빨리 그리고 가능한 한 능률적으로 학습할 수 있도록 그 과제를 적절히 조직하여 제시하는 것으로 규정하고, 교사는 [1] 학습자들이 무엇을 학습해야 하는지, 그리고 그것을 어떻게 학습해야 하는가를 분명히 알 수 있도록 해 주어야 하고, [2] 학습자 한 사람 한 사람이 학습해야 할 자료와 적절한 감각적 접촉을 유지할 수 있도록 해 주어야 하며(예컨대, 학습자료를 명확히 보고 듣고 접하고 알 수 있도록 하는 일 등), [3] 학습과제 하나하나의 단계학습이 각각 그 다음에 올 단계학습의 충분한 준비가 될 수 있도록 자세하게 그리고 적절한 순서로 제시해 주어야 하고, [4] 수업의 전 과정이 학습자 개개인의 특수한 필요와 요구에 알맞도록 조절되어야 한다(예컨대, 수준별 학습과제를 제시하거나 특수한 영역의 학습부진 요소를 제거하도록 하는 것)고 지적하였다.

또 Gagné와 Briggs는 학습자가 학습과제를 성공적으로 학습해 내기 위해서 갖추어야 할 학습조건으로 다음 〈표 11-3〉과 같이 두 가지 조건을 제안하고 있다.

표 11-3

Gagné & Brrigs의 성공적인 학습조건

학습조건	외적 조건	(1) 강화 (2) 접근 (3) 연습
	내적 조건	(1) 선행학습 (2) 학습동기 (3) 자아개념 (4) 주의력

여기서 외적 조건은 교사가 적극적으로 처치해야 할 것으로서 학습자들의 학습활동에 대한 인지적 피드백으로서 강화가 적절해야 하며, 학습과제를 스스로 해결해 보려고 노력하도록 기회를 제공해 주고, 유사한 학습과제를 통하여 과제해결 과정을 반복 연습할 수 있는 장을 제공해 주어야 한다. 학습의 내적 조건은 학습자가 갖추어야 할 조건으로서 선행학습이 충실하게 되어야 하며, 적정 수준의 학습동기가 유발되어야 하고, 학습에 대한 자신감을 가져야 하고, 수업에의 주의집중이 요구된다고 하였다. 이러한 외적 조건도 교사의 노력에 의해 결정된다는 점에서 수업의 효과성을 결정하는 요인이라고 보아야 하며, 교사편에서 볼 때 학습의 내적 조건과 외적 조건의 차이는 없다고 보아야 한다.

Borich는 1980년대부터 약 30년 동안 수업이론가들에 의해 연구된 효과적인 수업과 직결된 교사 행동들을 검토한 후 모두 10개의 교사행동을 확인하였다(박승배 외 5인 공역, 2002 : 9-29). 이를 정리하면 다음 〈표 11-4〉와 같다.

표 11-4

Borich에 의해 규명된 효과적인 교사의 수업행동

구분	교사의 수업행동	의미
핵심행동	수업의 명료성	· 수업내용을 얼마나 명확하게 설명하고 전달하는가? · 학습자들과의 의사소통이 명확하게 이루어지는가?
	수업방법의 다양성	· 수업방법이 얼마나 다양하고 융통성이 있는가? · 수업내용에 적절한 질문을 하는가? · 수업내용에 적절한 학습자료, 교수매체, 수업공간 활용인가?
	순수 수업활동에의 전념 정도	· 수업준비와 학생의 학습 준비를 위해 얼마나 많은 시간을 들였는가? · 전체 수업시간 중 강의, 질의응답, 학생이 스스로 탐구하거나 사고하도록 격려하는 데 얼마나 많은 시간을 할애하는가? · 학생평가를 위해 얼마나 많은 시간을 사용하는가?
	학생의 적극적인 참여	· 학생이 학습과제를 해결하는 데 얼마나 많은 시간을 몰두하게 하는가? · 학습에 소극적인 학생을 통제하는 규칙이 있어 이를 잘 적용하는가?
	학생의 학습성공률	· 학습자의 이해수준에 적합한 학습과제가 제공되었는가? · 학습자의 학습성공율을 높이기 위한 교사의 독특한 수업전략이 개발 사용되는가? · 학생의 견해를 추론이나 문제분석에 적절히 활용하는가?
촉진행동	학생의 견해와 기여 활용도	· 수업에서 보이는 학생의 다양한 형태의 반응에 대하여 인정, 수용, 적용, 비교, 요약 등을 하는가? · 학습자가 배운 것을 재구성하도록 교사중재 대화기법이 사용되는가?
	체계화된 요약 및 정리	· 지금까지 배운 내용을 잘 종합 정리해 주는가? · 앞으로 배울 내용에 대하여 체계적으로 설명해 주거나 잘 요약 정리해 주는가? · 특히 중요한 내용에 대한 강조기법이 사용되는가?

구분	교사의 수업행동	의미
		· 수업을 활동구조화하는 방법을 사용하는가?
	질문활용	· 수업내용에 대한 질문이 적절하게 주어지는가? · 학습과정에 대한 질문수준이 적절한가?
	심화 및 구체화 진술	· 학생이 좀 더 정교한 대답을 도출하도록 유도하는 표현기법을 사용하는가? · 교사의 이끌어 내기, 유구하기, 방향 돌리기 등이 적절하게 이루어지는가?
	수업에서 보이는 교사의 태도	· 가르치는 내용에 대하여 열정적인가? · 교사의 얼굴표정, 목소리의 변화, 제스처, 전체적인 움직임 등에서 열정이 자연스럽게 드러나는가?

이 표에서 특히, 활동구조화란 교사가 수업내용을 난이도에 따라 분류하고 그에 상응한 학생의 적극적인 참여를 유도하는 방법이다. 이는 학생에게 어떤 활동을 부과하기 위하여, 그리고 수업에서 다양한 변화를 주기 위해 여러 가지 형태(예컨대 협동학습, 개별 경쟁학습, 자율학습 등)의 수업방법에 활용될 수 있다(Rogoff, 1990).

또 손충기(1994)는 교사의 효과적인 수업행동을 규명한 연구에서 여러 학자들의 이론과 탐구 및 실증적인 연구 결과, (1) 수업에 관한 적극적인 태도, (2) 철저한 수업준비, (3) 수업과정의 명료성, (4) 수업과정의 구조화, (5) 과제 지향성, (6) 학생의 적극적인 수업참여 유도, (7) 열의와 역동성, (8) 동기유발, (9) 교사-학생의 적극적인 상호작용, (10) 개별화, (11) 과제부과와 처리의 적절성, (12) 시험과 평가의 적절성 등 12개의 교사 행동을 밝힌 바 있다. 그는 이들 교사의 효과적인 수업행동 요소들 간 상호 관련성을 고려할 때 다음과 같은 4가지 교사 행동이 효과적이라는 사실을 규명하였다.

① 수업과정의 명확성
② 활기 있는 교사-학생 상호작용
③ 내용 제시 방식의 다양성
④ 수업절차의 개별화

이상에서 살펴본 바와 같이, 교사가 수업을 잘 운영하기 위해서 혹은 질 높은 수업을 전개하기 위하여 나타내 보여야 할 행동들이 여기서 기술한 것과 같이 단순화할 수 있느냐의 문제가 있다. 교사는 실제 수업에서 벌어지는 복잡다양한 의사결정 상황이나 예측 곤란한 장면에 직면하게 되기 때문이다. 교사의 효과적인 수업행동은 교과 혹은 학습과제의 성격에 따라서(Tasks), 학습자의 능력, 학습동기, 학습태도, 학습자아개념 등을 포함한 다양한 특성에 따라서(Traits), 수업방법에 따라서(Treatment) 서로 다르게 개념화해야 하며(김호권, 1981 : 67-69), 여기에 수업 상황 혹은 맥락(Context, 언제, 어디서, 어떤 환경적 조건하에서 등) 변인까지를 고려해야 한다면 교사의 효과적인 수업행동은 다음과 같은 함수로 표현할 수 있다.

교사의 효과적인 수업행동＝f(T · T · T · C)

그러므로 교사의 효과적인 수업행동 요인들을 밝히는 작업은 실로 어려운 일이 아닐 수 없다. 흔히 교사가 연출하는 수업은 그가 알고 있는 지식이나 원리를 단순히 풀어내서 활용하는 기술이라기보다는 기술과 예술이 결합된 기예(技藝)라고 표현하는 것은 바로 이 때문이다. 교사가 질 높은 수업을 하고자 원한다면 수업의 이론과 실제에 관한 부단한 연구가 요구되는 것은 물론이려니와 학습자에 대한 민감성, 수업환경에 대한 강한 감수성, 내용조직과 구성에 대한 높은 창의성, 그리고 자신의 수업에 대한 깊은 성찰과 개선 노력이 동시에 요구된다.

4. 수업평가

1) 수업평가의 의미와 성격

수업평가란 말 그대로 수업에 관한 평가이다. 평가 혹은 교육평가라고 하면 학생을 평가의 대상으로 하는 것으로 생각하는 경향이 있으나 1970년대부터 평가의 영역 혹은 대상에 '수업'을 포함시켜야 한다는 견해가 제시되면서(김순택, 1982 : 135), 오늘날 수업평가는 교육평가의 중요한 영역으로 자리잡고 있다.

수업평가를 '수업의 효과성 평가'라고 규정할 수 있다. 이미 앞에서 수업 개념을 '학습자로 하여금 학습목표 달성을 위해 교사가 연출해 내는 일체의 활동'으로 정의한 바 있듯이, 수업평가란 "교사에 의해 드러나는 수업 사상 전반의 특징과 효과성을 확인하고, 문제점 및 개선점을 찾아 다양한 필요성을 충족시킬 수 있는 정보를 제공하는 과정"으로 정의할 수 있다. 이와 같은 수업평가의 정의에 비추어 볼 때, 이를 제대로 평가한다는 것은 결코 간단한 것이 아니다.

수업평가의 실제가 매우 복잡하고 어려운 일이라는 점은 수업평가가 지니는 다음과 같은 성격 때문이다.

첫째, 수업평가의 목적과 필요성에 따라서 다양한 평가체제를 구상할 수밖에 없다. 수업평가의 목적과 수업이 훌륭한 교사와 부실한 교사를 가려내어 인사결정을 위한 자료로 활용할 것인가, 아니면 교사의 수업개선을 위한 자료로 활용할 것이냐에 따라서 평가의 절차는 달라져야 한다.

둘째, 수업의 효과성 판단 기준을 밝히기가 어렵다. 앞에서 살펴본 바와 같이, 수업 효과성은 교과 혹은 학습과제의 성격에 따라서, 학습자의 능력을 포함한 다양한 특성에 따라서(Traits), 수업방법에 따라서, 수업상황 혹은 맥락에 따라서 서로 다르게 규정할 수밖에 없으므로 이들 변인들을 종합적으로 고려한 평가체제를 구안한다는 것은 실로 어려울 수밖에 없다.

셋째, 수업평가는 수업을 운영하는 주체를 교사로 간주하고 교사에 의해 표출되는 행동의 적절성이나 효과성을 평가한다고 생각할 수 있으나, 위의 난점에서 지적한 바 있듯이 학습자의 학습행동을 교사행동으로부터 분리하여 개념화하는 것은 곤란한 일이다.

넷째, 수업 효과성 판단 기준을 수업과정에서 찾을 것인가, 아니면 수업의 결과 쪽인 학습자의 성취수준에서 구할 것인가의 문제가 제기된다. 이 양자는 사로 상관이 높기는 하지만 항상 그런 것은 아니다. 수업과정이 충실하고 효과적인 경우라 할지라도 결과로서의 학습자 성취도가 낮을 수도 있고, 반대로 부실한 수업과정임에도 불구하고 학습자의 학습결과가 만족스러울 수도 있다.

이 외에도 배호순(1991 : 13)은 수업활동에 관한 평가지표 또는 평가자료가 매우 다양하며, 수업평가 방법이 매우 다양하다는 점 등이 수업평가 활동을 복잡하게 만드는 요인이라고 지적하였다.

2) 수업평가의 목적

수업평가의 궁극적인 목적이나 필요성은 교수개발(teaching development)을 통한 학교 교육의 효과성(school effectiveness) 제고이다. 오늘날 교사능력개발평가제 시행에 관한 논란이 계속되는 가운데 가까운 시일 내에 보편화할 것으로 보인다. 교원능력개발평가라는 용어는 수업평가에 비해 매우 포괄적인 의미를 함의하고 있어서 양자를 동의어로 볼 수는 없다. 그러나 교원능력개발평가에서 가장 중심적인 영역 혹은 요소는 수업평가라는 점은 의심의 여지가 없다.

수업평가의 목적 혹은 필요성은 평가의 주체가 누구냐에 따라서, 평가 결과 정보를 어디에, 어떻게 활용하느냐에 따라서 세분화하여 파악할 수 있다. 학교 혹은 교육행정가가 평가 주체가 되어 승진대상자를 선정하거나 해외 연수 대상자 혹은 현장연구비 지원 교사를 결정하는 자료로 활용하는 경우에는 교원 인사 행정에 필요한 자료를 수집하려는 목적을 추구하는 것이다.

또 수업평가가 교사 자신이나 동료들이 평가의 주체가 되어 교사들 스스로의 수업운영 과정에 대한 실상을 드러내어 수업방법을 개선하고 그 질을 향상시킬 목적을 추구하게 된다.

한편, 수업평가의 주체가 학생 혹은 학부모가 되어 교사들의 수업평가를 실시한다면, 수업평가 결과에 바탕하여 교사들의 수업의 질 개선을 위한 외적 동기를 유발하고 잠재적인 압력을 가할 목적을 추구하게 된다. 이처럼 다양한 목적으로 실시되는 수업평가의 목적 혹은 필요성을 정리해 보면 다음 〈표 11-5〉와 같다.

표 11-5

수업평가의 목적

목 적		궁극적 목적
교사 자신의 수업의 질 개선	⇒	교수개발을 통한 학교 교육의 효과성 제고
수업목표 달성도 평가		
교육효과로서 수업효과성 탐색		
교육과정 및 교육과정 자료 평가와 개선		
교원 인사행정에 필요한 자료 제공		
학생과의 상호작용 질 개선 자료 제공		
학부모와 학생에게 교사 수업에 관한 정보 제공		
수업효과성 연구를 위한 자료 제공		

3) 수업평가의 준거와 특징

수업평가를 실시하기 위해서는 수업평가 절차를 체계적으로 개념화하고, 이 절차에 따라서 평가체제를 개발할 필요가 있다. 수업평가 절차와 평가체제는 평가의 목적에 따라서 다르게 기술할 수 있으나, 이에 대한 상세한 기술은 생략하며(이에 관한 자세한 내용을 공부하기 위해서는, 배호순(1991)의 전문서적 참조), 여기서는 교사가 자신의 수업의 질을 개선하기 위한 수업평가 목적에 한정하여 평가의 준거와 평가방법의 대상에 대해서만 기술하고자 한다.

수업평가를 실시하기 위해서는 어느 영역에서(준거) 무엇을(기준) 평가할 것인가를 체계적으로 규정해 내야 한다. 수업평가의 준거(criteria)란 수업평가의 내용 및 속성과 그 대상으로 말미암아 결과한 산출(변화나 효과) 또는 활동 결과의 영역이나 차원을 일컫는다. 이에 비해 수업평가의 기준(standard)은 수업평가의 준거들을 '어떻게' 평가할 것인가, 수업평가 준거의 고유한 속성과 측면의 바람직한 범위나 수준, 정도 등을 규정하는 것이다. 그러므로 수업평가 준거는 수업평가의 대상과 목표에 적합한지의 여부가 그 관건이 된다면, 수업평가 기준은 수업평가 준거에 비추어 그 수준이나 정도가 적절한지 여부가 요체가 된다(배호순, 1991 : 25-26).

반복하여 지적하거니와 수업평가의 준거는 수업평가의 목적에 따라서 다르게 설정되어야 한다. 그러나 여기서는 그 목적을 교사 스스로의 수업능력을 향상시키는 데 두는 것으로 한정하여 수업평가 준거의 특징을 살펴보고자 한다. 수업평가의 목적이 교사 개인의 수업운영 능력을 향상시키기 위한 것이라면 다음과 같은 세 가지 국면에서 평가 준거를 설정할 수 있다(Medley, 1987 : 169).

첫째, "수업목표 달성도"라는 수업 결과 평가 준거이다. 이는 교사가 수업을 통하여 수업목표를 얼마나 충실하게 달성했으며, 수업내용의 이해가 얼마나 충실한가를 기준으로 수업평가를 할 때 설정할 수 있다. 이러한 수업평가 준거는 교육프로그램 각각에서 달성하려는 목표치나 이해해야 할 내용의 수준을 정하고, 이를 학생들이 달성한 정도를 비교하는 방법을 적용할 수 있다.

이와 같은 수업평가 준거는 수업의 과정보다는 결과에만 관심을 갖는 것으로서 교사들로 하여금 결과지향적 사고를 강화할 가능성이 크다는 문제점이 있다. 즉 수단과 방법을 가리지 않고 수업목표 달성도나 교육내용 이해도가 높게 나타나기만 하면 훌륭한 수업으로 간주함으로써, 전인교육을 추구하는 교육의 본질을 왜곡시킬 가능성이 크다는 것이다.

둘째, “학생 행동의 변화 정도”라는 수업평가 결과의 잠재적 준거이다. 이는 수업을 통하여 학생들의 지적, 정의적, 심동적 특성들의 성장과 발달상의 변화가 얼마나 일어났는가를 평가 준거로 삼을 수 있다. 이러한 수업평가 준거는 수업을 통하여 발달시키려는 행동특성들을(예 : 자기주도적 학습태도, 학습동기, 학업자아 개념, 적극적인 수업 참여행동 등) 밝히고, 학기 초나 적절한 시기에 이를 측정한 후 학기 말 혹은 일정한 수업과정이 지난 시점에서 이를 다시 측정하여 비교해 보는 일종의 현장실험 연구 형태가 적용될 수 있다.

이와 같은 수업평가 준거는 매우 중요하기는 하지만 학생 행동특성의 변화가 수업 외에 매우 다양한 변인들이 복합적으로 작용하여 일어난다는 점에서 준거의 타당성이 문제가 된다. 학생들의 다양한 특성들이 교사가 주도하는 수업에 의해 영향을 받는 것은 사실이지만, 그러한 특성들의 변화는 교사에 의한 수업, 학생 자신의 성격과 태도, 가정환경, 동료를 비롯한 인간관계, 각종 매스컴 등 여러 가지 변인들에 의한 영향이 복합적으로 작용하기 때문에 현실적으로 적용하기에 난점이 있다.

셋째, “교사가 수업과정에서 나타내 보이는 행동들의 적절성” 준거이다. 여기에서의 수업과정이란 교사가 실제로 수업을 전개하는 절차 및 과정 활동을 총괄하는 것으로, 이러한 준거를 중시하는 견해는 교사가 수업과정에서 나타내 보이는 행동들이 적절하고 충실하다면 수업효과가 높게 나타난다는 가정에 기초하고 있다. 즉 과정이 충실하면 그에 따라서 결과가 좋게 나타난다는 것이다.

수업평가 준거는 주로 수업효과성 연구에서 밝혀진 요소들을 평가 준거로 세분화 한다. 앞에서 기술한 바 있는 교사의 효과적인 수업행동 변인들이 평가 준거로 설정될 수 있다. 특히, Rosenshine & Furst(1971)는 이에 관련된 여러 연구들을 종합적으로 검토한 후 다음과 같은 11개의 효과적인 교사 수업행동 변인들을 밝힌 바 있다.

(1) 제시의 명료성
(2) 수업전개의 다양성
(3) 교사의 열성
(4) 과업중심의 수업행동

(5) 학습기회의 제공
(6) 학생 아이디어 활용의 적절성
(7) 학생 답변에 대한 적절한 피드백
(8) 구조화된 언급
(9) 질문의 적절한 활용
(10) 학생 반응을 격려하기
(11) 수업의 난이도 조절

이 외에도 수업의 과정을 수업준비에서 수업의 종료까지 확대한다면 수업준비의 충실성, 수업목표의 이해 증진 노력의 충실성, 수업자료와 기자재 준비 및 활용의 적절성, 학생 개인차를 고려한 수업운영, 과제부과 및 평가(피드백 포함)의 적절성, 수업 중간 점검(형성평가)의 적절성 등이 평가 준거로 설정될 수 있을 것이다.

또 박도순 등(2007 : 393)은 여러 학자 혹은 연구자들이 수행한 연구의 고찰을 통하여 교사의 교수활동을 수업 전 활동(수업계획 및 조직), 수업 실행, 수업 후 활동 등 차원으로 나누어 수업평가 준거에 대한 견해를 종합적으로 제시하고 있다.

또한 이러한 평가 준거를 적용하는 경우, 세부적인 평가 준거를 앞에서 제시한 바와 같은 수업현상의 개념체제에서와 같이 도입단계의 적절성, 전개과정의 적절성, 정리단계의 적절성 등으로 나누고, 각 단계에서의 교사 수업행동의 적절성 혹은 충실성을 세부 준거로 설정할 수도 있다.

이와 같은 수업평가 준거 설정 방법은 최근 들어 많은 관심을 불러일으키고 있다. 그러나 이 방법도 난점을 지니고 있다. 그것은 이들 준거 변인들이 수업 효과성을 얼마나 충실하게 설명해 낼 수 있는가 하는 문제와, 수업 교과나 교육프로그램에 따라서 준거와 각 준거의 비중을 어떻게 설정할 것인가의 문제 등이 있다.

넷째, "교사의 수업능력 및 자질" 준거이다. 여기에는, 예컨대 Knight 등(1984)이 수업의 효과성을 높이는 데 요구되는 교사의 기본능력을 (1) 정확하고 효과적으로 의사소통하며 학생과의 인간적 유대감(래포, rapport)을 형성하는 능력, (2) 학생으로부터의 피드백의 의미를 파악하고 학생을 이해하며 그들의 학습활동을 격려하는 능력, (3) 다양한 교수방법과 자원을 적합하게 활용할 수 있는 능력, (4) 학생의 학습활동에의 몰두, 학습할 책임, 비판적 사고 기능 등을 격려하고 고무하는 능력,

(5) 수업시간을 효과적으로 활용하는 능력, (6) 학습, 자율적 훈육, 현실적이고 긍정적인 자아개념 형성 등에 도움이 되는 분위기를 조성하는 능력 등으로 구체화한 바 있듯이, 일반적인 수준에서 수업운영 능력이나 자질이 우수하다고 평가할 수 있는 것들이 포함될 수 있다.

이상에서 살펴본 바와 같이, 수업평가의 목적이 교사 자신의 수업에 대하여 외부 인사들(학생, 동료교사, 학부모, 교육행정가 등)로부터 평가를 받아 보고, 이에 관한 정보를 통하여 자신의 수업을 개선하는 것에 있는 경우만 하더라도 평가의 준거 설정이 매우 복잡하고 어렵다는 점을 알 수 있다. 그러므로 교사의 수업평가 준거는 단일 준거보다는 복합적 준거를 설정하는 일, 평가 목적에 가장 적절하며 타당한 준거를 설정하는 일, 평가 과정의 신뢰성이 보장되는 일 등이 중요하다는 점을 지적하고자 한다.

제 2 절 학생평가

1. 학생평가의 의미와 성격

학교교육에서 평가(評價, evaluation)라는 용어는 자주 사용하고 있으면서도 그 의미가 잘 못 파악되기도 하는 용어 중 하나이다. 흔히 학교교육에서의 평가란 시험을 치러 채점을 하고, 학습자에게 점수를 부여하거나 서열을 매기는 일로 인식되어 왔다. 평가를 이러한 방식으로 이해하고 사용하는 것은 평가를 왜곡시키고, 평가의 왜곡은 곧 교육의 본질을 흐리게 만드는 현상으로 이어져 왔다.

오늘날의 '평가'라는 개념은 매우 다의적인 개념으로 파악하여 사용하고 있다. 교육평가의 정의는 '교육'과 '평가'에 대한 견해와 강조점의 차이로 인하여 많은 학자들이 평가 개념의 정의를 다양하게 제시하고 있다. 그러면 교육평가라는 개념은 어떻게 정의될 수 있는가?

R. W. Tyler(1949)는 평가의 과정이란 본질적으로 교육과정 및 수업의 프로그램에 의하여 교육목표가 실지로 어느 정도까지 달성되었는지를 밝히는 과정이라고

하였으며, 김정권(1987)은 진보적 · 향상적 가치추구 내지 창조를 목적으로 한 교육활동을 해서 인간행동이 변화되어 가는 양과 질을 일정한 증거에 의해서 따지고 재는 과정으로, 강봉규 · 박성혜 · 최미리(2006)는 교육과정에서 교육목표를 달성하고자 선정, 조직, 실천된 학습경험들이 실제에서 어느 정도로 그 교육적 목표를 달성하였는지를 평가, 반성, 검토하는 과정으로 규정하였다. 이들은 교육평가를 교육목표 달성도의 확인과 그 극대화 방안을 찾는 과정에 초점을 두고 정의하였다.

이에 비해 Cronbach(1977)는 어떤 교육 프로그램에 관한 결정을 내리기 위하여 정보를 수집하고 사용하는 과정으로, Stufflebeam 등(1974)은 평가를 의사결정의 대안을 판단하기 위해서 필요한 정보를 결정 · 수집 · 제공하는 과정으로, Grounlund(1976)는 평가란 측정 또는 비측정된 결과정보에 의하여 가치를 판단하는 과정으로, 강현석 · 주동범(2004 : 302)은 일정한 기준에 의거하여 일련의 교육활동 속에서 이루어지는 가치를 조사하여 판단하는 행위로, 강봉규 · 이종성(1986)은 교육적 의사결정을 목적으로 교육활동의 가치와 효과를 결정하는 과정으로 규정하였다. 이들 학자들은 교육평가의 개념을 교육에 관하여 의사결정을 위한 정보 수집과정에 초점을 두고 정의하였다.

이상의 몇 학자들은 교육평가라는 개념의 정의를 내리고 있음에 비해, 김재춘 등(2005 : 179-181)은 교육평가 개념의 직접적인 정의를 내리기보다는 3가지 정의 방식을 소개하고 있다. 그것은 교육평가란 교육목표가 얼마나 실현되었는지 그 정도를 밝히는 과정이라는 '목표달성도 확인' 정의 방식(Tyler), 교육과 관련된 의사결정을 내리는 데 필요한 정보를 수집하는 활동이나 과정이라는 '의사결정을 위한 정보 제공' 정의 방식(Cronbach, Stufflebeam), 교육과 관련된 어떤 대상의 장점, 질, 가치 등을 판단하는 과정과 그 산물이라는 '가치판단' 정의 방식(Stake, 1967) 등이다. 김재춘 등은 교육평가의 개념 정의를 분명하게 내리고 있지는 않으나 이와 같은 3가지 정의를 포괄하는 종합적인 입장을 취하고 있다.

이상의 여러 학자들의 견해를 종합해 보면, 교육평가란 (1) 교육의 전체과정이나 활동에서, (2) 각 과정이나 활동의 적절성, 효율성, 타당성을 확인하고 보다 나은 교육의 과정을 설계하기 위하여, (3) 다양한 자료와 정보를 수집, 분석하고, (4) 그러한 자료와 정보에 근거하여 질적인 판단을 하는 과정이라고 정의할 수 있다.

교육평가 개념의 이 정의에는 크게 4가지 요소가 포함되어 있다. 첫째, 교육평가란 특정 영역이나 시기에도 이루어질 수 있으나 전체적이고 장기적인 활동이라는 점이다. 교육평가가 겨냥하는 영역이나 시점은 한정된 측면이나 현재이기도 하지만, 전인간적 전체성과 과거-현재-미래를 통관하는 활동이다. 둘째, 교육평가는 기본적인 철학이 개인과 집단의 향상, 진보, 성장, 발달, 발전 등에 두고 있으며, 그 방향을 밝힌다는 점이다. 이를 목적으로 다양한 활동이나 교육의 과정의 적절성, 효율성, 효과성, 타당성 등을 활동의 판단 지표로 삼는다. 셋째, 자료와 정보의 수집 및 분석에 기초하여 상황을 판단하되 단일 자료나 정보 수집 방법보다는 판단에 가장 적절한 다양한 방법이 동원되는 활동이라는 점이다. 그리고 넷째, 구체적인 근거에 바탕한 질적, 가치적인 판단과정이라는 것이다.

참고로 평가라는 개념의 의미를 보다 분명히 하기 위하여 이 개념과 유사한 개념들과를 비교해 보면 다음의 〈표 11-6〉과 같다.

표 11-6

교육평가의 성격

비교의 기준	시험 · 검사 · 측정	평가
1. 대상	학습자	학습자 + 교사 + 교육과정 + 환경
2. 영역	부분적이며 한정된 측면	전체성, 포괄적 측면
3. 시간대	대체로 현재	과거 + 현재 + 미래
4. 방법	지필검사 또는 일정한 척도에의 반응	정보수집이 가능한 모든 방법
5. 성격	양화	양화 + 질적 판단 + 방향 제시

이와 같은 교육평가의 의미와 성격에 비추어 볼 때, 학생평가는 교육평가의 대상 혹은 영역의 하나로 이해할 수 있다. 흔히 교육평가의 대상을 인적 대상인 학생, 교사, 학교행정가, 학부모 등으로, 추상적 대상인 교육과정, 학교, 교육정책, 교육환경 등으로 설정한다. 이와 같은 다양한 평가의 대상 중 학생이 평가의 대상이 될 경우 학생평가라고 할 수 있다.

이처럼 학생평가라는 개념이 교육평가의 하나의 대상으로 이해된다고 할지라도 그 의미와 성격이 분명하게 파악되는 것은 아니다. 교육평가의 모든 대상은 결국 학생평가와 관련을 맺고 있음과 동시에 학생과의 관련 속에서만 진정한 교육평가의 의미가 드러나기 때문이다.

2. 학생평가의 영역과 방법

학생평가의 영역이란 학생의 무엇이 평가의 대상이 되느냐 하는 것이다. 교육의 과정에 참여하고 있는 학생에 대한 것은 말할 것도 없고 학생에 관한 것은 모두 평가의 영역에 포함된다고 할 수 있다. 그러나 학생에 관계되는 것이면 무엇이든 평가의 대상이 될 수 있다고 하여 그것이 모두 평가가 되어야 한다는 주장은 적절치 못하다. 교육은 유목적적이고 계획적이며 체계성을 본질로 하기 때문에 교육의 효과성이라는 기준에 비추어 평가의 대상을 규정하는 것이 바람직하다.

그렇다 하더라도 학생평가의 영역을 일정하게 한정하는 것은 어려운 일이다. 교육정책의 타당성과 교육제도의 적합성, 국민의 교육의식 등을 포함하여 교육의 내연(內緣)은 두말 할 나위가 없고, 그 외포(外包)도 학생의 삶에 직접 혹은 간접적으로 영향을 미치므로 학생평가 영역을 매우 다양하게 기술할 수 있다. 따라서 여기서는 학생 교육의 효과를 결정하거나 교육의 방향을 설정하는 데 중요한 정보를 수집 · 제공 · 판단하는데 비교적 · 직접적으로 관련된 영역만을 학생평가 영역으로 규정하고자 한다.

교육의 주 대상은 학습자이므로 학습자에게 일어난 변화대상으로서의 학습성과 — 지적 특성, 정의적 특성, 신체기능적 특성 등 — 의 평가는 학생평가의 1차적인 대상이 된다. 그러나 학습성과의 평가가 학생평가의 핵심적인 영역이라 하더라도 학습성과란 학습자가 지니고 있는 다양한 행동특성의 영향을 받거나 주는 관계에 있으므로 다음과 같은 평가영역을 고려할 수 있다.

1) 학습자의 지적 특성 평가

학습자의 지적 특성이란 교과 혹은 교육프로그램에 대한 학습상태의 평가(주로 교과학습을 통한 학력), 지능, 학업적성, 창의력, 문제해결력 등 주로 '머리 작용'에 관한 특성을 일컫는다. 이들 지적 특성 중 평가의 핵심적인 대상은 학습상태의 평가이다.

교과 혹은 교육프로그램(특별활동, 봉사활동, 자치활동 등)에 대한 학습상태의 평가란 학습자가 교과 혹은 교육프로그램에 대하여 지니고 있는 학습의 정도를 평가하는 것을 일컫는다. 이는 학생평가의 가장 중심적인 영역이다. 학교교육은 학생들의 학습상의 진전과 발달을 통하여 그들이 올바른 시민으로서, 책임감 있는 사회구성원으로서 행복하게 살아가기 위한 수단을 발전시키는 일이다. 그러므로 교육에서는 학생들의 학습상태에 대하여 필요한 평가가 수행되고, 그 결과에 바탕하여 필요한 의사결정을 하여야 한다.

교과 혹은 교육프로그램에 대한 학생의 학습은 역사성을 지니고 있다. 즉 현재의 학습상태는 과거의 학습이 원인이 되어 나타나는 결과이며, 현재의 학습상태는 미래 학습을 결과시킬 원인으로 작용한다. 이러한 논리는 단위 시간 혹은 일정한 시간 간격 차원에서도 성립한다. 그러므로 교과 혹은 교육프로그램 학습상태의 평가는 현재 어느 수준인가 혹은 현재 어떤 상태인가를 파악하는 것으로 충분한 것이 아니며 과거 -현재-미래라는 시간 차원에서 접근할 필요가 있다.

교과 혹은 교육프로그램에 대한 학습상태 평가는 진단평가, 형성평가, 총괄평가 등 세 가지 유형 혹은 방법으로 구분할 수 있다.

첫째, 진단평가(diagnostic evaluation)는 교과 수업이나 교육프로그램이 투입되기 전에 학생이 지니고 있는 지적, 정의적, 신체 · 기능적 상태를 점검하여 학습장애를 진단 · 분석하고 교정 · 수정 · 보완의 과정을 거치기 위한 평가이다. 비유컨대, 마라토너가 출발에 앞서 신체적 조건이나 심리상태를 점검하여 부적절한 요소가 발견되면 미리 조치를 취하거나, 의사가 환자의 병의 원인과 치료과정을 결정하기 위하여 임상적 진단이나 기본적인 검사를 하는 것은 교육에서의 진단평가에 해당한다. 또 진단평가는 학년 초 혹은 학기 초에 학습집단을 편성하고 개별 학습자를 적절한 자리에 배치하는 정치(定置, placement) 기능, 교사가 가르칠 내용의 범위와 수준의 계획, 수정의 정보 제공 기능을 지니기도 한다. 이러한 진단평가는 교사가 아닌 전문가가 개발한 평가도구(예 : 시험지)를 사용하거나 외부 인사가 실시할 수 있으나, 학생을 가르치고 지도할 교사가 직접 평가도구를 만들고 평가하는 것이 원칙이다.

둘째, 형성평가(formative evaluation)는 교과 수업 혹은 교육프로그램이 진행되는 과정에서 간단한 쪽지시험을 치르거나 학습목표 달성을 극대화하기 위하여 자기 학습과제를 부여하는 방식으로 실시하는 평가를 일컫는다. 의사가 환자의 병을 치료해 가는 과정에서 치료과정이 정상적으로 이루어지고 있는가를 살펴보기 위하여 필요한 검사를 실시하는 것에 비유할 수 있다. 교사는 형성평가를 통하여 수업이 계획대로 진행되고 있는지, 학습자들이 학습과정에서 겪는 곤란은 무엇인지, 수업의 속도는 적절한지 등에 관한 정보를 수집하여 교수-학습과정을 교정하거나 자신의 수업계획을 수정하기도 한다.

셋째, 총괄평가(summative evaluation)는 일련의 학습활동 단위가 종결된 시점에서 그간의 학습성취도를 파악하려는 평가이다. 학기 중에 실시하는 월말고사, 중간고사, 기말고사 등이 이에 해당한다. 총괄평가는 학습자의 개별 성적을 산출하고 부여하거나, 집단 내에서의 위치를 파악하거나(등급을 매기는 일), 미래 학습의 정도를 예측하는 정보를 제공해 준다.

학습자의 지적 특성으로서 지능의 평가는 표준화한 지능검사 도구에 의해 지적 잠재력을 측정하여 학습자의 이해를 위한 참고자료로 활용하려는 것이다. 종래에는 단일 측정치에 의한 지능(IQ) 관점이 주류를 이루었으나, 오늘날에는 다중지능(多重知能, multiple intelligent) 혹은 교과지능이 학습자의 지능을 이해하는 데 더 적합할 뿐만 아니라 교육적으로 바람직하다는 견해가 우세하다. 학습자의 적성의 평가도 지능평가와 같은 맥락에서 이해할 수 있다.

2) 학습자의 정의적 특성 평가

정의적 특성은 주로 마음의 작용과 관련되는 특성으로서 인성, 학습습관, 태도, 인간관계, 자아개념, 흥미, 동기, 불안, 만족감, 가치관, 신념 등을 들 수 있다. 학습자의 지적 특성과 마찬가지로, 정의적 특성은 학습의 과정 및 결과에 영향을 주는 변인임과 동시에 학습의 결과로 나타나는 학습자 특성이라는 점에서 교육에서는 매우 중요하게 다루어져야 할 것들이다.

교육에서 학습자의 정의적 특성 중 어느 특성이 평가의 중요한 대상이 되어야 하는가, 어떻게 평가를 할 것인가, 평가 결과의 활용은 어떻게 할 것인가 등은 전적으로 교사의 전문적 판단에 달려 있다. 중요한 사실은 학습자를 이해하기 위해서는 다양한 정의적 특성의 평가가 반드시 이루어져야 한다는 점과, 올바로 평가하고 그 결과를 교육적으로 잘 활용하는 것이다. 이를 위해서 교사는 측정과 평가 이론에 밝아야 하며, 그 실제에 관한 부단한 자기 연구가 필요하다.

학습자의 정의적 특성의 평가 방법으로 흔히 관찰법, 질문지법, 면접법 등을 사용할 수 있다. 이러한 방법들을 평가에서 사용할 때는 타인이 제작한 도구를 기계적으로 사용하기보다는 자신의 교육적 판단에 의한 최적의 도구를 찾거나 제작하여(평가도구의 타당도와 신뢰도가 확보되는 도구) 사용하는 일이 중요하다.

3) 학습자의 사회성 평가

학습자의 사회성이란 주로 인간관계에서 요구되는 특성들을 일컫는 것으로 정의적 특성에 포함시키기도 한다. 사회성이란 학교에서 주로 행동발달상황이라고 지칭하는 것으로 협동심, 자주성, 근면성, 책임감, 준법성, 인간관계 특성, 도덕성 등이 여기에 해당된다. 이와 같은 사회성은 학교교육을 통하여 발달시키려는 인간 특성으로서 사회구성원으로서 갖추어야 할 중요한 특성이므로 학생평가의 중요한 대상으로 다루어져야 한다.

이 외에도 학습자의 평가 영역에 신체기능의 평가가 포함된다. 이는 신체의 성장 발달 상태, 신체 각 부위의 움직임의 적절성과 적합성을 평가하는 일이다.

3. 평가의 유형

평가의 유형은 평가의 시기와 기능에 따라서 진단평가, 형성평가, 총괄평가로, 잘잘못 혹은 우수와 미흡의 정도를 판단하는 기준에 따라서 규준참조평가, 준거참조평가, 성장참조평가(5월에 비해 7월에는 어느 정도 성장했는가, 혹은 1학기에 비해 2학기에는 어느 정도 발전이 이루어졌는가 등을 기준으로 우수하거나 미흡함을 판단하는 평가), 능력참조평가(70 정도의 능력을 지닌 학생이 시험과 같은 평가에서 자신의 능력을 얼마나 잘 발휘했는가를 기준으로 판단하는 평가) 등으로 분류할 수 있다. 여기서는 판단의 기준을 무엇으로 보느냐에 따른 구분으로서 규준참조평가와 준거참조평가에 대해서만 살펴보고자 한다.

1) 규준참조평가

규준참조평가(規準參照評價, norm-referenced evaluation)란 흔히 상대평가로 불리

우는 것으로 학습자 개인의 우수함 혹은 열등함의 정도를 집단이 지니고 있는 규준(規準, norm)에 비추어 판단하는 것이다. 예컨대, 중학교 2학년인 김철수가 수학과 중간고사에서 80점을 받았다면, 이 점수만으로는 얼마나 우수한 성적인가를 판단할 수 없다. 그런데 2학년의 평균치가 75점이라면, 2학년 중 철수는 160명 중 35등이라면, 철수의 백분점수가 84라면, 철수의 표준점수(Z)가 1점 혹은 T점수가 60점이라면 철수가 집단에서 어느 위치인가를 판단하는 것이 가능해진다. 여기에서 개인의 성적(원점수)을 빗대어 볼 수 있는 평균치, 석차, 백분점수, 표준점수 등을 규준이라고 부른다. 따라서 규준참조평가 혹은 규준지향평가란 규준에 비추어 개인의 위치가 상대적으로 판단되며, 측정하여 나타난 점수(원점수)는 절대적인 의미를 지니지 못한다.

이러한 규준참조평가는 성적의 상대적인 우열을 가리거나 등위를 정하거나 선발의 목적으로 주로 실시한다. 그러므로 규준참조평가를 위한 도구는 무엇을 평가하는가, 혹은 평가해야만 할 것을 얼마나 잘 측정해 내는 도구인가라는 이른바 '평가도구의 타당도'는 별로 중요하게 고려되지 않으며, 학생 개인의 특성을 얼마나 신뢰롭게(측정을 반복한다고 할 때 측정치들이 얼마나 일관성 있게 나타나는가) 측정해 내느냐 하는 '신뢰도'나, 학생들의 수준을 가능한 한 폭넓게(낮은 점수로부터 높은 점수에 이르기까지 길게 늘여 놓는 것) 드러내도록 할 것인가가 더 중요한 요건이 된다.

이를 위해서는 평가 문항 각각이 적정 수준의 난이도를 지녀야 하며, 성적이나 과제 수행도가 우수한 집단과 낮은 집단을 잘 가려내 주는 능력인 변별도가 있어야 하고, 선택형 문항으로 구성된 평가도구의 경우에는 각 문항들에의 답지가 적정한 매력을 지니도록 만들어 적정 수준의 문항반응분포가 나타나도록 문항을 제작하는 노력이 요구된다.

2) 준거참조평가

준거참조평가(準據參照評價, criterion-referenced evaluation)란 일정한 과제수행 목표라는 준거를 정해 놓고, 이러한 준거에 얼마나 접근하는가를 기준으로 우수함 여부를 판단하는 평가를 일컫는다. 여기서 과제수행 목표란 교육에서 교육목표 혹은 수업목표 달성도 80이 될 수도 있고, 실험과정을 안정성 규칙을 잘 지키면서 오류율이 10% 미만이라고 정할 수도 있으며, 논술형 고사의 채점 기준 10개 중

7개 이상을 충족시켜야 합격이라고 정할 수도 있다.

이러한 준거참조평가를 흔히 절대평가라고 불러 왔는데, 절대평가라는 말은 학생 개인의 점수를 다른 학생과의 상대적 비교가 아니라 사전에 정해 놓은 기준인 준거에 비추어 학생 개인의 점수 자체를 절대적으로 판단하고 해석한다는 의미에서 사용되는 용어이다.

이러한 준거참조평가는 달성하기를 바라는 교육목표나 과제수행 목표에의 도달도를 확인하고, 어느 영역이나 분야의 목표 달성이 우수하며 어느 영역이나 분야의 목표달성도가 낮은지를 판단하거나 교수-학습 과정의 개선을 위한 정보 수집을 목적으로 주로 실시한다. 그러므로 준거참조평가를 위한 도구는 평가하려는 바를 얼마나 일관되고 신뢰롭게 측정해 내는가 하는 신뢰도보다는 애초에 평가하려고 한 바를 얼마나 잘 측정해 내는 도구인가라는 이른바 '평가도구의 타당도'가 중요한 요건이 된다. 즉 평가도구에 중요한 교육목표가 잘 반영되었는가, 수업에서 다룬 중요한 내용을 잘 선정하여 평가도구를 제작했는가 등이 치밀하게 검토되어야 할 사항이다. 그러므로 준거참조평가에서의 도구는 문항들의 난이도나 변별도, 문항반응분포 등의 어떤 수준이 유지되도록 제작하는 것이 아니라, 평가해야 할 내용이나 목표 혹은 과제가 잘 반영되도록 문항을 제작하는 노력이 요구된다.

4. 학생평가의 동향

교육평가로부터 학생평가 영역이나 대상을 명확하게 분리시켜 내는 것은 거의 불가능하다고 할 정도로 학생평가의 경계를 설정하기란 어렵다. 이 말은 학생평가의 동향(흐름이나 발전적인 방향)은 곧 교육평가의 동향과 거의 같은 맥락에서 이해될 수 있다는 것이다. 이 점에서 성태제(2009 : 404)는 교육평가의 동향을 규준과 준거참조평가에서 능력과 성장참조평가로, 검사에서 총평으로, 선택형 평가에서 논술형 등 수행평가로, 고전검사이론에서 문항반응이론으로, 지필검사에서 컴퓨터화 검사로 발전되어 가고 있다고 지적하였다. 성태제의 교육평가 동향은 그대로 학생평가 동향이라고 해도 틀리지 않다. 그렇기는 해도 여기서는 앞의 학생평가 영역에서 밝힌 바 있는 것들을 중심으로 현대 학생평가의 동향을 몇 가지로 제시하고자 한다.

첫째, 학생평가는 종래의 학력 중심의 평가로부터 전인적 평가를 강조한다. 학교 교육은 전인적인 인간상을 형성하고 발전시키려는 목적을 지닌다. 전인적 인간이란 지적 특성, 정의적 특성, 심동적 특성, 사회적 특성 등이 조화롭게 발달된 사람이다. 그러므로 학생평가는 교육을 통하여 육성하거나 기르려는 학생의 특정 영역의 특성의 평가보다는 다양한 인간특성의 평가를 강조한다.

둘째, 학생평가 방법은 종래의 지필평가의 범주를 벗어나 학생의 특성을 가장 잘 평가할 수 있는 방법들이 총동원되고 있다. 여기에는 지필평가 방법 외에 면접법, 직 · 간접적 관찰법, 질문지법, 표준화검사법, 사회성 측정법, 학생이 작성하거나 만든 각종 자료분석법, 비디오 촬영법 등 다양한 방법들이 고안되고 이용된다.

셋째, 학생평가는 선택형 문항보다는 서답형 문항이 보다 강조되고 있다. 평가문항 형태로서 선택형이 바람직한가, 아니면 서답형이 바람직한가의 문제는 2분법적으로 생각하는 것은 올바른 생각이 아니다. 문항 형태는 평가의 목적과 평가할 대상의 성격에 따라서 결정되어야 한다. 다만, 오늘날 학생평가의 동향으로 지적되는 바는 선택형 문항의 획일적인 사용이 지니고 있는 문제점을 해결하기 위하여, 그리고 학생들의 고등정신 능력을 육성하기 위하여 서답형 문항이 강조된다는 점을 이해할 필요가 있다.

넷째, 학생평가에서 종래의 선택형 중심의 평가가 지니고 있는 단점을 극복하고 아는 것과(앎) 행하는 것(행)을 통합시키기 위한 수행평가가 강조되고 있다. 수행평가란 가능한 한 학생들이 나타내 보이는 과제수행 과정과 그 결과를 평가 대상으로 삼는 평가이다. 학생들이 몇 점을 받았느냐 라는 결과뿐만 아니라, 그러한 점수가 만들어지기까지의 과정이 어떻게 이루어졌는가도 동시에 평가가 됨으로써 과정을 교정하거나 개선하는 데 주안을 두는 평가인 셈이다. 이러한 학생평가관은 '과정이 적절하고 충실할 때 결과도 충실해진다'는 전제를 지니고 있다.

이와 같은 수행평가의 강조 혹은 중요성은 학생평가 방법이 측정으로부터 총합적 평가로, 간접적인 평가방법으로부터 직접적인 방법으로, 구조화된 평가방법으로부터 비구조화된 평가방법으로, 인위적 평가방법으로부터 자연적인 장면 혹은 생활장면에서의 평가방법으로 변화되고 있음을 의미하기도 한다(황정규 편, 2000 : 44).

다섯째, 다양한 학생평가 유형이 혼용되고 있다. 즉 종래의 학생평가 유형은 주로 규준지향평가나 총괄평가가 주류를 이루어 왔다. 그러나 오늘날은 규준지향평가,

준거지향평가, 능력참조평가, 성장참조평가 등의 평가유형들이, 그리고 진단평가, 형성평가, 총괄평가 등이 평가의 목적에 관련하여 다양화되고 통합적으로 활용되어 가고 있다. 이러한 학생평가 동향은 특히 평가도구의 신뢰도보다 타당도가 더 중요한 요건으로 지적되고 있다는 의미이기도 하다.

여섯째, 정보화의 진전 혹은 발달로 인하여 종래의 지필위주의 평가로부터 컴퓨터 기반평가(computer based evaluation)가 활발하게 이루어지고 있다. 즉 평가문항을 비롯한 도구가 컴퓨터 웹에 제시되고, 컴퓨터에서 직접 반응하여 그 결과가 빠른 시간 내에(때로는 응답과 거의 동시에) 학생들에게 피드백되도록 설계된 평가체제가 개발 이용되고 있으며, 이러한 경향은 매우 빠른 속도로 발전될 것으로 전망된다.

【단원별 과제】

[11.1] 교사가 수업이론이나 수업모형에 대하여 체계적인 지식을 지녀야 한다고 주장하는 이유는 무엇이라고 생각하는가? 그리고 당신은 수업이론과 수업의 실제 간의 관계를 어떻게 이해하는가?

[11.2] 자신의 중 · 고등학교 시절의 경험에 비추어 교사의 효과적인 수업행동과 비효과적인 수업행동을 각각 10가지씩 기술해 보시오.

[11.3] 규준참조평가와 준거참조평가를 올바로 실시하기 위하여 교사가 개발해야 할 능력은 각각 어떤 것들이 있는지 기술해 보시오.

[11.4] 오늘날 학교에서 수행평가가 강조되고 있으며, 수행평가 결과를 성적에 일정 비율 반영하도록 규정하기도 한다. 이와 같은 수행평가가 지니고 있는 문제점이나 개선해야 할 사항이 무엇인지 기술해 보시오.

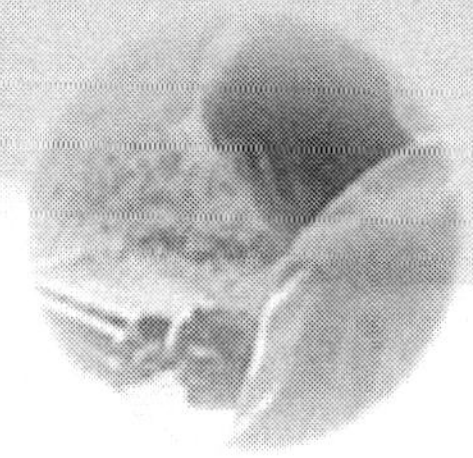

제12장

학 교 평 가

학교평가는 학교를 대상으로 실시되는 평가이다. 일반적으로 교육평가라고 하면 교수－학습의 상황 속에서 정해진 교육내용을 학습자가 얼마만큼 성취하였는가를 측정하는 것이라는 생각이 지배적인 상황 속에서, 학교평가라는 말은 아직까지 우리나라에는 낯선 용어로 인식되고 있다. 그러나 학교평가는 교육의 질적 수준을 제고하기 위한 중요한 방법으로 선진국에서는 이미 오래 전부터 실시해 온 제도이다. 특히 지식정보화 시대로 도래한 21세기에 교육의 중요성과 인재양성에 대한 국가적 관심이 대두되면서 학교평가의 중요성은 더욱 강조되고 있으며, 이러한 세계적 움직임 속에서 우리나라의 학교평가도 점차 그 틀이 완성되어져 가고 있다.

이 장에서는 학교평가의 기본개념과 우리나라에 학교평가가 도입된 배경, 학교평가의 역사, 실시현황, 향후 발전과제 등을 제시하고자 한다.

제1절 학교평가의 의미

학교평가는 개별 학교를 대상으로 실시되는 평가이다. 교육평가 용어사전에서는 학교평가를 "개별학교를 하나의 기능적이며 역동적인 실체로 인식하고, 학교의 제반 부문이 교육적 가치를 창출, 성취, 변형하기 위해 올바른 방향으로 기능하고 있는가를 평가하는 것"으로 정의한다(교육평가학회, 2004).

이러한 학교평가의 목적은 크게 3가지로 분류된다. 첫째, 학교평가는 학교의 자율성 신정에 따른 책무성을 제고하기 위해 실시한다. 둘째, 학교에서 이루어지는 각종 교육활동이나 관리 및 경영활동의 강점과 약점을 파악하여 지도 및 조언하고 그 개선방안을 제시하기 위해 실시한다. 셋째, 학교에서 이루어지는 각종 교육활동이나 관리 및 경영활동에 대한 정보나 자료들을 교육 소비자들에게 자세히 제공함으로써, 학부모 등 교육 소비자들이 학교와 교사 혹은 수업을 선택할 수 있는 정보, 즉 교육 소비자들의 교육적 의사결정을 돕기 위한 정보를 제공하기 위해 실시한다.

학교평가는 교육의 질을 제고함은 물론 학교의 새로운 발전과 도약을 위한 개선방향을 제시함으로써 발전의 동력으로 작용한다는 점에서 교육현장에서 의미 있는 활동이 된다. 학습자가 보다 발전적인 학업성취를 이루기 위해서는 현재의 학업성취수준을 측정하고 그 결과를 바탕으로 현재의 장 · 단점을 찾아내고, 향후 학습계획을 수립하는 것처럼 학교도 현재 학교운영 전반의 상황을 진단하여, 그 결과를 바탕으로 앞으로 학교가 보다 나은 교육활동의 결과를 이루어 내기 위해 해야 할 일이 무엇이며, 어떻게 할 것인가에 대한 반성과 고민이 필요하다는 측면에서 학교평가는 제도화되어 잘 추진될 필요가 있다.

학교평가는 현재 학교의 교육활동에 대한 수준을 진단하는 것 이상으로 학교평가가 진행되는 그 자체로서 중요한 의미를 가진다. 학교평가는 학교의 경영능력, 학생과 학부모에 대한 책임감 제고, 학교 교육여건의 개선을 위한 학교 구성원의 자발적인 노력을 유도하고, 학교의 교육 경쟁력 확보를 통해 우리나라 전체의 학교교육의 질적 수준을 높이는 과정으로서 의미가 있다.

학교평가는 학교가 정부, 교육청, 외부기관으로부터 받는 감사와는 달리 각 학교가 스스로 문제를 진단하고, 그 해결 및 개선방향을 모색함으로써 학교의 질적 수준을 제고하기 위해 노력하는 것이다. 이러한 과정은 학교평가의 학교 자체평가를 통해 실시된다. 또한 교육전문가들로 구성된 학교 외부 평가단에 의한 외부평가가 함께 실시되어, 학교의 발전을 위한 의사결정에 도움을 주고 학교의 경쟁력 확보 및 전문성 제고에 기여할 수 있도록 하는 지원체제를 구축하게 된다. 이처럼 학교평가는 평가준비, 평가과정, 평가결과 활용의 전 과정을 통해서 학교의 발전에 기여할 수 있도록 추진되어 진다.

학교평가는 학교가 순위를 매기는 서열화나 무의미한 경쟁을 촉발시키는 것이 아니라 학교교육의 책무성·창의성을 높이고, 미래에 대비하는 교육활동의 전개와 학교교육의 질 향상을 위한 정보를 찾아 주고, 학교별로 우수한 모범 사례를 발굴하여 이를 전파함으로써 우리나라 교육의 발전에 기여하고자 실시된다.

제 2 절 학교평가 도입 배경

우리나라의 교육제도의 문제점 중 하나로 교육제도에 대한 국민들의 만족도가 매우 낮다는 점이 지적되고 있다. 교육이 너무나 획일적이며, 이는 교육 소비자의 다양한 요구를 현재의 교육체제가 적절하게 수용되고 있지 못함을 의미한다. 따라서 교육을 실시하는 학교는 이러한 교육 소비자의 요구에 보다 적극적으로 대응해야 한다. 학교평가는 이처럼 교육 소비자의 요구가 적절하게 반영되지 못하는 교육현장의 개선을 위해 공급자인 학교를 평가하는 것이다. 이제 우리나라의 교육은 소비자의 교육권과 알 권리를 충족시키는 방향으로 전환되어야 할 필요가 있다. 학교평가는 이러한 교육활동의 의사결정 과정에서의 공급자 중심의 기존 틀을 바꾸기 위한 중요한 정책적 대안이며 방법으로 인식되어지고 있다(유현숙 · 김혜숙, 1998).

또한 국가적인 차원에서 본다면, 학교는 국가가 정한 교육 효과, 교육 성취도를 얼마나 달성하고 있는가를 종합적으로 점검할 필요가 있다. 특히 21세기 지식정보화 시대에서는 우수 인재의 확보가 국가 경쟁력 제고의 핵심적인 요소로 강조되고 있으며, 세계 각국은 우수 인재를 양성하기 위한 교육제도의 개선을 위해 다양한 정책을 추진하는 한편 경제적 투자를 확대하고 있는 상황이다. 따라서 국가 공동체의 발전을 위해서 학교가 주어진 과업을 얼마나 성실하게 수행하고 있는가에 대한 관리와 감독이 필요하게 된다. 즉 국가적 차원의 교육감독권의 행사와 장학지도를 위해서도 학교평가의 실시는 의미 있는 활동이다. 영국은 1993년부터 전국적인 학교평가를 실시하고 있으며, 미국은 오래전부터 '학교평가인정제(school accreditation)'를 실시하고 있다.

특히 우리나라의 경우, 학교현장에서 벌어지는 과도한 성적경쟁, 대학입학 경쟁과 이로 인한 사교육비의 증가 수준이 매우 심각한 것으로 인식되어지고 있다. 이러한 이유로 인해 우리나라 국민들의 학교교육에 대한 만족도가 낮은 것으로 조사되고 있으며, 그 해결방안으로 계속 제안되어 온 것이 바로 공교육인 학교교육의 질을 높이는 것이다. 따라서 공급자 위주의 학교운영을 탈피하여 교육 소비자의 요구가 적절하게 반영되도록 학교의 변화 동인을 제공해야 하며, 이러한 학교의 자기 발전을 위한 노력들이 적절하게 추진되고 있는지를 관리 및 지원하기 위해 학교평가제도를 교육현장에 정착시키기 위한 노력들이 전개되어 왔다.

제 3 절 학교평가의 역사

우리나라의 학교평가는 학교를 단위로 하는 평가라는 의미에서 본다면 광복 이후 50년 동안 학교교육사에서 항상 찾아볼 수 있는 교육적 관행으로 볼 수도 있다(강태중, 2000). 그 대표적인 활동이 바로 장학활동이다. 당시의 학교평가는 장학의 일부분으로 실시되었다. 이후 공식적인 제도로서 학교평가가 도입된 것은 1995년부터이다(임연기, 2005). 따라서 실질적인 우리나라의 학교평가 역사는 그리 길지 않음을 알 수 있다. 우리나라 학교평가의 역사는 '장학에 의한 학교평가기', '시범운영적 학교평가기', '외부 평가기'로 구분할 수 있다(임연기, 2005).

1. 장학에 의한 학교평가기(1987년 까지)

광복 이후, 우리나라의 초 · 중등학교에 대한 학교평가는 장학의 부분으로 진행되었다. 그러나 해방 이후, 미군정에 의해 민주적 장학제도가 형식적으로 도입되었음에도 불구하고, 당시 일제시대의 권위주의적 교육 풍토가 만연함에 따라 장학제도는 국가기관의 학교에 대한 감독기능을 위주로 실시되었다. 그러나 점차 사회 민주화와 자율화 추세가 강화되면서 부분적으로 학교평가의 개념이 현장에 적용되어져 왔다. 1970년대 한국교육개발원이 장기과제로 추진한 '초 · 중등학교 발전사업'에서 '계획 – 실천 – 평가'의 3단계 순환과정을 통해 수업체제를 효율적으로 지원하기 위해 구안된 학교경영체제는 장학의 일부분으로 실시된 학교평가의 가장 대표적인 사례이다.

2. 시범운영적 학교평가기(1987~1995년)

우리나라 교육현장에 학교평가제도를 정착시키기 위한 구체적인 노력은 1980년대 후반기에 본격화된다. 이러한 움직임은 사회 전반의 자율화, 민주화 추세와 밀접한 연관이 있다. 또한 학교평가제도 정착을 위한 학교평가의 개념 정립과 학교평가 실시 방법, 기준 등을 개발하기 위한 연구가 활성화되기 시작했으며, 이러한 연구결과들을 바탕으로 1987년에 한국교육개발원이 전국 11개 초 · 중등학교를 대상으로 학교평가 시범운영을 실시하게 된다. 또한 서울시교육청도 교육청 수준에서 평가기준과 지침을 개발하여 이를 활용해 학교가 자체평가를 실시하고 그 결과를 보고하도록 하였다.

이러한 시범운영은 학교평가에 대한 많은 관심을 불러일으켰으나, 학교의 실질적인 개선에는 뚜렷한 성과를 나타내지 못하였다.

3. 외부학교 평가시기(1995년 이후)

1995년 '교육개혁위원회'는 '신교육체제 수립을 위한 교육개혁 방안'을 발표하고,

교육개혁 과제의 하나로 학교평가 실시를 제시하였다. 학교평가는 학교에 대한 평가를 실시함으로써 학교간 경쟁체제를 도입하고, 이를 통해 교육 소비자에 대한 학교의 책무성을 강화하며, 학생과 학부모의 교육과 관련된 의사결정에 도움이 되는 정보를 제공하고, 평가결과에 따라 우수한 학교에 대하여 행정적 지원과 재정적 지원을 차등적으로 실시하는 것을 그 내용으로 한다. 이러한 교육개혁위원회의 제안에 따라 1996년 당시 교육부가 교육청에 대한 평가를 실시하게 되며, 각 시 · 도 교육청은 관할 초 · 중등학교에 대한 학교평가를 실시하게 된다. 또한 교육인적자원부는 2000년부터 한국교육개발원에 '정보제공형 학교종합평가'의 실시를 위탁하고 있다. 교육인적자원부의 시 · 도교육청 평가에 의한 학교평가와 시 · 도교육청의 학교평가는 2004년부터 일원화되었다. 교육인적자원부는 종합적인 학교평가 기준과 계획의 수립을, 시 · 도교육청은 관할 학교에 대한 평가실시로 역할이 분담되어, 보다 효율적인 학교평가 체제를 수립하게 된다.

이와 함께 학교평가 시행을 위한 법률적 근거도 마련되었다. 1997년 교육인적자원부 장관이 지방교육행정기관과 학교에 대한 평가를 실시할 수 있도록 초 · 중등교육법을 제정하고, 구체적인 평가대상, 절차, 기준 등은 관련 시행령에 규정하게 된다.

학교평가의 유형별 주요 특징은 다음과 같다.

1) 교육청평가 일환으로 실시되는 학교평가

1995년 교육개혁방안이 발표되고, 교육인적자원부는 시 · 도교육청에 대한 평가를 실시하게 된다. 교육인적자원부의 시 · 도교육청평가는 교육청의 지도성과 행정력은 물론 학교평가 내용이 포함되어 있으며, 학교방문평가가 실시되었다.

이 평가는 교육인적자원부가 평가기준의 설정 등 계획수립과 시행 그리고 결과활용까지 주관하는 정부주도의 평가로, 자체평가로서의 의미나 본격적인 개념의 학교평가라고 보기에는 한계가 있다.

2) 시 · 도교육청이 실시하는 학교평가

교육인적자원부는 교육청에 대한 평가를 실시하는 한편 모든 교육청이 어떠한 방식으로든 소속 관할 학교에 대한 평가를 실시하도록 하였다. 이에 따라 대부분의 교육청에서 관할 초 · 중 · 고등학교를 대상으로 학교평가를 실시하게 된다. 평가방법 등은 교육청별로 서로 상이하게 진행되었다. 평가를 실시하는 평가위원을 교육청 내부인사로 선정하는 경우도 있었으며, 외부 전문가를 평가위원으로 선정한 경우도 있었다. 평가기준은 교육인적자원부가 연구개발한 기준과 시 · 도교육청에 대한 교육인적자원부의 평가에 포함된 학교평가 기준, 자체 개발 기준 등이 교육청별로 다양하게 적용되었다. 평가절차는 교육청이 지정한 평가기준에 따라 학교가 자체평가를 실시한 후에 자체평가 결과를 확인하기 위한 학교 외부 평가자의 학교 방문 평가를 실시하는 것이 가장 일반적인 절차였으나, 현지 방문평가를 실시하지 않는 경우도 있었다. 평가결과는 우수학교 포상, 우수 교원 및 학교 경영자 포상, 장학활동을 위한 협의 자료 등으로 활용되었다.

시 · 도교육청에 의한 학교평가는 대체적으로 장학 활동과 학교평가 활동을 구분하여 실시하였다는 점(임연기, 2004)에서 그 의의가 있다. 그러나 학교의 자체적인 진단평가 활동과 이를 통한 개선점 모색, 외부 인사에 의한 지원, 학교정보의 외부 공개 등이 부족하여 학교평가의 본질적인 목적 달성에는 미흡한 측면이 있다.

3) 한국교육개발원의 학교종합평가

한국교육개발원의 학교평가는 교육인적자원부의 위탁사업으로 2000년부터 전국적으로 확대 적용하여 시범사업을 실시하고 있다. 평가자로는 교원, 교수, 교육전문직 종사자가 참여하며, 이 평가는 학교교육의 질적 수준 향상을 위한 학교단위의 자발적인 개선 노력을 유도한다는 점을 강조한다. 이를 위해 학교의 자체평가 결과를 참고로 장기간 교육현장을 방문하여 대화, 협의하는 평가방법을 적용하고 있다. 따라서 평가자의 평가활동에 대한 부담, 학교의 평가준비 부담 등이 크며 평가자의 주관이 개입될 가능성도 높은 편이다. 평가결과는 학교에 제공되어 학교발전을 위한 자료로 활용되며 별도의 행정 및 재정 지원과 연계되지 않는다.

제 4 절 학교평가 현황

현재 우리나라를 대표하는 학교평가제도는 교육인적자원부의 시 · 도교육청평가와 시 · 도교육청의 학교평가가 일원화된 학교평가제도이다. 현행 학교평가제도의 주요 특징과 실적 등은 다음과 같다.

1. 추진배경

학교평가는 교육의 자율화자치화에 따른 단위학교의 책무성을 확인하고, 국가수준의 학교교육 질 관리 체제를 구축함은 물론 교육정책 수립을 위한 기초자료 확보 및 교육정책 효과를 제고하기 위해 도입되었다(교육평가학회, 2004).

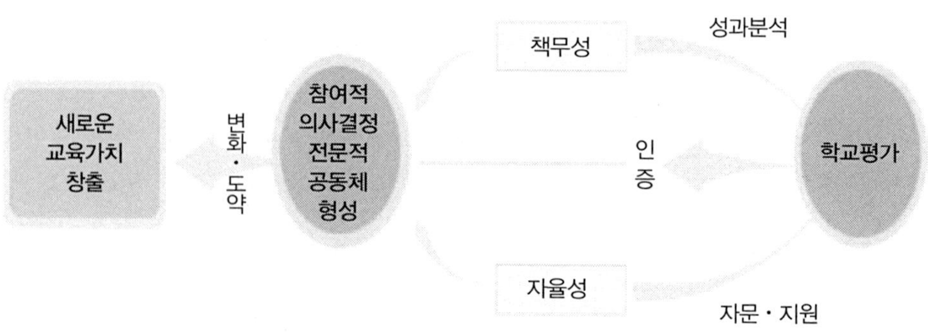

* 자료 : 한국교육개발원 학교평가 홈페이지(http://eval.kedi.re.kr)

[그림 12-1] 학교평가 추진배경

2. 학교평가 개요

학교평가의 시행주체는 시 · 도교육청이다. 단, 초 · 중등학교는 지역교육청이 주관한다. 중앙정부는 학교평가 정책방향 수립, 공통기준의 개발과 제공 등의 역할을 수행한다. 학교평가의 대상은 초 · 중등학교 전체이며, 평가는 3년에 1번씩 실시된다. 평가영역 및 내용은 국가에서 지정한 공통지표와 시 · 도교육청이 지정한 자체지표로 구성되며, 평가내용에 교육의 '투입 – 과정 – 결과'가 모두 포함되어 있다. 평가방법은 학교의 자체평가, 외부평가위원의 현지방문평가, 그리고 학생 및 학부모 대상 만족도 설문조사 결과가 반영된다.

3. 학교평가 실시 현황

최근 3년간 실시된 학교평가 실적을 보면 총 8,980개의 학교가 평가를 실시하여 전체 82.6%에 해당되는 것으로 나타났다. 인정주기가 3년으로 설정되어 시 · 도교육청에 따라서는 초등학교, 중학교, 고등학교 순서대로 1년씩 순환하는 경우도 있으며, 한 해에 전체 학교를 실시하는 경우, 전체 학교를 매년마다 1/3씩 실시하는 경우도 있다. 학교평가는 학교, 시 · 도교육청, 국가 정부 그리고 학교평가사업을 지원하는 학교평가센터간의 유기적인 협조 체제 속에서 추진되고 있다. 협조체제 구축을 위하여 학교평가센터에서 정보통합시스템을 구축하여 적용하고 있으며, 이를 통합적 네트워크를 통한 학교평가(Integrated Network for School Evaluation)라 한다(그림 11-2 참조).

4. 학교평가 내용

학교평가의 주요 내용은 다음과 같다.

첫째, 교육결과 중심의 학교책무성을 평가한다. 이는 국가수준에서 필수적으로 관리하고 점검해야 할 기초학력 중심의 평가로서의 학교평가이다. 우수학교 발굴과 확산을 위한 노력, 중점관리 학교 선정 및 지원을 위한 평가 등도 해당된다.

둘째, 학교 질적 기준 중심의 학교평가는 학교교육의 질에 대한 국가적 수준의 표준을 설정하고, 학교의 표준, 기준 통과 여부를 인증해 주는 인증평가를 실시하는 것이다. 이는 학교로서 갖추어야 할 최소한의 자격을 갖추고 있는가를 보겠다는 것이다. 또한 일반계 고등학교를 제외한 특목고, 자사고 등에 대한 인증평가를 실시한다.

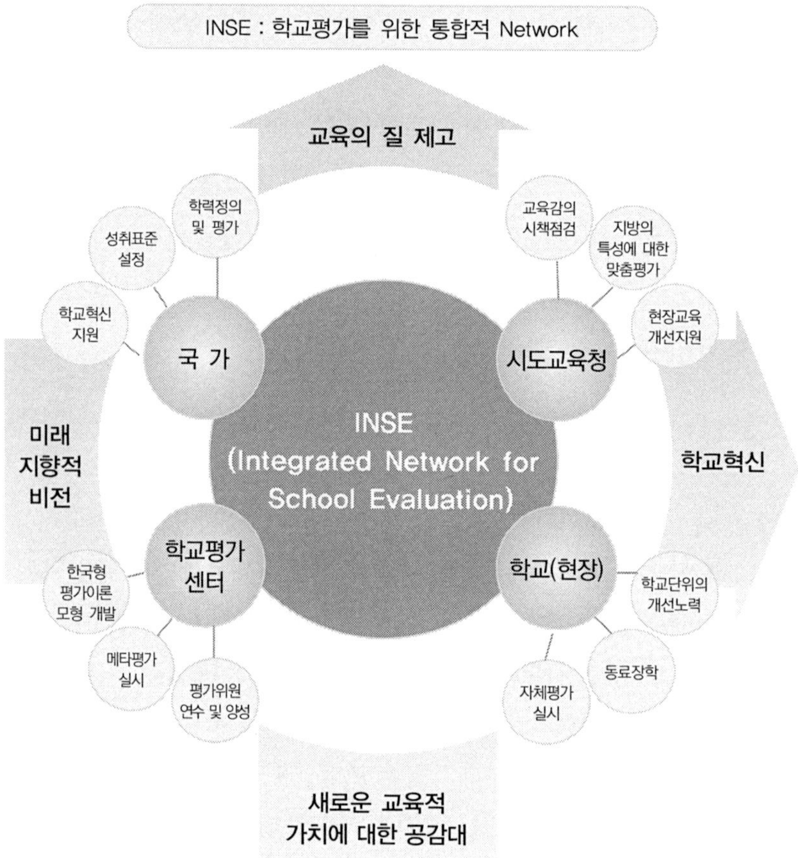

* 자료 : 한국교육개발원 학교평가 홈페이지 (http://eval.kedi.re.kr)

[그림 12-2] 학교평가를 위한 통합적 네크워크 체계도

셋째, 학교자체평가 중심의 학교개선평가이다. 이는 시 · 도교육청이 중심이 되어 학교현장의 질을 개선하기 위한 평가로서, 자체평가 실시의 확산을 통한 현장중심의 개선에 노력하는 것을 내용으로 한다.

5. 학교평가 결과의 활용

학교평가의 결과는 첫째, 우수학교에 대한 포상적 지원과 미흡학교에 대한 조성적 지원의 근거로 활용되며, 둘째, 학교와 교원의 책무성 제고를 위한 수단으로 활용된다.

제5절 학교평가 향후 전망

학교평가제도가 가지는 긍정적인 효과는 매우 다양하다. 그러나 현재 실시되고 있는 학교평가제도가 앞으로 더 효율적으로 추진되기 위해 개선되어야 할 부분도 존재한다.

1. 현행 학교평가 제한점

현행 학교평가제도가 가지는 제한점은 다음과 같다.

첫째, 학교평가는 한 가지 기본전제를 가진다. 미국, 영국의 사례에서 찾아볼 수 있듯이 학교평가는 학교의 책임경영제를 전제로 한다. 책임경영제란 학교장을 중심으로 학교단위 자율적인 경영이 이루어지고 이에 따른 책임을 지게 되는 것을 말한다. 또한 중앙 및 지역의 재원이 학교에 직접 투자됨에 따라 지역주민의 학교에 대한 영향력이 큰 경우, 지역주민이 선출한 학교장이 책임경영을 할 수 있게 되고, 이러한 경우, 학교평가의 본래적 의미가 구현될 수 있다. 우리나라처럼 교사들이 순환 근무하고 학생과 학부모의 학교선택권이 제한적인 경우에는 각자 맡은 업무의 수행결과에 대한 평가 이외에 학교에 대한 총체적인 평가를 실시하고 이를 근거로 교육의 질을 높이는 행위 자체가 낯설게만 느껴지게 된다.

둘째, 지금까지 학교평가와 관련된 노력들은 주로 투입(input)중심의 접근이었다. 좋은 학교가 되기 위한 수많은 요소를 파악한 후, 각 요소들의 수준을 평가하는 것이 학교평가였다. 이러한 결과를 통해 개선방안을 도출하고 이를 실행하는 것이 학교의 발전을 도모하는 것으로 보았다. 그러나 이러한 전제에 대한 근거는 충분하지 않다. 이러한 투입요소들은 좋은 학교가 되기 위한 필요조건일 뿐 충분조건은 아니기 때문이다. 또한 투입중심의 학교평가는 평가에 소요되는 시간과 경비가 과도하게 나타난다.

셋째, 학교평가는 우리나라의 교육역사와 문화 속에 깊이 스며든 전통은 아니다.

따라서 평가를 통한 학교 혁신은 향후 더 많은 발전을 이룰 수 있을 것으로 기대된다(김주후, 2005).

2. 발전과제

이러한 제한된 조건 속에서도 학교평가를 통한 학교의 발전을 모색하는 노력은 향후 확대되어야 할 것이다. 이를 위해 해결해야 할 몇가지 과제가 있다.

첫째, 현 단계에 적합한 범위 내에서 학교 재구조화를 지향하는 학교개선 중심의 학교평가를 활성화할 필요가 있다. 이는 지역사회의 요구와 학교 구성원들의 필요를 파악하면서 학교 혁신을 지향하는 학교개선 위주의 학교평가이다. 이를 통해 학교가 자체평가 결과로 제시한 개선방안에 대한 평가도 이루어질 수 있다. 실례로는 충청남도의 '맞춤형 평가', 전북과 경북지역의 '컨설팅 평가', '도움 평가' 등이 있다.

둘째, 새로운 교육시스템과 학교형태 등에 대해서는 그 성공여부와 확산여부 등을 판단하기 위한 인증평가가 실시될 필요가 있다. 이러한 인증결과가 모든 학교에 공유됨으로써 학교 발전의 개선방향이나 정책수립에 기여할 수 있다.

셋째, 단위학교의 자율성이 제한된 우리나라의 상황에서 학교의 책무성을 직접적으로 평가하기에는 무리가 있는 것이 사실이다. 그러나 가능한 범위 내에서 이러한 노력을 계속 경주할 필요가 있다. 이를 위해 학교 책임경영의 개념과 범위 등에 대한 연구와 합의 도출 등이 필요하다.

넷째, 학교평가제도가 안착되기 위해서는 무엇보다도 전문 학교평가 인력을 양성해야 할 필요가 있다. 학업성취도와 같이 객관적인 점수화된 자료만으로는 학교의 실태나 향후 개선방안을 정확히 파악하기에 한계가 있다. 결국 전문가적 식견에 의존하는 평가방식에서 완전히 벗어나기는 어려운 측면이 있으므로 전문평가자 양성이 요구되어진다.

【단원별 과제】

[12.1] 1. 학교평가가 도입된 배경과 필요성은 무엇입니까?

[12.2] 학교평가를 통해 기대되는 긍정적인 효과는 무엇입니까?

[12.3] 학교평가제도가 정착되기 위해 고려되어야 할 사항은 무엇입니까?

[12.4] 학교평가 실시 전과 후를 비교할 때, 학교교육 현장의 차이점을 교사와 학생, 학부모별로 논의하시오.

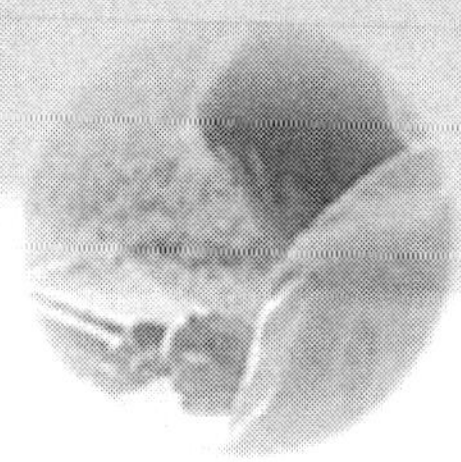

제13장

교사와 학급경영

3교시 시작 종이 울려도 김선생님의 학생들 중 일부만이 자기 자리에 앉아 있다. 두 명은 지우개를 던지고 받고 있으며, 나머지는 여기저기 모여 앉아 잡담을 하고 있다. 김 선생님은 시끄러운 상태에서 "모두들 앉아라! 출석을 부를 거야.'라고 소리친다. 몇몇 학생들은 자기 자리로 돌아갔지만, 나머지는 여전히 뒤를 돌아보며 잡담을 하고 있다. 몇 번을 더 소리친 다음에야 대부분의 학생들은 자기 자리에 앉았고, 김 선생님은 출석을 부르기 시작했다. 김 선생님이 조용히 하라고 소리칠 때는 소리가 조금 줄어들었지만 학생들은 여전히 잡담을 하고 있다.

위의 상황은 교실에서 볼 수 있는 사례라 할 수 있다. 이러한 상황에서 그 수업이 잘 운영될 수 있겠는가 하는 의구심이 생긴다. 김 선생님이 학생들을 더 엄격하게 대하고, 부적절한 행동을 하는 학생들을 벌주라고 할지도 모른다. 대부분의 학생들은 자신들의 행동들이 교실에서 허용되는지 그렇지 않은지를 알고 있다. 그럼에도 이러한 상황은 교실에서 쉽게 일어날 수 있다.

바람직한 학급경영은 교사가 기대하는 행동을 학생들에게 이해시키는 데 기초를 두고 있다. 문제는 교사의 입장에서 어떻게 하면 학생들에게 교사의 기대를 쉽게 전달하고, 계획된 절차를 적절하게 실행할 수 있도록 할 것인가이다.

이 장의 목표는 교사가 학급운영에 도움이 되는 규칙과 절차 체계를 갖추고, 학급을 잘 운영할 수 있기 위해서 교사가 갖추어야 할 자세와 태도를 알아보고자 한다.

제1절 학급경영의 의미와 담임교사의 역할

1. 학급경영의 의미

교실은 학교에서 교사가 주로 활동하는 장소이며 또한 학생을 접촉하게 되는 곳이다. 학생들 학교에서의 대부분의 시간을 교실에서 보내게 되며, 교사는 교육목표의 달성을 위해 여러 가지 학급활동을 전개한다. 모든 교사들은 학년 초나 학기 초에 수업과 학급을 어떻게 운영해 나갈 것인지에 대하여 많은 고민을 하게 된다. 교육경력이 많은 교사들은 그 동안의 경험을 통하여 나름대로 학급운영 방법을 터득하고, 그러한 방법을 토대로 학급을 운영해 나갈 것이다. 그러나 처음 교직에 입문하는 초임교사들은 경력 교사와는 다른 상황에 있다. 경력교사처럼 나름대로 수업 및 학급운영 계획을 세울 수 있는 준비 기간이 없기 때문이다. 이로 인해 초임교사들은 학급을 어떻게 운영해 나가야 할지에 대한 구체적인 지침이나 방법을 미리 정하지 못해 시행착오를 겪게 되는 경우가 많다. 그러면서 초임교사들은 자신들이 겪는 문제들을 해결하기 위해 실제 학급운영 및 수업운영에 도움이 되는 지침이나 방법을 고민하게 된다. 만약 초임교사들이 학급운영 계획을 미리 세우고 이를 실행에 옮긴다면 막막함을 줄임으로써 여러 가지 문제들을 미리 예방할 수 있을 것이다.

학급은 학교교육이 이루어지는 가장 기본적인 단위체제이다. 학급은 교육목표가 실제로 구현되는 장이기도 하다. 따라서 어떤 의미에서는 교사들이 개개 학급을 얼마나 효율적으로 잘 경영하느냐가 곧 학교 교육목표의 달성여부를 결정짓는 중요한 요인이 되기도 한다. 학급경영의 중심은 우선 효과적이고 협동적인 학급체제를 구축하는 데 있다. 교사와 학생, 학생과 학생 사이에서 일어나는 상호작용 속에서 여러 가지 상황이 일어나게 된다. 짧은 시간 동안에 여러 가지 일들이 일어나고, 때로는 몇 가지 사건들이 동시에 일어나기도 한다. 또한 즉각 대응을 해야 하는 일들이 일어나고 이에 대해서 교사들은 다양한 방안을 생각하고 처리해야 한다. 교실 상황에서 많은 학생들을 지도하는 경우, 일대일 수업 상황에서와 같은 개별화되고 인간화된 지도를 제대로 하는 것은 쉬운 일이 아니다.

담임교사가 특정 문제나 특정 학생의 행위를 어떻게 처리하는가를 지켜보면서 학생들은 교사의 행동에 대한 기대와 믿음을 갖게 된다. 교사로서 적절한 학급경영 기술을 가져야 하는 가장 큰 이유 중의 하나는 교사의 행동 하나가 여러 가지 학생들의 문제행동들이 일어나는 것을 예방할 수 있다는 것이다. 사전에 문제행동을 예방할 수 있는 조치들을 취한다면, 문제행동으로 인해 학습 분위기가 산만해지는 것을 막고 학생들은 학습 활동에 전념하게 된다.

다시 말해, 교사의 학급경영에 있어 중요한 것은 학생들과의 상호작용을 하는 절차 및 방법들을 개발하는 것이다. 이러한 일상적인 절차나 방법들이 없다면 교사들은 학습 활동을 조직하고 학생들의 행위를 교정하는데 너무 많은 시간을 보내게 될 것이다. 즉 교사가 학급경영을 어떻게 하느냐에 따라 교사로서의 성취감과 보람이 달라질 수 있다. 교사는 학급경영의 중요한 모든 측면들을 다룰 수 있어야 하며, 성공적인 학급운영에 도움이 되는 물리적인 환경을 계획할 수 있어야 한다.

2. 담임교사의 역할

담임교사는 학급경영을 구상하고 전개하는 학급경영의 담당자로서 역할을 수행한다. 따라서 학급담임은 교실에서 직접 학생을 매일 접하면서 교육활동을 전개하는 교사라는 점에서 다른 어떠한 교무분장 직무에서 볼 수 없는 중대한 의미를 지니고 있다. 이와 같이 담임교사의 역할은 학급경영 목표를 세우고 학급이 수행할 제반 과업을 계획하고, 지도 · 전개하고 평가하면서 학급을 충실히 발전시키는 것이다. 학급경영은 학급의 질서를 유지하면서 학급을 촉진하는 활동이다. 이러한 활동을 효율적으로 수행하기 위해서 담임교사는 다음과 같은 역할을 수행한다(한국교육행정학회, 1995 : 525-526).

첫째, 학급의 경영 · 관리의 책임이다. 학급경영에 대해 구상한 내용을 책임있게 전개하도록 요청된다. 인적으로는 학생의 관리와 지도를, 물적으로는 교실환경에 관련된 조건정비를, 방법적으로는 이러한 인적 · 물적 요인의 전개와 교과, 특별활동, 도덕과의 관련을 기능적으로 충실히 하는 것이다.

둘째, 학생의 지도 책임이다. 학생의 자주성, 주체성을 존중하면서 학급담임의 지도성을 충분히 발휘할 것이 요청된다.

셋째, 학년간의 연대 책임이다. 본질적으로 독창적인 학급경영이 독선적이고 폐쇄적으로 이루어지는 것을 막고, 학교 교육목표의 구체화와 실천, 학년 전체의 노력과 목표 달성 추진이라는 입장에서 그 연계와 조정이 이루어지도록 요청된다.

넷째, 학부모와의 연계 책임이다. 학급경영을 효과적이고 효율적으로 잘 하기 위해서는 학부모의 도움이 절대적으로 필요하다. 학교-가정의 협력체제를 확립하여 가정에서의 책임과 그 연계 협동을 밀접히 할 것이 요청된다.

3. 담임교사의 자세

교사가 어떻게 하느냐에 따라 학급의 분위기와 학생들의 태도가 달라진다. 따라서 학급관리의 내용에서 다루는 담임교사의 자세는 앞에서 다룬 교사의 역할과 자세와 밀접한 관련이 있다. 다만 여기서는 학급경영 차원에서 교사로서 갖추어야 할 역할을 고려해 보고자 한다.

1) 교육이념(철학)을 갖고 있는 교사

담임교사가 학급의 어디에 관점을 어디에 두느냐에 따라 전혀 다른 교실의 모습을 볼 수 있다. 전통적인 입장에서는 대체로 학급이 질서 정연하고 조용히 학습에 임하는 학급을 떠올릴 것이고, 젊고 개성이 강한 현대적인 입장에서는 학생들의 개성을 존중하며 자율적으로 운영하고 있는 학급을 생각한다. 전자에서는 질서 정연한 것과 정숙만을 요구하다 보면 개성이나 자율성이 저해되기 쉽고, 후자만을 강조하다 보면 공동체 정신이 약하거나 들떠 있거나 불안정한 분위기가 지속될 소지가 있다. 과연 교사로서 학급경영을 잘 하기 위해서 전자와 후자 두 입장에서 어떤 태도를 보이는 교사가 될 것인가?

교사는 교단에 서 있는 존재 이유라고 할 수 있는 교사 자신의 교육이념이나 철학을 품고 있어야 한다. 이것은 1년 동안의 학급경영에 있어 가장 중요한 핵심이 된다. 이념이나 철학을 가지고 있으면 교육과정을 재구성하기도 쉽고, 학급에서 하는 많은 활동들을 단순한 활동으로 그치게 하지 않고 활동들 속에서 의미를 찾을 수가 있게 된다(권혁진 외 6인, 2005 : 30). 만약 교사의 교육철학이나 이념을 갖지 않은 반에서는 활동이나 행사를 하게 될 때 중요한 정신이 빠져 버리고 활동만 남아 있게 되는 것을 종종 본다. 예를 들어 옆 반에서 무공해 비누를 만들거나 견학을 했는데 학생들의 반응이 좋더라 하면 며칠 있다가 그대로 따라해 본다. 그러다 보니 거기에는 어떠한 의미나 정신을 담은 것으로 승화시키지 못하고 단지 활동으로만 끝나 버리기 쉽다. 그러므로 학급운영이 알차게 이루어지려면 무엇보다도 교육과정의 정신과 각 지역 교육청과 학교의 교육 목표를 바탕으로 한 교사 담임 나름대로의 독특한 교육철학이나 이념을 가지고 있어야 한다(권혁진 외 6인, 2005 : 31).

2) 만남을 준비하는 교사

수업 첫날... 학생들은 교과 내용이나 교사가 원하는 행동에 대해 알지 못한 상태에 있다. 다른 교사들과의 이전의 경험을 통해 학교에서 허용되는 행동과 그렇지 않은 행동들에 대해 어느 정도 이해하고 있다. 하지만 새롭게 만나는 담임교사가 무엇을 기대하고 있는지는 알지 못하기 때문에 학년 초 학생들은 교사의 행동이나 지시에 대해 신경을 바짝 세우게 된다. 이때 첫 만남은 교사들이 자신의 기대를 구체적이고 명확하게 설명해 줌으로써 학생들이 적절한 행동을 학습하는 데 도움을 줄 수 있는 기회가 된다. 그러나 이러한 기회를 충분히 활용하지 못한다면, 학생들은 수업과 학습에 지장을 주는 행동을 시작하게 될 것이다. 이럴 경우 허용되지 않는 행동들을 제거하고 적절한 행동을 정착시키는 데 더 어려움을 느끼게 될 것이다. 따라서 첫 만남에서 학생들이 어렵지 않게 학급 활동에 적응할 수 있도록 도와 줘야 한다. 첫 만남에서 학생들이 교사에 대해 안정적이고 긍정적인 느낌을 가질 수 있어야 하는 것이다.

교사가 아무런 준비나 기대감 없이 학생들을 만난다면 첫 만남에 대해 강한 애착이나 많은 관심이 생기겠는가? 공식적으로 학교의 하루는 시간표에 채워진 수업이 전부이지만, 학생들의 몸과 마음 상태를 읽고 미리 준비하지 않으면 하루 생활을 다스려 내기 힘들다. 수업을 시작하기 전, 어떻게 아침시간을 보내느냐에 따라 그날 하루 교실생활이 달라진다(우리교육, 2006 : 13). 아침 시간은 수업을 시작하기 전 학생들의 생활 리듬을 살피고 조정하는 데 할애되어야 한다. 교사로서 자신의 말 한 마디 행동 하나하나를 조심하여 학생들의 요구와 관심을 이해하려는 자세가 필요하다.

학급은 담임의 절대적인 권력만이 존재하는 것이 아닌 인격적으로 만나는 모두의 공동체가 되어야 한다(권혁진 외 5인, 2005 : 21). 인격적인 만남은 교사가 학생들을 이해하는 마음을 가지고 학생들과 같은 수준, 같은 처지로 내려가는 노력이 있을 때 가능하다. 교사로서 준비하는 만남과 만남을 가꿔 가는 것이 중요하다. 교사는 학생들을 진정으로 아끼고 사랑하며, 학생들은 교사를 존경하는 마음으로 만날 수 있을 때 교육의 효과가 나타나고 교사가 학생들의 인생에 큰 영향을 줄 수 있는 그런 만남이 가능해지는 것이다. 매일매일이 새로워지는 학교생활은 만남을 준비하는 교사에 달려 있다.

3) 신뢰를 주는 교사

학급경영을 제대로 하기 위해서는 오늘날 우리의 교육풍토에 만연되어 있는 불신풍조를 불신시키고 신뢰를 회복시켜야 한다. 이것은 어느 누가 대신해 주지 않는다. 이것을 해결하는 것은 결국 교사의 몫이고, 교사들이 먼저 앞장서서 신뢰를 회복시켜 나가야 한다. 교사가 학생과 학부모들부터 신뢰를 얻지 못하면 교사의 노력에 학생과 학부모들이 따르려 하지 않게 될 것이고, 결국 교사가 추구했던 학급운영이 제대로 이루어질 수 없고, 교육의 효과도 얻을 수 없을 것이다. 교사의 입장에서 학생들과 학부모, 그리고 교장, 교감 및 서무실 직원들과의 신뢰관계를 형성하기 위해 어떻게 해야 할지를 생각해 보아야 한다. 교사의 말 한 마디 한 마디를 학생들이 믿고 따르고, 학생들의 이야기를 전적으로 믿어 줄 수 있는 그런 학급이어야 한다.

학부모들은 자녀교육에 관심이 많고, 자녀의 학교생활에 대해 궁금하게 생각하기 마련이다. 그럼에도 1년이 지나가도록 부모와 전화 한 번 통화 해 본적이 없고, 자신이 담임을 맡고 있는 아이에 대해서 대화를 나눈 적이 없는 경우도 있다. 이런 경우 부모의 책임이라고 하기 보다는 우선 교사가 먼저 학기 초에 부모들에게 전화를 해서 학교생활이나 성적에 대해 의견을 나누게 된다면 훨씬 학부모와도 우호적인 관계가 형성될 수 있을 것이다. 이렇게 하면 학부모로부터 신뢰를 받게 되고 학부모들도 자녀의 학교교육에 많은 관심을 갖게 된다. 만약 학부모들이 학교에서 이루어지는 것에 대한 소식을 그저 자녀들을 통해서 듣게 된다면 학생들이 이해하는 폭이나 수준에 머무르게 될 것이고, 이는 잘못 왜곡된 정보가 전달될 수 있다. 왜냐하면 학생들이 전하는 내용이 교사의 의도대로 전달되기 어렵기 때문이다.

제 2 절 학급경영의 계획

1. 학급경영의 계획

학급경영은 학교경영이나 학년경영과 별도로 떨어져 존재하는 것이 아니라 하나의 맥락 속에서 이루어진다. 학교경영에서는 학교교육 목표를 달성하기 위해 경영목표와 방침을 설정하고 이를 수행하는 정책기능이 주가 된다고 하면, 학년경영은 이를 교수-학습 활동에 직접 연결될 수 있도록 조정하고 통합하는 관리기능이 주가 된다. 학급경영은 직접 수업활동과 학생지도를 통해 교육목표와 경영목표가 구현되도록 하는 운영기능이 주가 되는 최하위의 경영단위이다. 따라서 학급경영 계획은 학교 및 학년경영 목표와 방침과 맥락을 같이하면서 해당 학급의 특수성이 고려되어야 할 것이다. 성공적인 학급경영을 하기 위해서는 학급경영을 하기 위해서는 실천 가능한 계획을 학기별로 세우는 것이 바람직할 것이다. 이때 시기별로 학생들의 관심에 세심하게 주의를 기울여 보다 체계적으로 세우는 작업이 필요하다.

학년의 처음 몇 주는 학생들이 앞으로의 학교생활에 필요한 여러 가지 행동들과 절차들을 학습하기 때문에 학급경영에 있어 특히 중요한 시기다. 성공적으로 새 학년을 시작하기 위하여 교사는 자신의 기대를 학생들에게 어떻게 전달하고, 교과를 어떻게 소개하며, 수업과 과제를 어떻게 계획하고, 다양한 활동들의 순서 및 시간을 어떻게 배당할 것인가 등에 대해 주의를 기울여야 한다. 특히 학년 초의 처음 1~2주는 학급 전체에 초점을 두는 활동들을 계획해야 한다. 이는 학급 전체 학생들을 대상으로 한 교사의 수업과 지시 및 모든 학생들이 동일한 활동이나 과제를 수행한다는 것을 의미한다. 꼭 필요하지 않다면 이 시기에는 개별학습이나 과제는 피하는 것이 바람직하다. 학년 초에 학급 전체를 강조하는 이유는 학급 절차를 보다 쉽게 제시할 수 있고, 따라서 새로운 학생들에게 보다 쉽게 적용할 수 있기 때문이다. 하지만 새 학기 초에는 서먹서먹한 분위기로 말 수가 적기 때문에 학생들이 적극 참여하리라는 기대는 하지 않는 편이 좋다. 원만하게 학급이 운영되고 학생들이 올바른 행동을 학습한 후, 보다 복잡한 활동들을 전개하는 것이 바람직하다. 연간계획 하에 월별 · 주별로 계획을 하나하나 세워야 한다. 학급경영 계획을 세울 때 고려해야 할 사항을 제시해 보면 다음과 같다.

① 학교교육 목표가 학급경영 실제에 구현되도록 작성한다.
② 학생지도에 필요한 내용이 포함되도록 한다.
③ 학급경영의 제반계획을 실천하고 실적을 누가 기록하도록 한다.
④ 교수-학습 활동과 긴밀하게 연결시켜 활용도를 높이도록 한다.
⑤ 학생지도의 과정에서 필요한 사항이 구체적으로 기록되도록 한다.

학년 시작을 위한 준비점검표를 제시해 보면 다음과 같다(오영재 · 박종필 공역, 2005 : 102).

표 13-1

학년 시작을 위한 준비점검표

확인	대상	참고사항
□	1. 교실 및 물품들을 모두 준비했는가?	
□	2. 학급 규칙과 절차는 정하였고 이를 지키지 않을 경우를 위한 결과는?	
□	3. 학생들이 사용할 학교의 여러 시설(식당, 화장실 등)과 이러한 곳을 사용하는 방법이나 절차를 알고 있는가?	
□	4. 교직이나 학교의 정책 중 학생들에게 알려 주어야 하는 것이 있는가?	
□	5. 학급 규칙이나 절차, 평가 방법 등을 설명하는 유인물은 준비하였는가?	
□	6. 첫 번째 주의 시종 계획은 알고 있는가?	
□	7. 처음 며칠 동안의 수업 활동 계획을 세웠는가?	

확인	대상	참고사항
□	8. 출석부를 작성하였는가?	
□	9. 교과서, 책상이나 그 외 비품들을 충분히 준비하였는가?	
□	10. 수업 시간 조정이 필요한 경우를 대비한 보조 활동을 준비하였는가?	

2. 학급규칙 정하기

교사들 중에서 특히 고학년을 맡는 교사들은 규칙을 구체적으로 제시하지 않는 경향이 있다. 대체로 보통 지각이나 학생들의 생활지도 차원에서 지켜야 할 행동에 대한 기대만을 제시하는 경우가 대부분이다. 이렇게 되면 학생들의 행동이 부적절할 때마다 부정적인 피드백을 주게 된다. 그러다 보니 교사가 사용하는 규칙과 절차가 일관성이 없고, 규칙과 절차가 효율적으로 학급을 운영하는데 중요하게 작용하지 못하게 된다. 이와 같이 학생들의 행동에 대한 기준이 없다면 교사가 수업을 하거나 학생들이 효과적으로 지도하는 것이 불가능하다. 특히 출석 확인, 토론 참여, 자료 제출 또는 확인 등과 같은 교실생활의 공통된 요소에 대한 규칙이 없을 경우에는 시간이 많이 낭비되고 학생들의 관심과 흥미를 떨어뜨리며, 궁극적으로는 학생들의 학습을 저하시킬 수 있다.

바람직한 학급경영은 교사가 기대하는 행동을 학생들에게 이해시키는 데 기초를 두고 있다. 주의 깊게 계획된 규칙과 절차들을 통해 학생들에게 교사의 기대를 쉽게 전달하고, 계획된 절차를 적절하게 실행할 수 있다.

교사가 수업 시간에 어떻게 행동해야 하는지 학생들에게 지도하지 않았다면 그것은 여러 가지 문제를 야기시키게 되므로 세심하게 상황마다 어떻게 행동해야 하는지를 지도해야 한다(오영재 · 박종필 공역, 2004 : 21). 예를 들어 (1) 교실에 들어올 때 무엇을 해야 하는지, (2) 출석을 부를 때는 어떻게 해야 하는지, (3) 토론할 때 이야기하는 방법, (4) 질문에 대답하는 방법, (5) 개별학습 등과 같은 부분에서 명확하게 하는 것이다. 이와 같이 한다고 해도 학생들이 그 방법대로 행동하는 것은 아니다. 그러나 학생들에게 적절한 행동에 대한 기대를 분명하게 심어 주는 것이 잘 조성된 학급 환경을 만드는 중요한 출발점이 된다.

따라서 대부분의 교사들은 일반적인 규칙은 물론 문제가 될 수 있거나 통제하고 싶은 특별한 행동을 관리하는 규칙을 만든다. 이러한 규칙은 행동에 대한 기대를 전달한다. 주로 특별한 행동에 적용하고, 행동을 금지하거나 일반적 기준을 정해 주기보다는 실행방향을 제시해 준다. 이러한 규칙들은 여러 가지가 가능하지만, 5~8개의 규칙들로 가장 중요한 행동영역들을 포함하는 것이 바람직하다. Edmund와 Carolyn 그리고 Murray는 대부분의 학습 행동들을 포괄하는 6개의 일반적 규칙들을 다음과 같이 제시하고 있다(오영재 · 박종필 공역, 2004 : 26-28). ① 필요한 모든 준비물 준비하기, ② 종일 울릴 때, 즉시 자리에 앉고 수업 준비하기, ③ 다른 사람들을 존중하고 예의 바르게 행동하기, ④ 다른 사람이 말하고 있는 동안에는 조용히 자리에 앉아서 듣기, ⑤ 남의 물건을 소중히 하기, ⑥ 모든 교칙지키기 등이다.

위에 제시된 규칙이 반드시 있어야 한다는 것은 아니지만, 효과적으로 운영되고 있는 학급에서는 이와 유사한 규칙들을 자주 발견할 수 있다. 다른 규칙이나 다른 말로 바꾸어 사용할 수 있으며 이 규칙들이 너무 일반적이라서 좀 더 구체적인 규칙들을 갖고 싶어하는 교사들도 있을 수 있다. 규칙을 제시할 때는 교사의 기대를 학생들에게 동의를 얻어 내는 것이 가장 중요하다. 규칙을 제시할 때는 부정적인 면만 제시하기 보다는 긍정적인 면을 강조하는 것도 잊지 말아야 한다.

이러한 규칙을 언제 정할 것인가도 매우 중요하다. 대체로 교사는 첫날 또는 둘째날 학생들과 규칙을 정하는 것이 바람직하다. 학기 중 필요에 따라 학생들에게 적절한 행동을 상기시킬 수 있는 특별한 규칙을 적용할 수도 있다. 하지만 학기 중에 교사의 필요에 의해서 규칙을 세우게 되면 학생들은 교사가 일방적으로 자신들을 통제하기 위하여 규칙을 세운다고 생각할 수도 있다. 규칙이 교사의 일방적인 결정이 아닌 규칙에 대한 학생의 '주인 의식'을 불러일으키기 위해서 규칙을 만드는 과정에 학생들을 참여시키는 교사들도 있다. 이렇게 하면 학생들도 규칙을 지키는 자신의 행동에 보다 책임감을 갖게 된다.

규칙을 위반했을 때 어떻게 할 것인지도 신중하게 생각해 보아야 한다. 사전에 규칙을 위반했을 때 어떻게 할 것인지에 대한 방법을 미리 생각하지 않는다면 자신감을 갖고 일관되게 학생들을 지도할 수 없게 된다. 교사가 되기 위한 준비단계에서 학급운영에 필요한 규칙과 관련한 활동을 제안해 보면 다음과 같다(오영재 · 박종필 공역, 2004 : 43).

〈제안 활동〉

1. 교사와 학생 모두가 지켜야 할 교칙 및 절차들을 확인한다. 이러한 것들을 학급 규칙 및 절차에 적절하게 반영한다.
2. 각종 절차들을 계획할 때 〈표 13-2〉를 사용한다. 수업과 관련된 학생들의 행동들 뿐 아니라 일반적인 영역에서의 행동에 대한 기대도 반영될 수 있도록 한다. 그리고 교사의 이러한 기대를 학생들에게 전달하는 절차를 개발한다.
3. 일부 영역에 대한 절차를 만드는데 어려움이 있거나 만들어 놓은 절차가 효과가 있을지 확신이 서지 않을 때는 보다 경험이 많은 교사들과 이야기를 나누어 본다. 이들은 기꺼이 자신들만의 비법을 알려줄 것이다.
4. 5~8개 정도의 학급 규칙을 만들어 본다. 이러한 규칙들은 교사 자신은 물론 학급의 정상적인 운영을 위해 필요한 행동들을 담고 있어야 한다.
5. 일련의 규칙들을 만든 후, 행정가나 다른 교사들과 함께 규칙들에 대해 이야기를 나누어 본다. 누구와 이야기를 나누어야 할지 판단이 서지 않을 때는 여러 명의 교사들과 이야기를 나누거나 어떤 교사가 좋을지 추천을 받을 수도 있다.

표 13-2

규칙과 절차 점검표

확인	영역	절차
	I. 일반적인 절차들	
□	A. 수업 시작	
	1. 출석 확인	______
	2. 전날 결석한 학생	______
	3. 지각한 학생	______
	4. 기대되는 학생들의 행동	______
□	B. 교실을 나갈 때	______
□	C. 시설물과 준비물	
	1. 수업 시간에 가져와야 하는 것	______
	2. 연필깍이	______
	3. 기타 시설물	______
	4. 교사의 책상, 자료 등의 활동	______
□	D. 수업 끝내기	______
	Ⅱ. 개별 학습과 수업	
□	A. 학생들의 주의 집중	______

확인	영역	절차
□	B. 학생 참여	
□	C. 개별 학습의 절차	
	1. 학생들 간의 대화	
	2. 도움 얻기	
	3. 자리 떠나기	
	4. 개별 학습을 끝냈을 때	

* 자료 : 오영재 · 박종필 공역(2005). 중등교사를 위한 학급 꾸리기. 아카데미프레스. p. 47.

제 3 절 학급환경의 관리

1. 학급환경의 교육적 의의

학생은 학교생활의 대부분을 학급에서 보내게 되므로 교실환경의 교육적 의의는 매우 크다. 학생의 학교생활에 중요한 영향을 주기 때문이다. 따라서 교사가 교실환경을 바람직한 방향으로 조성한다든가 물리적 환경을 쾌적하게 관리한다든가 하는 것은 모두 교육의 성과를 높이기 위한 일이라 하겠다. 그러므로 학급의 환경을 보다 바람직하게 조성하여 교육효과를 높인다는 것은 교사의 의무이며 권리다.

환경이라고 하면 물리적 환경을 생각하기 쉬우나 교육환경이라 함은 오히려 심리적 환경이 더 중요하다. 이는 물리적 조건과 자극이 그 자체로서 교육적 영향을 주기는 하지만 학생 개인이 그것을 어떻게 받아들이냐가 더 중요하기 때문이다. 이처럼 물리적 조건은 심리적 조건으로 전환되기 때문에 학생들의 특성에 맞게 이루어져야 의미가 있는 것이다(김윤태 · 서정화 · 노종희, 1986 : 238).

2. 학급풍토와 학급분위기

학생은 학교생활의 대부분을 학급이라는 환경 내에서 보내게 된다. 교사와 학생, 학생과 학생사이의 복잡한 상호작용 관계에서 학급풍토 또는 학급분위기가 조성되며, 그것은 학생의 지적 성취, 태도, 성격, 기타 행동에 영향을 미치게 된다. 따라서 교사가 어떻게 학급분위기를 조성하느냐 하는 것은 교육목표 달성과 깊은 관계가 있다. 이는 교사의 리더십과도 밀접한 관계가 있다. 예를 들어 학생들이 학습활동의 목표를 명확히 이해하고 그 목표가 학생 개인의 필요와 직결되어 있을 때는 학생중심의 풍토가 효과적이다. 학습활동의 목표가 불명확할 때는 학생들이 교사에게 의존적이며 교사의 직접적인 지시를 기대한다. 이런 경우, 학습의 목표가 명확하더라도 그것이 학생들의 필요와 흥미에 부합되지 않을 경우에는 교사의 적극적 지시가 보다 효과적으로 나타난다. 교사가 학급분위기를 의도적으로 조성할 수 있고 조성된 학급풍토는 학생들의 태도, 행동을 크게 좌우한다는 사실은 담임교사에게 시사하는 점이 많다. 첫 발령을 받은지 얼마 되지 않은 젊은 교사들일수록 즐겁고 신나는 학급을 만들기 위해 무척 애를 많이 쓰는 경향이 있다. 교사의 재치있는 농담이나 유머로 학급분위기는 화기애애해질 수 있다. 이런 교실이 참 재미있고 즐겁다는 점은 인정받을 수 있겠지만 반면에 교실분위기가 늘 들떠 있고 소란해서 차분하게 학습할 수 있는 분위기가 조성되지 않을 수도 있다. 정숙된 분위기를 위해서는 교사가 큰 소리를 내거나 꾸중을 해야 간신히 유지할 수 있다면, 학급분위기가 안정적이지 못하게 된다.

3. 교실환경 배치

학급경영에서 교실환경 배치는 학기가 시작되기 전 모든 교사들이 직면하는 문제이며 학급경영의 출발점이다. 교실환경을 배치할 때, 여러 가지 사항을 고려해야 한다. 책상을 어떻게 배열할 것인가? 교사의 책상은 어디에 놓아야 하나? 어느 곳에서 수업을 진행할 것인가? 교재나 준비물 등을 어떻게 사용하고 어디에 놓아 둘 것인가? 만약 교사가 사용 가능한 공간을 효율적으로 사용하도록 계획한다면 보다 좋은 결실을 얻을 수 있을 것이다. 성공적인 교질 배치를 위한 다섯 가지 요소를 제시하면 다음과 같다(오영재 · 박종필 공역, 2004 : 4-5).

① 수업 목적 및 활동에 맞게 교실환경을 배치한다.
② 왕래가 빈번한 곳은(자주 다니는 곳) 혼잡하지 않게 유지한다.
③ 교사가 학생들을 쉽게 볼 수 있도록 한다.
④ 자주 사용하는 교구나 학생 비품은 쉽게 접근할 수 있는 곳에 둔다.
⑤ 학생들은 판서나 교사가 제시하는 것들을 쉽게 볼 수 있도록 한다.

교실환경 배치를 계획하고 진행과정을 확인하고자 할 때 <표 13-3>이 큰 도움이 될 것이다(오영재, 박종필 공역, 2005 : 18).

표 13-3

교실환경 점검표

확인	대상	참고사항
□	A. 게시판과 벽	
□	B. 교실 바닥	
□	1. 학생들의 책상 및 테이블	
□	2. 교사의 책상과 시설물	
□	3. 컴퓨터	
□	4. 책꽂이	
□	5. 활동 공간	
□	6. 모둠 활동 영역	
□	7. 동 · 식물	
□	C. 보관 장소 및 학용품	
□	1. 교과서	
□	2. 자주 사용하는 수업 자료	
□	3. 교사 물품	
□	4. 기타 재료들	
□	5. 각종 시설물	
□	6. 계절 또는 자주 사용하지 않는 물건들	
□	7. 특정 과제수행에 필요한 자료들	

* 자료 : 오영재 · 박종필 공역(2005). 중등교사를 위한 학급 꾸리기. 아카데미프레스. p. 18.

제4절 학급경영의 과제

1. 의사소통

학급 담임교사는 수업 외에도 학급을 운영하고 학생들을 지도 · 관리하기 위한 여러 가지 다양한 상황에 접하게 된다. 예를 들어 교사가 관심을 가져야 할 사항 중에는 학습참여 부족, 장기간의 무관심, 학습회피, 학교 및 학급 규칙과 절차의 위반 등이 포함된다. 경우에 따라서 교칙에 규정되어 있지 않은 많은 사항들에 대한 것도 고려해야 한다. 교사는 이러한 사항들에 즉시 대처해야 하며 적절하게 반응을 보여서 학생들의 바람직하지 않은 행동이나 그 문제가 계속되거나 확산되는 것을 막을 수 있다.

학급경영의 과제에서 중요한 것은 학생과의 상호작용이다. 어떤 교사들은 학생들을 지도할 때 학생들의 긍정적인 행동은 당연하게 생각하고 넘기고 부적절한 문제행동만을 관찰한다. 교사 입장에서는 대부분의 학생들이 적극적으로 학습에 참여하는 것에 만족하기 보다는 한두 명의 학생이 딴전을 피우는 것에 불평을 하고, 학생과의 관계를 불안하게 만들기도 한다.

교사와 학생의 상호작용 분위기는 교사의 적절한 칭찬에 의해서도 만들어진다. 효과적으로 칭찬이 사용되면 학생의 성적을 향상시키며 격려할 수도 있다. 가장 바람직한 칭찬 형태는 학생에게 왜 칭찬을 받을 만한지 그 이유를 설명해 주고 또 아주 인상적이었다는 것을 보여주는 것이다. 실제 학업 성취 및 결과에 대한 칭찬이 노력에 대한 칭찬보다 더 효과적이다. 교사들로부터 “열심히 하고 있구나.” 라는 칭찬을 받았을 때 대부분의 고학년 학생들은 오히려 반대로 “선생님은 내가 능력이 없다고 생각하는구나.”라는 생각을 갖는다. 학생이 열심히 노력하고 있고 교사가 이를 칭찬해 주고 싶을 때에는 학업 성취 및 결과에 대한 내용이 칭찬 속에 포함되어야 한다. 칭찬을 개별적으로 하는 방법도 좋은 방법이다. 시험지나 학습지, 기타 여러 과제나 일기장 등에 간단한 말을 써 주는 것도 좋은 칭찬의 기회가 된다. 학생과의 대화, 부모와의 상담, 가정통신문, 전화 등을 통한 비공식적 접촉 또한 학생을 칭찬할 기회가 된다.

의사소통 기술은 교사나 다른 학생들에게 도움을 줄 뿐만 아니라 문제를 겪고 있는 학생들을 돕는데도 사용할 수 있다. 흔히 교사들은 학생들과의 상호작용에서 학급 내 · 외적 요인들에 의해서 방해를 받기도 한다. 이러한 문제가 단순히 학생들의 이야기를 귀담아 들어주거나, 문제 상황을 해결하거나, 이에 적응하기 위한 대안들을 생각하도록 격려함으로써 교사들은 학생들과의 상호작용을 보다 활발히 할 수 있고, 학생들의 문제 해결을 도울 수 있다. Edmund와 Carolyn 그리고 Murray는 유능한 의사소통(대화) 전문가가 되기 위해서는 다음과 같은 세 가지 관련 기술이 필요하다고 했다(오영재 · 박종필 공역, 2004 : 181-182).

1) 건설적이며 명확한 자기표현

건설적이며 명확한 자기표현은 자신의 생각을 명확하게 내보임으로써 문제행동을 교정하고, 강요와 속임을 사용하지 않는 것을 의미한다. 이렇게 하기 위해서는 문제나 관심사에 대한 명확한 의사를 표현한다. 예를 들어 "손을 들지 않고 큰 소리로 대답을 하면 다른 사람의 수업 참여에 지장을 줘."라고 ① 학생들의 행동을 이야기하고, ② 그 행동이 어떤 영향을 주는지 설명한다. 학생에게 자신의 생각을 분명하게 표현할 때 눈을 마주치거나 학생 쪽을 몸의 방향을 유지하거나 이야기에 맞게 표정을 지으면서 적절한 신체 표현을 통해 시각적 강화를 줄 필요가 있다. 자신의 의사를 분명하게 표현할 때 학생들의 적절한 행동에 대한 부분을 언급하는 것이다.

2) 감정을 이입하여 반응하기

감정을 이입하여 반응하기는 학생들의 입장에 귀를 기울이고, 긍정적 관계를 유지하고 계속 토론을 이끌어 가는 것을 의미한다. 이 기술은 학생의 입장을 이해하고 수용한다는 것을 보여줄 뿐 아니라 필요한 경우 이를 명확하게 하는데 도움이 된다. 감정이입을 통한 반응은 건설적이고 명확한 자기표현이 갖고 있는 단점들을 보완해 준다. 명확한 자기표현이 교사 자신이 원하는 바를 나타내는 반면, 감정이입을 통한 반응은 학생들의 관점을 이끌어 내고 확인할 수 있게 한다. 감정 이입을 통한 반응은 학생들의 관점을 이끌어 내고 확인할 수 있게 한다. 다음의 두 가지 사례를 비교해 보면서 감정이입의 의미를 이해해 보자.

♠ 사례 A

학생 : 저는 안 남아 있을 거예요. 선생님은 저를 남게 할 수 없어요.
교사 : 너는 방과 후 남아 있어야 해. 세 번이나 지각을 했잖아.
학생 : 아니오. 저는 남을 수 없어요.
교사 : 아니. 남아야 돼. 그렇지 않으면 시간이 두 배로 늘어 날거야. 그게 규칙이야.
학생 : (화가 나서) 저는 갈 거예요.
교사 : 그러지 않는 것이 좋을 거야.
학생 : 저 가요! (학생이 나간다)

♠ 사례 B

학생 : 저는 남지 않을 거예요. 선생님은 저를 남게 할 수 없어요.
교사 : 그래. 나는 그럴 수 없지. 너에게 달려 있지.
학생 : 저는 남을 수 없어요.
교사 : 방과 후에 남아서 하는데 문제가 있니?
학생 : 운동 연습에 늦게 갈 수는 없어요.
교사 : 그래. 운동 연습에 늦게 되는 것이 문제로구나.
학생 : 그래요. 한 번 더 연습 시간에 늦으면, 다음 경기에 출전할 수가 없어요.
교사 : 어려운 상황이구나. 그럼 네가 할 수 있는 다른 것을 말해 보겠니?

다음의 대화들은 교사에게 일어날 수 있는 상황이다. 각각의 경우에 대화를 이끌어 나가는데 상대방의 생각이나 감정에 대해 가장 적절히 반응하는 것인지를 찾아보자(참조 : 오영재 · 박종필 공역, 2004 : 199-200 참조)

1. 학생 : 제기랄, 이놈의 학교
   a. 그런 말을 하면 안돼.
   b. 학교에 대해 뭔가 불만이 있는 것 같구나.
   c. 힘을 내, 모든 것이 그렇게 나쁜 것은 아니다.
   d. 그렇게 말을 해도 달라지는 것은 없어.

2. 대수학을 잘 이해하지 못하겠어요. 왜 이걸 배워야 해요?
   a. 대학에 가려면 필요해.
   b. 계속해 봐. 조금 시간이 지나면 알게 될거야.
   c. 도대체 뭐가 이해가 안 된다는 거니?
   d. 방과 후에 남을래? 선생님이 도와줄 수 있어.

3. 학생 : 더 이상 저 애들 옆에 앉고 싶지 않아요.
   a. 미안하구나. 그러나 이미 정해진 거야.
   b. 저 애들이 너를 괴롭히면, 바꿔줄 수 있어.

c. 네가 직접 처리할 수는 없겠니?	d. 어떤 상황인지 이야기 해 볼래?

4. 학부모 : 우리 애는 아주 걱정을 하고 있고, 더 도와 주지 않으면, 이번 시험을 통과하지 못할 거예요. 하나도 이해를 하지 못한다고 그러더군요.

a. 계속하세요. 좀더 이야기를 듣고 싶군요.	b. 수업 시간에 좀더 집중을 해야 해요.
c. 걱정이 크겠지만, 괜찮을 거예요. 시험을 보기 전에 한번 다시 복습하는 걸로 충분할 겁 니다.	d. 대부분의 학생들은 제가 쉽게 설명을 한다고 해요. 아마 수업 시간에 딴짓을 하고 듣지 않는 모양이 군요.

5. 옆 반 선생님 : 5교시 애들 때문에 미치겠어요. 요즘은 어떻게 할 수 없어요.

a. 좀더 분명하게 자기 생각을 표현하는 것이 어때요?	b. 나도 알아요. 이 층에 있는 사람들은 다 들을 수 있어요.
c. 애들이 몇 명되지도 않는데……	d. 그 애들이 안 좋다면 내가 가르치는 6교시 애들을 한 번 가르쳐 봐요.

3) 문제해결하기

문제해결은 갈등을 처리하고 해결하는 과정이다. 교사와 학생들 사이에 갈등이 생기고 서로서로 상대방에 대해 어색한 느낌을 가질 수도 있다. 만약 갈등이 일어난다면 지원적인 분위기 속에서 교수-학습 활동이 계속 이루어질 수 있도록 갈등을 바람직하게 처리하는 방법이 필요하다. 이는 상호 만족스러운 문제해결을 위한 여러 가지 단계들로 구성된다. 문제해결 과정의 단계는 문제확인, 대안논의, 대안들 가운데 하나를 선택하여 실행했을 때와 하지 않았을 때의 결과를 밝히는 단계가 포함되기도 한다. 첫 단계는 문제를 인지하고 확인하는 단계이다. 문제를 어떻게 인식하고 확인하느냐는 문제해결에 중대한 영향을 미친다. 대화의 목적을 설명하고 학생에게 자신의 생각을 이야기하도록 함으로써 대화를 시작한다. 학생이 아주 비협조적인 태도를 보인다면 교사는 자신의 생각을 분명하게 표현해야 한다. 문제의 핵심에서 벗어나지 않기 위해 학생의 입장을 충분히 들은 다음 다시 문제 상황에 초점을 둔다. 문제가 분명해지고 합의가 이루어졌을 때 다음 단계로 넘어간다. 2단계는 대안을 선택한다. 문제해결을 위한 각종 대안을 최대한 모색하고, 구체화한다. 가능하다면 서로 비교해 보고 최선의 것을 선택할 수 있도록 둘 이상의 대안을 마련하는 것이 좋다. 3단계에서 교사는 학생들에게 해결책을 받아들이도록 요구하며, 이를 지키도록 요구한다. 경우에 따라서 구두로 약속하기 보다는 문서로 약속을 하는 경우도 있다. 학생과 교사의 서명, 약속 기간, 약속대로 행동했을 때와 약속을 지키지 않았을 때의 결과 등에 대해서 어떻게 할 것인지를 기록으로 남겨둘 수도 있다.

2. 학급경영의 문제 상황

우리는 살아가면서 수없이 많은 '처음'이라는 시작을 경험하게 된다. 그 때마다 항상 느끼는 것이 설레임과 두려움일 것이다. 이제 막 새로운 '처음'이라는 교직의 첫발을 내딛는 새내기 교사에게 학급경영은 많은 의미와 부담을 느끼게 할 것이다. 여기서는 학급경영을 하면서 교사에게 생기기는 곤란한 상황에 대해서 생각해 보기로 한다.

1) 청소 지도

청소는 단순히 하루 동안 사용하여 더러워지고 흐트러진 교실을 정돈하는 의미에만 그치는 것이 아니라 자기가 사용하는 물건을 스스로 정리하고 챙김으로써 그것의 소중함을 깨달을 수 있게 하는 것이다. 또 청소시간은 학교생활 중 몸을 자유롭게 움직이며 일을 함으로써 노동의 가치를 깨닫고, 여러 학생들과 함께 청소를 함으로써 학급의 공동체 의식을 키워 갈 수 있는 귀중한 시간이다(권혁진 외 6인, 2005 : 112). 그러나 대부분의 청소는 억지로 하기 때문에 강요된 노동으로 받아들여지는 경향이 있다. 더욱이 청소를 벌로 연결시켜 처벌의 방법으로 활용할 때 학생들에게 청소에 대한 긍정적인 의식이 생길 수 없다. 청소는 청소고 벌은 벌이다. 학생들의 사소한 잘못에 대한 벌은 학급에서 자기가 맡아할 일을 주거나 무언가 학급에 도움이 될 일을 시키도록 한다. 우선 청소에 대한 잘못된 인식이나 생각을 바꾸어 주어야 한다. 청소를 기피하는 이유로 학교에 공부하러 오는 것이지 청소 따위를 하기 위해 오는 것이 아니라는 생각이나 청소는 남이 해 주는 것, 지위가 낮은 사람이 하는 것, 여자들이나 하는 일이라는 식의 그릇된 노동을 천시하는 사회풍토와 사고방식이 지배하고 있기 때문이다. 여기에다 서로 도와가며 일하는 생활태도가 길러지지 않았기 때문에 더욱더 하지 않으려 한다. 이러한 현상을 개선하기 위해서는 무엇보다도 교사가 솔선수범하여 학생들과 같이 하는 청소시간이 되어야 한다. 교사는 감시 · 감독하는 입장에서 벗어나 더불어 함께 청소하는 형태로 청소시간에 임해야 한다. 만약 교사가 청소시간에 참여하는 것이 현실적으로 어려움이 있다면 청소의 의미를 이해시켜 공동체 생활에서 즐거운 마음으로 모두가 함께 할 수 있도록 지도해야 한다. 예를 들어 학생들의 자율성을 최대한 보장해 주고, 책임감 있게 해나갈 수 있도록 학급회의 등의 방법으로 해결해 나가도록 한다.

2) 문제행동 지도

교실에서는 일어나는 학생들의 행동은 반드시 바람직한 것 만은 아니다. 교사가 직면하는 학생들의 행동 중에는 여러 가지 문제행동들이 있기 마련이다. 모든 교사들이 심각한 문제들이 교실에서 일어나지 않기를 바라지만 실제 학급에서 교사들은 학급분위기를 유지하고 학생들이 올바른 행동을 학습할 수 있도록 하기 위해서 반드시 해결해야만 하는 어려운 상황들에 직면하게 된다. 교사는 학급경영의 맥락에서 학생들의 문제행동에 대해서 수업 방해를 최소화하면서 학생들의 바람직한 행동을 유도할 수 있는 상황에 적합한 방법을 선택할 수 있어야 한다.

문제행동을 처리할 때, 여러 형태의 목표를 생각해 보아야 한다. 자신이 선택하는 방법의 장 · 단기적 효과를 생각해야 한다. 학생들의 부적절한 행동을 멈추게 하고 정상적인 행동을 하게 하는 것이 단기적인 목표가 된다. 장기적인 면으로는 그러한 행동이 다시 일어나지 않게 하는 것이다. 이와 동시에, 문제해결 방법이 초래할 수 있는 부정적인 효과에도 주의해야 하며, 이를 최소화할 수 있는 조치를 취한다(오영재 · 박종필, 2005 : 212). 예를 들어 무례한 행동으로 말대답하기, 대들기, 버릇없는 말투나 몸짓 등과 같은 학생의 행동을 보면 교사는 화나게 마련이다. 이런 학생들은 교사나 친구로부터 주목을 받기 위해 또는 자신이 없는 과제를 회피하기 위해 이러한 행동을 하는 학생들이 있다. 이런 학생들을 지도할 때 우리는 흥분해서 처음부터 버릇을 고쳐야 한다고 생각하고 지나치게 강력하게 처리하는 경우가 많다. 하지만 학생이 자신의 언행이 적합하지 않다는 것을 깨닫게 하고, 과제나 지시 사항을 제대로 이행하도록 하는 것이 중요하다. 그렇다면 교사 스스로가 학생에게 문제 상황에 적절히 대처하는 행동 모델을 보여줄 수 있도록 정중한 태도로 흥분하지 않고 침착하게 대응하는 것이 가장 좋은 방법이다. 또한 학생의 무례한 행동이 우발적이고 경미한지 아니면 반복적이고 의도적이냐에 따라 지도 방법도 달라질 것이다. 문제행동이 심각하다고 판단된다면 그 이유를 밝히고 필요한 경우 그 학생에게 벌을 내려야 한다. 예를 들어 다른 학생들로부터 그 학생을 격리시키거나 교무실에 보내서 적절한 행동을 보일 때까지 교실에 들어오지 못하게 하기도 한다. 문제행동이 더욱 심각해질 경우는 학교의 지도 기준과 절차에 따라 상황을 처리한다.

문제행동 중에는 빈번이 숙제나 과제를 해오지 않는 학생들도 있다. 학기 초부터 이런 행동을 보이는 학생들도 있다. 그러나 가끔씩 과제나 숙제를 빼먹게 되고 나중에 가서는 습관적으로 과제나 숙제를 하지 않는 경우가 더 일반적이다. 교사의 입장에서 초기에 해결하기 위해 해당 학생의 문제행동을 확인할 수 있도록 충분한 대화를 나눈다. 만약 학생이 단순히 능력상의 문제로 과제를 마치지 못하거나 숙제를 해오지 않했다면 필요한 도움을 제공하고, 그 학생의 능력에 맞게 과제와 숙제를 제시한다. 하지만 학생의 능력상의 문제가 아닌 경우에는 이를 해결하기 위해 여러 가지 각도로 접근을 해야 한다. 예를 들어 학생의 부모에게 전화하여 문제 상황에 대해 논의해서 학부모들도 학생의 동기를 유발하도록 도움을 받을 수 있고, 다른 수업의 교사나 아니면 방과후 활동 프로그램의 지도 교사의 협조도 큰 도움이 될 수 있다. 학생들이 과제를 해결할 수 있도록 지도하고, 과제나 숙제를 빼먹지 않는다는 약속을 받아내고 그것을 지키게 한다. 만약 약속을 지키지 않고 계속 반복되는 학습 태만에 대해서는 그에 상응하는 결과를 제시하고 그에 책임을 지도록 하는 것도 필요하다.

여러 학생들 앞에서 교사에 대한 반항이나 적대감을 보이는 경우 교사들에게 큰 위협이 되는 행동이다. 일반적으로 교사들은 이러한 행동을 가벼운 처벌로 넘어간다면 이런 문제가 계속 생길 것이고 다른 학생들도 비슷한 행동을 보일 것이라고 생각한다. 하지만, 문제를 일으킨 학생은 교사의 뜻에 따르는 것이 친구들 앞에서 체면을 깎이는 것으로 생각한다. 이러한 문제를 처리하는 최선의 방법은 긴장을 완화시키는 것이다. 수업 시간에 이런 일이 있어났고 심각한 것이 아니라면, 갈등을 피하며 문제를 객관화함으로써 이에 대처한다. 즉 다른 학생들이 없는 곳에서 또는 개인적으로 문제를 처리하는 것이다. 이때 학생과 논쟁을 해서는 안 된다. 학생의 이야기에 귀를 기울이면서 교사는 객관적인 반응을 보여야 한다(오영재 · 박종필 역, 2005 : 234). 예를 들어 교실에서 나가 복도에서 기다리게 하고, 다른 학생에게 간단한 과제를 제시한 후 그 학생과 문제행동에 대해 대화를 나눈다. 해당 행동이 적절하지 않았다는 것을 지적하고 분명하게 벌칙을 내린다. 드물지만 극단적인 경우, 학생은 전혀 교사의 지시에 따르지 않을 경우도 있을 수 있는데, 이 경우도 학생과의 논쟁을 피하며 차분하게 대응하고, 필요하면 교무실에 도움을 청하려 학생을 보낸다.

문제행동 지도는 다른 사람과 더불어 생활하는 방법과 자기 삶의 주체로서 살아가는 방법을 배우도록 하는 과정이다. 단순히 행동을 통제하는 것을 넘어서서 학생들이 자기 가치관을 세우고 실천하면서 바람직한 행동으로 변화하는 의미있는 체험이 될 수 있어야 한다.

3) 학급에서의 도난사고

교실에서 도난사고가 발생을 했을 경우, 교사의 입장은 무척 난처해진다. 도난사고는 주로 초등학교부터 중학교 과정에서 나타나는 일과성 비행 중 흔히 볼 수 있는 것이다. 이런 경우 모두들 책가방을 책상 위에 올려 두고 교사가 가방을 하나하나 뒤지는 것이 당연한 것으로 되어 있다. 그러나 이런 것은 이제 하지 말아야 한다. 물건이나 돈이 없어졌다고 교사가 학생들 가방을 뒤진다고 할 때, 교사의 모습은 어떤 모습일까를 생각해 보자. 교사가 범인을 찾아 협의자들의 소지품을 검사하는 형사와 같은 모습이 되어야 하겠는가? 교사는 그런 방법으로 해결해서는 안 된다. 그런 방법으로 찾을 수도 없을 뿐더러 찾아내서도 안 된다. 교사의 역할은 학급의 아이들이 나쁜 유혹에 바지지 않도록 하고 유혹에 빠졌다면 빨리 뉘우치도록 하는 것이다. 범인을 공개적으로 찾아내려는 교사의 태도가 더 큰 문제이다. 가능한 교사와 당사자인 학생만을 알도록 하는 것이 좋다(권혁진 외 6인, 2005 : 53). 학생들의 도벽은 흔히 호기심에서 비롯되는데 가장 일반적이고 흔히 볼 수 있는 행위로서 우발적이고 기회적이며, 또 다른 비행과 복합되어 나타나기 쉽다. 학생의 도벽에 대해 무조건 강경한 조치를 취하면 당사자의 자존심만 상하게 되고 이것이 우울증이나 따돌림을 초래해 더 큰 문제를 야기시킬 수 있기 때문에 보다 세심한 지도가 필요하다. 도벽이 있는 아동을 발견했을 때에는 우선 정확하고 냉정한 관찰을 통해 도벽의 원인을 찾아내야 한다.

제 5 절 성공적인 학급경영의 자세

학급경영을 잘 하기 위해서 무엇을 어떻게 해야 할 것인지를 마지막으로 정리해 볼 필요가 있다. 지금까지 학급경영을 위해서 교사의 역할이나 학급경영의 계획과 관리 등에 대해서 제시를 했다. 여기서는 성공적인 학급경영을 위해서 교사가 어떻게 해야 할 것인가를 제시해 보고자 한다.

첫째, 학생을 이해하는 마음이 필요하다. 이해하다라는 영어의 'understand'라는 말은 'under(아래에)' + 'stand(서다)'의 합성어이다. 이 말은 상대방을 이해하기 위해서는 상대방의 입장으로 들어가야 한다는 뜻이다. 학생을 이해하는 교사가 되려면 학생의 입장으로 내려가서(under) 설 수 있어야(stand) 가능하다는 의미이다. 어리다고 학생들을 얕보거나 무시하는 말을 해서는 안 된다. 학생들의 자존심을 해치는 말이나 행동을 하면 그 학생은 마음에 상처를 입게 된다. 교육은 학생들의 성장가능성을 믿고 하는 활동이다.

둘째, 시행착오를 두려워 말자. 경험이 적을수록, 아는 것이 적을수록 많은 시행착오를 경험하게 된다. 그러나 시행착오를 하면서 하나씩 알아 가게 되는 것이다. 실패를 두려워하지 않고 고민하여 새로운 해결방법들을 찾아 나가야 한다. 쉽게 좌절하거나 포기해서는 안 된다. 학급경영을 하다 보면 담임의 계획대로 되지 않는 경우가 많다. 정성을 들였는데도 의도하지 않는 방향으로 끝나거나 실패할 때도 있다. 때로는 담임의 뜻을 몰라주는 학생들이나 학부모들 때문에 속상해 하거나 좌절을 느낄 때도 생긴다. 많은 실패를 거듭할수록 고민하게 되고 고민이 많아질수록 문제를 해결할 수 있는 좋은 생각들이 많이 생겨난다.

셋째, 항상 기록해 두자. 교사가 많은 시행착오를 경험하고 난 후에 '어떻게 하면 학생들이 좋아할까'를 고민하게 된다. 고민 중에 좋은 아이디어가 떠 오르거나 다른 교사들의 이야기 속에 좋은 생각이 나면 그 때마다 수첩에 기록을 해 두는 것이다. 좋은 생각이 떠오를 때에는 바로 기록하는 자세가 필요하다. 또한 학생들의 개별 기록도 필요하다. 학부모가 상담하러 오면 대체로 자녀가 어느 정도인지, 어떤 분야에서 얼마나 나아졌는지, 아니면 얼마나 뒤지고 있는지 구체적으로 자료를 보길 원한다. 그러나 담임교사와 상담하고 나서 학부모의 입장에서는 이런 답답하고 궁금함에 풀리지 않는 경우가 많다. 학생들의 특기, 친구관계뿐 아니라 성격이나 특징, 학습능력 등 상담과 탐색을 통하여 기록을 하는 것이 필요하다.

넷째, 미리 준비하자. 미리 준비해 두지 않으면 당황하거나 건성으로 지나치기 쉽다. 우리 속담에 '게으른 자 석양에 바쁘다'라는 속담이 있다. 미리 준비를 하지 않은 사람을 나중에 서두르게 되고, 그러다 보면 실수를 하거나 세심하게 학생들을 위한 준비를 하지 못하게 된다. 도한 자칫 잘못하면 나태하게 되기도 한다.

다섯째, 평가와 반성을 잊지 말자. 학급경영을 분기별로 학급의 학생들에게 또는 학부모들에게 설문지를 돌려 스스로 평가해 봐야 한다. 또한 특별한 활동이 이루어졌을 때에도 반드시 설문지를 이용하여 평가와 반성을 해 본다. 설문지는 다수의 의견을 파악하는데 유용할 수 있다. 설문지를 통한 평가가 정확히 이루어지고 반성이 제대로 될 대 알찬 계획이 세워질 수 있다(권혁진 외 6인, 2005 : 35).

여섯째, 일관성 있는 자세가 필요하다. 학급운영의 모든 내용이 항상 일관성이 있어야 하며 학부모나 반 학생들에게 공개되어야 한다. 교사 초임기부터 이런 자세와 마음이 필요하다. 특히 상벌을 줄 때에도 어떤 일을 어떻게 하면 어떤 상법을 받느냐는 것을 1년 내내 일관되게 유지되어야 하는데 이를 제대로 지키지 못할 수가 있다. 교사의 기분에 따라 또는 상황에 따라서 달리 이루어질 수 있는 것이다. 학생들이 부정적인 교사를 이야기할 때 가장 많이 나오는 이야기가 차별하는 교사이다. 차별을 했느냐 안했느냐는 교사가 결정하는 것이 아니고 학생들이 느끼는 것이다. 어떻게 하면 교육의 효과를 가져올 수 있을 것인가에 관한 것이 아니라 어떻게 하면 차별대우를 당하고 있다고 느끼는 학생이 생겨나지 않게 하느냐의 일이다.

일곱째, 행동으로 가르치자. 좋은 말이나 훌륭한 가르침이라고 다 영향을 주지 않는다. 문제는 삶의 가르침을 주는 사람의 자세가 어떠한가에 따라 영향력이 결정된다. 교사 스스로는 지키지 못하고, 하지 못하는 일을 학생들에게만 따르도록 하면 그 가르침에는 힘이 없다. 교사들이 직접 그 가르침대로 삶을 살아가면서 형성된 교훈만이 학생들의 마음에 크게 다가갈 수 있는 것이다. 예를 들어 교사들이 바쁜 일정으로 간혹 학생들과의 약속을 해놓고 지키지 못하거나 학생들과 못 지킬 약속을 하기 쉽다. 학생들에게 한 약속은 반드시 지켜야 한다. 만약 약속을 지키지 못한 경우 학생들이 납득할 만한 이유를 가지고 사과해야 한다. 얼렁뚱땅

넘기려고 해서는 절대로 교사의 가르침에 대해 신뢰하지 않고 마음속에 받아들이지 않게 된다.

성공적인 학급경영을 위해선 학급의 조직, 규칙, 절차 및 수업 등에 대한 세심한 계획이 필요하다. 이러한 모든 준비는 학생들이 교실에 들어오는 순간 그 효과가 나타난다. 그러나 이런 준비만으로는 1년 내내 바람직한 행동을 지속시킬 수는 없다. 적절한 학급 규칙과 절차들을 통해 학생들이 서로 협동하고 교사의 지시를 따르도록 하는데 관심을 가져야 한다. 학생들에게 교사가 기대하는 행동들을 모두 가르쳤다고 해서 학생들이 즉시 그러한 행동을 할 것이라고 생각해서는 안 된다.

특히 학년 초 학생들의 바람직한 행동에 대해 안심해서는 안 된다. 학생들의 바람직한 행동을 이끌어 내기 위해 교사가 크게 관심을 기울이지 않아도 대부분의 경우 처음에는 협동이 잘 이루어진다. 그러나 몇 주 또는 몇 달이 지나가면서 시작이 좋았던 학급이라도 서서히 바라지 않았던 문제들이 일어나기 마련이다. 이를 대비해서 교사는 처음부터 해당 학급의 학생들 행동을 주의 깊게 관찰하고, 어려움에 처해 있는 학생들을 도와 주거나 규칙과 절차를 일관성 있게 적용한다. 그러면서 문제가 더 확대되기 전에 즉각적으로 문제에 대처하고 학생들의 행동을 바람직하게 이끌어 내는데 초점을 두어 긍정적인 학급분위기를 유지하는 것이다. 교사가 의도한 방향으로 행동을 변화시키는데 도움이 되도록 바람직한 행동이 어떤 것인지를 명확하게 밝혀야 한다. 즉 적절한 행동을 가르치는 데 항상 초점을 두고 좋은 학급분위기를 가질 수 있도록 미리 사전에 부정적인 효과를 완화시키기 위해 유인책이나 보상 체계를 확실히 하는 것도 방법이다. 또한 '완벽한 수업'은 아닐지라도 '완벽에 가까운 수업'에 이르는 길에 대해서 고민해야 할 것이다. 궁극적으로 교사로서의 자신의 소중한 꿈이 무엇인지를 다시 생각해 보면서 어떻게 학급경영을 할 것인지에 대한 지속적인 점검이 필요하다.

나는 교사로서 작지만 소중한 꿈이 있다. 내가 교단에서 만나게 되는 학생들과 아름답고 의미 있는 만남을 이루는 것이다. 훗날 성인으로 자라난 제자들이 학창시절을 되돌아 보며 그 때를 그리워하고, 추억거리를 하나하나 꺼내어 밤이 새도록 이야기할 수 있는 그런 만남이 이루어지기를 꿈꾸고 있다.

수없이 많은 제자와 스승들 중의 한 명으로 단순히 스쳐 지나가 시간이 지난 후에는 이름과 얼굴을 기억해 낼 수 없는 그런 만남이 아니다. 제자들의 인생에 뭔가 큰 의미를 준 스승으로,

두고두고 잊을 수 없는 많은 감동거리를 주고 교사로서의 보람을 느끼게 해준 제자들로서 서로 만나게 되기를 기대하고 있다. 교사로서 진실되고 공평한 모습으로 열심히 학생들을 사랑하는 모습을 보이려고 애쓰고 있다. 내가 교사로서 학생들을 위해 할 수 있는 것은 그 누구보다도 학생들의 고민이나 걱정거리에 귀 기울여 주고 가슴아파하며 함께 해 주는 것이라고 생각하고 있다.

【단원별 과제】

[13.1] 학급경영의 의미를 생각해 보고, 교사로서 담임교사의 역할에 대해서 토의해 봅시다.

[13.2] 학급경영 계획을 수집해 보고, 이를 토대로 토의하면서 자신의 학급경영의 계획을 세워 봅시다.

[13.3] 학창시절에 자신의 기억나는 학급환경에 대해서 이야기를 해 보고, 자신이 담임교사가 되었을 때 학급환경을 어떻게 꾸밀 것인지 토의해 봅시다.

[13.4] 성공적인 학급경영을 위해서 필요하다고 생각하는 자신만의 학급 운영 원칙을 정리해 봅시다.

참고 문헌

강대구, 박선형(2005). 호주, 뉴질랜드와 미국의 교원 자격 기준 동향 비교 연구. 비교교육연구 제15권3호. 141-175.

강봉규, 박성혜, 최미리(2006). 교육과정 및 교육평가. 서울 : 태영출판사.

강봉규, 이종성(1986). 교육과정 · 교육평가신강. 서울 : 형설출판사.

강원근(2000). 21세기 교원 연수 체제. 한국교원교육, 17(1). 한국교원교육학회.

강현석, 주동범(2004). 현대 교육과정과 교육평가. 서울 : 학지사.

고전(2006). 2005년 교원양성정책 분석. 초등교육연구논총. 제22권 1호, pp. 163-194. 대구대 초등교육연구소.

고형일(1995). 5.31교육개혁과 현직교원교육. 중등교육연구, 7. 경상대중등교육연구소.

공병호, 김난희(2008). 미래인재로 키우는 우리아이 10년 프로젝트. 21세기 북스.

곽병선(2001). 학교평가에 대한 좌표설정과 미래구상. 교육개발, 2001(3·4), 한국교육개발원.

권건일(2000). 교육학개론. 경기 : 양서원.

권혁진, 김언지, 안준상, 이현진, 정기원, 정원엽(2005). 학급경영 길라잡이. 서울 : 양서원.

기순신(2002). 교사론. 서울 : 학지사.

김경이 외(2001). 교직의 이해. 서울 : 문음사.

김기태, 조평호(2003). 미래지향적 교사론. 서울 : 교육과학사.

김낙운(1975). 교육공무원인사법요론. 서울 : 교학사.

김남성 외(2005). 교사교육론. 서울 : 학지사.

김병찬(2003). 중학교 교사들의 교직문화에 대한 질적 사례 연구. 교육행정연구 21(1).

김병찬(2004). 현직교원교육의 변화 동향 고찰. 한국교원교육연구, 21(3).
김성열(1987). 학교조직에서 교사의 행동유형 분석을 위한 연구. 청주사대 논문집, 제19집.
김순택(1982). 목표별 수업(신교육학강좌3). 서울 : 교육과학사.
김윤태, 서정화, 노종희(1986). 교사와 교직사회. 서울 : 배영사.
김자영, 김정효(2003). 교사의 실천적 지식에 대한 이론적 탐색. 한국교원교육연구, 20(2).
김재춘 외(2005). 예비 · 현직 교사를 위한 교육과정과 교육평가. 서울 : 교육과학사.
김정권(1987). 교육과정 및 교육평가. 서울 : 재동문화사.
김정원(2001). 학교평가 모형제도의 의미와 활용. 교육개발, 2001(3·4), 한국교육개발원.
김정자(1985). 중등학교 학생이 바라는 교사의 자질. 이화여대 석사학위논문.
김종철 외(1994). 교사론. 서울 : 교육과학사.
김종철, 이종재(1994). 교육행정의 이론과 실제. 서울 : 교육과학사.
김주후(2005). 학교평가를 통한 학교혁신은 가능한가?. 교육개발, 2005(4·5), 한국교육개발원.
김주후, 김주아(2006). 교육성과를 포함한 책무성 중심 학교평가 모형 개발 및 모형 적용. 교육평가연구, 19(3), 21-43.
김주후, 정택희, 김주아, 김승훈(2004). 시·도교육청 주관 학교평가 실태 분석. 교육평가연구, 17(2), 237-257.
김혜숙 외(2000). 교원의 직급 및 자격체제 개편연구. 연구보고 RR 2000-5. 한국교육개발원.
김호권(1981). 현대교수이론. 서울 : 교육출판사.
대통령자문교육혁신위원회(2007). 학습사회 실현을 위한 미래교육비전과 전략(안) 공청회 자료집.
박남기(2002). 신규교원 임용고사의 합리성 제고 방안. 교육개발, 132, 26-33.
박도순 외(2007). 교육평가 : 이해와 적용. 서울 : 교육과학사.
박세훈 외(2008). 교육행정 및 교육경영. 서울 : 학지사
박승배 외 역(2002). 효과적인 교수법. Gary D. Borrich의 "Effective Teaching Methods. 서울 : (주)피어슨 에듀케이션 코리아.
박영숙(2008). 세계의 지도를 바꾸는 새로운 미래가 온다. 서울 : 경향미디어.
박영숙, 제롬 글렌, 테드 고든(2007). 전략적 사고를 위한 미래예측. 서울 : 교보문고.
박종렬, 김순남(2002). 한국 학교평가의 실태와 발전방향 탐색. 한국교육, 29(2), 5-31.
배호순(1991). 수업평가 : 수업효과 증대를 위한 평가적 접근. 경기 : 양서원.
백승관(2003). 교사의 발달과정에 관한 탐색모형. 교육행정연구 21(1), 29-51.
변영계(2005). 교수 · 학습 이론의 이해. 서울 : 학지사.
삼성경제연구소(1996). 학습조직의 이론과 실제. 삼성경제연구소.
서재복, 이정원(2001). 교육실습 어떻게 할 것인가. 서울 : 학이당.
서정화(1994). 교육인사행정. 서울 : 세영사.
서정화(1998). 학교평가의 철학과 시행 체제. 교육행정학연구, 16(2), 108-132.
성태제(2009). 교육평가의 기초. 서울 : 학지사.
손미(2006). 미래 교육을 위한 교사교육센터의 역할과 기능. 초등교육연구, 21, 163-180.

손충기(1994). 교사의 수업행동 진단 척도 개발과 그 타당화 연구. 인하대학교 대학원 박사학위 논문.
송영래(2007). 앨빈 토플러의 미래관과 교육관에 대한 연구. 강원대학교 교육대학원.
신현석(1997). 교직발달 이론의 교원정책에의 시사. 한국교사교육 14(2), 37-56.
신현석(2002). 교원자격제도의 개편방안 연구. 한국교사교육, 19(1), 113-135.
신현석, 안종광(1998). 교내 현직연수 개선에 관한 연구. 교육문제연구 10. 고려대학교 교육문제연 구소.
안창선 외(1999). 교사론. 서울 : 교육과학사.
양성관(2006). 미국의 교사양성과정. 비교교육연구, 제16권제2호, pp. 77-103.
오영재, 박종필 공역(2005). 중등교사를 위한 학급 꾸리기. 서울 : 아카데미프레스
우리교육(2006). 초등 학급운영. 서울 : 우리교육.
유평수 외(2001). 교육학의 이해. 경기 : 양서원.
유현숙, 김혜숙(1998). 주요국의 학교평가 동향 비교연구. 비교교육연구, 8(1), 227-258.
윤종건, 정하찬(1998). 교사론 : 서울 : 정민사.
윤홍주(1996). "교사발달 단계 및 직능발달 요인에 관한 연구." 박사학위논문. 서울대학교 대학원.
이석열, 이미라(2005). 학습조직이론 관점에서 현직교원교육의 내용과 절차에 대한 재해석. 인문학 연구, 33(1). 충남대학교 인문학연구소.
이석열, 신붕섭(2004). 교사발달의 구성 요인에 기초한 장학의 방향 탐색. 교육행정연구, 35-54.
이윤기 외(2007). 교직과 교사. 서울 : 학지사
이윤미(2001). 현장 방문평가의 과정과 논의. 교육개발, 2001(3·4), 한국교육개발원.
이윤식 외(1992). 교사 신규채용 및 전보제도 개선 연구. 한국교육개발원.
이윤식 외(1993). 교원연수제도 개선방안연구. 한국교육개발원.
이윤식 외(2007). 교직과 교사. 서울 : 학지사.
이윤식(2005). 교원연수체제의 개편과 교사의 자세. 교학상장, 41. 인천교육청, 60-69.
이인효(2001). 국가수준의 학교평가 제도의 배경과 의의. 교육개발, 2001(3·4), 한국교육개발원.
이정욱, 최영남(1992). "교사발달 단계에 따른 유아교사의 신념에 관한 연구." 한국교사교육 16(1), 223-238.
이종재, 정태범, 권상혁 외(2005). 교사론. 서울 : 교육과학사.
이칭찬, 주상덕(2009). 교직실무이론. 서울 : 동문사.
임연기(2005). 한국 학교평가의 유형과 특성 분석. 교육행정학연구, 23(1), 161-182.
전정태(2005). 교육과 교사. 서울 : 학이당.
정수현(2003). 교육공동체 개념에 근거한 학교평가 방향 탐색. 교육행정학연구, 21(2), 205-227.
정수현, 최금진(2003). 국가 수준 자율학교 평가체제에 대한 반응 분석 : 학교평가에의 시사점을 중심으로. 한국교육, 30(1), 131-154.
정영수(1995). 전문성 신장을 위한 교원정책. 교육행정학연구, 13(1).
정영수. '교직과 교직전문성.', 이종재 외(2003). 교사론. 서울 : 교육과학사.

정태범. '교직의 성격과 교사의 역할.', 이종재 외(2003). 교사론. 서울 : 교육과학사.

조동섭, 김병주(2008). 교육행정학원론. 서울 : 학지사.

조부경, 백은주(2002). 유치원 교사의 발달수준에 따른 장학 요구도 차이, 한국교원교육연구 19(2), 109-135.

조상일, 강환웅(2006). 교육공동체를 위한 교사론. 서울 : 동문사.

주삼환(2003). 장학의 이론과 기법. 서울 : 학지사.

주삼환(2007). 한국교원행정. 서울 : 태영출판사.

진동섭, 이윤식, 김재웅(2007). 교육행정 및 학교경영의 이해. 서울 : 교육과학사.

진영은, 조인진(2006). 예비교사 원크북. 서울 : 학지사.

최돈형(2001). 중장기 계획과 금년도 사업계획. 교육개발, 2001(3·4), 한국교육개발

표시열(2000). 21세기 교사의 법적 · 사회적 지위. 한국교사교육. 17(1).

하인호(2008). 미래를 읽는 9가지 방법. 서울 : 일송북.

한국교원교육학회(편)(2001). 교육실습의 이론과 실제. 서울 : 교육과학사.

한국교원단체총연합회(2002.6). 교원과 법률. 한국교원단체총연합회.

한국교원단체총연합회(2005). 교사론. 서울 : 교육과학사.

한국교육평가학회(2004). 교육평가 용어사전. 서울 : 학지사.

한국교육행정학회(1995). 교육인사행정. 서울 : 하우.

한국교육행정학회(1995). 학교 · 학급경영론. 서울 : 하우.

한국진로교육학회(역)(2000). 진로교육의 이론과 실제. 서울 : 교육과학사.

한상효, 유평수(2003). 교육실습의 이론과 실제. 서울 : 교육과학사.

황정규 편(2000). 한국 교육평가의 쟁점과 대안. 서울 : 교육과학사.

Amundson, A. E., & Penner, K.(1998). Parent involved career exploration. The Career Development Quarterly, 47, 135-144.

Bellack, A. S., & Hersen, M.(1977). Behavior modification : An introductory textbook. Baltimore : Williams and Wilkins.

Betz N. E., & Voyten, K. K.(1997). Efficacy and outcome expectations influencecareer explorationand decidedness. The Career Development Quarterly, 46, 179-189.

Bowlby, J.(1989). Attachment. New York : Basic Books.

Carnegie Task Force on Learning in the Primary Grades(1996). Years of promise : A comprehensive learning strategy for America's children. New York : Carnegie Corporation of New York.

Carroll, J. B.(1963). A model of school learning. Teachers College Record, 64, 723-733.

Corey, G.(1977). Theory and Practice of Counseling and Psychotherapy. Monterey, CA : Brook/Cole.

Corey, J.(1985). Theory and Practice of Counseling and Psychotherapy. Berlmont,CA : Wadsworth.

Corey, S. M.(1971). The nature of instruction. N.J. : Prentice-Hall.

Crites, J. O., & Savickas, M. L.(1995). The Career Maturity Inventory-RevisedForm. Clayton, NY : Careerware : ISM.

Cronbach, L. J.(1977). Essentials of psychological testing(3rd ed.). New York : Rivingston Publishers.

Cummings, A., & Murray, H.(1989). "Ego development and its relation to teacher education." Teaching and Teacher Education, 5(1), 21-32.

Drummond, R. J., & Ryan, C. W.(1995). Career counseling : A developmentalapproach. Columbus, OH : Charles E. Merrill.

Fuller, F. F.(1969). "Concerns of teachers : A developmental conceptualization." American Educational Research Journal, 6(2), 206-266.

Gagné, R. M.(1970). The conditions of learning(2nd ed.). New York : Holt, Rinehart & Winston.

Gagné, R. M.(1974). Essentials of learning for instruction. Hinsdale : Dryen Press.

Gagné, R. M., & Briggs, Leslie J.(1974). Principles of instructional design. New York : Holt, Rinehart & Winston.

Gray, A. Griffin(1999). The Education of Teacher. Chicago, Illinois : The University of Chicago Press.

Gronlund, N. E.(1976). Measurement and evaluation in teaching(3rd ed.). NewYork : Macmillan.

Hergenhahn, B. R.(1990). An introduction to theories of personality. EnglewoodCliffs, NJ : Prentice Hall.

Herr, E. L., & Cramer, S. H.(1996). Career guidance and counseling through thelife span : Systematic approaches. Boston : Little, Brown.

Herring, R. D.(1998). Career counseling in school : multicultural and developmentalperspectives. Alexandria, VA : Amerrican Counseling Associations.

Hosford, P. L.(1973). An instructional theory : A beginning. Englewood Cliffs, N.J. : Prentice-Hall.

Hunt, D.(1976). "Teachers' adaptation : Reading and flexing to students." Journal of Teacher Education, 27, 268-275.

Ivey, A. E., Ivey, M. B. & Simek-Downing, L.(1987). Counseling and psycho-therapy. Englewood Cliffs, NJ : Prentice Hall.

Kazdin, A. E.(1978). History of behavior modification : Eperimental foundations of contempoary research. Baltimore : University Park Press.

Ketterson T. U., & Blustein, D. L.(1997). Attachment relationships and the careerexploration process. The Career Drvelopment Quarterly, 46. 167-178.

Kimpston, R. D.(1987). "Teacher and principal stage of concern regarding implementation of benchmark testing : A longitudinal study." Teaching and Teacher Education, 3(3), 205-217.

Knight, J., et al.(1984). Teacher performance evaluation plan : A personalized approach to supervision, staff development, and evaluation, An implementation guide.ERDS, ED249574.

Liberman, M.(1956). Education as a profession. N. J. : Prentice-Hall, Inc.

Lieberman, M.(1956). Education as a Profession. New Jersey : Prentice-Hall.

Loevinger, J.(1976). Ego Development. San Francisco : Jossey-Bass.

Medley, D. M.(1987). Criteria for evaluating teaching. In M. J. Dunkin(ed.). The international encyclopedia of teaching and teacher education. Oxford : Pergamon Press.

Miller, A.(1981). "Conceptual matching models and interactional research in education." Review of Educational Research, 51(1), 33-84.

Mosher, R., & Purpel, D.(1972). Supervision : The Reluctant Profession. Boston : Houghton Mifflin.

Niles, S. G.(1998). Special section introduction : Time and timing in careerdevelopment. The Career Development Quarterly, 47, 4-5.

OECD(1982). In-service education and training of teachers. Paris: OECD.

Oja, S. N., & Smulyan, L.(1989). Collaborative action research : A developmental approach. New York : Falmer Press.

Patterson, C. H.(1987). Theories of Counseling and Psychotherapy. New York, NY : Harper & Row.

Peterson, P.(1988). "Selecting students and services : Lessons from aptitude treatment interaction research." Educational Psychologist, 23(4), 313-352.

Raskin, P. M.(1998). Career maturity : The construct's validity, vitality, and viabililty. The Career Development Quarterly, 47, 32-35.

Reavis, C.A.(1977). "A test of the clinical supervision model." Journal of Educational Research, 70(4), 311-315.

Reigeluth, C. M., & Stein, F. S.(1983). The elabolation theory of instruction. In C. M. Reigeluth(ed.), Instructional design theories and models : An overview of the ir current status. N.J. : Hillsdale, Lawrence Erlbaum Associates.

Reiman, A.J., & Thies-Sprinthall, Lois(1998). Mentoring and Supervision for Teacher Development. New York : Longman..

Rogoff, B.(1990). Apprenticeship in thinking : Cognitive development in social context. New York : Oxpord University Press.

Rosenshine, B., & Furst, N.(1971). Research on teacher performance criteria. In B. O. Smith(ed.). Research in teacher education : A symposium. NJ. : Prentice-Hall.

Schmitt-Rodermund, E., & Silbereisen, R. K.(1990). Career maturity determinants : Individual development, social context, and historical time. The CareerDevelopment Quarterly, 47, 16-31.

Senge, P.(1990). The fifth discipline: The art & practice of the learning organization. New York : Currency Doubleday.

Senge, P. M, Cambron-McCabe, N., Lucas, T. Smith B., Dutton, J., & Kleiner, A.(2000). Schools that learn. New York : Doubleday.

Sprinthall, N. A., Reiman, A. J., & Thies-Sprinthall, L.(1993). "Role-taking and reflection : Promoting the conceptual and moral development of teachers." Learning and Individual Differences, 5(4), 283-299.

Stake, R. E.(1967). The countnance of educational evaluation. Teachers College Record, 68, 523-540.

Stufflebeam, D. L.(1974). Alternative approach to education evaluation. in W. J. Popham(Ed.), Evaluation in education : Current applications. Berkeley, Ca. : McCutchan.

Thies-Sprinthall, L., & Sprinthall, N.(1987). "Experienced teachers : Agents for revitalization and renewal as mentors and teacher educators." Journal of Education. 169(1), 65-79.

Tyler, R. W.(1949). Basic Principles of Curriculum and Instruction. Chicago : University of Chicago Press.

VanZandt, C. E., & Hayslip, J. B.(1994). Your comprehensive school guidance andcounseling program. A handbook of practical activities. New York : Longman.

Veenman, S.(1984). "Perceived problems of beginning teachers." Review of Educational Research, 54(2), 143-178.

Watson, D., & Friend, R.(1969). Measurement of social-evaluative anxiety. Journal of Counsulting and Clinical Psychology, 33, 448-457.

Woolfolk, A. E.(1995). Educational Psychology. Allyn & Bacon.

Zunker, V. G., & Norris, D. S.(1998). Using assessment results for career development (5th.) Pacific Grove, CA : Brooks/Cole.

찾아 보기

사 항

인 명

〈국내〉

〈국외〉

저자 소개

✍ 서재복(교육학 박사)

현재 전주대학교 교수
저서 : 교육사 · 교육철학 등
논문 : 한국 개화기 초등교육사 연구 등

✍ 권정숙(교육학 박사)
현재 청운대학교 교수
저서 : 신교육의 이해 등
논문 : 지방대학 이공계 학생들의 취업준비에 관한 연구 등

✍ 김양자(교육학박사)
현재 전북대학교 겸임교수
저서 : 교육학개론
논문 : 한국 공교육 재구성을 위한 대안적 접근 등

✍ 김태호(철학박사)
현재 우석대학교 교수
저서 : 청소년 집단상담 등
논문 : 상담에 대한 내담자의 기대와 상담양식 등

✍ 손충기(교육학박사)
현재 원광대학교 교수
저서 : 교육과정과 교육평가, 교육연구방법론 등
논문 : 교사의 수업행동 진단척도 개발과 그 타당화 연구 등

✍ 신붕섭(교육학박사)
현재 나사렛대학교 교수
저서 : 교육학개론 등
논문 : 신규교사 멘토링제의 운영 실제와 개선 방안 등

✍ 유평수(교육학박사)
현재 전주대학교 교수
저서 : 교육행정 및 교육경영 등
논문 : 고등학생의 임파워먼트 수준이 학교적응에 미치는 영향 분석 등

✍ 이석열(교육학박사)
현재 남서울대학교 교수
저서 : 교육행정 및 교육경영 등
논문 : 교사발달의 구성요인에 기초한 장학의 방향 탐색 등

✍ 이호섭(교육학박사)
현재 숙명여자대학교 교수
저서 : 교사교육론
논문 : 종합대학 및 교육중심대학별 대학종합평가 체제의 차별화에 대한 연구 등

✍ 한상훈(교육학박사)
현재 충남대학교 교수
저서 : 평생교육 교수방법 등
논문 : 성인학습자의 교육참여동기와 자기주도학습의 관계 등

교사교육론 -증보개정판-

서재복
2016. 2.

초 판 발 행 2009년 3월 5일
증보개정4쇄 2016년 2월 25일

저 자 서재복 · 권정숙 · 김양자 · 김태호 · 손충기
신붕섭 · 유평수 · 이석열 · 이호섭 · 한상훈
발행인 김현태
발행처 태영출판사

주 소 (08301) 서울 구로구 구로동 104-10 동남오피스텔 201호
전 화 02 · 839-3757, 839-3752
팩 스 02 · 837-3754
등 록 2005년 5월 30일 제12-421호
http://www.taeyeongbook.co.kr
E-mail tys2005@hanmail.net
ISBN 978-89-6302-065-5 93370
정 가 17,000원

NAVER 태영출판사

* 잘못 만들어진 책은 교환해 드립니다.